法律史译评

【第七卷】

周东平　朱腾　主编

Legal History Studies

中西書局

图书在版编目(CIP)数据

法律史译评. 第七卷 / 周东平，朱腾主编. —上海：中西书局，2019

ISBN 978－7－5475－1668－3

Ⅰ. ①法… Ⅱ. ①周… ②朱… Ⅲ. ①法制史—研究—中国 Ⅳ. ①D929

中国版本图书馆 CIP 数据核字(2019)第 300379 号

法律史译评(第七卷)

周东平　朱　腾　主编

责任编辑　孙本初
助理编辑　姚骄桐
装帧设计　黄　骏

出版发行　上海世纪出版集团
中西書局(www.zxpress.com.cn)
地　　址　上海市陕西北路 457 号(邮编　200040)
印　　刷　上海求知印刷厂
开　　本　700×1000 毫米　1/16
印　　张　25.5
字　　数　472 000
版　　次　2019 年 11 月第 1 版　2019 年 11 月第 1 次印刷
书　　号　ISBN 978－7－5475－1668－3／D・068
定　　价　98.00 元

本书编委会成员

主编　周东平　朱　腾

编委（按姓氏拼音排列）

［美］步德茂　陈惠馨　陈俊强　陈　利

［日］宫宅潔　黄源盛　［日］铃木秀光

［俄］马　硕　邱澎生　［日］辻正博

［美］谢　凯　周东平　朱　腾

编辑（按姓氏拼音排列）

舒哲岚　唐国昌　尹嘉越

目录

传统法文化核心价值刍议

——情理平恕的实践[*]

高明士[**]

前　言

所谓传统法文化，此处指中国传统法律秩序的文化现象。[1] 所谓传统法律，不只刑律，还应包括具有约束力的诏敕、令典、格式、律例等；由此而产生的文化现象，是指用以建立秩序的原理原则，简称为礼、律。[2] 礼、律的内在指导原理是情理，而情理发自恕心。由恕心出发，透过情理的衡量，在不违法的情况下，达到平的境界，就是法文化的最高境界。这个境界，总体而言，实是礼的表现。法在此时只是达到这种境界的一种手段，并非目的，所以传统的判文并非全都依赖法条来定罪，正提示这种法文化的境界。过去学界对法文化的探讨，偏向情理，此处特就情理之外再加上平恕作说明。

---

* 此文为2019年4月20日福州大学法学院举办的"'规范、制度、思想、裁判——中国法律文化的传统与当代'国际学术研讨会"主题演讲稿修正文。

** 高明士，台湾大学历史系名誉教授。

1 黄源盛将"法律文化"定义为：人类在法律生活方面活动的一切现象的总合，它是由法律规范、法律思想和人民法律意识及法律运作等因素所组成的一种特有的文化机制，包括有形的立法、司法等外在因素，也包含人民对法律的认知及态度等内在因素。而所谓"中国的传统法律文化"，则是指受先秦儒法两家法理思想的影响，尤其是从唐律以迄清律，代代传承而少有大变动的"法文化体"。此说亦可参考。参见黄源盛：《中国传统法制与思想》，载《中国法律的传统与蜕变·贰·传统中国法律文化的内涵及其特质》，五南图书出版公司1998年版，第247页。

2 马小红指出，我们今天所说的"法"，相对古代的语境而言，应该包括古文中的"法"与"礼"两大部分。（参见马小红：《礼与法——法的历史连接》，北京大学出版社2017年版，"引言"，第29页。）但因"法"范围较广，而在实际运用的场合中，大部分的律就是法，所以拙稿乃以"律"作说明。

一、恕、平与平恕

何谓恕？当有两个意思，一是仁慈、体谅，一是推己及人。如所周知，子贡曾问孔子说："有一言而可以终身行之者乎？"孔子回答说："其恕乎！己所不欲，勿施于人。"(《论语·卫灵公》)曾子曰："夫子之道，忠恕而已矣。"(《论语·里仁》)贾谊《新书·道术》曰："以己度人谓之恕。"这些都是指后者。另外，孟子说："强恕而行，求仁莫近焉。"(《孟子·尽心上》)许慎《说文解字》释"恕"曰："仁也，从心如声。"段玉裁注曰："仁者，亲也。"这是指前者，也就是基于仁慈之心而恕之。其实这二者也互通其义，并非截然有别。

唐朝安史之乱，张巡死守睢阳(在今河南商丘)食人而被议罪一事，李翰(李华宗子)上表肃宗申冤，其中提到：

> 议者罪巡以食人，愚巡以守死，臣窃痛之。夫忠者，臣之教；恕者，法之情。巡握节而死，非亏教也；析骸以爨，非本情也。《春秋》以功覆过，《书》赦过宥刑，在《易》遏恶扬善，为国者录用弃瑕。今者乃欲议巡之罪，是废教绌节，不以功掩过，不以刑恕情，……非所以奖人伦，明劝戒也。

结果，"帝繇是感悟，而巡大节白于世，义士多之"(《新唐书》卷二百三《文艺下·李华传》附)。

此处之"恕者，法之情"，就是《宋史·刑法志》所说"用法之情恕"(详后)。恕与不恕，宋代萧楚有个说明，其曰："春秋之旨，有原情恕之而不责之者，有据义而不恕责之以道者。"(《春秋辨疑》卷一《迁国辨》)此处原情据义是主要的考虑依据，至于何谓"原情"，容后说明。恕道问题虽是研究儒学的重要课题，但非为拙稿重点，此处特就法文化观点来思考量，主要是指前者，断案需要与情或情理一并考虑，依法判刑是最后的考虑，并非一开始即引用法条惩罚。这就是传统法文化最令人注目的特质。

关于"平"，笔者已有讨论，读者可参照。[1] 简单地说，其是基于天地之序的自然法则与儒教的伦理差序所建立的和谐境界；就法文化的境界而言，即展现平狱与和

1 参见高明士：《东亚传统法文化的理想境界——"平"》，载中国法制史学会、"中研院"历史语言研究所出版：《法制史研究》第23期，2013年；亦收入高明士编：《中华法系与儒家思想》，台湾大学出版中心2014年版，第1—29页；亦收入高明士：《中国中古礼律综论——法文化的定型》，元照出版公司2014年版，第63—84页。

平，并非齐头式的人人平等权利义务观。此处要再说明者，即史上著名的法司持平事例，如汉文帝乘舆马被惊动，欲严惩肇事者，廷尉张释之坚持法司立场，曰："廷尉，天下之平也，一倾，天下用法皆为之轻重，民安所错其手足？"（《汉书》卷五十《张释之传》）用法持平，正是自古以来法司最要坚持追求的目标。又如汉宣帝时，于定国出任廷尉，"其决疑平法，务在哀鳏寡，罪疑从轻，加审慎之心。朝廷称之曰：'张释之为廷尉，天下无冤民；于定国为廷尉，民自以不冤。'"（《汉书》卷七十一《于定国传》）。唐朝戴胄，明习律令，尤晓文簿，太宗贞观元年（627），迁大理少卿，常犯颜执法，"所论刑狱，皆事无冤滥，随方指擿，言如泉涌"（《旧唐书》卷七十《戴胄传》）。

唐太宗贞观二年（628）三月，问曰："今法司覆理一狱，必求深刻，欲成其考。今作何法，得使平允？"黄门侍郎王珪奏曰："但选良善平恕人，断狱允当者，赏之，即奸伪自息。"[1]这段话提出法文化最根本的问题所在，即如何使断狱达到"平允"。王珪的回答，即执法人要心存"平恕"。这个问题，其实正是传统法文化最重要的指标。《宋史·刑法志》曰：

> 宋兴……其君一以宽仁为治，故立法之制严，而用法之情恕。[2]

明太祖洪武二十四年（1391）六月壬午（二十七日）升大理寺丞周志清为卿，并谕曰：

> 大理之职，即古之廷尉，历代任斯职者，独汉称张释之、于定国。唐称戴胄。盖由其处心公正，议法平恕，狱以无冤，故流芳后世。今命尔为大理卿，当推情定法，毋为深文，务求明允，使刑必当罪，庶几可方古人，不负朕命也。[3]

清康熙二十五年（1686）三月庚午（十六日），召刑部、都察院、大理寺、大小诸臣，面谕曰：

> 刑曹民命攸关，国典所系。今见法司谳鞫刑狱，或恐不得其情，专事苛刻。夫人命关系重大，必以中正之心，行平恕之道，使法蔽其辜，毋纵毋枉，必得真情，

---

1 引自《通典》卷一百七十《刑法·宽恕·大唐》。参见《资治通鉴》卷一百九十二《唐纪》记载大理少卿胡演进每月囚帐记事，可知《唐会要》卷四十《君上慎恤》系贞观三年三月五日，其"三年"当系"二年"之误。

2 《宋史》卷一百九十九《刑法志》。

3 《明实录》，"太祖实录"，洪武二十四年六月壬午。

始免屈抑。[1]

前引《宋史·刑法志》及两条明清实录,说明如下几事:1. 心存公正,持法"平恕",是古今法司共同追求的目标;2. 推情定法(或曰原情议罪),始免冤屈;3. 汉之张释之、于定国,唐之戴胄,克尽斯职,著称史册,成为历代榜样。

这样的事实,除指出法文化中的情理法之外,更重要的还包括要有平恕的心境。这个心境,即前述所谓良善之心,或中正之心,或处心公正。此也可分开来思考,首先要心存恕道,然后定法才能持平,整体的表现即为平恕。对此,以下再进一步讨论。

根据前述的说明可知,传统法文化的正面价值在于希望执法者要心存恕道,才能定法持平,而达到平恕的境界。这也是自汉以来各朝儒者所要努力的目标,到隋唐时终使法文化获得定型。[2] 诚如《唐律疏议·名例律》"疏"议曰:"德礼为政教之本,刑罚为政教之用。"平恕正是德礼政刑的最高升华境界。兹举隋唐时期实际事例作参考,宋以下各朝实例更多,暂予省略。

《隋书》记载大理卿薛胄与少卿赵绰,"俱名平恕,然胄断狱以情,而绰守法,俱为称职"(卷六二《赵绰传》)。《贞观政要》卷五《论公平》中唐太宗曰:"古称至公者,盖谓平恕无私。"贞观初,殿中侍御史崔仁师办案,"凡治狱当以平恕为本"(《资治通鉴》卷一九二贞观元年十二月条)。高宗时,狄仁杰为大理丞,《新唐书》记载"岁中断久狱万七千人,时称平恕"(卷一一五《狄仁杰传》)。武则天时期,虽任用酷吏执法,但也有任用良吏持平,徐有功、杜景俭即是,《资治通鉴》卷二〇四武则天天授元年(690)七月条记载:

> 时法官竞为深酷,唯司刑丞(按,即大理丞)徐有功、杜景俭独存平恕,被告者皆曰:"遇来、侯必死,遇徐、杜必生。"

此处亦用"平恕"来形容徐、杜执法宽平。徐有功卒后,中宗神龙元年(705),以有功"执法平恕,追赠越州都督,特授一子官"(《旧唐书·刑法志》)。足见"平恕"是执法至公无私的指标。

定法或执法并非一定都要从严或从宽,从法条而言,由于律文有限,世事错综复杂,"金科玉条,包罗难尽"(参看《杂律》"不应得为"条,总450条"疏"议)。所以唐律立法另有轻重相举(《名例律》"断罪无正条",总50条),"以目的论的方法,加以

---

1 《清实录》,"圣祖仁皇帝实录",康熙二十五年三月庚午。

2 有关传统法文化之定型问题,参见高明士:《中国中古礼律综论——法文化的定型》,元照出版公司2014年版,第1—500页;简体版参见商务印书馆2017年版,第1—614页。

客观而合理的解释”,[1]以及“不应得为”条规定,以救济立法之穷。[2] 所以就法司用人,当如前述王珪所说须选用“良善平恕人”,断案拿捏分寸,才能心存恕道。此事,今日看来势将成为“原情定罪”与“罪刑法定”之争。其实,后者在唐中宗神龙元年正月赵冬曦上书中就已提出,其曰:

> 臣闻夫今之律者……法吏得便,则比附而用之矣,安得无弄法之臣哉!……举轻以明重、不应得为而为之类,皆勿用之。……苟有犯,虽贵必坐。(参看《唐会要》卷三十九《议刑轻重》,《通典》卷一六七《刑法典·杂议下》,文字有异同)

此即提出罪刑法定的主张,“当时称是”,书奏不报。赵冬曦之所以主张罪刑法定,是因为当时存在“弄法之臣”。即使在今日,虽号称实施罪刑法定,“原情定罪”的问题也时有所闻。因此,从人民的法益来看,不论“原情定罪”抑或“罪刑法定”,都不能作为唯一选择。沈家本认为唐律“其(按:指轻重相举等规定)宗旨本极平恕,而赵冬曦犹讥之”,[3]看来并不赞同赵冬曦之议,而认为唐律此条宗旨极具有“平恕”的优点。据此而言,传统法文化的核心价值,即使在今日,仍有值得重视之处。

二、礼与情理法

《礼记·乐记》曰:“礼者,天地之序也。”这个“序”要展现的是礼之义,也就是亲疏、尊卑、贵贱、长幼的秩序;成为制定法时则为律、令,而有唐律“一准乎礼”的说法。以唐律为代表的固有法特质,可归纳如下:理贵原情,原情入礼,纳礼入法。简言之,就是一般所谓的情、理、法与礼,相互为用。

情理中的“情”字,通常指情节、实情,即事实本身,且含行为动机、目的;“理”通常指事理、义理,即行为的正当性。如《名例律》“应议请减赎章”条(总11条)“疏”

---

1 参看戴炎辉:《唐律通论》,台湾编译馆1964年初版,1977年第四版,第452页;又可参看黄源盛:《释滞与擅断之间——唐律轻重相举条的当代诠释》,载《法制史研究》第13期,2008年。滋贺秀三则以为此条在法运用上的技术具有甚高的客观性,参见律令研究会编、滋贺秀三译注:《译注日本律令》五,东京堂1979年版,第302页。

2 关于“不应得为”条之立法原理,参见拙作:《唐律中的“理”——断罪的第三法源》,载《台湾师大历史学报》2011年第45期;亦收入黄源盛主编:《唐律与传统法文化》,元照出版公司2011年版,第1—40页。此外,《断狱律》“官司出入人罪”条(总487条)即对法司违法运用“出入人罪”的断罪,可谓设想周到。

3 参见沈家本著,邓经元、骈宇骞点校:《历代刑法考》(第四卷),中华书局1985年版,第1813—1814页。

议设问答,而问曰:

居丧嫁娶,合徒三年;或恐喝或强,各合加至流罪。得入不孝流以否?

答曰:

恐喝及强,元非不孝,加至流坐,非是正刑。律贵原情,据理不合。

此处正是触及情、理、法问题。所谓“原情”,就是原其本情,《名例律》“八议者(议章)”条(总8条)“疏”议曰:“议者,原情议罪者,谓原其本情,议其犯罪。”“原”字在此处指推究,“情”指事实。[1] “律贵原情”,指法律重视推究本来的实情;“据理不合”的“理”字,为“事理”之意[《职制律》“制书官文书误辄改定”条(总114条)引《公式令》所示],所以根据事理不应列入不孝流。

学界过去对情、理、法的讨论,多着重于宋代以后,尤以明清为最。这仅是因为可使用的材料较多,并非唐以前就不重视情、理、法,其实唐朝的制定法或判集都非常重视情理,尤其是理。

理或义理,讲求事情的正当性,正如《礼记·中庸》引孔子说:“义者,宜也。”判集中常以“宜”字作论断,其实也是义理之意。理或义理为抽象的概括观念,所以必须借由行事来考虑,因而常与情字联称曰“情理”,又曰“理贵原情”。理或义理呈现于外在的规范性即是礼,所以说:“礼者,理也。”(孔颖达语)礼理关系,或谓表里,或谓相辅,或谓礼就是理,均有其道理。但若以礼的三个内涵礼之仪、礼之制、礼之义而言,理当属于礼之义。所以我认为理是礼的一个内涵,也就是礼包涵理。自汉武帝提倡儒术以后,礼的重要性提升,尤其礼之仪。至西晋以迄隋唐完成律令制度,唐高宗颁行所谓《唐律疏议》,礼与法充分结合。宋以后,理学兴起,仍不免流为形而上,似无落实在法制层面。至清乾嘉时期,有所谓“以礼代理”之说兴起,直至晚清掀起礼学研究之风,颇有承接汉唐礼学之势,亦反映在清代律例之中。

自战国时期颁行成文法典以来,到隋唐时断狱已倾向罪刑法定,但也不尽然。

1　钱大群注解唐律“原其本情”的“原”字,有两种意义:一为推究,一为宽免,此处作推究解。《汉书·薛宣传》曰:“春秋之义,原心定罪。”师古注:“原,谓寻其本也。”此注解可供参考。在唐律中,“情”字通常有三种意义:一是事实、实际,二是尽心、诚心,三是内心、情感,在律学范畴指行为动机、目的等犯罪主观心态。参见钱大群:《唐律疏义新注》,南京师范大学出版社2007年版,第49页,注6。钱氏在此处将“情”释为第三种意思,恐不妥,反而应将“原其本情”译为“推究其犯罪实情的各方面”,将“情”译为实情,也就是前述的第一种意义,即当解为事实之意。

《唐律疏议·职制律》"制书官文书误辄改定"条(总114条)"疏"议曰:[1]

> "制书有误",谓旨意参差,或脱剩文字,于理有失者,皆合覆奏,然后改正、施行。不即奏闻,辄自改定者,杖八十。

此处是以"理"之有无错失,作为制书有无误而是否须"覆奏"的基本依据。《职制律》"事应奏不奏"条(总117条)"疏"议曰:

> "应奏而不奏"者,谓依律、令及式,事应合奏而不奏;或格、令、式无合奏之文及事理不须闻奏者,是"不应奏而奏":并合杖八十。

所谓"不应奏","疏"议解释说:"格、令、式无合奏之文及事理不须闻奏者。"格、令、式之文为制定法,有具体条文可作为依据,而"事理"者,与前条所引的"理"一样,都是指处事应遵循的抽象道理。足见一部唐律除以制定法的律、令、格、式法条作为处断的依据外,尚含有抽象的"理"要素,不可忽视。

《唐律疏议·杂律》"不应得为"条(总450条)规定:

> 诸不应得为而为之者,笞四十;(注曰:谓律、令无条,理不可为者。)事理重者,杖八十。

"疏"议曰:

> 杂犯轻罪,触类弘多,金科玉条,包罗难尽。其有在律、在令无有正条,若不轻重相明,无文可以比附。临时处断,量情为罪,庶补遗阙,故立此条。情轻者,笞四十;事理重者,杖八十。

关于此条的探讨,其详莫若黄源盛《唐律中的不应得为罪》一文。[2] 黄氏之文,除介绍中外研究成果(尤其日本学界)之外,还指出:推原此条的法意,本来在补救律、令的不足,以致执法者在无法"轻重相举",又"无文可以比附"时,每每援引此律以济

---

1 《唐律疏议》一书系采用刘俊文点校本,中华书局1983年版。以下为节省篇幅,凡引用唐律均采用此书,不再注明。

2 参见黄源盛:《唐律中的不应得为罪》,收入黄源盛:《汉唐法制与儒家传统》,元照出版公司2009年版。此文原题《唐律不应得为罪的当代思考》,载《法制史研究》第5期,2004年。

其穷。盖若事事俱有专条,则律典岂非赘疣?传统中国始终坚持“有犯罪就要受惩罚”的原则,未尝不是对受害人的一种保障。如是,则“不应得为条”的设立,不正可以弥补传统法律民刑不分的缺憾?这样的刑度,在传统时代,以目前所掌握资料看来,并未看到有人议其是非。[1] 黄氏所说甚是。这一条规定,最能彰显情、理(礼)入法的立法原理。其可追溯至先秦、汉代,秦律、二年律令皆有“所不当得为”;其完备条文,或始于《贞观律》;此后不仅行用至明清律,也成为中华法系中一直存在的法条。尤其“疏”议解释说:“其有在律、在令无有正条,若不轻重相明,无文可以比附。”这是指《名例律》“断罪无正条”(总50条)不能适用时,“临时处断,量情为罪”,乃根据情、理,定罪之轻重。杖八十是针对“事理重者”,这是律、令无文又不能比附时,依据“事理”所给予最重的处罚。无论如何,都是在说明“理”的要素,也是律、令之外第三种断罪的依据。

从现存唐朝的判文中,可知重视情理的礼教秩序原理远甚于征引律文的刑责,即使征引律文,通常也只节略提示而已;甚至以理折法,目的在强调教化。例如唐代张鷟《龙筋凤髓判》卷一中书省之一条,曰:

(案由)

> 中书舍人王秀漏泄机密,断绞;秀不伏。款于掌事张会处传得语,秀合是从,会款所传是实,亦非大事,不伏科。

(判文)

> 张会掌机右掖,务在便蕃;王秀负版中书,情惟密切,理宜克清克慎,……若潜谋讨袭,理实不容;漏彼诸蕃,情更难恕。非密既非大事,法许准法勿论,待得指归,方可裁决。

判文是根据《职制律》“漏泄大事”条(总109)而认为法司断王秀绞刑是误判,同时说明如果是“潜谋讨袭”,则为大事,所以“理实不容”。张会应该为首(初传者),王秀为从(传至者,或者转传者)。若其将应密大事“漏彼诸蕃”,则“情更难恕”,依《名例律》首犯、从犯都应罪加一等。但《名例律》“称加减”条(总56条)注曰:“加入绞者,不加至斩。”漏泄首犯仍处绞,从犯原处流,至此应加至绞。问题是原判有误,王秀只是“传至者”,属于从犯,根据《名例律》“共犯罪造意为首”条(总42条),应比

1　参见前引黄源盛:《唐律中的不应得为罪》,第257—259页。

首犯处绞减一等而为流三千里。[1] 此案显然是由情、理释法,认为原审法司误判,最后虽有待上司裁决,但仍可视为传统审理法案典型的例子。

又如白居易"百道判"第34道:[2]

(案由)

> 丙进柑子,过期坏损。所由科之,称于浙江阳子江口,各阻风五日。

(判文)

> 进献失期,罪难逃责;稽留有说,理可原情。景乃行人,奉兹锡贡。荐及时之果,诚宜无失其程;阻连日之风,安得不愆于素?览所由之诘,听使者之辞。既异遑宁,难科淹恤。限沧波于于役,匪我愆期。贩朱实于厥苞,非予有咎。舍之可也,谁曰不然?

进献土贡,过期损坏,有司追究其责。辩称受阻于江口风浪,为不可抗力。此一阻却理由,可否接受?判文以"进献失期,罪难逃责",此即应当依据《职制律》"公事应行稽留"条(总132)处罚。但白判以为"稽留有说,理可原情",也就是延迟有故时,按"理"就要察明实情。结果以为"限沧波于于役,匪我愆期",也就是为风浪所阻,属于不可抗力的自然现象,应当无罪。这里所谓"理可原情",仍然是从"理"的观点出发,主张适用《名例律》"八议者(议章)"条(总8条)注曰"原情议罪"。

白居易另外在《刑礼道》一文又进一步指出:"圣王之致理也,以刑纠人恶,故人知劝惧;以礼导人情,故人知耻格;以道率人性,故人反淳和。三者之用,不可废也。"[3] 此即主张为政者要达到"致理",必须刑、礼、道相互为用。

明朝丘濬说:"论罪者,必原情,原情二字,实古今谳狱之要道也。"(《大学衍义

---

1 关于此案详细解析,参见霍存福:《张鷟〈龙筋凤髓判〉与白居易〈甲乙判〉异同论》,载《法制与社会发展》1997年第2期;黄源盛:《唐律与龙筋凤髓判》,原刊《政法学评论》79,2004年;后收入氏著:《汉唐法制与儒家传统》,元照出版公司2009年版,第355—360页。

2 有关"百道判",参见白居易著、朱金城笺校:《白居易集笺校》,上海古籍出版社1988年版,卷六十六、六十七;判文编号根据陈登武:《白居易"百道判"试析——兼论经义折狱的影响》,收入柳立言主编:《传统中国法律的理念与实践》,"中研院"历史语言研究所2008年版,文末附表《"百道判"判题出典与判文主张分析表》。

3 参见前引白居易著、朱金城笺校:《白居易集笺校》卷六十四《策林五十四·刑礼道(注曰:迭相为用)》,第3525页。

补》卷一〇八《谨详谳之议》)清末沈家本更具体说:

> 吾国旧学,自成法系,精微之处,仁至义尽,……新学往往从旧学推演而出,事变愈多,法理愈密,然大要总不外"情理"二字。无论旧学、新学,不能舍情理而别为法也,所贵融会而贯通之。[1]

丘、沈两说均强调论法必重"情理"。近人陈顾远则语重心长地指出:

> 现代民主国家的法律,明明以情、理、法同重,而一般人却仍在"法"字以外,喊出"情理"两字,这不必即系法律本身有何缺陷,乃是一部分行用法律者每不注意法律的全盘精神,善为运用,只知握紧单一的条文,硬板板地实用起来,虽对法理说得通,却不见得合于天理,适乎人情。[2]

陈氏的这个说法与沈家本相近,若再参照唐人说法,可说古今看法一致,甚至可说是先秦以来朝野的共识。基于此故,就司法断狱而言,理论上执法者对情、理、法应有共识,这也是"不应得为"条能够存在千余年,乃至成为东亚的中华法系共同行用法条的道理所在。

结 语

礼为理的规范化,理贵原情,情、理(礼)、法乃成为定罪量刑的三要素,最终目标在求其"平"。但其出发点,在于心存恕道,于是平恕成为传统法文化的最高境界。因此,若论传统法文化核心价值要素,宜曰情理平恕。

这样的传统法文化核心价值,并非徒托空言,至迟自汉以来已努力在推动。兹举一例,唐德宗贞元二年四月,平定李希烈之乱后,其于"放淮西生口归本贯敕"曰:

> 迁徙家乡,分离骨肉,有生之酷,莫甚于斯。朕抚育兆人,庶臻理道,惩过不可以不罚,原情不可以不矜,将推内恕之心,用广自新之路。应从李希烈作乱以来,诸道所有擒获淮西生口,配隶岭南、黔中等道,宜一切释放归本道。其投降人

---

1 参见沈家本:《寄簃文存》,收入沈家本撰,邓经元、骈宇骞点校:《历代刑法考》(第四卷),中华书局1985年版,第2240页。

2 参见陈顾远:《天理—国法—人情》,载《法令月刊》1955年6-11。

等，权于诸州县安置者，亦任各从所适。[1]

此一敕书，是德宗为对李希烈作乱以来所擒获的淮西生口予以放免回归而颁布。本贯敕书是由陆贽执笔，其中所引述的理论，包括内恕之心、原情、惩过（刑罚）以及抚育、理道（德礼），包含前述情理平恕的传统法文化核心价值。以此作为治道原理，当时的君臣应该有此共识。这种共识的来源实是传统的儒学教育。也因为君臣具有这种共识，所以拙稿将它定位为法文化核心价值，历朝都致力于具体实践。这一点常受论者忽略，特此阐明。

1 参见陆贽：《陆贽集》卷五《制诰》，中华书局 2006 年版，第 161 页；《全唐文》卷四百六十三。按，此敕发布时间不明，但平定李希烈之乱在唐德宗贞元二年四月，《册府元龟》卷一百三十一《帝王部·延赏》记载"李希烈平诏"，亦系作于贞元二年四月，是故推定陆贽代笔之德宗"放淮西生口归本贯敕"当亦在此时。相关敕书，在《陆贽集》《唐大诏令集》及《全唐文》皆无系年。

秦汉时期里之编制与里正、里典、父老
——以岳麓书院藏秦简《秦律令》为线索*

［日］水间大辅** 著译

前　言

2015年12月，陈松长主编《岳麓书院藏秦简（肆）》（上海辞书出版社）出版，岳麓书院藏秦简《秦律令》图版、释文的一部分由此公布。岳麓书院藏秦简是出土地点未详的一批秦简牍，因近年遭盗掘而流失于香港的古玩市场，2007年由湖南大学岳麓书院收购，2008年香港一收藏家又将其所购藏的竹简捐赠给了岳麓书院。[1]《秦律令》是其中所含的文书，[2]以秦律令条文为内容。《岳麓书院藏秦简（肆）》收录的竹简似乎本来被编缀成三卷册书（第1组至第3组）。其中有些竹简载有纪年，最晚纪年为二世皇帝三年（公元前207年）（第344—345号简）。另一方面，《秦律令》中又可见战国昭襄王、庄襄王时期各王所下的命令及内史提出的法案，但其中有些命令、法案引用于后代的条文，如：

> 昭襄王命曰："置酒节（即）征钱金及它物以赐人，令献（谳），丞请出。丞献（谳），令请出。以为恒。"● 三年诏曰："复用。"（第344—345号简）

即先引用昭襄王所下的命令，然后二世皇帝三年下诏再次实施。[3]

---

* 本文原题为《秦・漢における里の編成と里正・里典・父老——嶽麓書院藏秦簡〈秦律令〉を手がかりとして》，载但见亮、胡光辉、长友昭、文元春编：《中國の法と社會と歷史　小口彦太先生古稀記念論文集》，成文堂2017年版；译文由作者本人完成。

** 水间大辅，日本中央学院大学法学部教授，文学博士。

1 陈松长：《岳麓书院所藏秦简综述》，载《文物》2009年第3期；朱汉民、陈松长主编：《岳麓书院藏秦简（壹）》，上海辞书出版社2010年版，"前言"。

2 在《岳麓书院藏秦简（肆）》出版以前，有些学者将此文书称为《律令杂抄》《秦律杂抄》或《秦令杂抄》，但本文依据《岳麓书院藏秦简（肆）》称为《秦律令》。

3 该条载有"三年诏曰"。众所周知，"诏"一词在统一六国后开始使用，统一后秦国的"三年"仅有二世皇帝三年，故此处所说的"三年"应是指二世皇帝三年。

又云：

泰上皇时内史言：西工室司寇、隐官、践更多贫不能自给糧(粮)。议：令县遣司寇入禾。其县毋禾当貣者，告作所县偿及贷。西工室伐榦沮、南郑山，令沮、南郑听西工室致。其入禾者及吏移西工室。● 二年曰："复用。"(第 329—331 号简)

即二世皇帝二年再次实施"泰上皇"(指庄襄王)时所制定的法规。[1] 进而言之，《秦律令》第 1 组至第 3 组可见秦统一六国后开始使用的用语，如"皇帝"、"泰上皇"、"制诏"、"制"、"诏"、"黔首"与"县官"等。[2] 由此可以认为，第 1 组至第 3 组大概书写于统一六国后。[3]

《秦律令》的内容涉及许多方面，其中值得关注的问题之一是数条关于"里"之编制的法规。众所周知，当时的里是最下层的地方行政单位，县下置乡，乡下置里。过去有些学者认为里是"自然村"(以下称为"自然村说")，[4] 但当今学界似乎一般认为，构成自然村的户被国家作为"行政村"而编入了里(以下称为"行政村说")。[5] 自然村是自然形成的村，行政村是区划为行政单位的村。

《续汉书・百官志五》云：

里有里魁，民有什伍，善恶以告。本注曰：里魁掌一里百家。

据此，汉代的里由百户构成。行政村说一般认为，将构成自然村的户大概每百户

---

1 该条开头的"泰上皇"是统一六国后的称谓。该条载"二年曰"，统一六国后秦国的"二年"仅有二世皇帝二年。可知此处所说的"二年"是指二世皇帝二年。

2 "县官"一词自战国时期开始使用，但至少在法律文书中，统一六国后开始以"公""公室"与"王室"等词语来代替使用。参见拙稿：《秦漢"縣官"考》，载早稻田大学長江流域文化研究所编：《中國古代史論集——政治・民族・術數》，雄山閣 2016 年版。

3 此前一般认为，秦国在统一六国以前使用"辠"字，在统一六国后改为"罪"字。不过，第 1 组、第 2 组中使用"罪"与"辠"两字，第 3 组仅使用"辠"字。而且，在使用"辠"字的有些条文中，同时又使用"皇帝""制诏""黔首"与"县官"等统一六国后的用语。此问题暂存疑待考。

4 冈崎文夫：《魏晋南北朝通史》，弘文堂书房 1932 年版，第 579—581 页；小畑龙雄：《漢代の村落組織に就いて》，载《東亞人文學報》第 1 卷第 4 号，1942 年；松本善海：《中國村落制度の史的研究》，岩波书店 1977 年版，第 200—203 页等。

5 日比野丈夫：《中國歷史地理研究》，同朋舍 1977 年版，第 148—150 页；池田雄一：《漢代の里と自然村》，载氏著：《中國古代の聚落と地方行政》，汲古书院 2002 年版；重近启树：《秦漢の國家と農民》，载《歴史學研究別冊特集　世界史における地域と民衆》，1979 年；堀敏一：《中國古代の里》，载氏著：《中國古代の家と集落》，汲古书院 1996 年版等。

组成一里。不过,另一方面,有些史料中可见不足百户的里。"一里百户"的文献记载与不足百户的里之间的关系应该如何理解呢?这是关系到秦汉史研究的重要问题之一,即当时国家欲如何统治里及居住在里内的民,但学者之间存在意见分歧,观点未必一致。然而,《秦律令》中包含有关此问题的重要史料。另外,当时的里置里正、里典与父老等负责人,他们的选任亦与国家统治里的问题直接相关。《秦律令》中又包含关于里典、父老选任的史料。本文拟以《秦律令》为线索,探讨秦汉时期里之编制与里正、里典、父老,从而考察当时国家统治里的问题。

一、"一里百户"与里之编制

上引《续汉书·百官志五》本注谓"一里百户",但本注为西晋司马彪所著。自然村说主张,一里百户是西晋时实施的制度,本注的一里百户亦是据西晋制度所推测的汉代制度,汉代本来没有每一定户数编制成里的制度。然而,有些史料暗示汉代的里大概由百户构成。尹湾汉简《集簿》载西汉末期东海郡的各种统计数据,[1]其中有以下记载:[2]

> 里二千五百卅四,正二千五百卅二人。……
> 户廿六万六千二百九十,多前二千六百廿九。(YM6D1 正)

据此可知,当时的东海郡共有26万6290户,置2534里。也就是说,每一里平均约有105户,接近"一里百户"。

此外还可见百户为里的记载,如《管子·度地》云:

> 昔者桓公问管仲曰:"寡人请问度地形而为国者。其何如而可?"管仲对曰:"……州者谓之术。不满术者谓之里。故<u>百家为里</u>,里十为术,术十为州,州十为都,都十为霸国。"

《礼记·杂记下》郑玄注又云:

---

1 尹湾汉简是1993年自江苏省东海县尹湾第2号墓、第6号墓出土的简牍。

2 尹湾汉简的简号、释文,根据连云港市博物馆、东海县博物馆、中国社会科学院简帛研究中心、中国文物研究所编:《尹湾汉墓简牍》,中华书局1997年版。

《王度记》曰:“百户为里。”

前者是春秋时期管仲向齐桓公阐述的理想国家的状态,提到应该每百户组成一里。但是,《管子》是自战国时期至西汉逐渐成书的,[1]上引记载不能认定为史实。后者引自汉代礼书《王度记》,似乎说明了礼书中所谓的里。也就是说,前者、后者皆不是当时真正实施的制度。但是,汉代及其以前无疑有一里百户这一认识。

另一方面,也有未满百户的里。首先,马王堆帛书中有被称为《驻军图》的地图。[2] 此地图描绘的是现今湖南省江华瑶族自治县境内的潇水流域,似是西汉吕后末年或文帝初年所绘制。[3] 当时此地位于长沙国南端,与南越的国境临近。值得关注的是,此地图中载有各里的名称、户数与现状等信息。以下仅截取出这些部分:[4]

上蛇	廿三户	□□□
孑里	卅户	今毋人
□里	□十户	今毋人
絅里	五十三户	今毋人
溜里	十三户	今毋人
虑里	卅五户	今毋人
波里	十七户	今毋人
沙里	卌三户	今毋人
智里	六十八户	今毋人
乘阳里	十七户	今毋人
□里	□六户	今毋人
垣里	八十一户	今毋人
沛里	卅五户	今毋人

1 金谷治先生认为,《管子·度地》的成书年代难以确定,但不应追溯到战国末期。参见《管子の研究》,岩波书店1987年版,第246—248页。

2 马王堆帛书是1973年自湖南省长沙市马王堆第3号墓出土的帛书,年代属于西汉初期。

3 对于《驻军图》绘制的年代,诸家说法不一,但大概认为是吕后末年或文帝初年。参见马王堆汉墓帛书整理小组:《马王堆三号汉墓出土驻军图整理简报》,载《文物》1976年第1期;傅举有:《关于〈驻军图〉绘制的年代问题》,载《考古》1981年第2期;熊传薪:《关于〈驻军图〉中的有关问题及其绘制年代》、周世荣:《马王堆帛书古地图不是秦代江图——兼谈汉初长沙国的历史地理》、曹学群:《论马王堆古地图的绘制年代》,皆载湖南省博物馆编:《马王堆汉墓研究文集——1992年马王堆汉墓国际学术讨论会论文选》,湖南出版社1994年版等。

4 《驻军图》的释文,根据马王堆汉墓帛书整理小组:《马王堆三号汉墓出土驻军图整理简报》。

路里	卌三户	今毋人
□□	□十四户	[今]毋人
郚里	□□□	今毋[人]
□里	廿户	今毋人[1]
弹里	□户	并□不反
径里[2]	五十七户	[不]反
资里	十二户	不反
龙[里]	百八户	不反
蛇下里	卌七戶	不[反]

在上列中,“上蛇”不带“里”字,但还有“蛇下里”,推测上蛇应是与蛇下成对的里。除了不能判读户数的里,其他每一里平均约有 41 户,甚至未达一里百户的一半。超过百户的里是龙里,为 108 户,其他的里分别仅有 12 至 81 户。

但是,上述情况未必是可见于整个汉朝境内的一般情况,因为此地域当时有特殊的情况。该地靠近与南越的国界,属于偏僻之处,人口应该较少。进而言之,《驻军图》对各里皆记为“今毋人”或“不反(返)”,即各里当时处于无人或里民未回的情况。原因大概在于吕后时期,汉的长沙国与南越之间有战争。此地本身就可能变成战场,[3]或战争使得当地的治安极度恶化,民众因此被杀或逃亡,各里均变成了无人之处。而在各里变成无人之处以前,原本就很少的人口有可能因战争的影响而更加减少。如此说来,此地域不仅人口很少,而且聚落亦有可能很少,并且分布稀疏。将这些聚落每百户组成一里在行政上不方便,故此地多有未满百户的里,我们也不能否认存在这样的可能性。

然而,凤凰山第 10 号汉墓简牍(以下称为“凤凰山汉简”)所见,有些里亦可推定未满百户。[4] 这批简牍可认为抄写于西汉景帝四年(公元前 153 年)以前,[5]其中载有“郑里”、“市阳里”与“当利里”等里。虽然这批简牍没有记载各里的户数,但裘锡圭

---

1 整理小组的释文中没有此里。但在图版、复原图中,絅里之南可见此里,故今补出。《驻军图》的图版、复原图,参照了马王堆汉墓帛书整理小组编:《古地图马王堆汉墓帛书》,文物出版社 1977 年版。

2 整理小组的释文作“痓里”,但今据图版、复原图改为“径里”。

3 《史记》卷一百一十三《南越列传》云:“高后时……于是佗乃自尊号为南越武帝,发兵攻长沙边邑,败数县而去焉。高后遣将军隆虑侯灶往击之。”

4 凤凰山第 10 号汉墓简牍是 1973 年自湖北省荆州市凤凰山第 10 号墓出土的简牍。

5 根据自凤凰山第 10 号墓出土的告地策(下引的第 1 号牍)所见纪年、随葬品与周围墓葬的年代等,可以认为该墓的墓主被埋葬于景帝四年。参见黄盛璋:《历史地理与考古论丛》,齐鲁书社 1982 年版,第 166—167 页、第 185 页;弘一:《江陵凤凰山十号汉墓简牍初探》,载《文物》1974 年第 6 期。

先生、永田英正先生根据国家借发粮食的郑里户数，以及各里算钱（人头税）的总计，可以推定郑里为 25 户，市阳里为 38 户，当利里为 39 户。[1] 也就是说，这三里仍皆未满百户。

另外，虽然时代稍微晚一些，走马楼吴简亦有未满百户的里。走马楼吴简包含关于三国吴长沙郡户籍的史料，[2] 有些简牍显示了各里的户数与人口。据此，每一里大概有 20 至 50 户，仍均未满百户。但在另一方面，也有 255 户的里。[3]

秦时亦有未满百户的里。里耶秦简有以下文书：[4]

> 卅二年正月戊寅朔甲午，启陵乡夫敢言之：成里典、启陵邮人缺。除士五（伍）成里匄、成，成为典，匄为邮人。谒令、尉以从事。敢言之。（8－157）
>
> 正月戊寅朔丁酉，迁陵丞昌却之启陵：廿七户已有一典，今有（又）除成为典，何律令安（应）？尉已除成、匄为启陵邮人，其以律令。/气手。/正月戊戌日中，守府快行。
>
> 正月丁酉旦食时，隶妾冉以来。/欣发。　　壬手。（8－157 背）

简文内容大概如下所述：始皇三十二年（公元前 215 年），启陵乡啬夫的夫（人名）作为成里的“典”出缺，向迁陵县请求任命“士伍”（无爵者）成里人“成”（人名）为典。然而，迁陵县丞昌驳回此请求，理由是成里仅 27 户，已置一名典，故又任命成（人名）为典，不符合律令的规定。

那么，上述未满百户的里与一里百户有何关系？对于此问题，重近启树先生以凤凰山汉简为主要根据，认为秦汉时期将自然村与行政村皆称为里，将数个自然村的里组成一个行政村的里，自然村的里置父老，行政村的里置里正，分别作为负责人。[5] 例如，凤凰山汉简第 4 号牍（旧第 5 号牍）云：[6]

1　裘锡圭：《古文字论集》，中华书局 1992 年版，第 553—554 页；永田英正：《居延漢簡の研究》，同朋舍 1989 年版，第 600—601 页。

2　走马楼吴简是 1996 年自湖南省长沙市走马楼第 22 号井出土的三国吴简牍。

3　于振波：《走马楼吴简初探》，文津出版社 2004 年版，第 150—151 页。

4　里耶秦简是 2002 年自湖南省龙山县里耶古城址出土的秦简牍。简号、释文根据陈伟主编：《里耶秦简牍校释》第 1 卷，武汉大学出版社 2012 年版。

5　重近启树：《秦漢の國家と農民》。

6　凤凰山汉简的简号、释文，根据湖北省文物考古研究所编：《江陵凤凰山西汉简牍》，中华书局 2012 年版。凤凰山汉简的简号此前一般使用《文物》1974 年第 6 期所载，但近年出版的《江陵凤凰山西汉简牍》的简号与此不同。本文依据该书的简号，同时又在（ ）内附记《文物》1974 年第 6 期的简号，如“旧第×号牍”。

市阳,二月,百一十二算,算卅五,钱三千九百廿,正偃付西乡偃、佐缠。吏奉卩受正忠(?)二百卌八。

郑里,二月,七十二算,算卅五,钱二千五百廿,正偃付西乡偃、佐缠。吏奉卩

名为偃的“正”(即里正)向西乡缴纳市阳里、郑里的算钱。

第1号牍(旧第6号牍)又云:

四年后九月辛亥,平里五大夫伥(张)偃敢告地下主:偃衣器物所以蔡(葬)具(?)器物□令会(?)以律令从事。

“平里五大夫张偃”似是第10号墓的墓主,并且与里正偃是同一人。另外,第5号牍(旧第4号牍)记载了关于当利里算钱的记录。重近先生据以上史料认为,张偃很可能是平里、市阳里、郑里与当利里等数里的里正,这些里皆是自然村的里,而将这些里组成行政村的里,则张偃是该行政村的里的里正。

若按这样的理解,则可以解释有些史料说一里百户的同时,又有些史料可见未满百户的里。即《驻军图》等史料所见的未满百户的里是自然村的里,再将这些里组成百户左右的行政村的里。例如,据《驻军图》,蛇下里(47户)、上蛇里(23户)、孑里(30户)所在位置相近,似乎可以认为这些里均是自然村的里,可将这三个里组成整百户行政村的里。

然而,笔者对于这样的观点有如下疑问,即假使自然村与行政村均称为里,这样不会在行政上有不便之处吗?尤其如凤凰山汉简那样,假使行政文书中使用自然村的里的名称,则其不会与行政村的里发生混淆吗?

关于此问题,岳麓书院藏秦简《秦律令》中有值得关注的史料:

●《尉卒律》曰:里自卅户以上,置典、老各一人。不盈卅户以下,便利,令与其旁里共典、老。其不便者,予之典而勿予老。……置典、老,必里相谁(推),以其里公卒、士五(伍)年长而毋害者为典、老。毋长者,令它里年长者为它里典、老。[1] 毋以公士,及毋敢以丁者。丁者为典、老,赀尉、尉史、士吏主者各一甲,

---

1 “毋长者,令它里年长者为它里典、老”,《岳麓书院藏秦简(肆)》的释文断句为“毋长者令它里年长者。为它里典、老”,但今据陈伟先生的解释改。如陈伟先生所指出,“令它里”的“它里”应是指“毋长者”所属之里以外的里,“为它里”的“它里”是指对“令它里”来说的“它里”,即“毋长者”之里。参见《岳麓秦简〈尉卒律〉校读(一)》,载简帛网 http://www.bsm.org.cn/show_article.php?id=2489,发布时间:2016年3月21日。

丞、令、令史各一盾。毋爵者不足,以公士。县毋命为典、老者,[1]以不更以下,先以下爵。其或复未当事,或不复而不能自给者,[2]令不更以下无复不复,更为典、老。(第142—146号简)

此条律文规定,30户以上之里置典与老各一人,未满30户的里与其旁边的里共典、老。可知秦时非但有未满百户的里,甚至还有未满30户的里。但这一点本身已由上引里耶秦简明确了。此处的问题是,该律条所说的里是指自然村还是指行政村。对于此处未满百户的里,如果重近先生的观点正确,则此处所说之里几乎可以肯定指自然村。然而,笔者根据以下理由认为,该律条所说的里并非自然村,而是行政村。重近先生认为自然村与行政村皆称为里,但整个律所说的里应该是作为哪种意义来使用的呢?"里"一词,在有的条文中是指自然村,在有的条文中又是指行政村。然而,假使整个律所说的里是指自然村,那么该律中没有关于行政村的规定。但行政村的里是国家为了行政上的必要而设置的,故律文对此不设规定是难以想象的。由此我们可以认为,包括该条在内,秦律所说的里不是指自然村,原则上是指行政村。[3]也就是说,秦时非但有未满百户的行政村的里,甚至有未满30户的行政村的里。

考虑到汉朝基本上继承秦朝的制度,这就出现了一个疑问:《驻军图》等汉代史料所见未满30户的里亦是行政村吗?值得关注的是,该律条规定未满30户的里与旁边的里共典、老。在此种情况下,典、老管辖复数的里,情况与凤凰山汉简的张偃相似。汉律中可能亦有与该律条一样的规定,张偃可能就是根据此规定而担任了复数之里的里正吧。

该律条所见的是典、老,而张偃是里正,虽然两者之间有所差异,但如后所述,秦及汉初里正包括在典之内,后来则废除了典,仅置里正。张偃死于景帝四年(公元前153年),担任里正的时间应当在此之前,暂不明确当时是否还置典。无论如何,假使该律条沿用至汉律,而且在废除典以后亦继续存在,则该律条中的"典"应该改为"里正"。

另外,该律条与凤凰山汉简之间又有所差异,即该律条规定未满30户的里与旁边的里共典、老,而凤凰山汉简所见市阳里与当利里的推定户数皆超过30户,尽管如

---

1 《岳麓书院藏秦简(肆)》认为,据前后文意,"县毋命为典、老者"的"毋"为衍文(第166页注66)。然而笔者认为,此处应有"毋"字文意才能通顺。

2 《岳麓书院藏秦简(肆)》的释文将"或"作"戍",今据陈伟先生的解释改。参见《岳麓秦简〈尉卒律〉校读(一)》。

3 但是,并不是所有律中的"里"都是指行政村的里。例如,《秦律令》有"咸阳及郡都县恒以计时上不仁邑里及官者数狱属所执法"(第27号简正)的条文,此处所说的"里"与"邑"大概都是指"地域社会"之意,而并不严格地指行政村的里。

此,张偃却一人兼任这些里的里正。一名里正管辖复数的里说明汉律也许将其标准设定为比30户多一些。

如上所述,该律条中的里是指行政村,假使该律条沿用至汉律,并且张偃据此担任了数里的里正,则张偃担任里正的数里亦应均是行政村。另外,该律条仅规定与旁边的里共典、老,而并不是说结合这些里所组成的行政村的里。因此,张偃亦仅兼任数里的里正,但这些里并未组成一个行政村。

综上所述,可知秦汉时期存在未满百户的行政村的里。那么,一里百户到底是什么意思?值得关注的是《秦律令》中有以下条文:

> ❘诸故同里、里门而别为数里者,皆复同以为一里。一里过百而可隔垣益为门者,分以为二里。□▨(第295号简)

该条属于《秦律令》的第3组。第3组中可见《内史户曹令》《内史郡二千石官共令》与《廷内史郡二千石官共令》等标题,故可认为该条亦是"令"之条文,即秦国君主某时所下的命令。该条大意如下:

> 凡是原来属于共里或共里门的聚落,后来被分为数里的,皆恢复为一里。一里中户数超过一百,且可能隔以墙垣而增建门口的,分为二里。□……

在探讨一里百户的问题上,重要的是该条的后半部分,但此处拟先探讨该条前半,以作为探讨后半的准备。该条前半多有不明之处。"共里门的聚落"似乎是指与"共里"的聚落相同的东西,但两者之间的差异不明。另外,在发出该条以前,秦国似乎对里实行分割,但据该条取消,恢复为原状。虽然这是在探讨里之编制的问题上令人感兴趣的史料,但根本无法推测其时期、所据理由与实施背景。无论如何,因为规定了将彼时分割的里在此时恢复为原状,所以该条前半只不过是具有一次性效力的命令,其后便丧失了作为规范的意义。

其次,该条后半规定,一里若超过百户,且可能隔以墙垣而增建门口的,应分为二里。此部分的适用对象是限于该条前半规定的里,即将过去分为数里恢复为一里的情况,还是所有的里,尚不明确。假使是前者,则适用该条后半的情况是由于数里恢复为一里,该里户数超过百户。与此相对,假使是后者,则适用该条后半的情况是包括前者在内,由于某种原因所导致的一里户数增加,超过了百户。

然而,即使是前者,既然在超过百户的情况下应分为二里,就可知当时的里原则上不能超过百户。也就是说,一里百户是行政村的里的户数上限,而超过百户的里,除了不可能“隔以墙垣而增建门口”的情况以外，必须分为二里。实际上，远远超过百户的里仅有走马楼吴简中的255户一例。255户的里可能是由于某种原因不能“隔以墙垣而增建门口”，故不能分为二里。

当时的里绕以墙垣，墙垣设有门口。[1] “隔以墙垣而增建门口”应是指在绕以墙垣的里中又建筑墙垣，以分为二里，没有门口的里建设门口。虽然不明确具体为什么导致不可能“隔以墙垣而增建门口”，但有可能是这样的情况，如因里太过广大，建筑墙垣要耗费巨大劳力，或里内房屋密集，甚至没有可以建筑墙垣的空间了。

如上所述，据尹湾汉简《集簿》所载，西汉末期的东海郡每一里平均约有105户。这意味着至少当时的东海郡人口很多，几乎所有的里都达到百户的上限。并且，据《集簿》，东海郡有2534里，里正置2532人。这表明一人兼任数里里正的情况几乎没有，即户数少的里几乎没有。

与此相对，里耶秦简、《驻军图》、凤凰山汉简与走马楼吴简所见的里大概有20至50户，达到百户的里却极少。这些简牍、帛书均出土于现在的湖北省、湖南省，出土地皆位于远离中原的地方，开发较晚。虽然目前显示各里户数的史料没有那么多，但中原地区大概与东海郡一样，百户左右的里较多。

二、里正、里典、父老是什么？

此处本来应该对里正、里典、父老的选任方式进行探讨，但在进入本题前，该部分拟先探讨里正、里典、父老是什么。

1. 里正与里典

据上引《续汉书・百官志五》“里有里魁，民有什伍，善恶以告。本注曰：里魁掌一里百家”所载，汉代的里置“里魁”。里魁主掌“一里百家”，据此，里魁似是里之长、负责人，每一里置一人。

不过，笔者查看关于汉代的史料，里魁一词的用例其实仅有上引之记载。汉代将里之长称为“里正”。例如，《汉书》卷九十《酷吏传》“尹赏”条云：

---

1 重近启树：《秦漢の鄉里制をめぐる諸問題》，载《歷史評論》第403号，1983年；堀敏一：《中國古代の家と集落》，第177—180页等。当时有两种聚落，一种是县城等绕以城郭的城市，另一种是散在郊外而并没有城郭的村落，但两者皆有里。有些先前的研究似乎认为，只有前者的里才设有墙垣或门口，但不能否定存在后者的里亦与此一样的可能性。

〔尹赏〕乃部户曹掾史,与乡吏、亭长、里正、父老、伍人,杂举长安中轻薄少年恶子,无市籍商贩作务,而鲜衣凶服被铠扞持刀兵者,悉籍记之,得数百人。

另外,江苏省仪征县(今市)胥浦第101号墓出土汉简《先令券书》中有"里阡(师)"一词,堀敏一先生认为其亦与里正一样,是里之领导者的名称。[1] 对于里之长,在史料中有各种各样的名称,堀先生认为"有些名称似乎源自在地民众的称谓"。但其在律令条文与国家制作的计簿中称为"正",如《二年律令·钱律》云:[2]

盗铸钱及佐者,弃市。……正、典、田典、伍人不告,罚金四两。(第201号简)

尹湾汉简《集簿》又云:

里二千五百卌四,正二千五百卌二人。(YM6D1正)

因此,在这些称谓中,"正"或"里正"似是正式名称。[3]

里正这一称谓可追溯到战国秦,《韩非子·外储说右下》云:

秦襄王病,百姓为之祷。病愈,杀牛塞祷。……王因使人问之,何里为之,訾其里正与伍老屯二甲。

据此可知,最晚在战国后半的秦昭襄王时已置里正。[4] 另外,《墨子·号令》云:

奸民之所谋为外心,罪车裂。正与父老及吏主部者不得,皆斩。

---

1 堀敏一:《中國古代の家と集落》,第177页。

2 《二年律令》的简号、释文,根据彭浩、陈伟、工藤元男主编:《二年律令与奏谳书》,上海古籍出版社2007年版。

3 另,山田胜芳先生推测,进入东汉后,"里父老的地位下降,相对于此,里之长立于绝对性优势地位,故又称为'里魁',意思是里之领导者。"参见山田胜芳:《秦漢財政收入の研究》,汲古书院1993年版,第399页。

4 此处所说的"襄王",可认为是指昭襄王。参见陈奇猷:《韩非子新校注》,上海古籍出版社2000年版,第817页注2。《韩非子·外储说右下》又举出几乎同样的另一个故事,其中作"秦昭王",故襄王无疑是指昭襄王。

该篇中可见数例里正。一般认为,该篇成于战国时期在秦国活动的墨家之手。[1] 对于具体的成书年代,诸家说法不一,但大概可推定是自战国后半期至统一六国之前。[2]

此处的问题是,秦及汉初的史料中有"里典""典",如睡虎地秦简《封诊式》云:[3]

> 经死 爰书:某里典甲曰:"里人士五(伍)丙经死其室,不智(知)□故。来告。"(第63号简)

对于里典、典,睡虎地秦墓竹简整理小组认为是指里正,为避秦王政讳而称为里典或典。[4] 相对于此,古贺登先生则认为里典并非里正,而是在里正之下工作的里之小吏,每一里置复数之人,其根据之一是睡虎地秦简《秦律十八种》:

> 以四月、七月、十月、正月膚田牛。卒岁以正月大课之。……其以牛田,牛减絜,治(笞)主者寸十。有(又)里课之。最者,赐田典日旬。(第13—14号简)

其中有"田典"(主管农业的人员)一词,同时又使用"正"字。根据之二是睡虎地秦简《封诊式》"封守"条云:"典某某"(第10简)。[5]

两种解释皆是睡虎地秦简公布后不久发表的,但至少在2001年《二年律令》的图版、释文公布之前,学界一般认为前者是正确的。不过,《二年律令》中有三条律文均并举"正"与"典":

> (1) 盗铸钱及佐者,弃市。……正、典、田典、伍人不告,罚金四两。(《钱律》,第201简)

---

1 渡边卓:《墨家の兵技巧書について》,载氏著:《古代中國思想の研究》,创文社1973年版;《〈墨子〉諸篇の著作年代》,载同上;李学勤:《简帛佚籍与学术史》,江西教育出版社2001年版,第131—132页;吉本道雅:《墨子兵技巧諸篇小考》,载《東洋史研究》第62卷第2号,2003年;史党社:《〈墨子〉城守诸篇研究》,中华书局2011年版,第125—132页等。

2 对于《墨子·号令》的成书年代,李学勤先生认为是秦惠文王时期及其以后,吉本道雅先生认为是公元前3世纪前半,史党社先生认为是秦昭王三十六年(公元前271年)至统一六国(公元前221年)之间。参见注35。

3 睡虎地秦简的简号、释文,根据陈伟主编:《秦简牍合集 释文注释修订本(壹)》,武汉大学出版社2016年版。

4 睡虎地秦墓竹简整理小组编:《睡虎地秦墓竹简》,文物出版社1990年版,"释文注释"第23页(《秦律十八种》第13—14简,注14)、第87页(《秦律杂抄》第32—33简,注3)。

5 古贺登:《漢長安城と阡陌・縣鄉亭里制度》,雄山阁1980年版,第311、324页,注71。

(2) 恒以八月令乡部啬夫、吏、令史相杂案户籍,副臧(藏)其廷。有移徙者,辄移户及年籍爵细徙所,并封。留弗移,移不并封,及实不徙数盈十日,皆罚金四两。数在所正、典弗告,与同罪。(《户律》,第328—329号简)

(3) 尝有罪耐以上,不得为人爵后。诸当擗(拜)爵后者,令典若正、伍里人毋下五人任占。(《置后律》,第390号简)

张家山247号汉墓竹简整理小组将(1)的"正、典"读为"正典",认为是指里典。[1] 不过,另一方面,其将(2)的"正、典"读为"正、典",认为是指里正与田典,[2] 此两种解释有所矛盾。邢义田先生将(1)(2)皆读为"正典",推测是名为正典的乡吏之一。[3] 然而,如冨谷至先生等指出,(3)载有"典若正",明确并举"典"与"正",故(1)(2)亦皆当读为"正、典"。进一步而言,冨谷先生等根据《二年律令》中并举正与典的文例指出:"对于睡虎地秦简所见的'里典',此前一般认为是为了避始皇帝讳而将'里正'改为'里典',但有重新考虑的余地。"[4]"典"非避"正"字的观点,古贺先生早就指出了,其后出土的里耶秦简中,亦与"典"一同使用"正"字,如:

卅二年正月戊寅朔甲午,启陵乡夫敢言之:成里典、启陵邮人缺。除士五(伍)成里匄、成,成为典,匄为邮人。谒令、尉以从事。敢言之。(8-157)

正月戊寅朔丁酉,迁陵丞昌卻之启陵:廿七户已有一典,今有(又)除成为典,何律令安(应)。尉已除成、匄为启陵邮人,其以律令。/气手。/正月戊戌日中,守府快行。

正月丁酉旦食时,隶妾冉以来。/欣发。　　壬手。(8-157背)

其实,睡虎地秦简、龙岗秦简、里耶秦简与岳麓书院藏秦简等秦简中未必避"正"字。[5]

这么说来,典似是与里正不同的另一种人。然而,如果按此理解,就会产生以下

1　张家山247号汉墓竹简整理小组编:《张家山汉墓竹简〔二四七号墓〕》,文物出版社2001年版,第160页,第201—202号简注1。

2　《张家山汉墓竹简〔二四七号墓〕》,第178页,第328—329号简注6。

3　邢义田:《地不爱宝:汉代的简牍》,中华书局2011年版,第159页。

4　冨谷至编:《江陵張家山二四七號墓出土漢律令の研究　譯注篇》,朋友书店2006年版,第131—132页《二〇一~二〇二》注3。

5　风仪诚(Venture Olivier):《秦代讳字、官方词语以及秦代用字习惯——从里耶秦简说起》,载武汉大学简帛研究中心编:《简帛》第7辑,上海古籍出版社2012年版;陈伟:《秦避讳"正"字问题再考察》,载中国文化遗产研究院编:《出土文献研究》第14辑,中西书局2015年版等。

疑问。睡虎地秦简及岳麓书院藏秦简《秦律令》中有这样的规定，即典因里内事务被问罪，或受里人所犯之罪连坐。例如，睡虎地秦简《秦律杂抄》云：

> ● 百姓不当老，至老时不用请，敢为酢（诈）伪者，赀二甲；典、老弗告，赀各一甲；伍人，户一盾，皆䙴（迁）之。● 傅律（第 32—33 号简）

对于免老的申请，如果弄虚作假，则除了本人会被问罪以外，典、老、伍人的不通报行为亦将导致其被问罪。里正是里之长，故当然应当对里人所犯之罪负责。如果除了典以外还置里正，则为何睡虎地秦简及《秦律令》仅问典的责任，而根本不见问里正的责任的规定呢？

里正与典之间应有所差异，且作为里之负责人的不是里正，而仅是典。为了无矛盾地解释两者，我们只得认为里正包括在典之内。也就是说，里正同时又是典，并且也存在不是里正的典。从这种理解来看，我们可以说明睡虎地秦简与《秦律令》中不见里正的理由，即典中含有里正，故不见里正；这些史料中无需特地区别里正与典，故全都记为典。相对于此，《二年律令》在其条文中并举里正与典，但里正包括在典内，故本来仅举出典就行。虽然如此，除了典以外还举出里正的理由，很可能是特地明确表示担任里正的典亦为对象。[1]

那么，兼任里正的典与非里正的典有何差异呢？遗憾的是，此问题未详。前者可能是指处于某种特殊情况下的典，如担任数里之典的典，或是户数较多之里的典，或是城郭内所设之里的典，等等。[2]

无论如何，典最晚的用例见于汉初《二年律令》，以后不再见于史料。因此，典似乎于西汉初期以后被废止了，此后全都改称里正。

1　另，《秦律令》云："廿年二月辛酉，内史言：里人及少吏有治里中，数昼闭门不出入。请：自今以来敢有□来□□□▨……昼闭里门，擅赀伪□□□□□□□□□□者，县以律论之。乡啬吏智（知）而弗言，县廷亦论。乡啬夫、吏令典、老告里长，皆勿敢为。敢擅昼闭里门，不出入□□，赀乡啬夫、吏。智（知）弗言，县廷赀▨"（第 297—299 号简）这条法案的主旨是禁止白天关闭里门，其中载"乡啬夫、吏令典、老告里长，皆勿敢为"，即乡啬夫与吏通过典、老对"里长"告知禁令。乍一看来，里长似是里的最高负责人。若然，则典、老之上还应置里长。然而，假使乡啬夫与吏通过里长对其部下典、老告知禁令，则可以如此理解，但与此相反的情况是不可能的。因此，此处所说的里长可能不是里的最高负责人，而是在里人中属于"长"（指"免老"，后面有述）的人，或是"里人"之误。

2　《墨子・号令》载在城邑为敌军所包围的情况下应当发出的军令，其中云："奸民之所谋为外心，罪车裂。正与父老及吏主部者不得，皆斩。"即城内里之正与父老被问罪。此处不记为"典"而记为"正"，或许是因为城内的典全都称为正。但是，该篇与秦律的关系未必明确，可能不能以秦国制度解释该篇。

2. 父老

如上所述,在睡虎地秦简、《秦律令》中,名为"老"的人员与典共同负责。此老一般认为是指"父老"。[1] 有些学者认为,父老是指里内自然产生的长老、有影响力之人、领导者,而非由国家正式设置的职位。[2] 史料所见的父老大多是指在地领导者。例如,《史记》卷8《高祖本纪》云:

> 刘季乃书帛射城上,谓沛父老曰:"天下苦秦久矣。今父老虽为沛令守,诸侯并起,今屠沛。……"父老乃率子弟共杀沛令,开城门迎刘季,欲以为沛令。

此处所说的父老应是指在地领导者。然而,如山田胜芳先生、堀敏一先生所指出,有些史料所见的父老似乎恰恰是职务名称。[3] 如上所述,老往往与典这一职务名称并举,并与典一样对里内行政及里人所犯之罪负责。如果"老"是专指里内领导者层的词语,则缺乏客观标准,未明确由谁具体负责。并且,上引《秦律令》亦明确规定30户以上之里置老一人。因此,至少在律令条文及相关文书中与典并举的老,应是由国家任命的职务之一。也就是说,当时有两种父老,即作为一个社会阶层的父老与官选的父老。

三、里正、里典、父老之选任

那么,如何选任里正、里典、父老?《春秋公羊传·宣公十五年》何休解诂云:

> 选其耆老有高德者名曰父老,其有辩护伉健者为里正。皆受倍田,得乘马。父老比三老孝弟官属,里正比庶人在官之吏。

据此可知,应选任具备高德的老人为父老,选任能治事管理并身体壮健的老人为

1 堀敏一:《律令制と東アジア世界——私の中國史學(二)》,汲古书院1994年版,第22页;古贺登:《漢長安城と阡陌·縣鄉亭里制度》,第310—311页;山田胜芳:《秦漢財政收入の研究》,第395—396页。

2 宇都宫清吉:《漢代社會經濟史研究》,弘文堂书房1955年版,第441页;小畑龙雄:《漢代の村落組織に就いて》;守屋美都雄:《中國古代の家族と國家》,第198页等。

3 山田胜芳:《秦漢財政收入の研究》,第397页;堀敏一:《中國古代の家と集落》,第185—188页。

里正。然而,上引《秦律令》(第142—146号简)所规定的典、老的选任方式与此大异。其方式可整理如下:

[1] 置典、老时,必须让里人从自己所属的里中推荐胜任者。被推荐者必须合乎以下四个条件:① 该里的人;②“公卒”或“士伍”;③ 年龄属于“长”;④“毋害”。

[2] 不存在合乎条件①、③、④的公卒、士伍时,任命合乎以下条件的人为典、老,即合乎条件①、③、④,且是有“不更”以下爵位的人中爵位最低之人。

[3] 里中没有年龄属于“长”的人时,任命该里以外的里中合乎②至④条件的人为典、老。

公卒、士伍均是身份名称,即无爵位的人。上引里耶秦简亦推举士伍成(人名)为典的候选人。

“长”一般指年长,但在该条中作为与“丁”对应的词语使用。该条以“长”为担任典、老的条件之一,且记载“及毋敢以丁者。丁者为典、老,赀尉、尉史、士吏主者各一甲,丞、令、令史各一盾”,即规定不能任命丁者为典、老,如果任命就对县尉等吏加以处罚。由此可知,“长”不属于丁的年龄。当时民众达到一定年龄,则向国家办理名为“傅籍”的程序,作为“丁”而从事徭役、兵役。[1] 达到老龄后,则免除其徭役、兵役,以后称之为“免老”。也就是说,该条所说的“长”是指免老。实际上,由睡虎地秦简所见,有些免老是作为与丁所对应的概念而使用。[2] 据《二年律令·傅律》规定,达到免老的年龄,大夫以上58岁,不更62岁,簪裹63岁,上造64岁,公士65岁,公卒以下66岁(第356号简)。

有时“毋害”一词作为对官吏的评价而使用。[3] 关于词义,诸家说法不一,如有些学者认为指“无比”,又有些学者认为指“公平”,[4] 至今为止没有定见。

据该条,典、老的数项选任条件之间存在先后顺序。“长”是绝对条件,此外以无爵者与爵位较低之人为优先条件。进而,不更之上,即爵位大夫以上之人不可能被任

---

1 据《二年律令·傅律》,实施傅籍的年龄按爵位、身份有所不同,爵位、身份愈下,则实施傅籍的年龄愈小(第364号简)。但是,有些学者认为,秦国在战国末期之前以身高为傅籍的标准。参见渡边信一郎:《中國古代國家の思想構造——專制國家とイデオロギー》,校仓书房1994年版,第101—111页等。

2 睡虎地秦简《秦律十八种》云:“隶臣欲以人丁粼者二人赎,许之。其老当免老、小高五尺以下及隶妾欲以丁粼者一人赎,许之。”(第61号简)

3 例如,《史记》卷五十三《萧相国世家》云:“萧相国何者,沛丰人也。以文无害为沛主吏掾。”

4 蒋波:《秦汉简“文毋害”一词小考》,载《史学月刊》2012年第5期。

命为典、老。这种对爵位的限制可能却是有爵者的特权,其无需就任典、老,或就任的可能性较小。这可谓有爵者特权的原因是,对当时人而言,典、老的责任、负担很重,大多数人不想就任。实际上,与典、老同为里内职务的“伍长”(由五家构成的邻保组织“伍”的负责人)亦被强迫承担对伍内之人的监察等责任,故至少在东汉时,知识分子、有影响力之人、富人等忌避就任。[1]

据上引《公羊传》何休解诂,里正、父老享受特权,即其被国家授予的田地比一般人多一倍,并被准许乘马。虽然未明确这是否是当时所实施的制度,但里正、典、老或许被授予了某种特权、报酬。据何休解诂,里正的地位相当于官吏,父老相当于三老、孝弟。由此,我们也可以认为,里正、典、老享受相当于官吏的待遇,例如领取俸禄及其他。然而无论如何,由里正、典、老的责任、负担来看,这些特权、报酬可能是不够的。里正、典、老均必须办理里内事务,并负担各种法律责任,如从里人处征收算赋,并征用里人从事徭役,等等。[2] 其承担法律责任的原因未必限于故意行为,还包括过失行为。[3] 甚至在有些情况下,即使加以应尽的注意义务,也难以避免被问罪。[4] 虽然对这些罪所设定的法定刑大致均属于财产刑,但这对里正、典、老来说,应是沉重的经济负担。

为了尽量减轻这种经济负担,里人有时结成“僤”(互助会)。1973 年自河南省偃师市出土的东汉中期的《汉侍廷里父老僤买田约束石券》大致内容如下:永平十五年(公元 72 年),侍廷里的于季等 25 人结成僤,购入 82 亩田地;今后至其子孙后代,如果在 25 人中有就任父老的人,则借给他这些田地,让他依凭田地的收获物能够自给。[5] 民间实施这种对策,表示父老之任的经济负担很重。

另外,限制有爵者就任典、老,应与免老的年龄有关。如上所述,据《二年律令·

---

1 山田胜芳:《秦漢財政收入の研究》,第 310—311 页。另外,《后汉书》卷四十九《仲长统列传》所引仲长统《昌言·损益》又云:“井田之变,豪人货殖,馆舍布于州郡,田亩连于方国。身无半通青纶之命,而窃三辰龙章之服;不为编户一伍之长,而有千室名邑之役。荣乐过于封君,执力侔于守令。财赂自营,犯法不坐。刺客死士,为之投命。至使弱力少智之子,被穿帷败,寄死不敛,冤枉穷困,不敢自理。虽亦由网禁疎阔,盖分田无限使之然也。”由此可知东汉末期豪族、大土地所有者回避就任伍长。

2 堀敏一:《中國古代の家と集落》,第 190—197 页;山田胜芳:《秦漢財政收入の研究》,第 393—396 页。

3 例如,睡虎地秦简《秦律杂抄》云:“匿敖童,及占瘩(癃)不审,典、老赎耐。”(第 32 号简)即里人有“罢癃”(有病或障碍的人),登记他时,如果登记内容有不正确之处,则典、老均应处以“赎耐”(财产刑之一)。

4 例如,睡虎地秦简《法律答问》云:“贼入甲室,贼伤甲。甲号寇。其四邻、典、老皆出不存,不闻号寇。问当论不当? 审不存,不当论。典、老虽不存,当论。”(第 98 号简)在里内发生伤害案件的情况下,即使典、老在案发时不在里内,也应被问罪。

5 《汉侍廷里父老僤买田约束石券》的拓本、释文,收录于黄士斌:《河南偃师县发现汉代买田约束石券》,载《文物》1982 年第 12 期。

傅律》,免老的年龄按爵位不同而有所不同,爵位愈高,免老的年龄愈小。也就是说,爵位较高的人可能较早地达到免老的年龄。免老即"长",也是就任典、老的绝对条件,假使无论爵位高下而任命"长"为典、老,则爵位较高的人较早地被任命为典、老的可能性较大。换言之,应当受到国家各方面优待的高爵者,却有较大可能性要承受就任典、老的负担,故可能因此而限制有爵者就任典、老。

目前尚未明确实施如上的典、老选任方法到何时。另外,如上所述,据凤凰山汉简第 1 号牍(旧第 6 号牍)所载,凤凰山第 10 号墓的墓主张偃却拥有五大夫的爵位。五大夫比大夫高四级。然而,贾丽英先生认为,包括第 1 号牍在内,目前所公布的汉代告地策(送给冥界官吏的文书,记载了关于死者的信息)所载的"五大夫"、"五大夫母"与"关内侯寡"等墓主身份,均为高爵,但这些均不是墓主生前的身份,记载这些爵位的目的是使墓主在死后的世界中可以享受按照爵位免除税役等特权。[1] 其说大概可从。

因此,我们不能仅据张偃告地策中记载的五大夫一事,而认为当时已经取消担任典、老的"不更以下"这一爵位限制。话虽如此,但众所周知,入汉以后国家在逢喜事或凶事之时,会向民颁发爵位。因此,长寿之人自然容易达到高爵。这么说来,"长"且爵位不更以下之人自然会减少,假使与此前一样仅任命不更以下之人为里正、父老,则没有可当里正、父老的人了。因此,不能否定存在汉初以后取消担任典、老的爵位限制的可能性。

另外,据《汉侍廷里父老僤买田约束石券》所载,东汉中期,拥有一定资产也是就任父老的条件之一。如:

> 僤中其<u>有訾次当给为里父老者</u>,共以客田借与,得收田上毛物谷实自给。即<u>訾下不中</u>,还田,转与当为父老者。……即僤中皆<u>訾下不中父老</u>,季、巨等共假赁田。

并且,据此记载可知,若就任父老后其资产有所减少,一旦少于某一标准时,就应当解除其父老的职务,借给他的田地也应还给僤。前述[1]至[3]中没有关于资产的规定,故关于父老,我们至少可知,在东汉中期之前的某一时期加上了"拥有一定资产"这一条件。父老的经济负担重,因此事实上拥有一定的资产之人才能胜任,且是为了对应这种情况,才对担任父老的条件加上资产限制的。对于里正则暂不明确,但

1 贾丽英:《告地书中"关内侯寡""五大夫"身份论考》,载《鲁东大学学报》(哲学社会科学版)2012 年第 2 期。

可以推测设定与此一样的限制。

结 语

那么,上述讨论结果可以说明什么呢?

据第一部分探讨可知,行政村的里以百户为上限,但其实多有未满此上限的里。这种里产生的原因应有以下两种情况:一种情况是将超过百户的里分为二里的结果,分后二里中的每一里一般都未满百户;另一种情况是将未满百户的自然村直接编成行政村的里。从如后者那样的里来看,可以说秦汉时期并不是与自然村无关地、机械地集合百户组成里,而是对自然村的情况加以一定程度的考虑,再按照现实情况组成里。在不可能"隔以墙垣而增建门口"的情况下,允许组成超过百户的里,这也是按照聚落现状所采取的措施。

虽然当时国家以自然村为基础来组成行政村的里,但似乎并未承认自然村内所自然形成的自律、自主的秩序。首先,如上所述,据《秦律令》所载,置典、老的里在原则上仅是30户以上之里,以下之里则与旁边的里共典、老。这么说来,在未满30户的里中,即使有自然产生的有影响力之人,他们也无法就任典、老,旁边之里的人将担任其典、老,这种情况也是可能的。在此情况下,二里及其数以上之里可能置于任何一里出生的典、老的管理之下,这些里只不过均是人为地、为方便而置于其管理之下的,无疑没能考虑到这些里之间此前是否形成了超出里的自律秩序。通过这种途径就任的典、老,虽然对其出生的里可能具备作为长老的领导力,但对其他的里则未必有领导力。

但是,《秦律令》载有"不盈卅户以下,便利,令与其旁里共典、老。其不便者,予之典而勿予老",即未满30户的里在"便利"的情况下,与旁边之里共典、老,而在"不便"的情况下,会被采取"予之典而勿予老"的措施。"予"可认为是赋予之意,但无法明确"予之典而勿予老"具体是什么意思。有可能是指只有典与旁边的里共之,但此部分对其不便的情况有所规定,故或许是指国家任命适当的人才(不必限于该里及邻近之里的人)为典,派遣到其里。虽然尚未明确何为便利、何为不便,但暂可认为存在如下情况,如这些里之间的交通颇为不便,或存在距离,或语言不通。

除此以外,即使30户以上之里也有另一里之人担任典、老的情况。即某一里中没有属于"长"之人时,任命另一里的人为典、老。在此种情况下,典、老当然均不是该里中自然产生的有影响力之人。

而且,即使由里人担任自己里的典、老,也不必限于其里中最有影响力或最有领导力的长老被选任。让里人推荐胜任者,以及以“长”为绝对条件,这两点意味着在里人中享有声望的长老将被置于典、老的地位。然而,拥有大夫以上爵位的人不能就任典、老,并且不更以下有爵者的就任先后顺序也是爵位越低者越优先。当然,在无爵者或低爵者中亦应当存在有影响力者,但一般而言,有爵者、高爵者中才多有这种人。爵位附带了被赐予田宅等特权,爵位愈高,被授予的田宅愈多。[1] 而且,爵位一定程度可由其子继承。[2] 由此可以认为,有爵者,尤其是出生于高爵者之家的人,一般比无爵者富裕,比较容易达到有影响力者、领导者的地位。虽然如此,有爵者却被限制就任典、老。理由可能如上一部分所述,典、老的负担重,无需就任典、老就是有爵者的特权。当时国家承认这种特权的原因在于,任命在地有影响力者为典、老,将其编入统治机构,以利用他们对自然村的领导力。当时“国家”这种意识可能并没有那么强烈。

这么说来,典、老被期待的不是其对里人的领导力。此前学界认为,父老一般是里内的有影响力者,统率、领导里人,[3] 睡虎地秦简所见的“老”亦是从这种父老中选任的。[4] 另外,对于里正与父老之间的关系,有些学者认为,里正是被编入行政机构末端的负责人,而父老是作为里的代表人来协助国家行政的。[5] 然而,从以上讨论来看,典、老之间几乎没有实质上的差异,皆被编入国家行政机构的末端,似乎需要其作为国家的代理人来办理里内事务。尤其是在老管辖了复数之里,或里内没有胜任者而由另一里之人担任老的情况下,我们更难说老是里所具有的自治性质层面的代表人。日比野丈夫先生曾指出:“父老可能是徒有其名,其实质不过是县、乡吏的代理人。”[6] 至少可以说,被选任为“老”的人,在某一方面有这种性质。我们可以认为有些老可谓“虚拟性父老”,即其并没有作为里之有影响力者的实力,只不过是被国家人为地、强制地设置的。

典、老以“长”为绝对条件,对于其理由,岳麓书院藏秦简整理小组提出了值得关注的解释,[7] 即因为“丁”者经常要离开里服各类徭役,无法留在里中担任典、老,所以

---

1 参见《二年律令 · 户律》。据此,公卒、士伍受到田地 1 顷,而公士 1.5 顷,上造 2 顷,簪裹 3 顷,不更 4 顷,大夫 5 顷。

2 但是,据《二年律令 · 置后律》,爵位自五大夫至簪裹之人病死时,其后子分别继承比其低二级的爵位(第 367—368 号简)。上造、公士病死时,未明确其后子是否有权继承爵位。相对于此,有爵者为国家从事某种公务,如战争、徭役和担任官吏职务等,因此死亡时,其子直接继承父之爵位(第 369 号简)。

3 代表性的论考是守屋美都雄:《父老》,载氏著:《中國古代の家族と國家》,东洋史研究会 1968 年版。

4 堀敏一:《中國古代の家と集落》,第 187 页及其他。他认为,“父老”是指地域社会的有力者,从复数父老中选任参与行政的一名父老。

5 重近启树:《秦漢の國家と農民》;堀敏一:《中國古代の家と集落》,第 185—194 页等。

6 日比野丈夫:《中國歷史地理研究》,第 151 页。

7 《岳麓书院藏秦简(肆)》,第 166 页,注 64。

只能将“长”选任为典、老。从未必需要其具备对里人的领导力来看,以“长”为绝对条件可能是有这种实务上的考虑。

据以上讨论可知,被称为父老的在地有力者不必就任为老,在有些情况下,除了官选的老以外,还有父老。在此种情况下,除了以父老为中心的自然村的自律秩序以外,还存在以典、老为中心的官制的他律秩序。国家不是直接利用自然村的自律秩序来进行统治,而是设置未必与自然村的自律秩序无关的典、老,通过其他律性的侧面来介入里从而进行控制,这就是当时国家对里的统治形态。

但是,如上所述,暂未明确[1]至[3]所规定的选任典、老的条件延续到何时。而且,最晚在东汉中期之前,对选任父老就设定了资产限制。其本来对应了这样的现状,即资产少的人事实上很难担任父老,且未明确是否有采用比较有影响力的人为父老的意图。虽然这么说,因此而进行的改革使得资产少的人无需就任父老,从这一结果来看,似乎无形中开辟了比较有力的人就任父老的路线。实际上,对于在《汉侍廷里父老僤买田约束石券》记载中结成僤的于季等 25 人,有些学者认为他们是在庶人中的上位者。[1] 然而,从东汉时有影响力者回避就任伍长的史实来看,可能其也回避就任里正、父老。据先前的研究可知,西汉中期以后,里内的阶层分化扩大,豪族的势力加强。因此,秦至汉初与其之后的社会背景不同。然而,可以说在这一点上基本是相同的,即里中最有影响力的长老不必担任里正、里典、父老。

---

1 山田胜芳:《秦漢財政收入の研究》,第 393、401—402 页。

秦汉时期渎职与腐败的官员*

［美］李安敦(Anthony J. Barbieri-Low)** 著 窦 磊*** 译

前 言

(信),长吏。临一县。上所信恃。不谨奉法以治。

信,你身为长吏,监察一县事务,为皇帝所信任、依靠。你却不谨慎地守法治理。[1]

我们从对新郪县长吏信的审讯过程中的一则诘问谈起。审讯发生于公元前 201 年的夏天,汉代统一全国后的第 18 个月。长吏信被控严重滥用职权——他下令杀害了一名有轻微冒犯举动的下属,并试图掩盖罪行。这个极端的案例反映了汉初甚至上溯到秦代的官僚政治中普遍存在且根深蒂固的问题——渎职、腐败的官员为自己及家族谋求好处,而罔顾朝廷及百姓的利益。

官员腐败在秦汉时期并不罕见。因为对于几乎每个官僚政治社会来说,腐败都是一种普遍现象,其历史可上溯至两河流域的早期城邦与埃及的早期国家。[2] 从睡

---

* 本文原题为"Intransigent and Corrupt Officials in Early Imperial China",载 N. Harry Rothschild and Leslie V. Wallace,*Behaving Badly in Early and Medieval China*, Honolulu: University of Hawai'i Press, 2017, pp.70－87。

** 李安敦,加利福尼亚大学圣塔芭芭拉分校历史系教授。

*** 窦磊,加利福尼亚大学圣塔芭芭拉分校历史系 2016 级博士研究生。

1 对整理者释文的修订,参见张家山二四七号汉墓竹简整理小组:《张家山汉墓竹简〔二四七号墓〕(释文修订本)》(以下简称"《张家山汉简》"),文物出版社 2006 年版,第 99 页,简 86,本文所引释文的校读、注释参见 Anthony J. Barbieri-Low, Robin D.S. Yates, *Law, State, and Society in Early Imperial China: A Study with Critical Edition and Translation of the Legal Texts from Zhangjiashan Tomb no.247* (以下简称"*LSS*"), section 4.16, 2 vols, Leiden: Brill, 2015。

2 有关古代文明中的官吏腐败,参见 Schuller, Wolfgang, *Korruption im Altertum: Konstanzer Symposium, Oktober 1979*, Munich: R. Oldenbourg, 1982。其中包括一份最早的有关官吏腐败的正式申明。这份敕令由埃赫那顿失败统治之后的中兴之君——法老霍伦海布(公元前 1306—前 1292 年在位)发布,并被铭刻于卡纳克神庙的墙体之上。铭文相关分析与翻译,参见 Krucheten, Jean-Marie, *Le décret d'Horemheb*, Brussels: Editions de l'Université de Bruxelles, 1981。

虎地11号秦墓中发现的箴言集以及出土于张家山247号汉墓的法令及案例可知,当时的官场术语称腐败的官员为“不直”(不正直)、“不廉”或“不廉洁”(不清正廉洁)。[1] 这些说法与英语中的“crooked”(歪的)及“corrupt”(腐败)非常接近。显然,官吏腐败意味着利用官府的资源或力量谋求私人的财富与权利。然而在下文讨论中,笔者会将官员故意渎职或玩忽职守、未能维护国家政策法规——这种使秦汉时期的政治领袖们深感懊恼的行为,视为危害国家公器的寻常的腐败行为的一种。

虽然流传下来的汉代正史中记载了许多不称职、腐败或不道德的官吏,但往往缺乏相关案例中的一些精确细节。而如今,借助出土于张家山247号墓的秦及汉初律令及案件记录,我们可以观察到一幅更加丰富的有关秦汉时期官吏渎职及腐败程度与性质的画面。

一般来说,秦代与汉初的官吏似乎都有些腐败或渎职,经常抵制国家将其纳入官僚体系、使其专注于公共利益而非个人私利的意图。张家山《奏谳书》中发现的汉初案例中有各种关于官员腐败的记录,小到分散国家劳动力、盗窃国家资源,大到如长吏信的谋杀及妨碍司法公正的案例,为我们讨论的这个重要问题提供了生动的注脚。

我们没有将官员渎职及腐败仅仅看作一种玩忽职守或犯罪行为,更将其视为一种与国家对抗的表现。其实不只是农民和贱民团体(由商贩、奴隶与刑徒组成)在公开或暗中抗拒国家征收的赋税,对官吏而言,他们自己也是有着不同欲望和动机的独立个体,未必和国家的利益保持一致。总体上说,官吏即官府,但就个体而言,他们是一个个有着自己独特能动性的人,他们同样维持着对家庭、家族及其他非政府组织的社会集团的忠诚,而且往往与自身对国家应尽的义务相左。有些官吏甚至保持着对前朝政权的忠诚,并试图阻碍后来征服者的统治取得成功。

作为臣民(或现代社会的“公民”),官吏同样受制于国家用来保证其子民顺从的两个手段:强制与思想控制。[2] 尽管国家通过强制规定与刑罚控制官吏中的腐败,最有效且持久的解决办法却是运用思想手段,说服官吏合法地处理事务,加深官吏对自身职责重要性的认识,并激励官员自发地拥护朝廷,为国家而非个人利益而努力。

---

1 睡虎地秦墓竹简整理小组:《睡虎地秦墓竹简》,文物出版社1990年版,第13、15页,《语书》简7、10;《张家山汉简》,第22页,简93;第111页,简228;*LSS*, section 4.22(slip no.228)。

2 参见 Trigger, Bruce G, Generalized Coercion and Inequality: The Basis of State Power in the Early Civilizations, In *Development and Decline: The Evolution of Sociopolitical Organization*, edited by Henri J.M. Claessen, Pieter van de Velde, and Estellie M. Smith, 46 - 61, South Hadley, MA: Bergin and Garvey, 1985。

一、秦汉时期官吏渎职的形式

秦汉时期试图运行一套庞大、复杂的政府机构，因此需要成千上万配合且能干的官吏。在秦汉时期法家的理想框架下，每一个官吏机构都与其具体的职责与权力精确对应。这些职责与权力内嵌于一个有关从属和监察的完美的层级系统。这种构想不仅与马克斯·韦伯提出的充分合理化的"现代"官僚机构相吻合，[1]同样与韩非的哲学观点相一致。韩非认为每个官吏必须有其明确的职责范围，渎职或越权都应受到惩罚。[2]这种完美的合理化构想在张家山二四七号墓出土的一则法规得到了十分恰当的概括：

> 官各有辨。非其官事勿敢为。非所听勿敢听。
>
> 每个官吏有着自己不同的[职责]。不在职权范围内的事，不敢去做。不该听的(例如：告、诉)，不敢去听。[3]

这样的规定被如此明确地写下来，是因为那些当权官吏们表现出了干预其他官吏事务或逾越自身指定权限的倾向。秦汉法律中还明确规定哪些官员被准许审判案件、哪些官吏可以作为法官、哪些官吏有权限封印重要的文件和档案、哪些低级官吏可以临时顶替上级。

秦汉时期，官员渎职有一种臭名昭著的方式，即官吏在收到任命时拒绝赴任，或是在离任或调职时放弃自己的职位。张家山汉简中的一则律令记载：

> □□□若有事县道官而免斥，事已，属所吏辄致事之。其弗致事，及其人留不自致事，盈廿日：罚金各二两。有(又)以亡律驾(加)论不自致事者。
>
> 如果某负责县、道事务的官员离职，或当某官吏完成该项事务后，其上级必

---

1 参见 Weber, Max, *Economy and Society: An Outline of Interpretive Sociology*, edited by Guenther Roth and Claus Wittich, 2: 956 - 958, Berkeley: University of California Press, 1978。

2 这一原则在《韩非子·二柄》篇中通过掌帽官与掌衣官的故事得到了幽默的阐释。英译本参见 Watson, trans, *Han Fei Tzu: Basic Writings*, 32, New York: Columbia University Press, 1964。

3 *LSS*, "Statutes on the Establishment of Officials" (sec. 3.10) no.4 (slip no. 216);《张家山汉简》,第37—38页,简216。

须即刻让该官吏放弃其职务。如果[其上级]不使其离职,或该官员[在其位却不司其职]达二十天,则分别处罚金二两(约31克)。此外,使用"亡律"对不自觉离任的官吏加以判决。[1]

拒绝离任有可能说明了官员的怠惰、无能或疏忽,同时也可能是渎职的一种非常严重的形式。因为郡守或县令掌握着重要的财政、军事资源,拒绝交出其在地方的权力很可能表示该官员意欲以此建立一个权力基础来谋反。上引律令中的最后一句话传递了非常重要的信息和惩罚性的威胁,因为此律令说明渎职官吏将会被按照逃避赋税的农民一样对待。"亡罪"是处以剔除面部毛发(一种非永久性的肉刑)、强制劳役的严重惩罚,这些刑罚一般施于罪犯,通常不作为疏忽或渎职的处罚方式,渎职常处以罚金或免职。

从官府的角度看,一种更为严重的官吏渎职则是拒绝实施政令或维护国家的法律。公元前227年,实力强大的南郡太守腾发给他的下属官吏、特别是县令及县丞一封一针见血的信,我们在睡虎地11号墓中发现了这封信的一个副本。腾宣称秦国"律令已具",然而官吏故意地不利用这些律令,并且遵从各自的程序或"当地的恶俗"而不维护法律。[2] 使郡守腾如此苦恼的很可能就是那些曾效力于楚国的官员。他们延续着当地的行政、法律实践,而不执行太守腾希望他们推行的与当地不同的、严厉的秦体系。

我们可以在《奏谳书》案例十八中找到一个县令拒不维护秦法的实例。这起案件同样发生在故楚地,是秦苍梧郡攸县某乡发生的叛乱。攸县县令对叛乱处置不当,并多次为反叛者所破。县令庢因为没有维护秦法而受到严厉惩处。他试图通过上书始皇帝,请求赦免在战斗中叛逃的新黔首,以平息暴乱。在押诘问过程中,县令庢受到司法官员的严厉斥责并被发配到邻郡。这些司法官员认为:

人臣当谨奏(奉)灋(法)以治。今庢绎(释)灋(法)而上书言独财(裁)新黔首罪。是庢欲绎(释)纵罪人明矣。吏以论庢。

[皇帝的]仆人应当在处理[案件]过程中遵循绝对原则(例如,秦法)。而如今,庢,你置绝对原则于不顾,而向皇帝上书,称唯一的解决方法是减轻新黔首的罪行。这确实是你在"放纵罪人"。司法官吏将以此[罪]对你进行判决。[3]

1　*LSS*, "Statutes on the Establishment of Officials" (sec. 3.10) no.2 (slip no. 211－212);《张家山汉简》,第37页,简211—212。

2　睡虎地秦墓竹简整理小组:《睡虎地秦墓竹简》,第13页,《语书》简1—8。

3　*LSS*, section 4.18 (slip nos.149－150);《张家山汉简》,第104页,简149—150。

县令庢受到严厉惩处,实际上是由于建议朝廷施仁政。因为这种儒家观念对以法家治国、法律面前人人平等的秦朝来说是有害的,尽管庢认为他只是试图施行一套其他地方官吏已采用的创造性的量刑标准,然而秦始皇还是严厉地惩罚了他。这或许是以庢为例,向其他官吏说明:一个渎职、拒不执行法律条文、披着法家外衣的儒家弟子,绝不被允许混迹于朝廷官吏之中。最终,庢被处以耐刑并和普通罪犯一起被送去服劳役。

二、秦汉时期官吏腐败的形式

早期中国的官员腐败有多种形式,但均是以牺牲国家、人民利益或滥用皇帝的信任及被授予的权力而谋求个人的财富及权力为特征。官吏腐败最显著的形式为偷盗政府资产以谋私利。《奏谳书》案例十五即是这种形式的一个明确例子。醴阳县令恢命令其家臣、家丁偷盗其监管的官米逾五千公升,并于市场出售。案例开端的陈述部分记录如下:[1]

七年八月己未江陵忠言:"醴阳令恢盗县官米二百六十三石八斗。"恢秩六百石,爵左庶长。【恢】【曰】:"【诚】【令】从史石盗醴阳己乡县官米二百六十三石八斗,令舍人士五(伍)兴∠、义与石卖。得金六斤三两∠,钱万五千五十。罪。"它如书。兴、义言皆如恢∠。问:恢盗臧(赃)过六百六十钱。石亡不讯。它如辤(辞)∠。

[高祖皇帝]七年八月己未日(公元前200年9月10日),江陵[县][令]忠报告:"醴阳县令恢盗取官米二百六十三石八斗(约5276升)。"

恢官秩六百石,爵级为左庶长。

恢陈述如下:"我确实曾命令从史石在醴阳县己乡偷盗官米二百六十三石八斗,命令家臣、兴、义和各级家丁和石一起,出售这些官米,得金六斤三两(约1534.5克),[价值等同]一万五千零五十钱。我有罪。"其它与案件文书所记相同(即,原始报告或公诉书)。

兴、义的证词均与恢相同。

---

1 《奏谳书》原简中,每个案例前标记大墨点以示区分;案例记录中,每份个人陈述以及不同司法阶段前标记小墨点以示区分。参见 *LSS*, 1: 58-59。

[进行]审问如下:恢的不法收益超过六百六十钱。石逃走无法询问。其它皆与陈述中所记相同。[1]

除了单纯的偷盗行为,私自使用政府资产还有其他形式。张家山汉简《杂律》中的一则条款就禁止官吏征收不合法的赋税,或擅自压榨百姓。

擅赋敛者:罚金四两。责所赋敛偿主。

对未经批准、擅自[向人民]征收钱财、物品的官吏,处罚金四两(约62克),令其偿还所征钱财、物品。[2]

同批文献中的《盗律》禁止官员借入或借出官府所有的物品,并且声明此种行为将以等值赃物的偷盗罪论处:

□□以财物私自假贷:(假贷)人罚金二两。其钱、金、布帛、粟米、马牛殹(也):与盗同灋(法)。

[负责监管的政府官吏]未经批准,擅自借入或借出国家财物:对于借贷人,处罚金二两(约31克)。如果是钱、金、布帛、粟米、马、牛,按照偷盗罪论处。[3]

此法令还有另一个做了更详细阐述的版本。《杂律》中的一项条款规定,禁止官吏、宫人出借钱财、物品以获取利息,即使这些钱、物是他们自己的财产。

吏六百石以上及宦皇帝,而敢字(子)贷钱财者:免之。

秩六百石以上的官吏以及宫中奴仆,如果有胆敢出借财物以获得利息的,免去其职务。[4]

---

1 *LSS*, section 4.15 (slip nos.69-71);《张家山汉简》,第98页,简69—71。

2 *LSS*, "Statutes on Miscellaneous Matters" (sec. 3.8) no.4 (slip no. 185);《张家山汉简》,第33页,简185。

3 *LSS*, "Statutes on Robbery" (sec. 3.2) no.16 (slip no. 77);《张家山汉简》,第19页,简77。

4 *LSS*, "Statutes on Miscellaneous Matters" (sec. 3.8) no.3 (slip no. 184);《张家山汉简》,第33页,简184。

在早期中国,劳工同样是一种可量化价值的资产。盗用所属于官府的劳工构成偷盗罪。《奏谳书》中的第九、第十两个案例非常明确地说明了这一点。

● ·蜀守瀐(谳):佐启主徒。令史冰私使城旦环为家作。告启₌。(启)詐(诈)簿曰:"治官府"。疑罪。·廷报:"启为伪书也。"

蜀郡守上报了下面这个不能确定的案件:佐启负责管理犯人劳工。

令史冰[未经授权]私自让名为环的城旦为[冰]家工作。[冰]将此事告知启。启在簿籍中将此事记作"维修官府房舍",因而犯欺诈罪。

我不能确定[启]犯了什么罪。

廷尉回复如下:

"启犯'伪造文书罪'。"[1]

● ·蜀守瀐(谳):采铁长山私使城旦田∠、舂女为𩟄(饘),令内作。解书廷,佐惰(恬)等诈簿:"为徒养。"疑罪。·廷报:"惰(恬)为伪书也。"

蜀郡守上报了下面这个不能确定的案件:负责铁矿的官吏山,[未经授权]私自让名为田的城旦以及名为女的舂做粥并在山家工作。当他将此事上报于廷尉,佐[史]恬等在簿籍中将此事[记作:"田、女二人]皆为犯人劳工做饭",涉嫌欺诈罪。

我不能确定[恬]犯了什么罪。

廷尉回复如下:

"此案中,恬犯'伪造文书罪'。"[2]

在第一个案例中,低级官吏令史冰挪用了他的下属启监管的劳工,并腐败地让劳工环为自己的家庭劳作。冰将他的这个行为告诉了启,将启置于一个困难的境地。启除了改动簿籍,将工作事项表述为"维修官府房舍"外,没有别的选择,因为他是名义上的劳工负责人,并且会因为他上级冰的所作所为惹上非常严重的麻烦。

第二个案例讲的是一位名叫山的腐败官吏,他是蜀郡(大致相当于今四川)的采铁长。山将治下的两位劳工(男劳工名"田",女劳工名"女")安排在他自己的住所

1 *LSS*, section 4.9 (slip no. 54 - 55);《张家山汉简》,第96页,简54—55。

2 *LSS*, section 4.10 (slip no. 56 - 57);《张家山汉简》,第96页,简56—57。

做饭。因为负责管理数百名这样的劳工,他或许认为没有人会注意到他的挪用行为。当要向郡上报监察用的簿籍时,山的助手、可怜的恬,篡改了劳工的用途,称其为“为劳工做饭”。这两个案例都没有讨论有关私自挪用劳工该如何判决,因为两案所关注的伪造文书罪较之更为严重,从而掩盖住了私自挪用劳工的罪行。

在与这类腐败相关的律令、案件中,最经常出现的术语是“私”和“擅”。“私”的意思是“私人的”或“私自地”,主要用来表示事件由个人的意愿所导致,并且是为了某人的私利。与之相对的立场是“官”(官府的)或“公”(公用的),与政府所有的财物或政府资助的行动有关。“擅”(未经允许)同样用来形容官员自私或利己的行为,但更加暗示了某种程度上的擅权行为。这个词不仅用来形容未经批准的课税,还可以表示官吏越级的擅权行为,或是直接违反律令的规定。这些行为包括擅自毁坏官府建筑物;未经正式告发而提起公诉;利用邮驿系统传递非紧急公文,甚至是像本文开篇提及的由新鄓县长吏信下令的谋杀。

尽管秦及汉初的统治者经常为官吏偷盗或滥用官府资产而担心,从秦汉律令我们可以看出,收受贿赂以妨碍司法程序因其对国家合法性的侵蚀,而被视作一个官吏所能犯下的最严重的罪行。张家山发现的《盗律》中就包含了打击受贿行为的基本法令:

> 受赇以枉灋(法),及行赇者:皆坐(坐)其臧(赃)为盗。罪重于盗者:以重者论之。

> 因接受贿赂而枉法之人,连同行贿之人,都应对其非法获利负责,视为犯偷盗罪。如果所犯[试图通过行贿或受贿避免的]罪行比偷盗罪还要严重,则按照更为严重的罪行进行判决。[1]

这里,我们看到在判决时,贿赂数额等同于偷盗罪中的财产数额,除非收取此贿赂是为了避免起诉更为严重的罪行。这种情况下,则按照相对更重的罪行进行判决。比如,某人向某官吏行贿,以期该官吏枉法而不判处某人的亲戚犯谋杀罪。此例中,谋杀是更为严重的罪行,而杀人犯的亲戚和受贿官员都会因贿赂而获罪。这一法令被《具律》中的一项条款所修正、取代。该条款具体说明:如果某官员因受贿而枉法判决某案件,该官员将会以之前案件中被免除的罪行或受贿金额中较重的一个进行

1 *LSS*, “Statutes on Robbery” (sec. 3.2) no.5(slip no. 60);《张家山汉简》,第16页,简60。

判决，并罪加二等。[1] 这一变化几乎消除了官吏枉法轻判的可能，并且容易使官吏在最严重的受贿案件中被处以极刑。

最后，官吏腐败还包括滥用权力，利用朝廷的信任和被授予的权威获取利益或满足自己的欲望。《奏谳书》的案例十六是滥用职权最为严重的例子，我们已经在本文开篇提及。

公元前201年夏，新郪县长吏信于县府外某乡巡游监察。他让自己的下属，一位名叫武的狱史，负责祈雨仪式来缓解旱情。武擅自让一位本应照看住所的信的舍人，在仪式中歌舞。信回来之后质问武此事，武表现得粗鲁且无礼。信仗剑咒骂武，并冲向武，于是武逃走。长吏信后来从自己的另一位舍人处听说武威胁要去上告太守甚至丞相。信害怕这种可能性，于是命令自己的另一位舍人仓去谋杀正在外镇压盗贼的武。之后，长吏信在狱史武的同僚上报其失踪时，通过阻止调查深入的方式妨碍了司法公正。

谋划并命令杀害自己的狱史，长吏信的这一行为表明他是一个无情、暴虐之人。他解决冲突所用的仍然是连年战乱中使用的办法。信的周围是一群和自己一样残忍的舍人，这些舍人忠于信甚于帝国的法律。刘邦（公元前206—前202年为汉王，前202—前195年为皇帝）显然不需要这样的地方官员。他希望给他刚刚建立的汉帝国带来一个新的开始，因为这会鼓励还在怀疑新政权合法性的人效忠汉帝国。

三、政府的应对措施

为了遏制官员的渎职及腐败，秦汉政府施行了一系列应对措施，包括官吏相互负责、官僚监督机制、阻吓及刑罚。首先，秦汉政权分别施行了一套官员间相互负责的系统以控制举荐官员的程序。秦及汉初，新的官吏需要由在任官吏向朝廷推荐产生。推荐官吏需要对被推荐人的能力及道德提供担保。在科举制度诞生之前，举荐是步入仕途的主要途径。张家山汉简《置吏律》中的一项条款是这样说的：

> 有任人以为吏，其所任不廉、不胜任以免，亦免任者。其非吏及宦也：罚金四两、戍边二岁。

---

1 *LSS*, "Statutes on the Composition of Judgements" (sec. 3.3) no.9(slip no. 95)；《张家山汉简》，第22页，简95。

> 推荐、担保某人为官吏,如果该官吏因为不廉洁、不胜任而被免职,担保人应亦被免职。如果担保人既不是官吏也不在宫中任职,则处罚金四两(约62克)并发配戍边两年。[1]

我们可以看到,这则法令不但涉及被举荐人后来被证明有“不廉”的情况,同时也讨论了被举荐人“不胜任”其职责的可能。司马迁(约公元前145—前86年)在《史记》中称:“秦之法,任人而所任不善者,各以其罪罪之。”(根据秦法,如果举荐某人为官,被举荐人后来犯罪,则举荐人同样按被举荐官员的罪名治罪。)[2]这样的治罪尺度远比我们在张家山律令中见到的要严厉,因为举荐人不但会被免职,还会与被举荐人同罪。睡虎地十一号墓出土的《法律答问》表明:在有些情况下,如果举荐人犯罪,曾被举荐的官员也有可能被罢免。[3] 这项法令与该系统背后的“相互负责”观念呼应。秦律同样暗示,如果被举荐人日后晋升到更高的职位,他与举荐人的连接随即断裂,二人都不再为对方的行为负责。

秦汉政府采用的第二种解决官员腐败的方法是推行一整套周密的行政及审计监察系统。几乎所有的县级官僚行政机构,例如仓曹,都在郡行政机构中有一个名称类似的对应机构,以监督县级机构的运行。这样的职责层级制度不仅有助于国家行政事务(比如粮食供应)的数据收集,还能使审计变得深入并揭露出基层的腐败。秦汉法律中的《效律》同样要求每当更换管理官吏时,特别是更换监管粮食与军用物品的官吏时,要对行政机构与官营工坊的簿籍和仓储设施进行彻底的检查。任何盈余或不足都会在职务交接时被发现,相关官吏都会受到问责。[4]

在张家山发现的秦汉时期的律令和案例,展现出一种严谨的对司法权的重视。一个恰当的改变司法权限的命令,有时同样可以发现或阻止官吏的腐败。将司法权转移到一个同级或高级行政单元是非常重要的,因为这样可以避免地方上包庇腐败或滥用职权。比如张家山《兴律》中的一则法令就要求所有由县级司法机构判决的死刑,在执行前需经郡守核准。郡守会委派一名司法监察官重新审查县级的有关案

1　*LSS*, “Statutes on Establishment of Officials” (sec. 3.10) no.1 (slip no. 210);《张家山汉简》,第36页,简210。

2　《史记》卷七十九《范雎列传》。

3　参见睡虎地秦墓竹简整理小组:《睡虎地秦墓竹简》,《法律答问》简145,第127页。参见A. F. P. Hulsewé, *Remnants of Ch'in Law: An Annotated Translation of the Ch'in Legal and Administrative Rules of the 3rd Century B. C. Discovered in Yün-meng Prefecture, Hu-pei Province, in 1975*, 160 - 61 D123, Leiden: Brill, 1985。这里我们采用高恒的解释,参见《秦汉简牍中法制文书辑考》,第30—34页,社会科学文献出版社2008年版。

4　*LSS*, “Statutes on Checking” (sec. 3.19) (slip nos. 347 - 353);《张家山汉简》,第56—57页,简347—353;睡虎地秦墓竹简整理小组:《睡虎地秦墓竹简》,第69—76页,《效律》简1—60。

件记录,并将结果汇报给郡守。报告还会经郡丞审核,作为进一步的检查,以确保郡守与腐败的县级官吏没有相勾结。另外,所有由县级司法机构审理的案件,如果涉及因过失或玩闹导致的杀人案件,罪不至死的,需要由郡守审核。这项规定很明显是为了避免县级官吏试图通过将案件定性为过失杀人以掩盖谋杀的真相。[1]

此外,根据居延简引述的一则汉代法令,所有控告官吏的案件,只要在该郡治下,都需要上报郡守审核。[2] 根据郡守的判断,郡廷也可以接管这些案件,以防止地方上的司法腐败及官官相护。在《奏谳书》案例十五中,醴阳县令恢被邻县县令指控偷窃官粮。这个案子交由南郡郡廷判决,因为涉案两县皆在南郡治下。

最后,张家山《奏谳书》案例十八中有一个例子,上文已简要提及。没有成功消灭叛军的消息传到了御史大夫耳中,他是秦汉官吏系统中第二有权力的官员,且专门负责防止官吏滥用职权与腐败。他下令重新调查这场溃败,然而却需要指派邻郡南郡的官员进行调查,因为攸县官吏是其下属,苍梧郡守与本案可能会有严重的利益冲突。在最终的判决中,苍梧郡守确实因为失职而遭到弹劾,攸县县令镣铐加身,并被发配去做劳工。[3]

施加严刑是秦及汉初抑制官吏渎职、腐败、滥用职权最主要的手段。官吏会犯很多与平民一样的罪行,但对于同样的罪行,官吏受到的处罚经常会严重至少一个等级,而且官吏不能以自己的财富、爵位或职位抵罪。

例如,一个平民与另一位等级相同的已婚女性通奸(和奸),双方虽免于肉刑,但要罚作城旦,以劳役作为惩罚。[4] 强迫性交的罪犯(强奸),如果与受害者地位相同,将被施以腐刑,并罚作宫中奴仆。[5] 然而,如果官吏与别人的妻子通奸,则会排除女方情愿的可能性,因为官吏很可能会以权力威胁女方。在这种情况下,官吏将以强奸罪论处。[6]

在汉初,像《奏谳书》案例十五所提到的,醴阳令恢因偷盗自己管理的官米及其

---

1 *LSS*, "Statutes on Levies" (sec. 3.23) no.1 (slip nos. 396 - 397);《张家山汉简》,第 92 页,简 396—397。

2 释文作:"《囚律》:告劾毋轻重,皆关属所二千石官。"译文为:"《囚律》指出:如果有非官吏指控某官吏,或是一位官吏指控另一位官吏,无论罪行轻重,都需要上报至其所属二千石官员(即郡守)。"参见甘肃省文物考古研究所、甘肃省博物馆、中国文物研究所、中国社会科学院历史研究所编:《居延新简》,第二卷第 23 页,简 EPT10.2A。此处译文采用高恒的解释,参见《秦汉简牍中法制文书辑考》,第 149—150 页。居延遗址位于今甘肃省,由汉代的塞墙和烽燧群组成。

3 *LSS*, sec. 4.18 slip nos. 124 - 161;《张家山汉简》,第 103—106 页,简 124—161。

4 *LSS*, "Statutes on Miscellaneous Matters" (sec. 3.8) no.11 (slip no.192);《张家山汉简》,第 34 页,简 192。

5 *LSS*, "Statutes on Miscellaneous Matters" (sec. 3.8) no.12 (slip no.193);《张家山汉简》,第 34 页,简 193。

6 参见本页注释 4。

它财物,而被按照平民偷盗相类似的财物论处。具体刑罚则由犯罪发生地所在县对人犯被捕时所携赃物进行估价而决定,刑罚范围从较轻的处罚金一两(约 15.5 克)到面部刺字,再到较重的强制劳役。可是对偷盗罪的最重刑罚其赃物金额也只有 661 钱,低于一头牛的价值。然而,高级官吏比如醴阳令恢则有权染指更多贵重财物,他偷盗了价值 15050 钱的官米,量刑时与偷盗了价值 661 钱粮食的平民相同。大概因为像县令恢这样的腐败案例在汉初太过普遍,有一条法令专门规定:官吏偷盗所辖财物价值超过金十斤(约 2.48 千克),会被处以"弃市"。[1]因此在汉代,加重后的偷盗罪连同抢劫时伤人致死、敲诈勒索、冒充官吏偷盗、绑架贩卖自由民、盗墓一起被处以极刑。[2]

如之前所述,受贿官吏及行贿者将根据涉案金额按照偷盗罪论处。但如果官吏受贿是为了妨碍司法公正,量刑时将增加两个等级。对腐败官员来说,加重的刑罚很可能会是死刑。

一般情况下,政府官吏因玩忽职守或行政失职仅仅会被处以罚金,然而当所犯罪行是偷盗或袭击他人时,他们往往会用自己的爵位来避免遭受肉刑,甚至用金钱来抵罪。这一突出的漏洞可能会使贪污及滥用职权的腐败官吏脱罪。《奏谳书》醴阳令恢一案的最后一部分向我们展示了汉初政府如何试图弥补这一漏洞。

> 鞫:恢吏,盗过六百六十钱,审。当:"恢当黥为城旦。毋得以爵减、免、赎∠。律:'盗臧(赃)直(值)过六百六十钱,黥为城旦∠。'令:'吏盗,当刑者刑。毋得以爵减、免、赎∠。'以此当恢。"恢居郦邑建成里,属南郡守。南郡守强、守丞吉、卒史建舍治。

> 本案经审理:恢身为官吏,偷盗财物价值逾六百六十钱,犯罪事实经仔细确认。
>
> [法庭官吏]量刑:判处恢黥刑并罚为城旦。不得以爵位减罪、免罪、或赎罪。
>
> 《[盗]律》规定:"通过盗窃非法所得超过 660 钱,处黥刑并[他]罚为城旦。"
>
> "法令规定:'官吏偷盗,罪行符合的应处以肉刑。不得以爵位减罪、免罪、赎罪。'恢符合这一规定。"

---

1 如淳在为汉书作注时引用了该法令。参见《汉书》卷六十六"如淳曰"。县令恢在本案中偷盗的官米估值为金六斤三两(约 1534.5 克),未达到该法令规定的数额。

2 *LSS*, "Statutes on Robbery" (sec. 3.2) no.9 (slip nos.65 – 66);《张家山汉简》,第 17 页,简 65—66。

恢的住处在郦邑建成里,属南郡郡守管辖。

郡守强、守丞吉、卒史建舍审理此案。[1]

上例中所引之“令”,是基于皇帝口谕为处理特定情况颁布的一种法律。这一法令相当彻底地弥补了漏洞,让违法官吏无法避免任何应有的判决。县令恢既不能用他的爵位“左庶长”(汉第十等爵)来逃脱肉刑,也不能以爵位获得减刑或赎罪。

结　语

基于流传至今以及新近出土的文献,很明显官员的渎职与腐败是秦及汉初社会的主要问题。这并不是说更早时期的中国历史不受这些问题的困扰。如果回顾战国时代晚期的文献,比如《韩非子》,我们可以发现腐败基本上是公元前三世纪所有诸侯国的通病。然而秦及汉初的一些特殊因素的作用使得官吏渎职、腐败及滥用职权尤其普遍。

公元前三世纪晚期秦对其他诸侯国的征服,以及公元前 202 年汉在内战中取得的胜利,都是以残酷的战争为特征。这样的大环境使得政府招募有公民意识的官吏变得极其困难。很多得到任命的高级官吏,比如我们之前看到的新郪县令信,从前就是军人。他们得到官府的任命很可能是因为他们的忠诚以及战斗中的勇敢,而不是因为他们品格正直或是有公德心。和平年代到来后,这样的人因为他们的无情与野心,依然保持着残忍的行事风格。即便所有的敌对势力都已经被消灭,连年战乱与社会动荡仍导致了一种非常难以解决的目无法纪的普遍社会风气。[2]

另一个秦及汉初的特殊问题是官府雇佣了很多前朝官吏。秦汉军队在完成对某区域的征服过程中,想要完全任用已经臣服的子民作为新近占领区域的地方官员是不实际的。更为权宜之计是重新任命前朝地方官员以之前或类似的职位,而仅委任新的高级官吏,比如郡守。这便导致了曾受不同体系训练的前朝地方行政及司法官员,对于新政权及其政策,仅保持名义上的忠诚。上文提及的南郡守腾对于其治下官吏拒绝遵循秦统治下的法律及风俗,并且顽固地拒绝消除旧楚俗而感到十分沮丧。许多汉初的官吏,同样曾是刘邦在楚汉战争时期的主要对手——项羽(约公元前

1　*LSS*, section 4.15 (slip nos.71 - 74);《张家山汉简》,第 98 页,简 71—74。

2　班固提及了这种目无法纪的社会风气,并生动地描述了在汉代建立之初,法律的施行几乎是不可能的,因为“网漏吞舟之鱼”。参见《汉书》卷二十三《刑法志》。

232—202 年)的追随者。这群人直到最后才归顺汉政权。难怪这些人为官时只会寻求私利,而不为新的统治者或是人民谋利。

腐败在汉代从未被彻底根除。但与因战乱、动荡和杀戮而使得腐败极为普遍的汉初相比,后来的情况似乎有一些改善。这种改善可能部分是早先对渎职及腐败官吏采取的高压强制措施的结果,然而笔者认为导致腐败现象明显减少的主要原因并不是刑罚的变化,而是大环境与思想意识的本质变化。公元前 195 年至前 135 年间的和平风尚使得汉王朝在战乱、经济困难后得到休养生息,由此催生出的稳定、繁荣甚至爱国主义使得找到一个有公民意识的官吏变得容易起来。[1]

同时,政府开始推行一套新的官僚意识。如上文所述,秦汉官僚政治经常严重依靠举荐系统来补充官吏,但是相关的规程并没有详细提及对候选人道德品质的要求。于是,从公元前 196 年开始,汉代统治者以不规则的间隔陆续发布了一系列诏令,要求招募贤德、博学、有才干的人为官。诏令要求高级官吏举荐拥有某种特征的人,如"明德""贤良""方正"或"直言极谏"。得到推举的人来到首都,接受由皇帝或高官出题的笔试的检验。[2] 从公元前 134 年开始,由董仲舒向武帝提议,一种新的举荐制度得以实施,从而预示着一种更为固定的人才流动机制,每位郡守及地方统治者向中央举荐两名人才作为"孝廉"。[3] 他们当中的一些人是地方上新近涌现的精英,另一些已经是低级官吏或文职人员。鲁惟一怀疑绝大多数通过该系统获得举荐的人,很可能仅仅是因为某些高级官吏试图培植亲信而获得青睐。[4]

在他们到达首都后,那些在此系统下得到推荐的人通常需要经历一个试用期。在此期间,他们作为"郎",负责保卫皇帝及守护宫殿。只有经历数年证明其贤德并通过一年一度的考核之后,他们才能被授予官职。这段等待期很可能会为朝廷淘汰许多不好的候选官吏。另外一种举荐贤良为官的方式是通过"太学",在那里年轻人

1 想要证明公元前 195 至前 135 年中国社会以"和平风尚"为特征是极其困难的,然而,这确实是传世文献给我们留下的印象。虽然在此时期内有匈奴不定期的骚扰,甚至有一次几乎危及首都;公元前 188 年至前 180 年,汉帝国与独立的南越之间的紧张关系导致了发生于中国南部的军备竞赛;最后,公元前 154 年发生的短暂但剧烈的七位诸侯王的叛乱,几乎颠覆了景帝的统治。然而,尽管有这些冲突,在这一时期内没有爆发全国范围的内战,汉王朝也没有公开向一个异国政权宣战。这一评价基于《汉书》卷二十四《食货志》,它同样将这一历史时期描绘为一个大体上和平且经济稳定发展的时代。

2 较早的这一类的诏令,参见《汉书》卷一下《高帝纪下》、卷四《文帝纪》、卷六《武帝纪》。鲁惟一(Michal Loewe)认为直到公元前 165 年,我们找不到任何因诏令号召推荐人才而确实被委以官职的例子。参见 Michal Loewe, *The Men Who Governed Han China: Companion to A Biographical Dictionary of the Qin, Former Han and Xin Periods*, 120, Leiden: Brill, 2004。另外,老人、病人、残疾人不会受到推荐,商人的儿子也没有资格。

3 参见《汉书》卷六《武帝纪》、卷五十六《董仲舒传》。

4 参见 Michal Loewe, *The Men Who Governed*, 115。

会跟从高级教师学习经典文献。约公元前 124 年以后,太学毕业生可以在通过考核后任“郎”,再之后成为普通官吏。[1] 人们希望,通过学习五经,不断被灌输崇尚忠诚、仁义的儒家思想,这些候选人能够成为朝廷所需要的那种清廉官吏。然而,蔡亮最近的研究表明:儒家思想渗透到官僚体系的过程远较之前学者认为的更加漫长。[2]

秦代政府期望其官吏清廉、认真、忠诚地履行自己的职责。而奖励有功、惩罚渎职与腐败的官吏巩固了这种期望。从这个意义上说,官僚系统被视为军队的一个分支。这一制度所缺乏的正是官员道德行为的一个强有力的思想动机。这一动机最终在西汉中期由儒家思想通过举荐和考试制度灌输给官员,在接下来的两千年中使官僚制度成为儒法国家的基础。

---

1 包括一些本文中尚未提及的、汉代各种选拔官吏办法的概述,参见 Hans Bielenstein, *The Bureaucracy of Han Times*, 132 - 142, Cambridge, UK: Cambridge University Press, 1980; Franklin W. Houn, The Civil Service Recruitment System of the Han Dynasty, *Qinghua xuebao* 1 no.1(1956): 138 - 164; Loewe, *The Men Who Governed Han China*, chap 4; 卜宪群:《秦汉官僚制度》,社会科学文献出版社 2002 年版。

2 尽管过去 75 年中的主流观点认为武帝(公元前 141 年—前 87 年在位)统治时期标志着无论在朝廷还是在官僚系统中的“儒家的胜利”,然而蔡亮令人信服地证明直到武帝统治数十年后,通过公元前 91 年的“巫蛊之祸”摧毁了把持官吏选拔的旧贵族,才产生了权力上的真空,儒家弟子真正得以大量渗透到中上层官僚系统之中。参见蔡亮(Liang Cai),*Witchcraft and the Rise of the First Confucian Empire*, Albany: State University of New York Press, 2014。

汉代关所中马的通行规制及其实态*
——来自肩水金关汉简的分析

[日]青木俊介** 著 苏俊林*** 译

前 言

《礼记·王制》载:"关执禁以讥,禁异服,识异言。"如其所言,所谓关所,是基于禁令调查通行者、并检查在特定地域与域外之间往来的人、物的机构。进行检查时,如同日本近代关所所谓"入り鉄砲に出女"[1]那样,存在重点的限制对象。在汉代,与其相当的物品之一是马。

汉武帝为了对抗匈奴,急于寻求良马。当时马是可以左右战争局势的重要军事装备。因此,为了防止马流出到与汉王朝敌对的异民族和诸侯王的支配区域,在关所施行了马的通行规制。

本文将考察这种马的关所通行规制的实态。此时,汉代关所之一的肩水金关遗

---

* 本文原题为《漢代の関所における馬の通行規制とその実態——肩水金関漢簡の分析から》,载鹤间和幸、村松弘一编:《馬が語る古代東アジア世界史》,汲古书院 2018 年版,第 199—238 页。另外,本文所参考的简牍资料的释文、图片如下:睡虎地秦简——睡虎地秦墓竹简整理小组编:《睡虎地秦墓竹简》,文物出版社 1990 年版;张家山汉简——彭浩、陈伟、工藤元男编:《二年律令与奏谳书——张家山二四七号墓出土法律文献释读》,上海古籍出版社 2007 年版;肩水金关汉简——甘肃省博物馆等编:《肩水金关汉简(壹—伍)》中册,中西书局 2011、2012、2014、2015、2016 年版;居延汉简(1930 年代简)——居延汉简整理小组编:《居延汉简(壹—肆)》,"中研院"历史语言研究所 2014、2015、2016、2017 年版;居延汉简(1970 年代简)——(释文)马怡、张荣强主编:《居延新简释校》,天津古籍出版社 2013 年版,(图片)甘肃省文物考古研究所等编:《居延新简 甲渠候官》,中华书局 1994 年版。

** 青木俊介:日本学习院大学国际中心博士研究员。

*** 苏俊林:西南大学历史文化学院讲师。

1 "入り鉄砲に出女",即"入铁炮、出女",是禁止铁炮进入江户和(作为人质的)妇女离开江户之意。江户幕府时代,为了维持治安与幕府统治,幕府在箱根等地设立关所,严格检查铁炮的进入和妇女的离去,以防止将铁炮运入江户地区进行谋反,以及作为人质的大名之妻逃离江户返回故国。故称其为"入り鉄砲に出女"。——译者注

址所出土的肩水金关汉简(后简称为“金关简”),将被作为主要史料使用。

肩水金关是设置在汉代张掖郡肩水都尉府肩水候官管辖下的边境关所。1930年,瑞典探险家斯文·赫定率领的西北科学考察团确认了其遗址,编号为A32。其位于今甘肃省酒泉市金塔县内,北纬40°35′18″,东经99°55′47″,扼守额济纳河流域汉代烽燧线的南部,是与匈奴对峙的前线地带的出入口(图1)。

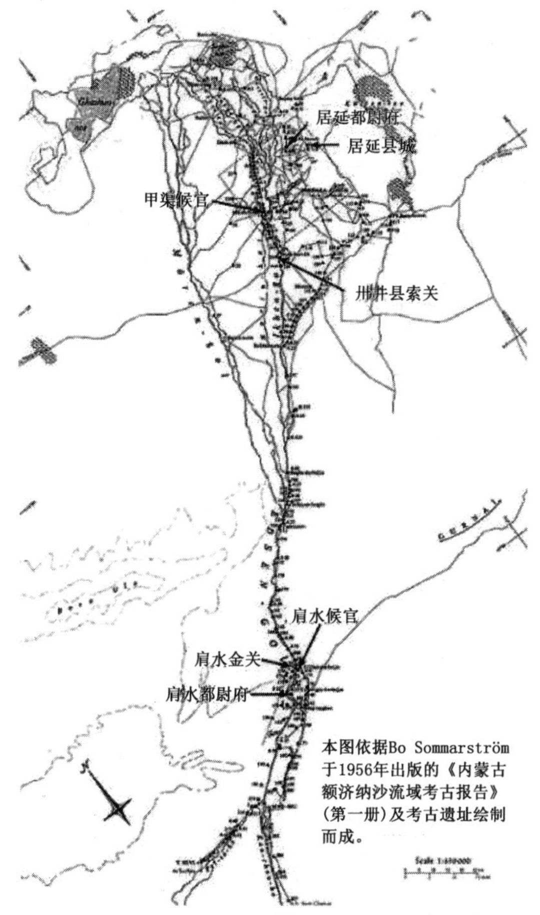

图1　额济纳河流域的汉代烽燧线

先是西北科学考察团在调查时发现了850余枚简牍。它们与周边遗址出土的简牍一起,被视为居延汉简的一部分,为劳干所著的《居延汉简考释》所收录。[1] 之后,1973年,甘肃省居延考古队又调查发现了11577枚简牍,收入甘肃省博物馆等编的

1　劳干:《居延汉简考释》,“中研院”历史研究所,1943—1944年。

《肩水金关汉简》,于2011—2016年由中西书局出版。[1]

确切的简牍年代,是从西汉武帝的太初五年(即天汉元年,公元前100年)到东汉和帝的元兴元年(105)。但是,若仅以具有纪年的简计算,汉宣帝时期(公元前73—前49)的简牍占近40%,汉成帝时期(公元前32—前7)的简牍占近20%,仅这两个时期的简牍就达到了半数以上。另外,大部分简牍都是木简,竹简是极少部分。

依据所出土文书的收件地址多是"肩水金关"等信息,可推测A32是汉代的肩水金关。金关简是汉代关所中实际处理的文书、簿籍群,很多都与通行相关。而且,关于马的通行的记载也频繁出现。我们试图通过对这些史料的分析,对汉代关所中马的通行规制的实际情况进行讨论。

另外,如前所述,因为金关简基本是西汉时期的史料,据此进行讨论的本文也将西汉作为主要的考察对象。

所引用的简牍中,仅用简号表示的简牍都是从A32出土、采集的简。其他的简牍史料将用史料名和简号来表示。

一、关于马通关的规定

在见到肩水金关所处理的文书、簿籍之前,笔者很想了解汉代关于马的通关是如何规定的。最先选择的是被当作西汉初期吕后二年(公元前186)之物的张家山汉简《二年律令·津关令》。[2] 如名所示,津关令是关于渡口和关所的规定,含有不少关于马的通关的条文。试列举如下:

> ……县邑传塞,及备塞都尉、关吏、官属、军吏卒乘塞者,禁(?)其□弩、马、牛出,田、波(陂)、苑(?)、牧,缮治塞,邮、门亭行书者得以符出入……(张家山汉简《二年律令》简490—491)
>
> ……诸出入津关者,诣入传,书[郡]、[县]、里、年、长、物色、疵瑕见外者及马职(识)物关舍人占者,津关谨阅,出入之……(张家山汉简《二年律令》简498)
>
> ……中大夫、谒者、郎中、执盾、执戟家在关外者,得私买马关中。有县官致

1　以上关于肩水金关、金关简的说明,参考了甘肃居延考古队《居延汉代遗址的发掘和新出土简册文物》(收入甘肃省文物工作队等编:《汉简研究文集》,甘肃人民出版社1984年版),以及甘肃省博物馆等编《肩水金关汉简(壹)》(中西书局2011年版)的"前言"。

2　关于张家山汉简《二年律令·津关令》,详见杨建著《西汉初期津关制度研究》,上海古籍出版社2010年版。

上中大夫、郎中,中大夫、郎中为书告津关,来复传,[1]津关谨阅出入。马当复入不入,以令论……(张家山汉简《二年律令》简504—505)

……禁民毋得私买马以出扜关、郧关、函谷【关】、武关及诸河塞津关。其买骑、轻车马、吏乘、置传马者,县各以所买名匹数告买所内史、郡守,内史、郡守各以马所补名为久久马,为致告津关,津关谨以藉(籍)、久案阅,出。诸乘私马入而复以出,若出而当复以入者,津关谨以传案出入之。诈伪出马,马当复入不复入,皆以马贾(价)讹过平令论,及赏捕告者。津关吏卒、吏卒乘塞者智(知),弗告劾,与同罪;弗智(知),皆赎耐……(张家山汉简《二年律令》简506—507、510—511)

……关外郡买计献马者,守各以匹数告买所内史、郡守,内史、郡守谨籍马职(识)物、齿、高,移其守,及为致告津关,津关案阅,出……及诸乘私马出,马当复入而死亡,自言在县官,县官诊及狱讯审死亡,皆【告】津关……(张家山汉简《二年律令》简509、508)

边塞、庶民私人购买的马被禁止出关,但在此之外,在关所对"传"进行确认、以"致"向关所予以申报并经过检查的情况下,是允许马出入的。另外,即便是在边塞,特定的必要条件是由"符"来认可出入。因此,分析传、致、符的内容,或许可以弄清马的通关规制的实态。以津关令为代表的规定,并不能了解那些证明文书的实际情况。

吕氏政权被打倒后的汉文帝十二年(公元前168),关所一度被裁撤。[2] 可能此时津关令的规定也被废止。不过,受吴楚七国之乱爆发的影响,汉景帝四年(公元前153)再度设置了关所。[3] 而且,七年后的景帝中元四年(公元前146),下面这条关于马通关的禁令也被采纳:

御史大夫绾奏禁马高五尺九寸以上,齿未平,不得出关。(《汉书》卷五《景帝纪》)

依据睡虎地秦简《秦律杂抄》简9的记载,秦时"驀马"(骑乘用的军马)的体高标准设定在五尺八寸以上。[4] 另外,所谓"齿未平"(牙齿未生长齐整),《汉书》所附载

1 原文"来复传"的"复"有"查阅"的意思,关于此,可参见拙文《里耶秦簡の"続食文書"について》,载《明大アジア史論集》第18号,2014年。另外,金关简73EJT5:68A的"案籍内"(查阅籍后进入),致的本文简(此处意义不明)(见后文)73EJT3:113则成了"出入复籍",这也可作为佐证。

2 《汉书》卷四《文帝纪》:"十二年……除关,无用传。"

3 《史记》卷十一《孝景本纪》:"四年……复置津、关,用传出入。"

4 简文内容为:"……● 驀马五尺八寸以上,不胜任,奔摯(絷)不如令,县司马赀二甲,令、丞各一甲……。"

的服虔的注说"马十岁,齿下平",由此可知,其是指未满 10 岁的马。也就是说,上述规定是限制能够作为军马使用的马以及年幼的上等马出关的禁令。不过,反言之,不满足此限制的马则可能出关。

之后,下一代的汉武帝在元朔二年(前 127 年)颁布了所谓的"马弩关"之令。《新序》卷十《善谋下》中有如下记载:

孝武皇帝时,中大夫主父偃策曰……于是上从其计,因关马及弩不得出。

依据《新序》的记载,马弩关可以理解为是禁止从既存的关所输出马、弩。此政策可能将马的出关规制等级从此前的"限制"提高到了"禁止"。[1]

如上,除了关所曾被短暂废止外,有关马通关的规定虽曾改变,但却是长期设置的,至少到西汉中期为止都是如此。在马的通行方面,汉王朝所表达的意思应是确定无疑的。

马弩关在昭帝的始元五年(公元前 82)被废止,[2] 如前所述,金关简中的大部分在马弩关的年代之后。依据其记载可知,马曾通过肩水金关是明白无疑的。马弩关废止之后,可能再次回到了之前的限制制度。而且,金关简中有很多传、符、致等通行证明文书——它们是津关令等通关制度的核心,记录了关于马的实际信息。

下一节中将以金关简中的传、符、致为对象,就其所见马的记述进行分析。

二、金关简中的通行证明文书

(一) 传[3]

关于"传",《释名》卷六《释书契》中载:

1 关于"马弩关",详见纸屋正和:《前漢時代の関と馬弩関》,载《福岡大学人文論叢》第 10 卷第 2 号,1978 年;手塚隆义:《馬弩関考》,载《史苑》第 41 卷第 2 号,1982 年。

2 《汉书》卷七《昭帝纪》:"(始元)五年……罢天下亭母马及马弩关。"关于此事,孟康注曰:"旧马高五尺六寸齿未平,弩十石以上,皆不得出关,今不禁也。"关于马的部分可参照前载《景帝纪》,但马弩关的设置是在武帝时期,故而此解释并不妥当。另外,其与《景帝纪》的"五尺九寸"也有出入,可能是因为"九"与"六"字形相近而产生了误写。结合秦蓦马的标准为五尺八寸以上来考虑,可能"五尺九寸"是正确的。

3 关于"传"的先行研究,有大庭脩《漢代の関所とパスポート》(收入氏著《秦漢法制史の研究》第 5 篇第 1 章,创文社 1982 年版)、李均明《汉简所见出入符、传与出入名籍》(收入氏著《初学录》,兰台出版社 1999 年版)、张德芳《悬泉汉简中的"传信简"》(收入郝树声、张德芳著:《悬泉汉简研究》第 4 章第 1 节,甘肃文化出版社 2009 年版)、藤田胜久《金关汉简的传与汉代交通》(载《简帛》第 7 辑,2012 年)等。

传，转也，转移所在，执以为信也。亦曰过所。过所，至关津以示之也。[1]

如其所述，传是保证旅行者来历的通行证，又被称为“过所”，其性质与现今的护照相似。不过，如后文所述，因为传记载了旅行的目的和目的地，故而其限于一次旅行有效。《释名》中说其在关所和渡口需要出示，但传所记载的通告单位除了“津”“关”之外还有“县”“邑”“道”“侯国”“门亭”“邮亭”等，所以旅行者在旅途中的各个地方都必须出示传。

传大致可分为私人旅行用的传和公务旅行用的传。试列举金关简中的具体简例：

五凤元年六月戊子朔己亥，西乡啬夫乐敢言之：大昌里赵延自言：为家私使居延，与妻平、子小男偃登、大奴同、婢=珠绿。谨案延、平、偃登，便同、绿，毋官狱征事，当得取传。乘家所占用马五匹，轺车四乘，谒移过所肩水金关、居延，敢言之。

六月己亥，屋兰守丞圣光，移过所肩水金关、居延：毋苛留，如律令。/掾贤、守令史友　(73EJT37：521)

五凤四年十二月丁酉朔甲子，佐安世敢言之：遣第一亭长护众，逐命张掖、酒泉、敦煌、武威、金城郡中，与从者安汉里齐赦之，乘所占用马一匹，轺车一乘，谒移过所县、道、河津、金关，勿苛留，如律令。敢言之。

十二月甲子，居延令弘、丞移过所。如律令。/令史可、遣，佐安世　　正月己卯入。[2]　(73EJT31：66)

前者是私用的传，后者是公用的传。传记录了到发出时的手续，以保证旅行者的正当性。其程序大体确定。私用的场合是乡吏基于旅行者的申报说明旅行目的，再由县的长官、次官通告通过机构。公用的场合则是官府的属吏或长官、次官说明旅行

1　文本遵从毕沅《释名疏证》的校订。

2　73EJT28：56载：

河平三年七月丙戌，居延丞□，为传送囚　　八月戊子，出金关北。
觻得。　　闰月丙寅，入金关南。

由此可知，金关简中，从肩水金关前往南方内地方向用“入”表示，前往北方的居延县城方向用“出”表示。

目的,以长官、次官的名义予以通告。[1] 而且,其还使用特有的固定句式,“移过所(通告通过机构)”、“毋(勿)苛留(不要盘问、拘留)”等是共有的固定句式,私用的传有“毋官狱征事(没有受到官府的断狱或征用)”,公用的传则有“当舍传舍(可以在传舍住宿)”等句式。

此处关注的是传所记载的旅途中使用的物品。将金关简中传所见的这类记载整理为表1。旅行者携带的物品可能是多种多样的,后文所述的致籍也可以确认各种各样的物品名称。但是,除去73EJT9:208中是“兵(武器)”、“财物”这仅有的事例(而且因为简的残损,这是否是携带物品的记载并不确定)外,传记载的物品限于车、牛和马。不仅在关所和渡口,旅行者在旅途中的各个地方都要出示传,因此,车、牛、马的移动要接受官府机构的逐一检查。汉王朝所特别关注的,可能是这三种物品的移动。

表1 金关简传中的物品记载

简　　号	记载的物品内容	简　　号	记载的物品内容
218.2	用马	73EJT10:210A	用马一匹
218.48	牛车一两	73EJT10:309	⍁牛二/车一两
334.1	□马一匹	73EJT21:113A	用马一匹/轺车一乘
73EJT5:72	□马二匹/轺车一乘	73EJT23:772A	用马一匹/轺车一乘
73EJT6:81A	车一乘	73EJT23:897A	马车一两/用马一匹齿十二岁/牛车一两/用牛二头
73EJT6:173	⍁马一匹		
73EJT8:9	用马/轺车一乘		
73EJT9:62A	牛车一两	73EJT24:249	畜马二匹
73EJT9:104	用马/轺车一乘	73EJT24:264A	用四匹
73EJT9:153	用马二匹	73EJT23:538	畜马一匹/轺车一乘
73EJT9:208	用马□/兵/财物□⍁	73EJT24:730	用马一匹/轺车一乘
73EJT10:21	牛一/车一两	73EJT25:15A	牛二/车二两
73EJT10:133	用马一匹/轺车一乘	73EJT31:66	用马一匹/轺车一乘
73EJT10:134	用马一匹/轺车一乘	73EJT33:77	乘马一匹

1 御史大夫发出的中央政府的传记载内容不同,但肩水金关遗址出土的简例极少,而且是断简,所以只能不予说明。关于中央政府发出的传,详见张德芳先生《悬泉汉简中的“传信简”》的考论。

(续表)

简　号	记载的物品内容	简　号	记载的物品内容
73EJT37：140	乘马一匹/轺车	73EJT37：916	马駠
73EJT37：164	轺车一乘	73EJT37：919	用马一匹/轺车
73EJT37：423	用马一匹/轺车一乘	73EJT37：1010	乘马一匹
73EJT37：436	牛车一两/牛二	73EJT37：1097A	用马
73EJT37：462	用马□骍牝马齿十岁☐	73EJT37：1128	☐车一乘
73EJT37：519A	轺车一乘/牛一	73EJT37：1167A	用马
73EJT37：521	用马五匹/轺车四乘	73EJT37：1184	骓牡马一匹白騩左□☐
73EJT37：524	车一乘/马二匹	73EJH2：54A	畜马一匹/轺一乘
73EJT37：525	轺车一乘※/牡马一匹	73EJC：529A	用马一匹
73EJT37：806+816	乘马三匹	73EJC：531A	乘马二匹/车二☐
		73EJC：640A	用马二匹
73EJT37：836A	用马二匹	73EJC：665	轺车一两
73EJT37：871	用马四匹/轺车三乘		

※ 释文为“轺一乘”，依据照片进行了修正。

不过，规定或曾有变化。津关令所要求的“马职(识)物(马的特征)”的记载[1]几乎见不到，部分传记录了马的年龄和毛色，大多都只记录了数量。

(二) 符(出入符、出入关符)[2]

关于“符”，《说文解字》卷五《上竹部》载：

符，信也。汉制以竹，长六寸，分而相合。

1　张家山汉简《奏谳书》简58(案例11)载：

……大夫犬乘私马一匹，毋传，谋令大夫武窬(偷)□上造熊马传，箸(著)其马职(识)物……

由此可见，汉代的传实际上是要记录马的特征的。

2　关于“符”的先行研究，可以参见薛英群《汉代符信考述》(上、下)(载《西北史地》1983年第3、4期)、大庭脩《漢代の符と致》(收入氏著《漢簡研究》第2篇第2章，同朋舍1992年版)、籾山明《刻歯簡牘初探——漢簡形態論のために》(收入氏著《秦漢出土文字史料の研究——形態・制度・社会》第1部第1章，创文社2015年版)、李均明《汉简所见出入符、传与出入名籍》(收入氏著《初学录》，兰台出版社1999年版)等的考论。

其原本是作为信用凭证的剖符。也作为出入关所的通行证使用,还特别命名了“出入符”(73EJT21:117 等)或“出入关符”(73EJT37:344 等)之类的名称。

《汉书》卷六十四下《终军传》中,可以见到下面这个关于关所之符的故事:

> (终)军从济南当诣博士,步入关,关吏予军繻。军问:“以此何为?”吏曰;“为复传,还当以合符。”
>
> 苏林注:“繻,帛边也。旧关出入皆以传。传烦,因裂繻头合以为符信也。”

关所和通行者各自持有剖符的一半,通行时二者相合则允许通关。另外,关吏将剖裂的繻做成的符称为返程用的传,根据苏林的注解,其制作意图是为了代替烦琐的传,因此可以说符是传的简易版。但是,剖符的形态特征与传不同,可能是只在特定地方有效的通行证。

金关简的符,以周边的官府、官吏家族等频繁往来于肩水金关之人为使用对象。其中,具有代表性的例子如下所示:

> 元凤二年二月癸卯,居延与金关为出入六寸符券。齿百。
> 从第一至千。左居官,右移金关。符合以从事。第九百五十九 (73EJT26:16)
> 母昭武平都里虞俭,年五十。
> 橐他南部候史虞宪妻大女丑,年廿五。大车一两。
> 建平四年正月,家属出入尽十二月符。子小女孙子,年七岁。用牛二头。
> 子小男冯子,年四岁。用马一匹。
> (73EJT37:758)

前者是官府间的符,记录了保存机构、刻齿(即刻纹)形状所表示的数量、同时制作的符的起止编号,以及该符自己的编号。因为一次制作了千组之多,其可能是一次性使用的联票(回数券)。

后者是为官吏及其家族制作的“家属符”。家属符中要记录官吏的职位和姓名、成为符适用对象的家族的信息(亲属关系、居住的县和里名、名字、年龄等)。因为写有“尽十二月(到十二月为止)”的期限,其应是在一定时期内有效,即所谓的定期券。另外,很多家属符也有刻齿。

符特别是家属符也有记录物品的情况,将其汇总整理成一览表如表 2。或许因为是传的简易版,符所记载的物品也与传相同,都是车、牛、马,没有任何其他物品。各种类的信息也与传相同,限于记录数量的程度。

另外,与传相反,符中牛的使用率比马高。究其原因,可能笨重的牛不适于用传的长距离旅行,而用符则是在肩水金关周边的活动,故而移动距离较短,即便是牛也堪任役使。

表 2 金关简的符中关于物品的记载

简　　号	物品的记载内容
73EJT3：89	车二两/用牛二头/马一匹
73EJT6：41A	大车一两/用马二匹/用牛二
73EJT6：42	车一两/用□☒
73EJT23：763	大车一两
73EJT24：124	车牛一两
73EJT26：27	牛车二两
73EJT37：37	牛车一两
73EJT37：142	用马二匹
73EJT37：175	牛车一两/用牛四头
73EJT37：176	牛二头/车一两
73EJT37：178	牛车一两/用牛二头
73EJT37：687	车一两/牛二头
73EJT37：756	车一两
73EJT37：758	大车一两/用牛二头/用马一匹
73EJT37：761	车牛一头/用牛一头
73EJT37：762	大车一两/用牛二头/用马一匹
73EJT37：1058	车二两/用牛四头/马三匹

(三) 致(出入关致)

关于“致”,我们曾有过详细论述,[1]可以参照。在此仅陈述要点。

1　拙文:《肩水金関漢簡の致と通関制度》,载《日本秦漢史研究》第12号,2014年。下文称“前稿”。

传世文献中尚未见到关于“致”的适当解释,裘锡圭先生基于简牍资料将致分为三种,认为其是用于送付物资、领取物资、出入关门的文书。[1] 其中的“出入关致”(73EJT3: 47等简中可见此名称),由作为通告文书的正文简和作为记录旅行者详细信息的附件文书的致籍所构成。二者以系纽捆绑在一起,形成册书的形态(图2)。

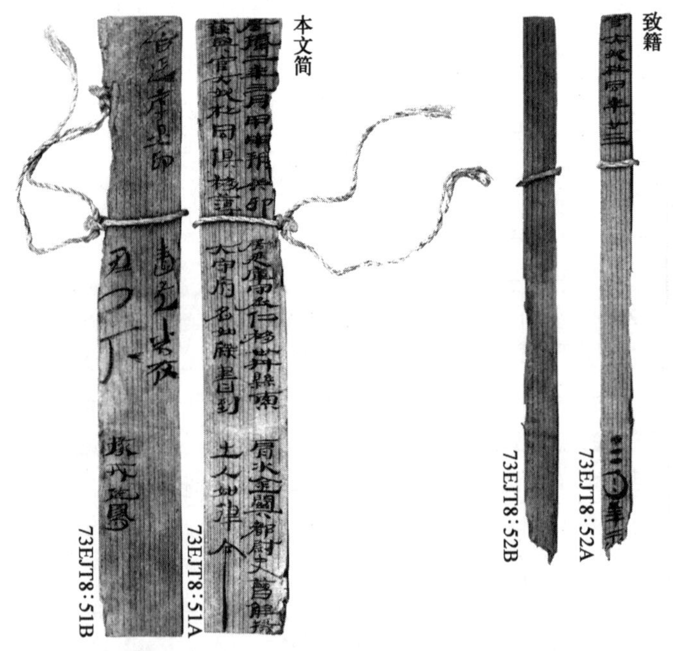

图2 致的正文简与致籍(《肩水金关汉简(壹)》中册184、185页)

正文简将在后文进行论述,此处对详细记载旅行者信息的致籍进行分析。

河南郡雒阳宜茂里王富　乘騩牡马一匹,轺车一两,弩一,大丸一,矢五十枚,刀剑各一。　(73EJT1: 6)

弘农郡陕仓□里蔡青　葆养车骑马一匹、騩牡左剽、齿五岁、高五尺八寸半、名曰张中。　大奴□昌　马　(73EJT1: 54)

河南郡雒阳乐岁里公乘苏之,年廿六,长七尺二寸,黑色。　弓一,矢十二。乘方相一乘。马騩牡、齿十岁。　九月甲辰出。卩　(73EJT30: 266)

南阳郡杜衍亭长垣党,年卅五,轺车一乘。
用马一匹,　骝、牝、齿七岁、高六尺二寸。

1　裘锡圭:《汉简拾零》,收入《裘锡圭学术文集》第2卷,复旦大学出版社2012年版。

六月庚子出。

(73EJF3：48+532+485)

戍卒颍川郡定陵阳里不更许贤，年卅。 丿 (73EJT9：117)

关于致籍的记载，各简在信息的详略及书式方面存有差异。不过，整理记载的项目的话，则大致有郡县里名、爵位、年龄（前述相当于户籍信息[1]）、职位（限吏卒）、身高、肤色、名字等旅行者自己的记录，以及携带物品等。另外，很多简还记有旅行者出入的日期和查验记号（“卩”“马”“丿”等）。如此，致是向关所报告旅行者身世及携带物品的通行证明文书，相当于现在的海关申报单。

再对致籍所记载的物品进行分析。致籍的记载内容不像传、符那样固定，因为其与吏卒名籍、器物簿等有相似之处，断简的话则难以辨别。因此，以能确认记载的物品、旅行者自身信息或出入记录、查验符号的致籍为对象，从中选出记载的物品，整理成表3（见文末）。一看就会明白，与传、符相比，其记载的物品种类更为多样。在车、牛、马之外，刀、剑、弓、弩、矢等武器的种类特别醒目。前稿已经论述，它们也是通关的限制对象。例如，居延汉简（1970年代简）EPT68：59—64与盗取官府武器而逃亡的亭长们有关，在罗列明细之后，弹劾其携带“禁物”非法越过边关。[2]

与在旅途中各处所出示的传不同，致是通关时专用的通行证明文书。[3] 而且，与传相比，致记载的物品种类更为多样。由此表明，与其他机构相比，应向关所申报的物品更多，关所对通过物品的限制等级也更高。另外，致籍中也有记录符的编号的简例，[4]即便是用符来通关，似乎也制作了致，以让适用符之外的限制品也能够出入。

下面关注各种类的记载内容。即便整体上仅有数量的记录很多，但对于车、牛、

---

1 关于户籍的记载信息，参见佐藤武敏《漢代の戸口調查》，载《集刊東洋学》第18号，1967年。

2 简文内容如下：

迺今月三日壬寅，居延常安亭长王闳、闳子男同、攻虏亭长赵 (EPT68：59)
常及客民赵闳、范翕一等五人，俱亡。皆共盗官兵、 (EPT68：60)
臧千钱以上，带大 (EPT68：61)
刀剑及铍各一，又各持锥、小尺白刀、箴各一，兰越甲渠当 (EPT68：62)
曲燧塞，从河水中天田出。● 案，常等持禁物， (EPT68：63)
兰越塞于边关……。 (EPT68：64)

3 参见前稿。后文的致的正文简中，也没有使用传中可见的“过所（通过机构）”等模糊的表述，而是明确记有“肩水金关”、“卅井县索（关）”（即肩水金关东北的、居延都尉府卅井候官管辖内的关所，A21）等通告单位。另外，依据后文73EJC：590的记载，在渡口过河时也使用了致。

4 □里贾陵，年卅，长七尺三寸，黑色。牛车一两。符第六百八丨☒（居延汉简11.4.A33），等。

马,也记载了不少数量之外的信息。

关于车,记录车的种类这一点与传、符相同,但种类更为丰富,可以确认的有“牛车(车牛)”“大车”“车马”“轺车”“方相车”“革车”“属车”“传车”“伏匿车”“兰舆车”等。顺带一提的是,尽管也有例外,但与马一同使用的车一般用量词“乘”,与牛一同使用的车则用量词“两”。

关于牛和马,有较为详细的信息。牛的场合,记录了头数、毛色(“黄”“黑”)、阉割(“犗”“介”)[1]、种牛(“特”)[2]、役牛(“劳(GF8A5)”)、年龄等。

马的记载项目更多,记载了用途(“乘”、“驾”、“骑”、“车骑”、“驼(馱)”)、匹数、毛色(“赤”、“白”、“驳(駮)”、“騩”、“骠”、“骝(留、駠)”、“骍”、“骓”、“駹”、“骊”、“骅”、“姚华”、“骍駮”、“騩駮”、“騧駮”、“駠駮”、“骊駮”、“骍騩”、“骝騩”、“賭(者)白”)、性别(“牡”、“牝(牲、駐、駞)”)、年龄、身高,前载 73EJT1: 54 甚至载有为了识别的刻纹(“剽”)[3]的位置、马的名字。另外,73EJT37: 1000 的马等记有“齿八岁、高六尺”,超过了汉景帝时期禁止未满 10 岁及五尺九寸以上的马出关的规定。与那时相比,限制似乎有所缓和。

表 3 所列举的致籍中,关于牛的记录可以确认有 97 枚简,其中记有头数以外信息的简有 15 枚,约占 15.4%。与此相对的是,关于马的 202 枚简中,有 91 枚、约占 45%比例的简有详细的记载,此情况比牛高出很多。这表示在众多的通关限制对象中,马是最受关注的对象。

如前所见,限制对象物品虽然多种多样,但车、牛及马在传、符中被特别记录,其通行、通关被重点检查。更有甚者,在统计肩水金关入关者人数的记录简中,通过的车、牛、马的数量,也要与人一起进行清点。[4] 而且,致籍中关于马的信息量极为突出,由此也可推测马的通关是最受关注的。

一看此种状况就会有这样的印象,关所可能对通过的马进行了严格的检查。不过,倘若果真如此,则应有记录检查内容的文书,但金关简中尚未见到此类文

---

1 “犗”的解释遵从京都大学人文科学研究所简牍研究班编《簡牘語彙 中国古代木簡辞典》(岩波书店 2015 年版)第 53 页的观点。另外,关于 73EJT37: 1455 所见的“介”,《方言》卷六载:“兽无耦曰介”(无配偶的兽称为介),由此可知,其可能是阉割的意思。《广韵》卷四《去声》中,介属怪第十六,犗属夬第十七,发音相近。

2 参见京都大学人文科学研究所简牍研究班编《簡牘語彙 中国古代木簡辞典》,第 431 页。

3 参见京都大学人文科学研究所简牍研究班编《簡牘語彙 中国古代木簡辞典》,第 470 页。

4 如下简:

民百廿六人 凡百卅二人 牛车百一十四两● 其廿六两塞吏家车
其三人卒 马十匹● 其一匹官马 牛百廿五● 其廿七塞吏家牛 (73EJT30: 58)

书，关所根据其判断拒绝通关的事例也几乎不存在。[1] 虽然传、致、符所载内容有一定的规则性，但这些文书似乎是被随意处理的。不仅如此，甚至还有伪造的致也获许出入（73EJT30：179）[2]，不查阅致就让其入关（73EJT37：659A）[3]，以及关所检查草率敷衍等记载。为什么会出现这样的情况？或许可从通行证明文书的制作过程进行考察。

三、通行证明文书的制作过程

（一）传的制作

首先必须说的是，现在所见的“传”几乎都不是原件。传要在旅途中的各处出示，所以其原件是由旅行者带走。因此，正如《太平御览》卷五九八《文部》“过所”条所引《晋令》所载：

> 诸渡关及乘船筏上下经津者，皆有过所，[4]写一通，付关吏。

关所不过是取得了传（即过所）的副本，故而没有制作通关者的传。金关简 73EJT35：2 和 73EJC：617 是表示保管文书内容的楬（即标签），其中明确记有“传副卷”“传副”之类传的副本。[5]

从其自身所记载的手续过程就能明白，传是在出发地的县内、官府内制作，以各

---

1 73EJF3：297 中这样记载：

> ▨□闻，往时，关吏留难商贾

似乎关吏对商人进行过拘留和盘问，但因为其背景不明，并不清楚这是否是出于关所独自的判断。

2 原文为：

> 十月戊辰，诈封致与关。诈罪。当俱出关，以责士吏牛放为名▨
> 与赵君男孺卿俱来入关。候故行至官，以戊辰卿□▨

3 原文为：

> ▨不复致入　叩头□　请▨

4 原文为“皆有所”，遵从张鹏一编著《晋令辑存》的校订，作为“皆有过所”进行理解。

5 简文为：

- 元十三年十二月，吏民
  出入关传副卷。

说明：释文将“卷”释作“劵”，今据图片进行修改。

- 酒泉居延仓丞葆建始三年十一月传副。

自长官、次官的名义发出。

传是保证旅行者来历的文书。私用的传中有使用“案户籍藏乡者(查阅收藏在乡的户籍)”(73EJT21:60A 等)等语句,可知在保证来历之时,已经确认过旅行者的户籍(所以私用传的记载是从乡吏的请求开始)。同样,因为各官府有其属吏的名籍,[1]发出公用传时可能也曾进行了参考。

传是依据可靠的基础资料,经各长官、次官认可的可信度很高的证明书。关所没有关于旅行者的其他资料,也就不能证明传的正确性。因此,关所可能会依赖传的可信度。

不想掌握的旅行者的其他资料,关所则不能获得证据,其信用真的可靠吗?

传的可信度与马的通行也有关联。在此关注的是传中所见的“所占用马”这类表述。所谓“占”,依据《史记》卷三十《平准书》中《索隐》的注释,是“各自计算财物的数量,制作账簿然后送到官府”的意思。[2] 换言之,在旅行中要使用马时,要先向出发地的县、官府进行申请。传所记载的是受理过的申请内容,说明传在发出之时,马的通行已被出发地长官、次官所认可。

(二)符的制作

前引《汉书·终军传》中,关吏在去程阶段制作了返程要用的符。由此可知,为了今后预期的通行,关吏与关所之间事先制作了符。金关简中也是一样,73EJT37:1149 载:

> 五凤三年八月乙巳朔丁卯,橐他塞尉幸敢言之。遣
> 家属私使觻得,唯官为入出符。敢言之。

候官所属的武官塞尉,在派出家属之前请求制作出入符。

那么,事先制作也就意味着符所记载的适用对象的信息也是事先登录,而不是在通关时基于实际情况记录。而且,事先登录是为了省去烦琐手续的办法,所以很难认为对使用符进行通关的人、车、牛、马进行了严格的查验。

《终军传》中关吏制作了符,但金关简中发现了不同的情况。公用符如前引73EJT26:16 等,使用了“左居官、右移金关(左侧放在官府,右侧送往金关)”的表述。

---

1 例如,A8(甲渠候官遗址)中出土了记有“居延甲渠候官鸿嘉三年七月尽九月吏名籍”(居延汉简(1970年代简)E.P.T50:31)的简。

2 原文为:“各自隐度其财物多少,为文簿送之官也。”——译者按

符在官府制作之后,剖开的一片可能要送往关所。家属符也是如此,73EJT37:152 载:

建平元年正月甲午子朔戊戌,北部候长宣敢言之:谨移部吏家属符,谒移肩水金关,出入如律令。敢言之。

部的负责人候长请求上级官府候官,将家属符转发到肩水金关。果不其然,这里也是北部制作符之后,再送往肩水金关。

如此,符所记载的信息是事先登录,所以并不记录通关时的查验结果。而且,至少金关简的符是由各官府制作,发行主体不是关所。要之,用符进行的人、马等的通关,其制作者官府一方的意图发挥了重要作用。

(三) 致的作成

致的制作者可从其正文简进行理解。

建平四年正月丁未朔庚申,西乡守啬夫武,以私印行事,敢言之:昭武男子孙宪,诣乡自言:愿以律取致籍归故县。谨案:

宪毋官狱征事,当得以律取致籍。名、县如牒。唯廷谒移卅井县索、肩水金关,出入如律令。敢言之。　三月辛酉北,啬夫丰出。　(73EJT37:530)

建平元年四月癸亥朔甲申,广地候况移肩水金关:候诣府,名、县、爵、里、年、姓如牒。书到出入如律令。(73EJT37:1503A)

"广地候印"　　　令史嘉　(73EJT37:1503B)

首先列举的以庶民为对象的致是在出发地的县制作,以官吏为对象的致是在派出单位的官府制作,与传相呼应。73EJC:590 所载的"丞相板诏令第五十三"规定,"过塞津、关,独以传、致籍出入"(塞的渡口、关所的通过,只有用传和致籍才能出入),如其所示,致在通关之际与传一起使用。73EJT1:80[1] 是传,与前引 73EJT1:6 致籍属于同一个人。而且,73EJC:121 中来自觻得县的旅行者的致是由觻得县长进

1　简文为:

▨之宜岁里公乘王富,年卅五岁,自言为家私

▨言之。八月壬子,雒阳丞大,移所过县▨　　　(73EJT1:80A)

行封印,[1]可知致与传一样,也是由旅行者的出发地所发出。

再者,一看致籍所记出入记录的文字就会发现,其与旅行者、携带物品的信息记载是不同的笔迹(参见图 2 的致籍)。这是因为关吏在致籍原件上进行了补记。换言之,关吏不会书写出入记录以外的部分,致籍上旅行者、携带物品的信息也不是记录的关所检查的结果。

可是,金关简中还有部分竹简,多是致籍。竹简与木简的数量相差甚大,其不是肩水地区的一般书写材料。因此,可以认为金关简的竹简基本都是从其他地方带来。使用竹简较多的致籍,也应是来自肩水金关以外的地方。

结果是关所并不参与致的制作。更言之,致籍所记载的以马为代表的限制对象物品的通关能否被认可,发出致的出发地的县、官府具有决定性的主导权。

结　语

汉王朝关注通过关所的马,从诸多史料来看这是无疑的。但是,禁止的场合暂且不论,在当时的制度下,只要能取得传、符、致等通行证明文书,就可以带马通过关所。这些通行证明文书与关所的意图无关,而是由出发地的县、官府在斟酌旅行者的申请内容、认为没有问题之后发出。因此,其在发出之时,马的通关已经得到了实质上的认可。关所可能也会将通行证明文书与实际情况进行核对,但因为有县、官府长官、次官的保证,关所“苛留”(盘问、拘留)的场合极少。换言之,关于马的通关的主导权,不在关所,而是由县、诸官府所掌握。

汉代存在各种各样关于马通关的限制,但与现在的出入境审查一样,只要经过正规的手续并取得许可证,关所应该不会拒绝马的通过。岂止如此,甚至有忽视略不完备之处的迹象。73EJTA37：833A 就内容来看应是致籍,但“轺车一乘用”(关于“轺车”,《史记》卷一百《季布列传》中《集解》注为“马车也”,本来是与“用马○匹”搭配)这部分,和“五月己亥入”等入关记录是用相同笔迹书写(图 3)。这是来自肩水金关之北即关外居延的旅行者的致籍,可能是返程出关记录一部分的“七月”见于简的下端,由此可知它们是在去程时记入。因此,不可能是因为入关后得到轺车等而在出关时进行补记,而是发出致籍时记载就有遗漏。于是关吏进行了补记,尽管察觉到了不完备但也允许其入关。

1　简文为:

觻得益昌里王福,年五十七。阳朔四年十月庚戌,觻得长护,封致。
为家私市居延。〼　(72EJC：121)

如上所述,虽然汉代存在严密的马的通行、通关规制制度,但维持该制度的主要是出发地县、官府的申报和审查,关所的检查并不那么严格。

图 3　73EJTA37: 833A(部分)笔迹

【附记】

本文是平成二十四年度(2012 年度)日本学术振兴会研究费补助金 青年研究(B)“肩水金関漢簡による漢代西北交通・防衛機構の研究”(课题编号: 24720324)之研究成果的一部分。

表 3　金关简致籍中的物品记载

有马的记载的简

有牛的记载的简

马、牛的记载都有的简

详细的信息记载(加粗)

※仅有马车、牛车的记载不作为马、牛的记载进行统计。"马☐"等可能是车的记载,也不纳入统计。

简　　号	物品的记载内容
15.13	**马一匹[骍]牝齿九岁高七尺……**
15.20	用牛二
37.6+340.38	牛车一两/弓一/矢廿四/剑一/大麦
37.30	牛车一两
37.32	弓一☐
43.9	方相一乘/**驼牡马一匹齿八岁**
43.10	弓一/矢廿四
43.13	牛一/车一两
43.20	轺车乘
51.6	轺车一乘
62.13	乘方相车/**驾桃□牡马一匹齿十八岁/駹牝马一匹齿八岁**
62.32	乘方相车/马☐
77.56+77.53	衣皁□☐
334.30	☐车牛一两/弓一/具矢八十二枚
334.37	弓一/矢五
340.13+334.33	剑一/牛车一两
340.39	剑一
73EJT1：6	**乘騩牡马一匹**/轺车一两/弩一/大丸一/矢五十枚/刀剑各一
73EJT1：7	□□一/剑一/刀一/弓一/矢卌三/马□□
73EJT1：25	马一匹/案勒鞭各一/剑大刀各一/弓/椟丸☐
73EJT1：26	车牛一两/剑一
73EJT1：30	牛车一两/凡牛二☐

（续表）

简　　号	物品的记载内容
73EJT1：37	弓一/矢十四
73EJT1：42	马二匹/轺车二乘
73EJT1：47	牛车一两
73EJT1：54	**车骑马一匹騩牡左剽齿五岁高五尺八寸半名曰张中**
73EJT1：67	牛车一两
73EJT1：116	马一匹/案/勒/鞭☐
73EJT1：121	牛车☐
73EJT1：155	弩一/矢廿枚
73EJT1：185	☐□一两
73EJT2：7	牛车一两/弩一/矢卅/剑一/大刀一
73EJT2：35	牛车一两
73EJT3：31	轺车一乘/**用马一匹骠牡齿五岁**☐
73EJT3：64	**用马一匹骝牡齿七岁高五尺八寸**
73EJT3：68	用马☐
73EJT3：77	☐单衣/轺车一乘/**马一匹骍牡齿八岁高五**☐
73EJT3：80	轺车一乘/马一匹/弓一/矢十二枚
73EJT3：108	☐□□**一匹牡驷齿七岁**/□□□□□三岁
73EJT3：115	轺车乘/**马二匹驳□齿五岁高五尺三寸**
73EJT4：31	剑一☐
73EJT4：38	弩一/矢五十枚
73EJT4：52	牛二/车一两
73EJT4：53	轺车一乘☐
73EJT4：54	☐□**尺八寸一匹骍駮齿四岁高五尺八寸**
73EJT4：72	车马一两
73EJT4：81	马☐
73EJT4：97	大车一☐/**黄犗**☐
73EJT4：111	轺车一乘/马一匹/弩☐

（续表）

简　　号	物品的记载内容
73EJT4：150	☐车一两/☐一/矢五十
73EJT5：61	大车一两/**黄犗牛一**
73EJT5：79	轺车一乘/用马二匹
73EJT5：93	☐牛车一两
73EJT6：53	牛车一两/弩一/矢五十/剑一
73EJT7：5	剑一
73EJT7：17	**用牛一黄㹀犗齿七岁**
73EJT7：36	轺车一乘/**马一匹驪牡**☐
73EJT7：46	马☐
73EJT7：48	☐牛车一两/牛二
73EJT7：72	轺车一乘/马二匹
73EJT8：37	车☐
73EJT8：54A	轺车一乘/**马一匹駣**☐
73EJT8：65	☐**匹齿十岁高六尺**
73EJT8：84	大车一两/牛二
73EJT8：103	车一两/载麦五十石
73EJT9：1	轺车一乘/用马一匹
73EJT9：40	弓一/矢五十枚
73EJT9：41	牛车一两
73EJT9：42	牛车一两☐
73EJT9：57	弩一/矢十二
73EJT9：82	轺车一乘/马一匹/剑一
73EJT9：93	马/剑一/弓一/矢一发
73EJT9：106	轺车一乘/马一匹/弓一/矢十二枚/剑一
73EJT9：130	轺车一乘
73EJT9：160	☐一两/牛一/剑/盾一
73EJT9：203	马一匹

（续表）

简　　号	物品的记载内容
73EJT9：219	☐弩一/矢五十/牛车一两
73EJT9：240	轺车一乘/马一匹
73EJT9：245	☐弓一/矢廿
73EJT9：254	牛车一两/弓
73EJT9：260	轺车二乘/马三匹/弓一/矢☐
73EJT9：261	轺车一乘/马□匹
73EJT9：279	弓☐
73EJT9：292	弓一/矢八十枚
73EJT9：308	☐弓一/矢十二
73EJT9：347	车一两/马一匹
73EJT10：63	轺车一乘/马一匹/弓一/矢五十
73EJT10：104	剑一枚
73EJT10：119	轺车一乘/马二匹
73EJT10：129	□□弩一/车一两/牛二/剑一
73EJT10：136	☐□一/牛车二两/牛四
73EJT10：162	牛二/车一两☐
73EJT10：197	马一匹/轺车一☐
73EJT10：261	乘方相车/騩駮牡马一匹齿十八岁/弓一十二
73EJT10：262	方箱一乘/**驑駮牝马一匹齿八**
73EJT10：268	☐□弓一/矢十二/剑一
73EJT10：269	轺车一乘/马一匹
73EJT10：279	弓一/矢五十/轺车一乘/马一匹
73EJT10：284	弩一/矢廿四
73EJT10：293	☐剑一/刀一
73EJT10：297	方相一乘/**马一匹騩牝齿八岁**
73EJT10：382	车一两/牛二/剑一
73EJT10：387	车一两/牛一

(续表)

简　　号	物品的记载内容
73EJT10：427	马一匹/车☐
73EJT10：457	车一两/牛二
73EJT10：529	轺车一乘☐
73EJT14：23	车马一乘☐
73EJT14：26	车一乘/马一匹
73EJT21：16	牛车一两/弩一/矢廿四/剑一
73EJT21：21	车一两/载肩水仓麦小石卌五石/弓一/矢□二枚/剑一
73EJT21：49	牛车一两/剑一
73EJT21：50	轺车一乘/用马一匹
73EJT21：53	轺车一乘/马一匹
73EJT21：55	□车一两……
73EJT21：99	大刀一/有方一
73EJT21：224	牛☐
73EJT21：225	轺车一乘/马一匹/弓一/矢廿
73EJT21：229	大车☐
73EJT21：238	牛车一两
73EJT21：262	牛车一两☐
73EJT21：319	弓一/矢廿/☐两/剑一
73EJT21：332	剑一
73EJT21：386	牛车一两/弩二/矢五十/粟☐
73EJT21：420	牛车一两
73EJT21：441	坐四斛
73EJT22：1	牛车一两
73EJT22：15	剑一/大刀一
73EJT22：24	三石具弩一/稾矢五十
73EJT22：32	剑一
73EJT23：12A	轺车一乘/用马一匹

（续表）

简 号	物品的记载内容
73EJT23：13	大车一两/用牛二头
73EJT23：53	兵二/轺车一乘/**骍騩牝马一匹**
73EJT23：56	乘方相车一两/**马騩□□齿十六岁**
73EJT23：58	方箱车/**骓牝马齿十五岁**
73EJT23：59	**骑騩牡马一**☐
73EJT23：78	大车一两/用牛二
73EJT23：92	车一乘/马一匹□☐
73EJT23：108	乘方箱/**驾騩**☐
73EJT23：158	剑一
73EJT23：184	弩/矢五十
73EJT23：297	车一两/用牛一齿十二岁
73EJT23：303	牛一头
73EJT23：329	轺车一乘
73EJT23：334	马一匹
73EJT23：376	☐牛车一两/牛二
73EJT23：398	马一匹
73EJT23：485	☐牛车一两/弩一/矢五十
73EJT23：611	**马一匹骝牝齿十二岁高**☐
73EJT23：622	车一两/载粟大石廿五石/用牛二
73EJT23：631	牛☐/用☐
73EJT23：644	弩一/矢十二/剑一
73EJT23：660	用马一匹/轺车一乘
73EJT23：681	**黑□□一头齿七岁/黄□□一头齿九岁□□□**
73EJT23：746	方箱车☐/用马一☐
73EJT23：773	大车一两/牛一/剑一/弩一/矢十二
73EJT23：774	牛车一两/剑一/大刀一
73EJT23：775	轺车一乘/马一匹

(续表)

简　　号	物品的记载内容
73EJT23：809	▨用牛二
73EJT23：810	大车▨
73EJT23：818	牛车二两
73EJT23：821	车一两/牛二
73EJT23：830	剑一
73EJT23：833	……**牛一头齿八岁**
73EJT23：905	革车一乘/**用马一匹騸牝齿十二岁高六尺**
73EJT23：924	牛车一两□▨
73EJT23：935	轺车一乘/马▨
73EJT23：937	▨一匹/剑一/弩一/矢五十
73EJT23：942	用马▨
73EJT23：962	轺车一乘/马一匹
73EJT23：968	马一匹
73EJT23：970	牛车一两/弩一/矢十八/剑一
73EJT23：971	马一匹/弓一/矢卅
73EJT23：973	轺车一乘/马一匹
73EJT23：975	车牛一两/练袭一领/白布单衣一领/革履一两/布絑一两
73EJT23：977	牛车一两
73EJT23：982	弓一/矢五十
73EJT23：1005	大车一两▨
73EJT23：1019	▨两/弩一/矢五十
73EJT24：16	粟一石
73EJT24：48	车一两/牛一
73EJT24：50	牛车一两
73EJT24：51	弩一/矢廿四/马一匹
73EJT24：126	□**驾駹牡马齿八岁/骍牝马齿十二岁**
73EJT24：150	轺车一乘/马二匹

（续表）

简　　号	物品的记载内容
73EJT24：163	轺车一乘
73EJT24：170	车一两
73EJT24：195	轺车一乘/**用马一匹骓牝齿十五岁高五尺八寸**
73EJT24：206	牛车一两/载米卅石/**用马一骍牡齿四岁**
73EJT24：212	**□一匹白牝齿十岁高□尺八□☑**
73EJT24：241	牛车一两/剑一/□一
73EJT24：242	牛车一两/弩一/矢十二
73EJT24：248	牛车一两/用牛二头
73EJT24：260	承弩一/有方一
73EJT24：310	牛车一两/弩一/矢五十
73EJT24：316	牛☑
73EJT24：374	轺车二☑/用马三☑
73EJT24：390	乘方箱车/马一匹
73EJT24：406	轺车一乘/马二匹☑
73EJT24：424	大车一两/牛一
73EJT24：430	**☑□马一匹骓牝齿七岁**
73EJT24：543	有方一
73EJT24：547	有方一
73EJT24：551	☑两/大刀一/剑一/楯一
73EJT24：556	大车一两□
73EJT24：620	轺车一乘/马一匹
73EJT24：633	☑乘/马二匹
73EJT24：740	剑一/马一匹
73EJT24：741	剑一
73EJT24：789	轺车一乘/马☑
73EJT24：794	有方☑
73EJT24：814	牛车一两

(续表)

简　号	物品的记载内容
73EJT24：819	☒□车一乘/马二匹
73EJT24：834	剑一
73EJT24：951	牛车一两
73EJT24：963	牛车一两☒
73EJT24：982	☒剑一
73EJT25：5	牛车一两/鐱楯各一
73EJT25：9	属车一乘/马一匹/弩一/矢五十
73EJT25：11	鐱一
73EJT25：39	剑☒
73EJT25：52	剑一
73EJT25：61	弩一/矢廿四
73EJT25：63	剑一
73EJT25：75	牛一/车两
73EJT25：109	弓一/矢卅/牛车一两
73EJT25：138	剑一
73EJT25：142	牛车一两/弩☒
73EJT25：157	牛车一两
73EJT25：173	牛二/车一两
73EJT25：196	马二匹
73EJT25：216	☒□矢十二
73EJT26：10	单衣一领/绔一
73EJT26：35	乘方相车/**驪牡马一匹齿十五**
73EJT26：36	乘方相一乘/**驪牡马一匹齿十八岁**
73EJT26：63	车一两/载麋廿五石
73EJT26：118	牛车☒
73EJT26：191	轺车一乘/马一匹
73EJT27：1	车牛一☒

（续表）

简　　号	物品的记载内容
73EJT27：3	剑一/牛车□▨
73EJT27：5	牛车一两/载肩水谷小石卌五石/矛一/刀一
73EJT27：9	车马一乘
73EJT27：19	牛车一两/弩一/矢五十
73EJT27：80	牛□□□□
73EJT28：133	▨剑一
73EJT29：3	牛车一两/弩一/矢廿
73EJT29：56	▨□车一两
73EJT29：73	▨□一乘/**乘骍牡马一匹**/剑一
73EJT29：77	牛车一两/弓一/矢卅
73EJT29：83	车▨
73EJT29：104	轺车二乘/马二匹
73EJT29：108	马一匹/衣绉襦/皁布单衣/白布绔/弓一/矢五十/剑一/轺车一乘
73EJT29：135	弓一/矢十二
73EJT30：9	牛车一两/弩一/矢卅
73EJT30：10	牛二/车一两/弓一/矢卅
73EJT30：20	方箱车一乘/**马一匹骍牝齿十岁高六尺二寸**
73EJT30：23	**用马一匹驩齿十岁**
73EJT30：72	轺车一乘/牛
73EJT30：106	牛车一两
73EJT30：119	剑一/刀一
73EJT30：120	剑一/弓一/矢廿
73EJT30：133	牛车一两
73EJT30：137	鐱一/弓一/矢卅五
73EJT30：147	轺车一乘/马二匹
73EJT30：152	牛车一两▨

(续表)

简　　号	物品的记载内容
73EJT30：153A	轺车□☐
73EJT30：160	牛车一两
73EJT30：164	牛车一两/剑一/大刀一
73EJT30：181	弩一/矢廿枚/车马一乘
73EJT30：195	皁单衣一领☐
73EJT30：199	☐□剑一/盾一
73EJT30：265	剑一/弓椟丸各一/矢卅/轺车一乘/马二匹
73EJT30：266	弓一/矢十二/乘方相一乘/**马騩牡齿十岁**
73EJT31：17	轺车一乘/马一匹
73EJT31：146	车牛一两
73EJT32：4	牛车一□☐
73EJT32：17	牛车一乘☐
73EJT33：59A	车一两/**黑犗牛齿十岁**☐
73EJT33：61	牛一☐
73EJT33：86	轺车一乘/马一匹
73EJT33：87	车一乘/**騧牡马一匹齿十二岁高六尺二**
73EJT34：7	轺车□☐
73EJT34：36	☐剑一/楯一
73EJT35：4	乘方箱车/**驾騩牡马齿八岁**
73EJT35：5	刀一
73EJT35：10	☐车牛二两
73EJT37：17+384	轺车一乘/马一匹
73EJT37：20	轺车一乘/**马一匹騧牡齿七岁高五尺一寸**
73EJT37：32	轺车一乘/马一匹
73EJT37：34	**马一匹騩牝齿**☐
73EJT37：53	轺车三乘/用马六匹
73EJT37：58	车一两/牛二头

（续表）

简　　号	物品的记载内容
73EJT37：60	轺车一乘/马一匹
73EJT37：69	车三两/牛□头
73EJT37：79	车一两/弓一/矢卅
73EJT37：80	轺车一乘/**用马二匹一匹☐☐高五尺齿八岁一匹駹牡齿十岁高五尺七寸**
73EJT37：81	牛车一两
73EJT37：108	牛车一两☐
73EJT37：111	马一匹
73EJT37：132	牛☐
73EJT37：149	马一匹
73EJT37：159	牛车一两/弩一/矢五十
73EJT37：190	乘大车☐
73EJT37：193	牛车一两/弩一/矢五十
73EJT37：198	☐二/牛六头
73EJT37：256	车二两
73EJT37：269	☐车二两
73EJT37：353	牛车一两
73EJT37：388	弓一/矢一发
73EJT37：402	☐车二两/☐牛二头
73EJT37：418	轺车☐/马一☐
73EJT37：449	车□两/牛二头
73EJT37：456	乘轺车/**驾姚华牝马一匹齿九☐☐**
73EJT37：472	**☐其一匹齿十岁高五尺八寸☐☐岁高五尺八寸**
73EJT37：539	方箱车一乘
73EJT37：543	☐□一/大刀一
73EJT37：567	牛车一两
73EJT37：602	☐三匹

(续表)

简　　号	物品的记载内容
73EJT37：618	轺车一乘/马一匹骊牡齿十岁高五尺八寸
73EJT37：623	☐齿八岁高六尺二寸
73EJT37：624	牛二/车一两/弩一/矢五十
73EJT37：635	大车一两/牛一
73EJT37：674	轺车☐/用马☐
73EJT37：685	牛车一☐
73EJT37：694	用马一匹白☐
73EJT37：696	轺车一乘/马一匹
73EJT37：711	轺车三乘/牛车四两/用马七匹/草马廿匹/用牛四
73EJT37：730	车一两/牛二头/弩一/矢五十
73EJT37：735	☐用牛一黄犗齿十岁
73EJT37：742	车一两
73EJT37：748	轺车一乘/马一匹
73EJT37：753	轺车一乘/马二匹
73EJT37：765	马一匹
73EJT37：773	弩一/椟丸一
73EJT37：785	马一匹骝牡齿七岁高五尺七寸半
73EJT37：791	轺车一乘/弓一/矢五☐
73EJT37：796	轺车一乘/用马一匹
73EJT37：808	用牛二
73EJT37：830	魚三千头
73EJT37：833A	轺车一乘/用☐
73EJT37：837	轺车一乘/马一匹駹☐
73EJT37：838	轺车十二乘/私马十六匹
73EJT37：841	车一两/牛二头
73EJT37：847	牛车一两☐
73EJT37：856	方相车一乘☐

（续表）

简　　号	物品的记载内容
73EJT37：858	乘方箱车/**驾骍牡**☑
73EJT37：859	方箱车一乘/用马一匹□☑
73EJT37：870	轺车一乘/牛一头
73EJT37：873	轺车一乘/马一匹/弩一/矢五十
73EJT37：874	剑一/大刀一
73EJT37：883	大车一两/牛二
73EJT37：885	轺车一乘/用马一匹
73EJT37：914	轺车一乘/**马一匹駠牝齿七岁高六尺**
73EJT37：926	乘故革车/**驾騧牡马齿十八岁**
73EJT37：927	☑□**駹牝马一匹齿十四岁**
73EJT37：952	车二两/牛三
73EJT37：956	**马一匹騧牝齿五岁**
73EJT37：961	轺车一乘/**马一匹骍牡齿九岁**
73EJT37：963	**马二匹其一匹赤牝齿十岁其一匹駹牡齿十二岁**
73EJT37：986	牛一/车一两/弓一/矢五十
73EJT37：988	车二两/牛四头
73EJT37：996	轺车一乘/马一匹
73EJT37：997	方相一乘/用马一匹
73EJT37：1000	轺车一乘/**用马一匹駹牡齿八岁高六尺**
73EJT37：1001	牛车一两
73EJT37：1006	魚四百头/橐卅五□□/出□□五十匹/牛车一两/弓一/矢五十/卅四
73EJT37：1022	乘方箱车/**驾駹牝**☑
73EJT37：1034	☑方箱车一乘
73EJT37：1036	车二两/牛四头
73EJT37：1043	传车一乘/马二匹
73EJT37：1044	牛车一两

(续表)

简　　号	物品的记载内容
73EJT37：1080	牛车一两
73EJT37：1083	车一乘/用一匹
73EJT37：1084	牛一/车一两/弩一/矢五十
73EJT37：1085	方相车一乘/用马一匹
73EJT37：1089	**驪一匹齿三岁**
73EJT37：1107	轺车一乘/用马一匹
73EJT37：1115	官牛车一两
73EJT37：1123	车二两/牛三
73EJT37：1130	轺车▨
73EJT37：1131	▨乘轺车/**驾騧牡马一匹齿六岁**
73EJT37：1137	牛一头/车一两
73EJT37：1138	▨**四岁高六尺**
73EJT37：1144	牛车一两/弩一/矢五十
73EJT37：1150	牛车一两/用牛二
73EJT37：1159	轺车一乘/用马一匹▨
73EJT37：1160	大车一两/用牛二头
73EJT37：1161	▨大车一两
73EJT37：1171	轺车▨
73EJT37：1190	▨**用马一匹留牡齿十三岁高六尺**/▨**骑马一匹留牝齿十五岁高六尺二寸**
73EJT37：1193	▨车二乘/**马二匹其一匹驪牡齿六岁**
73EJT37：1195	大车一两/用牛二头
73EJT37：1228+1346	轺车一乘/马一匹
73EJT37：1313	伏匿车一乘/**马一匹骍牝齿六岁高五尺八寸**
73EJT37：1334	衣皁缯袭/白布襜褕/剑一
73EJT37：1337	轺车一乘/马一匹
73EJT37：1381	乘蘭舆车/**駹牡马一匹齿十二岁高五尺八寸**▨

（续表）

简　　号	物品的记载内容
73EJT37：1382	轺车二乘/马三匹/弓一/矢卅
73EJT37：1384	牛车一两/用牛二头
73EJT37：1386	马一匹騂白牡▨
73EJT37：1405	**马一匹騩牝齿十五岁高六尺**
73EJT37：1413	方相车一乘▨
73EJT37：1417	轺车一乘/马一匹
73EJT37：1419	▨牛一
73EJT37：1422	车□▨
73EJT37：1426	皁袍一领▨
73EJT37：1427	车二两/用马三匹
73EJT37：1428	牛
73EJT37：1443	乘轺车一乘/**用马一匹騘牡齿四岁高五尺**▨
73EJT37：1455	乘方相车驾□/**其一牛墨介齿八岁**
73EJT37：1466	车一两/牛二头
73EJT37：1477	大车一两
73EJT37：1495	车一两/用牛二
73EJT37：1505	轺车一乘/马一匹
73EJT37：1506	大车一两/**用牛一黑犗齿九岁**
73EJT37：1507	轺车一乘/**马一匹骅牡齿四岁**
73EJT37：1509	轺车一乘/马一匹
73EJT37：1510	轺车一乘/马一匹
73EJT37：1520	**马一匹騘牝齿九岁**▨
73EJT37：1522	**马一匹骝牡齿十岁**
73EJT37：1568	方箱车一□▨/**用马一匹骍**▨
73EJT37：1583	牛车一两/弩一/矢五十
73EJT37：1584	轺车一乘/**用马一匹騘牡齿五岁高五尺八寸**
73EJT37：1586	轺车一乘/**駹牡马一匹齿十五岁/弓一/矢五十枚**

(续表)

简　　号	物品的记载内容
73EJT37：1587	牛车一两
73EJT37：1588	轺车一乘/马一匹
73EJT37：1589	弩一/矢十二/牛车一两
73EJH1：8	牛车一两
73EJH1：18	有方一/曲旃緹绀胡各一☐
73EJH1：77	牛车一两☐/载肩☐
73EJH2：3	方箱一乘/**者白马一匹**
73EJH2：9	方箱一乘/**駹牝马一匹齿十四岁**
73EJH2：16	衣皁袭/布单/布绔☐/牛一/车一两/弩一/矢五☐
73EJH2：17	轺车一乘☐
73EJH2：21	**马一匹騧駮**☐
73EJH2：32	☐牛车一两/剑一
73EJH2：39	弩/弓/弓
73EJH2：40	方相一乘/**騧駮牡马一匹齿十五岁**
73EJH2：41	方箱车一乘/**桃华牝马一匹齿七岁高六尺**
73EJH2：51	轺车一乘/用马二匹
73EJH2：61	车一两
73EJH2：62	大车一☐
73EJH2：64	牛☐
73EJF1：26	大车二两/牛四头/釜一/载魚五千头/弩二/箭二发
73EJF1：30+28	大车一两/用牛二头
73EJF1：36	马一匹
73EJF1：72	乘轺车一乘/马一匹
73EJF1：73	轺车一乘/用马一匹
73EJF1：88	大车二两/用牛六头
73EJF2：11	轺车四乘☐/用马四匹☐
73EJF2：13	轺车一乘☐/马一匹

（续表）

简　　号	物品的记载内容
73EJF2：18	☐乘/马一匹
73EJF2：38	私马一匹/轺☐☐
73EJF3：47	毋马
73EJF3：48+532+485	轺车一乘/**用马一匹骝牝齿七岁高六尺二寸**
73EJF3：49+581	大车一两/**用牛二黑齿十岁**
73EJF3：57A	用牛三
73EJF3：89	牛车一两/用牛三头
73EJF3：290+121	轺车一乘/**用马马一匹骝騩牝齿八岁高六尺二寸**
73EJF3：129	轺车一乘/**乘用马一匹騅☐☐☐☐/乘用马一匹☐☐**
73EJF3：130	大车一两/用牛一头
73EJF3：132	牛车一两/**用牛二头黑犗齿十岁**
73EJF3：134+498+555	革车一乘/**用马一匹骍駠齿廿岁高五尺八寸**
73EJF3：135	**一黄犗齿十岁**/牛车一两/**一黑犗齿十岁**
73EJF3：136+266	方箱车一乘/用马一匹駠牝高六尺二寸
73EJF3：139	大车一两/用牛二头
73EJF3：140	大车一两/用牛二头
73EJF3：141	布二丈/絮一斤
73EJF3：142	布二丈/絮一斤
73EJF3：170	车一两/用牛二/载粟大石廿五石
73EJF3：172	轺车一乘/用牛二头/用马一匹/大车一两
73EJF3：178A	大车一两/**用牛二头黑劳犗八岁其一黄齿十一**
73EJF3：189+421	轺车一乘/**用马一匹駠駮牝齿五岁**
73EJF3：198+194	轺车一乘/用马一☐
73EJF3：209+200	车一乘
73EJF3：240	大车一两/用牛四头
73EJF3：256	☐轺车一乘/☐**马一匹骊駮牡齿十四岁高五尺八寸**
73EJF3：326	大车一两/用牛二头/牛二/羊二

(续表)

简　　号	物品的记载内容
73EJF3：344	轺车一乘/**用马一匹駹駣齿五岁高六尺**
73EJF3：346	大车一两/用牛二头
73EJF3：347	轺车一乘/**用马一匹骍牝齿八岁高五尺八寸**
73EJF3：348A	用马一匹
73EJF3：357	牛车一两
73EJF3：368	大车一两/用牛二头
73EJF3：369	大车一两/用牛二头
73EJF3：370	大车一两/用牛二头
73EJF3：371	大车一两/用牛二头
73EJF3：372	大车一两/**用牛二头其一黄特齿三岁黑犗齿十岁**
73EJF3：373	大车一两/用牛二头
73EJF3：536+424	大车一两/用牛二头
73EJF3：431	车二两/用牛▨
73EJF3：442	**▨骍牡齿□岁高六尺二寸**
73EJF3：486	▨马一匹
73EJF3：487	▨一/矢卅
73EJF3：495	剑一/□□廿
73EJF3：534+521	轺车一乘/**马一匹骓牝齿八岁高六尺**
73EJF3：524	马一匹
73EJF3：527	布二丈
73EJF3：572	大车▨/用牛一▨
73EJF3：584	牛十六头
73EJT4H：15A	**马一匹骝▨▨**
73EJT4H：32	马一匹/轺车▨
73EJT4H：58	车一两▨
72EJC：100	牛车一两
72EJC：149	轺车一乘/马一匹

（续表）

简　　号	物品的记载内容
72EJC：177	乘方相一乘/**用马一匹高六尺二寸**
72EJC：285	方相车一乘/**骝牡马齿十五岁**
73EJC：294	牛车一两
73EJC：336	轺车一乘/**用马一匹騩牝齿七岁**
73EJC：337	车一乘/马二匹
73EJC：343	▨车一两
73EJC：352	轺▨
73EJC：367A	▨牛车一两
73EJC：425	三石具弩一/稾矢五十
73EJC：521	车一两/牛二
73EJC：554	牛一/剑一/盾一
73EJC：570	轺车一乘/马一匹
73EJC：643	剑一

汉代更卒轮番劳役在各县的不均与均一化*

［日］石原辽平** 著 吴明浩*** 译

一、问题所在

本文的目的是以复原秦汉劳役体系[1]的整体面貌为前提，从而阐明汉代更卒的劳役征发与编组究竟是怎样进行的。论述之际使用的史料主要是松柏汉简卒更簿（四七号木牍）。另外，虽然以轮番的形式服劳役的并非只有更卒，[2]但本文所集中探讨的对象正是作为代表性轮番劳役的更卒之役。

劳役是国家对治下人民所要求的基本负担之一，是探索国家与社会之间关系的线索。近年以来，小岛 2014[3] 从劳役征发的实际情况出发，讨论了地方社会与国家统治之间的联系，揭示了在与劳动力编组相关的律令规定中，共同体的各种习俗被吸

---

* 本文原题为《漢代更卒輪番労役の各県における不均一と均一化》，载《日本秦漢史研究》第 18 号，2017 年。

** 石原辽平，日本东京外国语大学亚非语言文化研究所共同研究员。

*** 吴明浩，京都大学文学研究科 2017 级博士生。

1 徭役、力役、劳役这几个概念在使用上未必确立了很统一的区分标准，既有徭役被作为包含力役、兵役在内的概念来使用的情况，也存在使用时将力役的概念视为包含徭役、兵役在内的情况。徭役、力役都是史料中的用语，但史料上的语义和现代语中的含义却未必一致。本文为了将兵役以外的国家性劳动力征发与兵役相区别，故而避开时常作为广义概念而被使用的徭役、力役这样的用语，而采用“劳役”一词。

2 正如鹫尾祐子的《更卒について——漢代徭役制度試論》（载《中国古代史論叢（続集）》，立命馆东洋史学丛书，2005 年，下文简称鹫尾 2005）、广濑黄雄的《张家山汉简所谓〈史律〉中有关践更之规定的探讨》（载《人文论丛》（二零零四卷），武汉大学出版社 2005 年版，下文简称广濑 2005）二文依据“二年律令”所指出的，以践更形式服劳役的并非只有更卒。鹫尾氏认为在以践更形式征发的役中，存在戍卒、职掌固定的劳役、更卒。已知除此之外尚有官吏也参与践更，但究竟是意味着以上番的形式从事吏职本身的工作呢，还是说吏也有承担践更劳役的义务呢，关于这方面的解释仍有分歧。

3 参见小嶋茂稔：《国家による労働力編成と在地社会——戦国秦~前漢初期力役徴発関係出土史劄記》，東洋文庫古代地域史研究《張家山漢簡“二年律令”の研究》，2014 年。下文简称小嶋 2014。

收了的可能性,就这个方面来说,他在一定程度上取得了成功。然而由于在劳役制度内部,即使现在,仍有尚未完全明了的部分,可见对劳动力编组原理的分析是有不足之处的。尽管迄今为止与劳役制度相关的研究已有相当积淀,但现如今随着出土资料的增加,极大地改善了史料状况,已然很有必要进行广泛的重新思考。

在近年以来的汉代劳役制度研究中,广濑薰雄等人认为劳役中存在更与徭这两种不同的编组方式,这是很重要的观点。[1] 更、徭两者之间最大的区别在于,更是轮番实行的劳役,而徭则是临时征发的劳役,除此之外,两者在征发方法、对象范围、挑选办法以及惩罚规定等方面也是迥异的制度,但关于这几点的讨论却还不能说是很详尽。

论及更卒之役的研究中,即使仅限于比较新的论著,也有渡边 1992[2]、山田 1993[3]、鹫尾 2005、李恒全 2012[4] 等,虽然探讨了诸多方面的问题,但无不是在考察过程中没有充分区别关于更的史料和关于徭的史料就直接引用,导致未能达成共通的认识。除这些以外,另有如后文所述的使用松柏汉简卒更簿木牍的各家研究,然而由于没能很好地对卒更簿木牍上所见制度与文献史料或其注释中所见制度进行综合说明,故而在对木牍内容的解释上无法统一。

二、松柏汉简卒更簿的史料性质

2004 年湖北省荆州市的松柏一号汉墓出土了木牍 63 枚、木简 10 枚,在其中发现了记录着南郡内 19 个县、道、侯国(如无必要则后文仅总称为县)的更卒人数及更数

---

1 重近启树《秦漢における徭役の諸形態》(载《人文論叢(静岡大学)》49－3,1998 年)的分类中,已区分了临时性的征发与更卒之役。鹫尾 2005 一文中指出不以更数而以日数表示的劳役很可能并非更卒所从事的范畴,进而认为所谓"更徭"一语或许指的是更卒之役以外的被临时征发的劳役。广濑薰雄的《更徭辨》(2006 年 11 月中国社会科学院简帛学国际论坛研讨会论文)中,首次明确指出更与徭是完全不同的编组制度,不过这却只是学会上发布的论文而并未刊行。虽然被一些其他的论文所引用从而得知其中的内容,但原文却无法得见。同氏所著的《秦漢律令研究》(汲古书院 2010 年版)第七章附論《卒の践更》(下文简称广濑 2010)中也论及了更与徭的区别。杨振红的《徭、戍为秦汉正卒基本义务说——更卒之役不是"徭"》(载《中华文史论丛》2012 年第 1 期,总第 97 期)一文详细论述了被归类为"徭"的劳役特征,再次强调了其与更卒之役的不同。

2 渡边信一郎:《漢代の更卒制度の再検討・服虔浜口説批判》,载《东洋史研究》第 51 卷第 1 号,1992 年(后收入氏著:《中国古代の財政と国家》,汲古书院 2010 年版,并增加了补论),下文简称渡边 1992。

3 山田胜芳:《秦漢財政収入の研究》汲古书院 1993 年版第四章,下文简称山田 1993。

4 李恒全:《战国秦汉经济问题考论》,江苏人民出版社 2012 年版第三章。

的账簿。[1] 这份松柏汉简卒更簿,是能够帮助我们了解汉代武帝初期更卒之役实施状况的宝贵史料。在朱江松 2009[2] 中刊载了这份木牍较为清晰的照片,使我们得以根据照片来校订释文。有关此木牍的研究已经陆续发表了彭浩 2009[3]、广濑薰雄 2009[4]、陈伟 2010[5]、杨振红 2010[6]、张金光 2011 及孙闻博 2015[7] 等专论。关于释文,广濑 2009 的校订成果已被确认为大体无误,因此本文以其为基础来展开探讨。另外,由于广濑氏所认为的"月用卒二千一百七十九人"这一部分对比照片可见应是"月用卒二千一百一十九人",所以只将这部分稍作修改。

巫,卒千一百一十五人,七更,更百卌九人,余卅九人。

秭归,千五十二人,九更,更百一十六人,其十七人助醴阳,余八人。

夷陵,百廿五人,叁更,更卅六人,余十七人。

夷道,二百五十三人,四更,更五十四人,余卅七人。

醴阳,八十七人,叁更,更卌二人,受秭归月十七人,余十二人。

孱陵,百八人,叁更,更百卌六人,不足五十一人,受宜成五十八人,临沮卅五人。

州陵,百廿二人,叁更,更卅七人,余十一人。

沙羡,二百一十四人,叁更,更六十人,余卅四人。

安陆,二百七人,叁更,更七十一人,不足六人。

宜成,前六百九十七人,六更,更二百六十一人,其五十八人助孱陵,余八十

1　根据出土报告,发现了江陵西乡等地区的户口簿、正里簿、免劳簿、新傅簿、罢癃簿、归义簿、复算事簿、置吏卒簿、律令、武帝时期的历谱、遗书、墓主的功劳记录、墓主的晋升记录及任命文书、记载了从秦昭襄王到汉武帝七年之间历代帝王的在位年数的帐书等。参见荆州博物馆:《湖北荆州纪南松柏汉墓发掘简报》,载《文物》2008 年第 4 期。

2　朱江松:《罕见的松柏汉代木牍》,载荆州博物馆编著:《荆州重要考古发现》,文物出版社 2009 年版。

3　彭浩:《读松柏出土的西汉木牍(四)》,武汉大学简帛网 http://www.bsm.org.cn/show_article.php?id=1019',发布时间:2009 年 4 月 12 日。下文简称彭 2009。

4　广濑薰雄:《论松柏一号墓出土的记更数的木牍》,在"出土文献与传世典籍的诠释——纪念谭朴森先生逝世两周年国际学术研讨会"(复旦大学出土文献与古文字研究中心,2009 年 6 月召开)上发布的论文。后于 2009 年 10 月 7 日登载于复旦大学古文字研究中心官网 http://www.gwz.fudan.edu.cn/Web/Show/931。下文简称广濑 2009。

5　陈伟:《简牍资料所见西汉前期的"卒更"》,载《中国史研究》2010 年第 3 期。下文简称陈 2010。

6　杨振红:《松柏西汉墓簿籍牍考释》,载《中国古中世史研究》第 24 辑,2010 年。中文版《松柏西汉墓簿籍牍考释》,载《南都学坛(人文社会科学学报)》第 30 卷 5 期,2010 年。下文简称杨 2010。

7　张金光:《说秦汉徭役制度中的"更"——汉牍〈南郡卒编更簿〉小记》,载《鲁东大学学报(哲学社会科学版)》第 28 卷第 2 期,2011 年,下文简称张 2011。孙闻博:《秦及汉初"徭"的内涵与组织管理》,载《中国经济史研究》2015 年第 5 期,收入氏著《秦汉军制演变史稿》,下文简称孙 2015。

九人。

江陵，千六十七人，叁更，更三百廿四人，余九十五人。

临沮，八百卅一人，五更，更百六十二人，其卅五人助孱陵，廿九人便侯，余卅一人。

显陵，百卌三人，叁更，更卌四人，余十一人。

邔侯国，二千一百六十九人，七更，更二百八十一人，其卌一人助便侯，廿九人轪侯，余二百二人。

中卢，五百廿三人，六更，更八十四人，余十九人。

便侯，三百七十一人，叁更，更百八十六人，受邔侯卌一，临沮廿九，余廿三人，当减。

轪侯，四百卌六人，叁更，更百七十人，受邔侯廿九人，余廿三人，当减。

● 凡万四〔百〕七十人[1]。

月用卒二千一百一十九人。

这份木牍记载了南郡内各县更卒总数（即“卒某人”）、更数（即“某更”）、每更的人数（即“更某人”）、剩余人数（即“余某人”）、不足人数（即“不足某人”）、派遣人数（即“助某人”）、被派遣人数（即“受某人”）、备考（即“当减”），最后记录了南郡整体的合计更卒数以及每更的合计人数。利用广濑2009以来的研究中所使用的方法，可以毫无矛盾地计算出各县的数字。如果引用广濑氏以秭归县为例所做的说明，则秭归县的卒数总共是1052人。所谓“九更”就是分成九组轮流服役的意思，故而每更（每月）有116人服役。假如有116×9＝1044人的话，九更制即可实施。但因为秭归县有1052人，比所需人数多出了8人，这也就是所谓“余八人”。至于“其十七人助醴阳”，即是每月116名更卒之中有17人援助醴阳之意。作为接受援助一方的县，则记录为“受”，这个人数也被算入每月更卒的总人数当中。[2] 即使算上援助而更卒人数仍然不足的情况，则以“不足”表示。

虽然全郡17个县中的14个用上述方法来计算可以得到与记载一致的结果，但

1 彭2009认为“凡万四七十人”中的“四”字以下可能脱漏了“百”字。

2 张2011认为，接受援助的县（“受”）与派出援助的县（“助”）双方对服役者的双重记录这一做法“违背了会计、统计制度的最基本原则”，进而指出这份账簿并非统计记录，而是某月的劳役征发计划。但在里耶秦简的作徒簿等秦汉时期的账簿中，不仅是被派往其他机构的人员由接受派遣的机构记录为“受”，派遣的原机构也以“付”加以记录，都被算入双方机构的合计人数之中。因此，可以说“受”与“助”、“付”这种重复记录是很好地反映了秦汉时期账簿处理特点的做法。关于里耶秦简作徒簿的人员派遣，参见贾丽英：《里耶秦简所见“徒隶”身份及监管官署》，载《简帛研究（2013）》，广西师范大学出版社2014年版等。

巫、宜城、临沮三县的数据则无论如何计算都与记载的人数不合,对于这一点,各学者都试着做出了解释。因为这是关系到这份木牍的史料性质的问题,所以在此做一番详细的探讨。首先,关于宜城县,广濑氏认为是记录者把本应该记为"更二百六十八人"的地方误记成了"更二百六十一人",杨氏则认为对木牍上此处的释读应该改为"八"。[1]"一"与"八"的形状非常相似,确实是很容易发生误写或释读错误的文字。尽管存在任何一种可能性,但认为这原本应被记作"八"字这一点大概是不会错的。[2]其次,关于临沮县,广濑氏认为"余"的人数本应是"廿一",但被误记成了"卅一",而杨氏则指出了本应是"八百卌一"的更卒总数被误记作了"八百卅一"这一可能性的存在。[3] 由于廿、卅、卌都是比较容易搞错的文字,所以两位学者的看法都很有可能是符合实情的。最后,关于木牍开头的巫县,彭氏指出"余"的数目中可能有误。广濑氏和陈氏也同样认为本应是"七十二人"的"余"数因计算错误而被记成了"卅九"。杨氏虽然也指出了巫县的卒数记录中可能有错,但并未表述具体的意见。然而有关巫县的这一情况,不论是根据哪位学者的观点,都无法阐明为何会发生如此大的计算失误的原因,很难说这是如同在宜城、临沮的数据中所见的易错数字的误记那样具有说服力的解释。

除了这三县之外,关于末尾所记的南郡卒数总计和每月用卒数总计,木牍上所写的数字与计算得出的数字之间也有很大的出入。计算所得郡内更卒总数是 10530 或 10540,但木牍上记载的却是"万四七十(10470)"。而每更的人数合计按计算得出的结果,应是 2021(广濑)或 2223(陈),[4] 但木牍所记却是"二千一百一十九(2119)"。除了张 2011 以外的各学者,都认为这仅是计算上的错误。然而,在对各县数据都做了正确核算的同时,却只是单纯的加算中发生了如此大的计算失误,这样的解释总是有些奇怪的。另外,就算是计算上的错误,那么出了如此大错的账簿,不管是在怎样的用途上都没有实用性的吧。正因此,张氏指出,如果在考虑到"当减"或其他要素的基础上做计算的话,木牍记载的数字可能并非有误。但张氏并未能提供合适的计算方法。[5]

---

1 陈 2010 认为"余"的数字并非八十九,而应是百三十一。

2 从目前的照片上来看,既像是"八",也像是"一"。今后如果公开更加清晰的照片或红外线照片,想必会有明确的结果吧。

3 关于临沮的数据,除此之外也有可能每更人数并非"百六十二",而是"百六十"。

4 杨 2010 以每更的总人数为 2220 或 2011,但由于杨氏在对邔侯国数据的释读和计算上存在明显的错误,合计总数也就因此而产生错误。杨氏将邔侯国的每更人数"二百八十一"误读为"二百七十一",并且在其他部分没有加算的"受"的人数却在计算邔侯国数据时做了加算。

5 张 2011 注意到在"当减"这一点的基础上计算出的每更人数是 2138 人,如果再进一步考虑到孱陵和安陆所不足的人数,那么则是 $2138-[(51\div3)+(6\div3)]=2119$,姑且与木牍所载的"二千一百一十九"一致。

如前所述，在前人的研究中，关于巫县与南郡整体的合计上计算所得无法一致的原因，并没有得到很充分的解释。不过，张氏所提出的很难认为郡的合计中的问题只是由于单纯的计算错误这一看法，应当被重视。那么，如果假定郡的合计数字正确无误，并以此为基准倒推明确存在错误的巫县卒数与每更人数的话，则其卒数为 1055 人，[1]每月的用卒数为 247 人。[2] 在汉初张家山汉简二四七号墓出土的“二年律令”的秩律中，巫县是与宜城、江陵并列的秩八百石的要县，[3]考虑到这一点，在巫县每月配置着与宜城、江陵同等程度的更卒数量并非是不可思议的事吧。[4] 由于木牍上实际记载的巫县数据是更卒数 1115 人，每更的人数是 149 人，可见与倒推所得的数字有较大的差异。不过，试想在记录的过程中文字竖写的“千五十五”与“千一百一十五”、“二百卌七”与“更‖百卌九”，可知在字形上是有些相似的。另外，巫县的数据是被记载于简牍的开头最右端，从这点来看，在书写这份简牍的人当时所参照的原件上，很可能只是开头这部分由于摩擦而导致文字颜色变淡甚至很模糊。而考虑到如此近乎消失的字形在抄写时被误判这一点，尽管数值上有很大不同，但被误记为形状比较类似的数字也是可以理解的。假如以巫县数据为更卒 1055 人、每更 247 人，则更数为四更、余 57 人。如此一来，可以看出，原本在计算结果上无法一致的巫、临沮、宜城这几个县的数据都并非是计算有错，而是这份简牍在据原件抄写时发生的书写错误。

虽然只能认为这是在实际行政中被使用的记录，但其中一些数据却有着无法经受实际使用的错误，从这一点来看，这份松柏汉简卒更簿木简很可能并非因行政上的需要而书写之物，而是为了陪葬而抄写。[5] 以下将列举的几点也可以支持这一猜测。除这份卒更簿以外，从松柏一号汉墓中也出土了一些其他木牍。即使只是在公开了

1　即 10470－1052－125－253－87－108－122－214－207－1697－1067－831－143－2169－523－371－446＝1055。若是以临沮的卒数为 841 人的情况，则巫县卒数是 1045 人。

2　由于木牍中作为“助”被派遣的人员在派出的县也被重复计入，所以在计算每月用卒数时，需要把这部分数字除去。因此，除巫县之外的十六县合计每更卒数是（116－17）＋36＋54＋42＋146＋37＋60＋71＋（268－58）＋324＋（162－35－29）＋44＋（281－41－29）＋84＋186＋170＝1872。再以 2119 减去 1872 即是巫县的每更卒数 247 人。

3　“二年律令”447—450 简所载“宜成（略）巫（略）江陵（略），秩各八百石，有、丞尉者半之，司空、田、乡部二百石”。

4　在《汉书》地理志的巫县条中记为“有盐官”。如果是从武帝时就已设置盐官，那么这也是此处需要更多更卒的缘由之一吧。

5　即使是张家山汉简二四七号墓出土的“二年律令”等，也并非墓主在生前实际使用过的东西，这些文物被认为很可能是因陪葬所需而被制作。参见冨谷至：《江陵張家山二四七号墓出土漢律令の研究　訳注篇/論考篇》，朋友书店 2006 年版；邢义田：《汉代简牍的体积、重量和使用——以中研院史语所藏居延汉简为例》，载《地不爱宝：汉代的简牍》，中华书局 2011 年版等。由于很难想象账簿具有镇簿、辟邪的效用，或许这些是作为明器而被陪葬的物品。

照片的文物中,关于江陵县西乡户数的资料,以及关于郡的户数、免老、新傅、罢癃的资料和令文等,虽然涉及很多方面,但无论文字的多少或内容如何,其形制却都是统一的,大小也几乎完全相同。据出土的木牍所载的晋升记录,松柏一号汉墓的墓主周偃被认为是拥有公乘爵位的江陵县西乡的乡有秩啬夫。[1]很难想象乡有秩啬夫有资格参与整个郡的更卒编役工作、并对他县发出"当减"等指令,因此这份木牍在书写时所参照的原件并非墓主所作的材料,恐怕是由于某些原因而从南郡太守府被送至江陵县西乡的资料吧。

三、更的不均等与调整

更卒之役是以轮替的形式所服的劳役,一更的时间是一个月这一点已经由渡边1992据文献资料阐明,而且也由后来出土的材料再次加以证实。另外,从"二年律令"等出土资料中屡次出现的"数字+更"这一写法也可以看出这一点。广濑2005[2]指出,这表示践更顺序循环的比例、即几个月一次践更之意。

在松柏汉简卒更簿中,学者们注意到了各县有三更、四更、五更、六更、七更、九更这六种不同的更数。广濑2009与陈2010将譬如"三更"解释为每3个月中有1个月、也就是一年之内有4个月践更之意,他们认为这之外的"某更"也都是指践更的轮替数。但由于这样的解释与历来关于汉代更役负担的理解相左,故而颇受批判。因为按照一般性的看法,更卒之役是全国男子一律在一年间服1个月劳役的制度,所以针对广濑氏、陈氏观点的批判主要集中在负担过重、负担不均等、不公平这方面。

陈大志、王彦辉[3]认为一年践更4个月(三更)的解释"与每年1月更徭的基本制度背道而驰",张2011也指出这是"否定了秦汉年度'月为更卒'的历史事实"。关于各县的更次不一这个问题,前者认为这"对全国适龄男子而言也太不公平,这是任何时期国家都不可能出台的政策",张2011也提及这"在定量、定性两个向度上彻底违背了战国秦汉国家徭役制度的基本原则"。张氏进而认为,木牍上所记载的"三更"等诸"更"不是轮替制度,并没有除了分组、编制队伍之外的深层含义。孙2015接受了张氏的说法,认为"某更"是指将那一年的徭役分为几组驱使服役。

上述这些批判的依据大体仅限于与传世文献的记载不合这一点上。虽然用传世文献的记载来解释简牍史料的做法确实有效,但首先如果不能充分探明简牍史料自

---

1 参见荆州博物馆:《湖北荆州纪南松柏汉墓发掘简报》,载《文物》2008年第4期。

2 重近1990也提出了同样的推测。

3 陈大志、王彦辉:《秦汉时期徭戍制度研究述评》,载《中国史研究动态》2015年第3期。

身的性质，则会导致在解释上生拉硬套、勉强使之与传世文献的内容相合的危险。特别是对账簿一类史料而言，由于乍一看可以有多种解释，所以必须得格外注意。

为了确认“某更”的含义，很有必要明确在与各县更役相关的数据之中，到底哪个数值是基准数据、哪个数值又是根据计算所得到的数据、卒更簿上的各县更数又是怎样被决定的？实际上如果检证了各县的“余”或“不足”的数据，则很容易明了“某更”的含义。在卒的人数、更数、每更的人数之中，假如每更的人数与更数都是基准数据的话，由于是做乘法计算卒数，故而不会出现卒数的“余”或“不足”。又假如卒的人数与更数都是基准数据的话，因为是以卒数除以更数计算每更的人数，所以卒数中“余”或“不足”的数值不可能超过更数。然而，除了秭归之外的其他所有县的“余”、“不足”都超过了更数。因此可知，更数是以更卒数和每更的人数计算得出的数值，未必是事先决定好了更数。倘若确实用更卒数与每更的人数算出更数，则在各县，根据所需的劳役人数与实际的县更卒人数，轮替的频率会发生变化，县的运转所必要的人数与更卒数这两者相比，前者越少的县负担越轻。而另一方面，在不能确保必需人数的情况下，则接受他县的援助，仍然不足的话，那么就作为“不足”记录下所缺的更卒数。

如果按照张氏的见解，更数只是用来表示单纯地分组队伍之意的话，根本没有必要留下不能被分配到队伍中的作为“余”的多余人员。因此，数值上比部队数还多的余数也不应该出现，就算是作为“助”从他县借调来的更卒也毫无存在的必要。很可惜，不得不说张氏的见解无视了卒更簿自身的原理，是强行贴合文献史料记载的产物罢了。而孙 2015 的观点中，也同样无法说明为何“余”未被分配给各组，却须从他县接受“助”的缘由。

陈 2010 从负担的不公平现象这个疑问出发，提出了另一种思路，即卒更簿的更数表示的是前往郡的践更，在四更以上县的更卒分不同更数到郡中践更，剩下的应该当更的时间则大概是在县中服役。然而，倘若以此解释为准的话，那么就变成了在记录着“三更”的县，所有的更卒都是去郡中践更而无人留在县里服役这样的情况了。尽管针对更卒不足的县，实行从他县派人来援助的被称为“助”的措施，但假如这真是关于在郡中服劳役的更卒的账簿，那么从任何一个县发来的更卒都可以作为劳动力被驱使服役，也就没有必要进行各县互相之间的援助了。而之所以采取“助”这样的措施，正是因为他们是各县的运转所必需的人。

卒更簿中所见的县有一部分在同墓出土的户口簿[1]中也有记载，可以确知大约

1 松柏汉墓五三号木牍。照片据朱江松 2009，释文据彭浩：《读松柏出土的西汉木牍（三）》，武汉大学简帛网 http://www.bsm.org.cn/show_article.php?id=1017，发布时间：2009 年 4 月 11 日。

同时期这些县的总人数。例如,人口较少的显陵县有口数1608人,人口较多的宜城县则有22759人。尽管简单来说都名之为县,但规模却是各种各样的,宜城县的人口即是显陵县的14倍之多。在各县的人口与所需服役人数都有着很大不同的现状下,各县更卒的劳役负担中出现差异也是难免的事情吧。从以下所引史料可以看出,更卒劳役不仅存在践更时长不平均的现象,也存在劳动强度不平均的问题。

> 故盐治之处,大较皆依山川,近铁炭,其势咸远而作剧。郡中卒践更者,多不堪,责取庸代。[1]

根据各郡县的状况,劳动强度更有不同,盐产地等处的更卒难以承受如此大的劳动强度,故而雇佣代理服役者。[2] 既然是以征发的形式来保障劳动力的供应,则在各县劳役的频率、强度更有差异自是不可避免的。

接下来,将考察以"助"、"受"标记的服役人员的调整问题。在从文献史料看更卒服役的地域范围这个方面,鹫尾祐子2005已指出"虽然是在整个郡的范围内移动,但是被指定在某县",这个看法的正确性在松柏汉简卒更簿中也得到了确认。进而通过卒更簿,也得以明了在怎样的情况下会发生更卒于郡内移动之事。

卒更簿中承担"助"的是更卒人数有富余的秭归、宜城、临沮三县以及邔侯国。相对于南郡中的更卒总数而言,这四县是除了助之外的每更人数所占比例最低的县。[3] 由于南郡是在全国诸郡中人口比较少的郡,可以想见其他郡中必然有着更数更加富余的县,但南郡各县的更卒调整行为却只限于本郡内部而已。

对于即使实行践更频率最高的三更,但更卒人数却仍不足的县,需要郡内别的县派来援助人员。像这样缺少更卒、接受援助的是醴阳、孱陵、便侯、轪侯四县。其中,醴阳的每更卒数是42人,这对于更卒总数在200人以下的县来说是一般性的用卒数。而尽管孱陵的更卒总数只有108人,却像更卒总数高达千人左右的大县那样,需要的每更人数有146人之多。从孱陵位于南郡的最南端这一点来看,恐怕是由于军事上的原因才配置了如此多的服役人员吧。至于便侯国、轪侯国,其县内的更卒总数

1　此处也有可能断为"多不堪责,取庸代",即不顾背负借债而雇佣代役者之意。参见山田胜美:《盐铁论》,明德出版社1973年版。

2　正如宋杰:《〈九章算术〉记载的汉代徭役制度》所指出的,在征发徭役的情况下,为了不发生各县负担不均衡的问题,会在考虑到移动距离等方面的基础上进行计算。更卒之役的负担之所在各县有很大差异,是因为与驱使更卒服役的主体是县,而各县的人口、所需劳动力的数量都各不相同这一点有关系。

3　巫县的记载上虽然在七更和更卒数方面很有富余,但并没有派出"助"。如前文所述,这里的更数是由于书写错误所致的可能性很高。

虽然未必算多,但每更的人数也各自有186人、170人,可谓相当可观了。另外同样作为侯国的邔侯国的每更人数也很多,达到211人(包含“助”在内的话则有281人),从这点来看,可以认为侯国的运转比一般的县需要更多的劳动力。可以说,每月的用卒数未必是单纯由更卒的总数所决定的,而是在考虑到各县的实际状况的基础上被安排的。

基于上述内容可知,更卒虽然基本上是在县内服劳役,但在各县不能确保各自所必需的服役人数之时,将由郡一级综合考虑各县更卒的剩余情况和地理因素来对更卒的分配做出调整。

四、更卒的征用

关于更卒的各种服役形态,以浜口1931为代表,至今已有众多研究成果。[1] 随着资料的增加,基于服虔说的浜口氏对更的解释,已明确了其在方向性上的大体正确。[2] 近年以来,渡边1992以司马贞在索引中引用的汉律和如淳所引的律说为基本史料,尝试做出了更加缜密的考证。渡边氏的结论是,卒更的义务中有践更、居更、过更三种形态,践更是指“在非上番期间之后轮到卒更上番进入履行义务期间”的状态,居更是指“以实际的劳动来达成卒更义务”或是“以雇佣代役者的方式来达成义务”的状态,过更是指“即使已践更,但没有需要服役的力役项目、或即使有却在义务期间未服役的这些情况下,则缴纳过更钱以完成此义务”的状态。然而,针对渡边氏对践更的解释,山田1993和鹫尾2005提出了不同的看法,认为除了居更之外践更也是指服更役之事。渡边氏接受了鹫尾氏的意见,也认可了由于践更状态下实际从事劳役的事例很多、故而在一般性的实际状况下,践更与从事劳役一事同义这一点。不过,渡边氏仍旧保留自己的看法,认为在需要与居更加以区别之时,践更即指进入服役的义务期间的状态。

渡边氏在解释践更时使用的主要史料是《史记》郭解传中的事例,这是得以窥视更役的实际征发状况几乎唯一的史料。尽管已是被反复引用的材料,但在这里需要再做一番探讨。

1 参见浜口重国:《践更と過吏——如淳説の批判》,载《東洋學報》19卷3号,1931年。后收入氏著:《秦漢隋唐史の研究》上,东大出版会1966年版。

2 耿虎、杨际平的《如淳“更三品”说驳议》(载《厦门大学学报(哲学社会科学版)》2007年第3期)根据出土资料再次证实了如淳说的错误。

解出入,人皆避之。有一人独箕倨视之,解遣人问其名姓。客欲杀之。解曰:"居邑屋至不见敬,是吾德不修也,彼何罪!"乃阴属尉史曰:"是人,吾所急也,至践更时脱之。"每至践更,数过,吏弗求。怪之,问其故,乃解使脱之。箕踞者乃肉袒谢罪。少年闻之,愈益慕解之行。(《史记》卷一百二十四《郭解传》)

在郭解经过时不避让、只是依旧坐着看他的这位"箕倨者",虽到了践更之时,却没有从事劳役活动。而且,箕倨者并非只是一次,而是"数过"之后才觉得一直未被吏点名的事情很奇怪,这一点备受学者的关注。广濑2010认为这件事是一年内有数月践更的旁证。从这条记载可知的不仅仅如此,还能够看出,如果是一次、两次,那么即使没有特别的理由,践更中也得以不去服役。[1] 倘若不是这样的话,则必然应该在第一次没被点名时就感到奇怪才是。另外正如后文所述,因为在已进入更役的义务期间者,如果不露面,本人则会被问罪,所以山田1993所解释的"很庆幸吏忘记了此事"这样的说法并不合适。因此,正如渡边氏所指出的,践更未必一定是伴随着实际劳役活动的状态。

但是,以践更为进入劳役义务期间之状态的渡边1992中的解释,确实需要修正一部分。作为践更在实际参加劳役活动的意义下被使用的例证,鹫尾氏展示的资料是张家山汉简《奏谳书》(99—111简)。其中记载着"讲曰,践更咸阳,以十一月行,不与毛盗牛"或"今讲曰,践十一月更外乐,月不尽一日下总咸阳,不见毛"等。由于在此案例中,讲这个人物实际去了咸阳,所以践更中至少为了完成劳动义务而需要在所定的劳役场所露面,可以说这个事实已然隐含在案例之中。

另外,一般认为律令中对语句的使用比较严谨,而在以下所引"二年律令"的条文中,即能看到与上述《奏谳书》中的"践更咸阳"、"践更外乐"同样是以场所为目的语所使用的践更一词。

祝年盈六十者,十二更,践更大祝。(《二年律令》486简)

综上所述,从践更常常被作为连接以场所为目的语的动词使用这点看来,相比于参加劳役活动,或是进入劳役的义务期间这些说法,可以认为践更的核心要素在于表示前往劳役场所待命之意。践更的这种性质,似乎与其原本为兵役这一点有所关联。正如鹫尾2005、石洋2014所指出的,更卒之役本是兵役的一种,被认为最晚在西汉文

1　浜口重国:《"践更と過吏——如淳説の批判"補遺》(载《東洋學報》20卷2号,1932年。后收入《秦漢隋唐史の研究》上,东大出版会1966年版)将这种因政府方面的安排而不去实际从事劳役活动者称为"被动的免役者"。

帝时期以前转变为劳役征发。守备兵士上番的关键在于集结待命以备有事之时，无论有无战斗，都需要前往指定的场所出勤以达成使命。可以说，践更在很多情况下虽然伴随着劳役活动，但譬如郭解传中的箕倨者那样，即使没有劳役活动也得到指定场所待命，以完成践更的义务。[1]

接下来将探讨关于过更的问题。相对于认为过更钱是过了劳役的义务期间之后缴纳的渡边氏的见解，鹫尾氏提出了这样的一个疑问，即“尽管已被征发，但如果不服从的话，正如《睡虎地秦简》的‘法律问答’中所见的，因为逃亡被惩处而成为刑罚的对象，所以在义务期间过了之后交纳代役金即可免除罪责是不可能的事”。只是，鹫尾氏作为证据而举出的事例是“法律答问”中的有关逃避徭役之事，[2]以这则史料并不能佐证未完成践更义务时被论罪这一点。关于从践更的逃亡，以下所引岳麓秦简的律文可资参考。

> ……及诸当隶臣妾者亡，以日六钱计之，及司寇、冗作、及当践更者亡，皆以其当冗作及当践更日，日六钱计之。皆与盗同灋。（《岳麓书院藏秦简（四）》17—18简）

这条律文的前半部分未被发现，尽管因为只凭后半部分很难确认全貌，故而并不能正确地理解律文的整体规定，但从剩下的这部分来看，可知在秦代与隶臣妾相当者、司寇、冗作（经常劳役的服役者）、当践更者（在上番劳役的义务期间内者）在逃亡的情况下，被罚以每日按偷盗六钱来论罪。如前所述，由于践更含有前往劳役活动的场所之意，所谓“当践更者亡”应是指更卒没有出现在本该出勤的场所吧。

由于偷盗金额的换算是以天数计，故而可以认为当进入劳役的义务期间之后，即使只有一天没有践更，这种情况也被作为偷盗论处。也就是说，过更钱必须得在进入践更状态之前缴纳，纵然只是晚了一日，也会被以偷盗问罪。作为进入劳役义务期间后能够被驱使服役的劳动力而被国家所掌握的更卒，倘若不能响应征召的话，很显然会影响劳役事项的进行，因此可以认为汉代也存在着类似的规定。

1　浜口氏、渡边氏都认为像这样被动免役的情况，也有义务缴纳过更钱，然而如此看法却让人有疑惑之处。在前文所述的郭解传中，郭解居中说项让吏将箕倨者从实际服役中摘出，但这件事既是在施与恩惠，便不能在被动的免役中伴随着过更钱的缴纳。倘若结局仍是要纳钱的话，那么箕倨者从一开始就自己选择缴纳过更钱以免役也是同样的效果了。

2　“可（何）谓逋事及乏繇（徭）。律所谓者，当繇（徭），吏、典已令之，即亡弗会，为逋事，已阅及敦（屯）车食若行到繇（徭）所乃亡，皆为乏繇（徭）。”（《睡虎地秦墓竹简》法律答问一六四）

渡边1992之所以认为过了义务期间之后被要求缴纳过更钱,是因为将《史记》郭解传中的“数过,吏弗求”解释为虽数次过更但吏却并未收取过更钱之意。作为如此考虑的根据,渡边氏举证了在劳役的征发中常用的字眼如发、徵、征等,但“求”却并没有成为表意明确的用语。然而在对金钱的征收中,相对于征、责、收等常被使用的文字,“求”同样不是具有明确含义的字眼。由于“求”常被用作“叫出”“选出”这样的意思,因此将“吏弗求”解作“没有被吏传唤”应该是没有什么问题的。正如山田1993所指出的,这里使用“求”字显然与被行政基层的吏所指名一事是有关联的。假如果真如此,郭解向吏所言的“脱”字也并非如渡边氏所认为的是“由于未被征收过更钱而造成的犯罪行为”,而是单纯地理解为“除去”即可。原本郭解就是为了显示自己的品德才做的这件事,很难想象是要陷对方于有罪,倘若“脱”字真的像渡边氏所指出的那样是指犯罪行为的话,那么作为没有付钱的一方自然也是有罪的,如此一来,箕倨者在反复多次未缴纳过更钱之后才觉得奇怪这样的事情想必不可能发生吧。因而,郭解向尉史私下所拜托的内容只能理解为“到了践更之时不要让他去参加劳役”。

渡边氏根据“更赋”这一用语出现在昭帝元凤四年之后一事,指出以始元六年的盐铁会议为契机,在昭帝时期更徭在原则上向缴纳过更钱的制度转变。包括渡边氏在内的几乎所有学者都认为在纳钱原则建立以前,缴过更钱以免除服役的情况早已有之。但在关于是否从汉初以来就全面允许以过更钱的缴纳来避免践更这个问题上,仍有探讨的余地。石洋2014认为,在昭帝时期更卒之役转变为更钱的缴纳以前,用缴纳更钱来免除服役的方式并不被允许,需要自行雇佣代理人来完成服役。在前文所引《盐铁论》禁耕的记载中,即使是一般人所难以承受的重体力劳动,在可想而知这会比通常的雇佣金更高的情况下,相对于缴纳过更钱,人们所选择的也是雇佣他人来代替自己服役。在更卒之役建立起纳钱原则之前并不能见到过更的事例,正如石洋所指出的,在昭帝时期以前以过更钱免役是基本上不被允许的,这样的看法大概更加妥当。

最后,再对有关于践更劳役的人选方面稍作论述。鹫尾氏已指出,徭的人选是由乡啬夫所安排。至于更卒之役的人选,虽然常常被与徭的情况混淆,但由于更卒之役是自动进入践更期间,所以乡啬夫并不能像徭那样直接介入具体的人选安排。可以认为一旦进入了应当践更的期间,更卒就得前往县等劳役场所履行践更,由尉史等践更处的吏来具体挑选必需的人员以分配工作。[1] 可以说在这个阶段,存在低级官吏

1 尉负责管理更卒之役这一点已由严耕望《中国地方行政制度史(上编)》(“中研院”历史语言研究所1978年版)所指出。

一定程度上介入更役劳动的人选安排的空间。郭解对箕倨者践更一事的干涉，正是通过向这些低级官吏施加影响来实现的。

五、更的均一化

如陈 2010 所指出的，可以认为南郡卒编更簿的更数是以三更为基准。陈氏进而引用了如下所示的汉初“二年律令”的徭律，认为在汉初，针对一般的更卒大概也是实行三更或四更制的。

> 金痍、有锢病，皆以为罢癃，可事，如皖老。其非从军战痍也，作县官四更，不可事，勿事。□以□胗（诊）瘳之令尉前。（张家山汉简《二年律令》408—409 简）[1]

尽管陈氏很慎重地指出也有可能一般的更卒与非军事负伤者同为四更，但可以认为，正是因为非军事负伤者的服役频率与一般情况不同，故而才特意记录为四更。之所以非从军负伤者也成为“诊瘳”（确认是否治愈）的对象，大概是因为即使比不上由于从军而负伤者，但也享有优待吧。因此在汉初，更数的基准为三更的可能性也是很高的。

在出土资料增加以前，对更卒的践更期间这方面的研究最基本的史料是《汉书》食货志所载的董仲舒“限民名田疏”。

> 又言“古者税民不过什一，其求易共，使民不过三日，其力易足。……至秦则不然，用商鞅之法，……又加月为更卒，已复为正，一岁屯戍，一岁力役，三十倍于古”。（《汉书》卷二十四《食货志》）

董仲舒的话是具有极其简洁概括性质的上奏文，使得对此内容出现了各种各样的解释，主要可以分为两类意见：一类是将“又加月为更卒”的部分理解为“另外再加月份作为更卒”，从而认为是指多个月的服役；另一类是理解为“再加上为更卒一月”，即认为是每年服役一个月。

---

1 “□以□胗（诊）瘳”这句释文是据发布的照片所修正。由于这里的诊瘳是在县令、县尉的监督下进行的，所以可以认为其目的相比于治疗，更是为了确认是否治愈。

张 2011 的理解属于后者,从这个立场出发,张氏批判了陈 2010 对松柏汉简卒更簿的解释,认为"对于年度四个月'为更卒',董竟无任何议论,可见董尚无见有或说之'一岁三更'之制"。本文的第二节已经提到,并不能将卒更簿的记录理解为一年一个月的践更。因此,对于董仲舒"限民名田疏"的解释有必要再做探讨。

将上述"又加月为更卒"解作"另外再加月份作为更卒"而非"再加上为更卒一月"的主要学者有浜口重国、伊藤德男[1]、渡边信一郎等,皆认为是服役数月之意。对此理解上的难点在于,尽管董仲舒以"二十倍"这样具体的数字来比较古时的劳役与秦代以来的劳役之间的差异,但在最关键的更的服役天数这个部分用的却是"加月"这样含糊的措辞,这一点显得很奇怪。不过,从前面第二节所述的更的制度来看,必须使用如此表达方式的原因却是很明确的。即,由于各县的更数各异,不得不只能用"加月"这个措辞。因而董仲舒"限民名田疏"中的"加月"必须如浜口氏、伊藤氏、渡边氏所指出的那样,解作"另外再加月份作为更卒"。

然而,并不能说这个制度是通行于两汉时代的。前人的很多研究已经指出过西汉时期更卒的践更制度中发生的变化。这方面主要的依据是如下所示的如淳所引之《律说》。

> 卒践更者,居也,居更县中。五月乃更也。后从尉律,卒践更一月,休十一月也。(《汉书·昭帝纪》颜师古注所引如淳引用之律说)

据此可知,从"五月乃更"改成了"卒践更一月,休十一月"。对于"五月乃更"的解释,学者的观点各有不同。浜口重国认为是每数年内服役五个月,鹫尾 2005 则认为是一更的期间为五个月。渡边 1992 和广濑 2005 理解为休息五个月后服役一个月(即六更)。渡边氏后来认为这样的解释并不确切,在渡边 2010 中修正看法为每五个月内服役一个月(即五更)。[2] 曹旅宁 2007 也同样认为是五更之意。广濑 2005 早已详细论述过一次更的时长一个月这一点,因此这里的问题就在于,"五月乃更"究竟是表示五更还是六更。由于"乃"位于表示一定时段的时间词后面的情况下,基本上是用作"然后"之意,所以理解为六更显然更合适。

如果如淳所引的这句律说无误的话,那么从汉初到武帝时期一直以三更为

---

1 伊藤德男:《漢代の徭役制度について——董仲舒の上言と"漢旧儀"との解釈をめぐって》,载《古代学》8 卷 2 号。

2 参见山田 1993,第二章《漢代更卒制度の再検討》,第 115 页。渡边氏误认为广濑 2005 提出的解释也是五更,但广濑 2005 实际上与渡边氏原本的见解相同,认为是六更。

基准的更卒之役,在某一时期变成了只有一半的六更,之后再次减到又一半的十二更。广濑2010因为服役期间一贯是一个月,故而认为"后"并非"其后的时代",而应该是解作"随着后来年龄的增长"之意,但考虑到发生变化的是服役的频率而不是期间的长短,解作"其后的时代"并没有什么大问题。另外,引文中使用的并不是"加月"那样含糊的措辞,而是明确记载了更数,因此可以认为这是统一规定更数的律文。

渡边氏认为践更频率改变为十二更的时期,即是更卒之役向缴纳过更钱的原则转变的昭帝时代。因为目前能够根据簿籍或律令确认践更制度的年代都是到武帝时期为止,所以很难确定是在哪个时期发生了制度上的改变。不过,倘若是在直接征发劳动力的形式保持不变的情况下统一了更的轮替频率的话,则更卒数少的县应该是无法确保必需的人数了。因此,向过更钱缴纳原则的转变与践更期间的变更之间很大可能是有关系的,渡边氏的见解非常具有说服力。只是,在昭帝时期之前的武帝时期尚且是以三更为基准的制度,从这点来看,可以想见,昭帝时期发生的是由汉初以来的三更制转变为全国统一的六更制,而在这之后的某个时期进一步被减轻为十二更。

在践更劳役中,即便是在可以征发劳动力从事超额劳役任务之时,不仅劳动力的分配需要耗费成本,另外,由于移动距离等限制的存在,也会产生并不实际驱使劳动力的做法,如卒更簿中所见的践更频率的削减,或者据《郭解传》可知的践更者不参加劳役活动等事例。假如纳钱制度化和雇佣劳动成为承担劳役的主要组成部分,那么像这样对实际劳役征发的放弃也就无法发生,而通过将收缴的钱分配给各县,也使得各县能够更加轻松地利用剩余的劳动力。纵然是在人口较少的南郡,也存在有的县以九更的方式保障劳动力数量充足的情况,从全国整体来看,可以认为六更以上的县占到大多数。如果对这些县的剩余劳动力进行分配的话,统一为六更甚或十二更也是有可能的。

能够在以纳钱原则为中心的制度下稳定地确保劳动力服役的前提条件是,整个劳动市场足以稳定地供给可被雇佣的劳动力。汉初尚未具备这样的条件,故而对劳动力进行直接征发,但随着昭帝时期人口的急速恢复,这样的条件已经准备充分,[1]于是在纳钱变得普遍化的同时,也针对各更卒的负担实现了更加均衡的六更制,之后

1 据松柏汉简户口簿(五三号)所推测的武帝初期南郡户口数,与《汉书》地理志所载的"南郡户十二万五千五百七十九,口七十一万八千五百四十"相当或在此之上,可以说是南郡的峰值。另据葛剑雄氏的研究,一般认为在武帝在位的前半期迎来了全国人口数的高峰,达到4000万人左右。之后发生了被称为"天下户口减半"(《汉书》五行志)的人口剧减,武帝末期时大约为3200万人,但自昭帝时期开始持续增加,《汉书》地理志所载平帝元始二年时达到了大约6000万人。

又进一步削减承担劳役的时长,最终改为十二更。

结　语

在史料中,我们屡次可以看到平均人民的负担这种政治理想。[1] 然而,武帝时期以前的更卒之役在各县的负担却存在差异,汉初以来并未实现全国更役负担的均一化。

青木敦 1995 以宋代为模型提出了一种假说,[2] 即由于赋役劳动在征发、役使之际需要付出强力、监视、评价等成本,因此随着劳动力供给的增加而带来的劳动市场上薪金的降低,使得这些成本相对变得高昂,于是劳动力的调配方式从赋役的分配向雇佣方向转变。可以说汉代的更卒制度中也是同样的情形。

从汉初到武帝时期的更卒之役,很明显相比于成本,是更以确保劳动力的稳定供给为主要着眼之处的,对于自秦到汉初的那样一种劳动力稀缺的状态来说,这是很合适的制度。在劳动市场中劳动力的供给不充足的情况下,为了稳定地得到劳动力,必然只能选择让大量的劳动力一批紧接着一批地上番服役,或是维持大量的服劳役的刑徒等消耗成本的方式。而随着武帝后期剧减的人口在昭帝时期的迅速回升,劳动力供给的增加使践更劳役与成本之间失衡,更卒之役自然转变为基于纳钱与雇佣的劳动调配的模式。直到此时,终于能够实现全国更役负担的均一化。

最后对本文所揭示的践更劳役的特征做一番总结,这其中也包括了已由前人的研究所阐明的部分。践更劳役与临时性征发的徭不同,是被赋予定期上番义务的轮替劳役。在武帝时期以前的各县,更卒的义务是遵守被决定好的更数以数月中服役一个月的频率,在进入劳役义务期间时前往服役场所待命出勤。服役基本上是在县内进行,如有更卒数不足的县,则在整个郡内进行调剂。具体劳役工作内容的分配由践更场所的吏负责。更卒在未出现于劳役场所的情况下,则规定以一日偷盗若干金额(秦时为六钱)论罪。从汉初到武帝时期采取的办法是,以三更为上限于县内基于必需的服役人数来决定更数,但如此一来导致了大县与小县之间产生了负担上的明显不均。进入昭帝时期,随着更卒之役转化为纳钱与雇佣劳动的形式,对全国民众设

1　从“均繇(徭)赏罚”(睡虎地秦简“为吏之道”)、“以保息六,养万民。……六曰安富(郑玄注:安富平其徭役不专取)”(《周礼·地官司徒》)等记载来看,很明显秦汉时期重视平均劳役负担。

2　青木敦:《ポスト·ワルラスからのアプローチ——要素既存·労働力配分·時代区分論》,载《宋代の規範と習俗》,汲古书院 1995 年版,第 119—154 页。

置一律相同的固定更数一事才成为可能。[1] 于昭帝时期统一为六更的更数,最终到了东汉时期被削减为十二更。

以上论述的仅仅是作为轮替劳役的践更劳役,而秦汉时期由国家掌控的劳动力调配尚有其他如临时性征发(徭)、身份性劳役(城旦舂、隶臣妾、司寇、官奴婢)、债务性劳役(居赀赎责)、雇佣劳动(傭)等各种形式。另外,正如原本作为兵役的更卒之役被转而用于劳役一般,戍卒(更戍、屯戍、罚戍、谪戍)等兵役也与劳役之间有着紧密的关联。对于包含了这些各种役在内的整体性的劳动编制和劳动力分配制度的变迁及其社会性背景等问题,之后笔者显然有必要再另做文章考察。

1 石洋:《两漢傭価変遷考証》(载《东洋史研究》71 卷第 2 号)指出劳动力薪金的上升超过物价的上涨是贯穿整个两汉时期的趋势。因此对于纳钱化、雇佣化的实现背景有必要进行更加深入的考察。

长沙五一广场出土东汉简牍中的辞曹*

黎明钊**

前　言

本文集中讨论2010年长沙五一广场一号窖出土简牍中与“辞曹”相关的文书。2015年及2018年，长沙市文物考古研究所、清华大学出土文献研究与保护中心、湖南大学岳麓书院等相继公布了五一广场出土的简牍，内容涉及大量刑事文书档案，笔者认为部分与汉代郡县诸曹的工作有联系，其中一些刑狱文书档案与辞曹职责有关。《后汉书·百官志》以为辞曹主辞讼，即负责供辞和诉讼之事。但据《后汉书·陈宠传》所记，陈宠任辞曹，众人对其所“平决”心悦诚服，则辞曹不单记录供辞，似乎还对供辞曲直、审理讼狱的过程和对罪犯的量刑作出“平决”。辞曹负责辞讼事，记录涉案者及其犯罪具体内容，其职责是否兼及调查案件？五一广场东汉简牍的内容很多如实记录涉案者的作供，官员调查所得的陈述、拷问罪犯和推敲事实，辞曹整理所得的“辞状”（状辞）有助厘清案件真相。就文书的内容看，辞曹似乎没有判决案件的最终权力，我们也看不出他们有量刑的权力，惟辞曹所做的“辞状”直接影响狱讼的结果，诉讼是否得到“平决”，端赖辞曹不偏不倚、陈述事实，否则难以达到公平的判决。

---

* 本文为香港特别行政区研究资助局优配研究金（General Research Fund）资助项目研究成果之一（Ref. No：CUHK 14618918），得张炜轩和温玉冰两位研究助理协助完成，谨此致谢。另外本文初稿曾发表于香港中文大学历史系、武汉大学简帛研究中心、韩国国立庆北大学历史学科BK事业团合办的“简牍与战国秦汉历史：中国简帛学国际论坛2016”。

** 黎明钊，香港中文大学历史系教授。

一、长沙五一广场东汉简牍出土与研究

自1996年以来，长沙市内的五一广场邻近区域曾多次出土简牍，1996年五一广场的走马楼发现三国吴简十余万枚。[1] 1998年五一广场西北科文大厦建设工地发现出土200余枚东汉中期简。[2] 2003年长沙走马楼8号井出土西汉简牍，约2 000余枚。[3] 2004年，长沙东牌楼7号古井发现东汉简牍，共出简牍426枚。[4] 本文探讨的简牍是2010年出土于五一广场的东汉简牍，其出土地点距离2003年西汉简牍所出土之地仅有20米，又距离走马楼三国吴简出土地约80米。最初《湖南长沙五一广场东汉简牍发掘简报》推测简牍数量有万枚左右，[5]2018年10月出版的《长沙五一广场东汉简牍》确认总数为六千八百六十二枚。[6] 关于这批简牍的年代，清理者根据简牍有汉章帝"章和"[7]、和帝"永元""元兴"、殇帝"延平"和安帝"永初"的年号，认为其属东汉早中期，即和帝至安帝时期。

自2013年6月《湖南长沙五一广场东汉简牍发掘简报》一文率先公布了其中20枚简牍的彩色照片、释文及简要说明，至2015年《长沙五一广场东汉简牍选释》出版，选释176枚简牍，均引发广泛的研读兴趣，不少学者先后撰文对已公布简牍的字、词、句，乃至所记案件进行分析、梳理、讨论。2018年，长沙市文物考古研究所与清华大学出土文献研究与保护中心等编辑的《长沙五一广场东汉简牍（壹）、（贰）》公布合共800枚简牍。

---

1 长沙简牍博物馆编：《走马楼吴简研究论文集精选·前言》，岳麓书社2016年版，第1页。

2 参见宋少华、黄朴华：《长沙市五一广场东汉简牍》，载《中国考古学年鉴1997年》，中国社会科学院考古研究所、科学出版社1998年版，第189—190页。长沙市文物局：《长沙出土简牍及相关考察》，载长沙市文化遗产网 http://www.csswwj.gov.cn/xslt/xsyj/200905/t20090514_435953.html，发布日期：2009年5月14日。

3 郑曙斌、宋少华、张春龙编：《湖南出土简牍选编·伍·长沙走马楼西汉简牍》，岳麓书社2013年，第405页。

4 长沙市文物考古研究所、中国文物研究所编：《长沙东牌楼东汉简牍》，文物出版社2006年版；郑曙斌、宋少华、张春龙编：《湖南出土简牍选编·陆·长沙东牌楼东汉简牍》，第417页。

5 《湖南长沙五一广场东汉简牍发掘简报》，载《文物》2013年第6期，以下简称《简报》；据2015年出版的《长沙五一广场东汉简牍选释》（以下简称《选释》）"前言"估算，这批简牍数量在七千至一万枚之间。参见长沙市文物考古研究所等编：《长沙五一广场东汉简牍选释》，中西书局2015年版，第5页。

6 参见长沙市文物考古研究所等编：《长沙五一广场东汉简牍（壹）、（贰）》，中西书局2018年版，第2页。

7 最早年号为"章和四年"，《选释》的《前言》作了说明，此属年号延后现象，"章和四年"实际就是"和帝永元二年"。参见《选释》，第7页。

整理者认为五一广场是春秋战国以来长沙城的中心新地带,秦汉两代在此建长沙郡、长沙国。《汉书·地理志》记载长沙国下辖十三县,汉光武帝在此建立长沙郡,临湘为其郡治所在。考古学家认为汉朝利用战国时期长沙城的基础改建成"临湘"城,作为长沙国都城,都城的官署建在"临湘"城南部。西汉初年吴芮建"临湘"城,直至东汉长沙郡治,也在"临湘"城内。[1] 此后,无论属于刘备、孙吴,乃至晋以至明清时期,地理名称虽然有所变化,但长沙城的中心位置未发生迁移。如果"历代王府及郡、州、路、府治所也代代沿袭,官署位置基本因循,即在今五一广场区域",[2] 则 2010 年出土于五一广场的简牍很可能就是汉代长沙郡府,或者是临湘县城的官署文书。陈伟教授认为其为县治的可能性至大。[3] 侯旭东《湖南长沙五一广场东汉简 J1③:264-294 考释》对一号窖属性的看法与陈伟一致,也认为一号窖附近应是临湘县的官署。其理据也是 1 号窖主要储存临湘县的文书,包括收到的长沙郡的下行文书与下属乡亭的上行文书,以及自己上行、下行文书的底稿,还有从其他郡县发来的文书。[4] 因此长沙五一广场东汉简牍内容丰富,涉及当时的政治、经济、法律、军事诸多领域,加之公文涉及地域广泛,就其内容可了解当时的行政区划及管理体系。

《简报》介绍长沙五一广场东汉简牍形制分为木牍、两行简、小木简、封检、封泥匣、签牌(木楬)、竹简、竹牍、削衣、异型简等 10 大类,以木牍居多,绝大多数为官文书正本,主要是下行文及上行文,少量平行文及用于封缄文书的封检及函封、标识文书内容的楬(签牌)等,也有部分名籍及私人信函。

学者对此批东汉简牍进行了不少的研究,例如陈松长先生关注长沙五一广场东汉简中"解书"的案例。陈松长在 2013 年长沙五一广场东汉简牍学术研讨会上发表的《长沙五一广场东汉简"解书"例说》一文中,讨论到五一广场东汉简牍中自称为"解书"的司法文书。他对解书性质进行了分析,认为这是一种官方文书,或多在陈述案情时使用。参照秦汉出土文献资料以及李均明对于"爰书"的定义,初步判断"解书"就是东汉时期的"爰书",只是名称不同而已。[5] 陈松长认为"廷书"是"解书"的一部分,李均明则认为"廷书"是县廷的文书,以机构命名,"解书"是对县廷文书的

1　参见长沙市文物考古研究所:《长沙东牌楼七号古井发掘报告》,载《长沙东牌楼东汉简牍》,第 3 页。

2　长沙市文物考古研究所等编:《长沙五一广场东汉简牍选释》"前言",第 1 页。

3　陈伟的《五一广场东汉简牍属性刍议》对《简报》所提出 1 号窖位于东汉长沙府衙所在的说法提出异议,他判定《简报》披露的二十枚资料大致均是临湘县廷的文书,包括县内文书及长沙郡致临湘县的文书,部分则是临湘县对上行文的草本或者由于某种原因而回流或抄录的文本。五一广场 1 号窖出土的东汉简牍基本属于临湘县廷的文书档案,应由临湘县廷负责保管,因此简牍所保藏的地点应当在临湘县官署之内或者相去不远。故《简报》以为 1 号窖位于东汉时期长沙府衙所在的说法,不可从。

4　侯旭东:《湖南长沙五一广场东汉简 J1③:264-294 考释》,载简帛网 http://www.bsm.org.cn/show_article.php?id=2028,发布时间:2014 年 6 月 6 日。

5　夏笑容:《"2013 年长沙五一广场东汉简牍学术研讨会"纪要》,载《文物》2013 年第 12 期。

一种解释，与“廷书”相对应。[1]

陈松长、周海锋《“君教诺”考论》讨论的是五一广场东汉简中一种上端大书“君教诺”三字，宽于两行简的特殊木牍。他们认为县丞和掾吏都只有“议请”的权力，须上报请君指教、批复。“君教诺”之“君教”即请君给予教令批复，五一广场例子中的“君”是对县级令长之类的尊称，“诺”字则是县长吏表示同意认可的签署，这种签署带有签署人的个人特征，文献中称其为“画诺”。“君教诺”作为一种奏请文书有其特定的范式，但它并非独立传行，而往往与其他具体的案例文书编联在一起使用。[2]

除了案例的释读，姚远的《东汉内郡县法官法吏复原研究——以长沙五一广场东汉简牍为核心》，尝试从较宏观的角度复原东汉内郡县整体的法官法吏结构。以往学界将中国传统地方司法行为通通简单归纳为“司法与行政合一”，郡守县令等地方行政长官兼理司法。但从对五一广场东汉简中所记载的地方法官法吏司法行为的复原研究，我们可以发现，东汉内郡及县在具体司法行为中，分工清晰，职权明确。虽然县部司法机构职能区分不如郡部分明，但大致上郡县的侦查、逮捕、讯问、审理、判决、执行、监察等各司法行为分别由不同机关负责，流程清楚，贼曹、辞曹、决曹分别负责各自司法行为，整体案件从前期侦查、逮捕到后期的判决需要在不同的专职司法机关之间流转。郡守、县令总体掌控司法活动的节奏并督察司法工作，实际司法专职化清晰。特别与西汉相较，司法官吏配置差异明显，县部增设曹掾专职司法事务，司法专职化增强。东汉最高行政长官对所辖范围内案件主要负有督察之职，并根据具体案件情况，时有参与司法活动之中。[3] 以上是就司法等方面的研究概况。[4]

---

1 《“2013 年长沙五一广场东汉简牍学术研讨会”纪要》，第 91 页。

2 陈松长、周海锋：《“君教诺”考论》，收入长沙市文物考古研究所等编：《长沙五一广场东汉简牍选释》，中西书局 2015 年版，第 325—330 页。关于这批简牍的研究成果日多，例如陈伟《长沙五一广场东汉简牍 141、5 号试读》对 5 号简（CWJ1－1：89－1）与 141 号简（CWJ1－3：193）的释读意见。庄小霞的《长沙五一广场东汉简牍 CWJ1①：86 简所载“艾”释义献疑》识读“艾”字，认为指汉代豫章郡属县艾县，其说很正确。篇幅所限，不详赘。参见陈伟：《长沙五一广场东汉简牍 141、5 号试读》，载简帛网 http：//www.bsm.org.cn/show_article.php?id＝2467，发布时间：2016 年 2 月 8 日；庄小霞《长沙五一广场东汉简牍 CWJ1①：86 简所载“艾”释义献疑》，载简帛网 http：//www.bsm.org.cn/show_article.php?id＝2548，发布时间：2016 年 5 月 9 日。

3 姚远：《东汉内郡县法官法吏复原研究——以长沙五一广场东汉简牍为核心》，载《华东政法大学学报》2016 年 4 期。

4 五一广场东汉简牍还有很多经济方面的史料，例如甚被学界关注的东汉“度田”问题，简 J1③：264－294 的内容为了解度田的细节问题提供讨论的空间。首先，有关度田的时间，侯旭东、刘国忠一致认为简文反映东汉度田大致选在六月，原因是农作物接近成熟，易分辨耕地与未耕地，便于官府掌握百姓实际耕种的田地数量（夏笑容：《“2013 年长沙五一广场东汉简牍学术研讨会”纪要》，载《文物》2013 年第 12 期）。刘国忠《从长沙五一广场 J1③：264－294 号木牍看东汉的度田》（载《古文字与古代史（第四辑）》，“中研院”历史语言研究所 2015 年版，第 538—545 页）进一步补充度田的实际运作 （转下页）

二、关于曹与辞曹的研究

辞曹是秦汉郡县列曹分职办事的其中一曹。在秦一统天下时已经有曹的分职。云梦秦简《语书》记秦王政二十年南郡守腾下发县道的文书,其中谈及良吏与恶吏之别时提及"以一曹事不足独治殹(也),故有公心",又说:"发书,移书曹,曹莫受,以告府,府令曹画之。其画最多者,当居曹奏令、丞,令、丞以为不直,志千里使有籍书之,以为恶吏。"[1]此处的"一曹事"即指县廷分职办事,南郡守腾要求县道各曹要分辨出恶吏,向县道令、丞奏报,予以处理,换言之秦王政二十年秦县已经按不同职分,实行分曹治事。里耶秦简、岳麓书院藏秦简均有不同职分的曹,这引起了众多学者讨论,例如秦及汉初究竟有多少曹,[2]"官"与"曹"的关系怎样等。严耕望先生的《中国地方行政制度史　上编——卷上:秦汉地方行政制度》认为,秦及西汉中叶郡国属吏组织规模不甚大,并以《史记·汲黯传》引《集解》如淳注"律,太守、都尉、诸侯内史,史(严耕望认为此字当为"丞"字)各一人,卒史、书佐各十人",来说明西汉中叶以前,丞

(接上页)情况,认为度田只包括丈量田亩的内容,不一定涉及清查户口;而"流□田"可能是一种等级的土地,与官府把土地分成三级的丈量制度有关。针对度田性质,尤其是"以令举度民田"中"令"字的含义,学者们也有不同看法:侯旭东、李均明、陈伟等认为"度田"是东汉长期化的制度性规定,依"令"而行,而刘国忠、刘绍刚则认为"令"应指县令,"举"指举荐、推举,"度"指丈量、测量,但到底是法令还是县令,似未有定论(夏笑容:《"2013年长沙五一广场东汉简牍学术研讨会"纪要》)。侯旭东《湖南长沙五一广场东汉简J1③:264-294考释》(载简帛网 http://www.bsm.org.cn/show_article.php?id=2028,发布时间:2014年6月6日)强调度田乃东汉官府据"令"长期进行的举措,其实际工作由乡吏完成。由于长沙郡承担为武陵郡供应军粮的任务,官府十分重视这地区的赋税收入,其成为官民利益纠结的焦点。刘国忠也认为木牍所记蔡力被伍纯刺伤一案,应置于度田过程中官府和民众之间冲突的背景之中理解(参考《从长沙五一广场J1③:264-294号木牍看东汉的度田》,第538—545页)。朱德贵、齐丹丹则认为木牍不仅显示东汉以"乡别治掾"为首的"力田""长爵"和"小史"等基层度田组织,还透露了和帝时期"乡吏"解决度田纠纷的办法(参见《长沙五一广场东汉简牍所见若干经济史料初探》,载《简帛研究》(2015年春夏卷),广西师范大学出版社2015年版,第185—191页)。以上是五一广场东汉简牍"度田"引起的讨论。

1　参考《睡虎地11号秦墓竹简·语书》,引自陈伟主编:《秦简牍合集·释文注释修订本(壹)》,武汉大学出版社2016年版,第33页。

2　学者考证秦代的迁陵县共有九曹,亦有主张十曹、十二曹者。参见王彦辉:《〈里耶秦简〉(壹)所见秦代县乡机构设置问题蠡测》,载《古代文明》2012年第4期;叶山:《解读里耶秦简》,载武汉大学简帛研究中心主编:《简帛》第八辑,上海古籍出版社2013年版,第90页;金钟希:《秦代 县의曹조직과地方官制—里耶秦简에 나타난迁陵县의 토지·재정운영을 중심으로》,庆北大学校文学硕士学位论文,2013年。

以下之大吏曰卒史,共员十人,各有书佐以佐之,及西汉中叶规模逐渐扩大,非秦汉初之比。[1] 此时"曹"作为汉代郡县地方行政机构已经成熟,《三国志・蜀志・杜琼传》杜琼曰:"古者名官职不言曹;始自汉已来,名官尽言曹,吏言属曹,卒言侍曹。"[2]谓办事的掾吏都称为"曹"。

近日关于"官"与"曹"关系的讨论颇为热烈。日本学者仲山茂首先提出"官"与"曹"关系问题,他认为秦及汉初的县属吏分作两类,其一是"县廷"的令史,其二是"曹"的啬夫、佐、史,此类一般称作"官",啬夫是其主管,而佐、史是其下属,负责管理仓、库及县内日常事务。仲山茂认为西汉后期,"官"不再见于历史文献的记载,而被称为"曹"的县机构成为县的主导。县机构的特征显示,"官"的独立性较强,"曹"的独立性相对较弱,两者性质有较大的差异。武帝以后,县廷令丞强化其管理机能,以令史为心腹,取代了官啬夫及其佐的地位。到西汉后期,郡的长官、次官的权力也强化了,县的下层机关受到侵蚀,郡县关系发生根本的变化。[3] 青木俊介承接仲山茂之说,他分析云梦秦简县廷与其属下司空、田官及少内的文书往来,发现从县廷传递文书抵达司空、田官及少内需时两日、一日,最快当天抵达,这说明作为县衙的县廷与这些"官"机构的办公地点有着空间上的距离。青木分析认为县廷内部有"主户"和"金布"两个并列的"官"组织,是县廷一体化的组织,他们直属县廷内部。其他"官"直接受着县令、丞指示工作,处于县廷机关以外的地方,其独立性较强。[4] 土口史记也承继此观点,他认为秦县行政组织中有着"廷"(县廷)与"官"的区别,他们各自有处事的官衙,而且"官"与"廷"之间还有一定的空间距离,彼此以文书联络,"官"实际是指负责县行政实务的部门,具体的官名有仓、库、少内、司空、田官等等,其长官就是官啬夫,下置属官佐、史,秦代小规模的"官"也有不设立啬夫,只设佐、史的。至于"县廷",土口史记谓"县廷"以县令、丞、令史为行政中枢,县令、丞是县的长官和次官,而令史负责巡视县廷内的府,具有从事文书的制作和管理的书记官性质,甚至参与勘察案发现场的工作,令、丞主要职责为监督司法实务和各"官",办公地点在县廷。土口史记发现里耶秦简的"廷某某",如廷主户、廷仓曹等是同一组织的别称,而且例子都只见于"检"的记载,"检"以外的"某曹"都没有附加"廷"字的。他认为"某曹(主某)"等组织就是县廷内列曹,因此,县廷内除了令、丞、令史外,还同样存在着列曹。

---

1 严耕望撰:《中国地方行政制度史——卷上:秦汉地方行政制度》,"中研院"历史语言研究所 1974 年版,第 109 页。

2 陈寿撰、裴松之注:《三国志》,中华书局 1959 年版,第 1022 页。

3 仲山茂:《秦漢時代の"官"と"曹"——県の局部組織》,载《東洋學報》第 82 卷第 4 号,2001 年,第 491—521 页。

4 青木俊介:《里耶秦簡に見える縣の部局組織》,载中國出土資料学会编:《中國出土資料研究》第 9 号,2005 年,第 103—111 页。

土口史记除认为“官”与“县廷”有地理上的距离外,还指出“官”有相对的独立性,“官”拥有官印,是独立的机关长官。虽然如此,县廷握有官啬夫的人事权,县廷统御“官”,同时承担“官”所犯过失的连带责任。另外,“官”不能从事超出县领域的跨地域协作,“官”发出的行政文书,无论是发往县内抑或是县外,都必须通过“县廷”。同属一县,“官”与“官”之间的联系,也有县廷的介入,换言之,县廷是县内县外文书行政的结节点,在行政管理上处于绝对的优势地位,支撑着县行政的一体化。[1]

秦汉县属吏二分引起了很多学者的讨论,[2]有一点他们都同意,即东汉时期县廷组织是最成熟的,此方面研究严耕望先生的《中国地方行政制度史 上编——卷上:秦汉地方行政制度》可谓典范。县廷分曹治事,上引《三国志·杜琼传》所言:“……

1 土口史记:《里耶秦简所见的秦代文书行政:以县廷与“官”的关系为中心》,载首都师范大学历史学院:《“中古中国的政治与制度”学术研讨会论文集》,2014年5月,第1—9页;同氏:《戦国·秦代の県——県廷と“官”の関系をめぐる一考察》,本文参考朱腾翻译的中文本,即《战国、秦代的县——以县廷与“官”之关系为中心的考察》,载《法律史译评》2013年卷,第1—27页。

2 关于官、曹的研究,非常热闹。2010年赵岩与张世超的《论秦汉简牍中的“稗官”》认为“稗官”相对于县道官等“正官”而言,可取“别官”之义(载《古籍整理研究学刊》,2010年第3期,第90—94页)。郭洪伯认为赵、张二人对“稗官”性质的认定有些偏差,他认为稗官是职能部门,诸曹为辅助部门,曹职令史负责参与运作,沟通长吏与稗官,同时监督稗官的运作,睡虎地秦简中的“稗官”实际是指官啬夫主管的组织,官啬夫全称即稗官啬夫(参考《稗官与诸曹——秦汉基层机构的部门设置》,载《简帛研究》(2013),广西师范大学出版社2014年版,第101—127页)。孙闻博认为隋萧吉《五行大义》卷五《论诸官》条引《洪范五行传》把汉代县职官分作两类,天干十官皆称“曹”,地支十二官多称“官”,秦汉县级行政组织正出现曹、官两分格局。若以长吏理事之县廷为中心,从内、外的角度来看,列曹处内,无印绶,与令、丞关系更密切;诸官在外,有印绶,具有更多独立性。列曹领导、管理某方面的行政事务,诸官则是主管某项专门事务的机构(参考孙闻博:《秦县的列曹与诸官——从〈洪范五行传〉一则佚文说起》,载简帛网 http://www.bsm.org.cn/show_article.php?id=2077,发布时间:2014年9月17日)。游逸飞从内朝与外朝的关系来形容秦汉县稗官与诸曹的功能结构,诸曹是县的内朝,稗官是县的外朝(参见游逸飞:《战国秦汉郡县制研究新境——以中文成果为主的检讨》,载简帛网 http://www.bsm.org.cn/show_article.php?id=2635#_edn32,发布时间:2016年9月22日)。邹水杰的《秦简“有秩”新证》一文据里耶秦简指出,秦迁陵县设官啬夫的十官为司空、少内、仓、田、尉、畜官、船官、都乡等,诸官之官长的应为“官啬夫”,都是有秩吏。尹湾汉简县吏中能称为有秩与啬夫的更多是乡吏而不是官啬夫,甚至已出现“诸曹掾史”;而东汉时期官啬夫似乎被各种掾史所取代,郡县府廷的吏员设置结构已稳定为诸曹掾史的格局(载《中国史研究》2017年第3期)。拙文(与唐俊峰合著)《里耶秦简所见秦代县官、曹组织的职能分野与行政互动——以计、课为中心》(载《简帛》第十三辑,上海古籍出版社2016年版,第131—158页)亦有论及“官”与“曹”的研究,我们认为秦迁陵县行政中课、计文书的制作实由作为职能机构的诸官负责,而作为辅助机构的诸曹则负责校、定诸官呈上县廷的计、课,整理、制作出最终交予郡级机构的计簿。马增荣《汉代地方行政中的直符制度》一文认为县政府架构的“官”、“曹”对立情况,从秦、汉代初年至东汉,演变成“曹”独尊局面,他发现西汉的直符制度,甲渠候官内持符当值的皆为令史或尉史,而东汉时临湘县内的则为户曹史和书佐,推测县政府内“官”、“曹”分置的情况,从西汉后期开始出现变化,到东汉时“曹”正式取代“官”而主理县政府的日常工作,即县政府架构从“官”、“曹”对立演变到“曹”独尊。参见马增荣:《汉代地方行政中的直符制度》,载《简帛》第十六辑,上海古籍出版社2018年版,第270页。

始自汉已来，名官尽言曹，吏言属曹……”说明县廷属吏之中，根据职责分曹治事是通则，也是县廷工作的核心部分。秦汉县邑大小不等，提封万里，县廷有主管相关职分的曹，县廷以外再有大致对应的职事官吏，负责执行具体事务。严耕望研究汉代乡亭吏时把他们归入县廷组织的一部分来分析，并谓：“乡亭吏亦即县廷吏之出部”，有秩、啬夫、乡佐都是郡县所署，即郡县属吏；有些啬夫还被称为“掾”，严耕望谓：“有秩啬夫既为郡县所署，比于属曹，故亦称掾”，同样，里耶县廷显示的“曹”与“官”的关系，正是主管的“曹”在县廷，“官”派出县廷以外办事。孙闻博的考证是，里耶县廷列曹，有户曹、仓曹、司空曹、吏曹、尉曹、金布、令曹、狱曹（分狱东曹、狱南曹）、覆曹、中曹，[1]这些曹很多时候在曹的名称前加上廷，例如“廷户曹”“廷主户”“廷仓曹”“廷吏曹”“廷主吏”和“廷令曹”，推测他们的衙署在县廷之内，是县廷直接管辖的“曹”，这些“曹”是专门负责全县相关事务的主管，又或是迁陵县的长官令、丞、令史关系密切和倚重的曹，他们的地位又类似严耕望先生郡县属吏分类中的“门下”亲近属吏，[2]所以在职位前特别加上“廷”字。关于吏曹，又称作“廷吏曹”“廷主吏”，及后来的功曹。孙闻博认列曹是县廷的组成部门，负责领导、管理某方面的行政事务。至于县廷外的诸“官”，孙闻博考出有田官、畜官、仓、库、厩、司空、船官、狱、少内、尉、发弩、司马、乡官等等，“诸官以管理具体事务为多，并定期接受上级的考课”，[3]虽然未能完全与县廷列曹对应，但其作为县廷派出机构而主管特定事务，县内事务烦琐，专项专办，越曹办事亦无不可。[4] 里耶秦简目前只公布了一部分，列曹之中就没有本文研究的“辞曹”，也不见秦代主管缉捕盗贼的“贼曹”，这或许说明里耶秦简未能完全反映秦县全豹。

五一广场东汉简牍文书之中，有颇多与罪犯供辞有关的资料，例如：

> 延平元年三月戊寅朔六日癸未，行长沙大守文书事大守丞当谓临湘：民自言，辞如牒，即如辞。书到，爰书听受，麦秋考实奸诈，明分别（2010CWJ1③：263－21A 木牍）
>
> □兼掾昆、守属裒、书佐□。（2010CWJ1③：263－21B）

---

1 孙闻博：《秦县的列曹与诸官——从〈洪范五行传〉一则佚文说起》。

2 安作璋、熊铁基认为门下又称为合下，汉代官府正门不轻易开启，府内人员日常都走旁门、小门，合就是小门，故有合下或门下之称，表示亲近的意思（见氏著：《秦汉官制史稿》下册，齐鲁书社 1985 年版，第 112 页）。

3 同上注。

4 杨鸿年就曾论及郡督邮、户曹史职责不管狱事，但特殊情况也参与议狱事，见氏著：《汉魏制度丛考·郡曹种种·越曹办事》，武汉大学出版社 1985 年版，第 307 页。

行太守文书事的太守丞向临湘下达文书,对于案件审理中相关百姓自言的作供,其辞如牒所述一致,即如辞,供辞确定。县廷收到相关爰书后,到秋天考实是否有奸诈,[1]明别真伪。

五一广场简文中有颇多"民自言""考实""考问之词""尽力核实,辞有增",所谓"明分别处言"(查明不同之处)、"明正处言"(查明曲直),其大部分涉证供,且案件皆在调查之中,少见涉及案件判决阶段的内容。当然这也许是断简之故,但所提及的案件很少讲到触犯何律令。笔者怀疑这批简牍中颇为大量的文书属于与辞曹职责工作相关的,或其处理范围的。这些属于案件处理过程中的文件,其存在目的是厘清案件事实,以便后续的审理或呈交县廷令丞判决。杨小亮先生对出土签牌做了考索,认为签牌中的"本事"指反映事件基本事实的档案,是县廷对案件作出最终审判的主要参考和依据。五一广场简牍 J1①: 112 及 J1③: 263 - 108 为例,下款是亭主,或许这是发生在亭部的案件:

> 男子谢佑杀周
> 苌亡本事
> 驷望亭主(2010CWJ1①: 112A 木楬)
> 男子谢佑杀周苌本
> ……(2010CWJ1①: 112B)[2]

笔者推测,上面例子是发生在亭的案件,驷望亭主调查和整理男子谢佑杀周苌亡一案的"本事",提交到县廷,提交的对象或许是辞曹,以便后续的核实或审理。相近似的还有:

> 延平元年阳马亭
> 部男子范主自

1 关于"麦秋考实奸诈"与中国古代"司法时令说",刘乐贤先生的《长沙五一广场出土东汉王皮木牍考述》(载《中山大学学报(社会科学版)》2015 年第 3 期)一文也谈过,麦秋应指秋收的时候,《礼记·月令》篇就说过:"孟秋之月……决讼狱,必端平,戮有罪,严断刑",另外舒国滢、宇培峰《"司法时令说"及其对中国古代司法制度的影响》(载《中国政法大学学报》1996 年第 4 期)认为,战国以来至两汉受着阴阳五行、相生相克的思想影响,广泛地应用比附于四时和社会政治生活,以为春夏行德政,秋冬施行刑罚,汉初行刑时间多在秋季和三冬,东汉章帝时期改变行刑时间,十一月、十二月不再行刑。这份资料是东汉殇帝延平元年之物,三月征查案件,写下爰书,待"麦秋考实奸诈",并非偶然。

2 《长沙五一广场东汉简牍(壹)》,第 28 页;亦见《长沙五一广场东汉简牍选释》,第 13 页,例 40。整理者认为当指上述案件的调查执行由驷望亭主持,第 151 页。

刺物故本事(2010CWJ1③: 263－108A 木楬)
延平元年阳马亭
部男子范主自
刺物故本事(2010CWJ1③: 263－108B)[1]

以上“本事”发生在阳马亭部一个男子身上,上报县廷的也可能是阳马亭部的亭长。阳马亭曾经发生丈田史黄宫、趣租史李宗殴男子邓官一案,出土简牍中就有木楬写着“丈田史黄宫李宗本事考实”(416A、B 楬 2010CWJ1③: 201－27A 及 B),说明提交本事后,县廷仍会对事件作“考实”,[2]下面是发生在靡亭部杀邓世的“本事”:

永元十六年九月
靡亭部杀邓世(2010CWJ1③: 251A 楬)
贼这劝本事(2010CWJ1③: 251B)[3]

众所周知,两汉地方的亭有维持地方治安、逮捕盗贼的职能,东汉时其明显兼及民事,承担理辞讼、系囚狱犴的责任,[4]按木牍(J1③: 325－1－140)所载,王皮欠彭孝一家债务,诋赖不还,不到临湘县廷对质。刘乐贤认为王皮因为正替军方运送粮食,事态严峻,王皮诋赖,意图赖账,遂惊动临湘县某亭长,木牍提及姓薛亭长收捕王皮:“亭长姓薛不知名,夺收捕皮。”[5]笔者以为彭家追讨王皮债务时曾向所在地的亭长举报,木牍说屯长王于带同王皮诣县廷,王皮抗拒,不还债务,薛亭长遂“夺捕”他归案。以此推论,亭部所送来的县的“本事”仅是案件的事实,上呈至县的“本事”也不一定是已经完结的;即使结束,其也有待上级的分析和考实。故所载亦可能是案件的局部事实,或者亭部能够处理的部分,还需要进一步转交贼曹、狱曹进行侦查、逮捕、诘问。无论如何,即使贼曹、狱曹逮捕罪犯,仍得侦查案件原委内情,查问犯人口供,反复诘问,核实真伪,辨明曲直。如上引 2010CWJ1③: 263－21A 木牍所载,延平元年三月行

1 《长沙五一广场东汉简牍选释》,第 58 页,例 167。

2 此因丈田和趣租引发的伤人案件的具体文书,见《长沙五一广场东汉简牍(贰)》416A 及 B;429+430;431 及 432;另外同事件,据 2010CWJ1③: 202－4+202－5 的一枚君教诺木牍“上报左贼史、兼史顺详白前部左部捕掾笃等”的考实可见,其不单考实供辞是否无误,对受伤情况也要核实:“今笃等书言解如牒,又官复诣曹,诊右足上有殴创一所,广袤五寸,不与解相应”,对殴创的部位和受伤处的广与深也作出记录,并且确认与供辞是否对应。

3 《长沙五一广场东汉简牍选释》,第 57 页,例 166。

4 严耕望:《中国地方行政制度史——卷上: 秦汉地方行政制度》,第 241 页。

5 释文见《湖南长沙五一广场东汉简牍发掘简报》;对此案及释文的考证,参考刘国忠:《长沙东汉简所见王皮案件发微》,载《齐鲁学刊》2013 年第 4 期;刘乐贤:《长沙五一广场出土东汉王皮木牍考述》等。

长沙大守文书事大守丞当谓:"民自言,辞如牒,即如辞。书到,爰书听受,麦秋考实奸诈,明分别",这表明,很有可能一切罪行、诉讼、投诉等的案件,经司法部门调查、侦办、审理的爰书和辞状,都将被送到县廷的辞(辞)曹进行分析复核,整理成为辞状,然后通过县令、丞呈到上郡府判决。

县廷列曹,何时开始包括辞曹?对于五一广场东汉简牍的辞曹问题,姚远研究汉代司法官员时曾论及,其观点如下:辞曹在史料之中不常见,《后汉书·百官》"太尉"条下谈及"公府曹"时,言及"辞曹主辞讼事",并举例东汉陈宠因能力出众而"转为辞曹,掌天下狱讼。其所平决,无不厌服众心"。但我们在《汉书》和西汉《东海郡吏员簿》中亦未见辞曹条。[1] 关于这点,可以补充如下肩水金关简中有辞曹的史料:

□史谒千八百　长史男孟卿　肩水候纯光君上叩头拜请
□尉谒五千二百　幼小男侠卿[2]　狱掾王仲狱史韩子深
□尉谒四千　□□□君房会□　辞曹史路子孝叩头叩头
□□谒□千六百　□□□□孙枚　以李长叔累子孝会府报(73EJT30:56A)[3]

这枚简提及"狱掾王仲、狱史韩子深",其中"狱掾"应指狱曹掾,而"狱史"应指狱曹史;排在其后的有"辞曹史":"辞曹史路子孝叩头叩头"。此牍具体内容难以理解,所言"谒"以下的数字,疑是相关官员俸禄,例如"□史谒千八百"的千八百钱,相当于边区佐史在宣帝益俸以后两个月的俸钱,"□尉谒四千"的四千钱,相当于边区塞尉在宣帝益俸以后两个月的俸钱。此牍提及狱曹掾史与辞曹,似乎是肩水候纯向上级肩水都尉府汇报,"以李长叔累子孝会府报"的"府"疑指居延都尉府。此枚简牍未书年日,但肩水金关是额济纳河流域南部张掖郡的要塞,年代约在西汉武帝至王莽末年,然则此段时期张掖郡已有"辞曹",且当有史处理事务。此牍第一栏文字与两栏稍有差异,第二栏上方有削过的痕迹,并于第一栏有断裂痕,笔者怀疑曾经两栏本连接;第三栏字迹相似,疑同一人书写。《居延新简》提供了其具体年代:

1　姚远:《东汉内郡县法官法吏复原研究——以长沙五一广场东汉简牍为核心》。

2　甘肃简牍保护研究中心、甘肃省文物考古研究所、中国社会科学院简帛研究中心等编:《肩水金关汉简(叁)》,中西书局2013年版,第178页。释文亦有释为"幼小男使卿"者,未知何者正确,按上文所示,此处当为人名,释为"使卿",或许不安,《后汉书》卷十一《刘盆子传》谓军中有属右校卒(吏)〔史〕刘侠卿,以"侠卿"为名者非孤例,周天游《八家后汉书辑注·袁山松后汉书》亦有载刘仲卿为刘盆子制绛单衣事,但周氏注谓:"范书本传'仲卿'作'侠卿'"(上海古籍出版社1986年版,第655页),然则"使卿"的可能性较低。

3　《肩水金关汉简(叁)》,第178页。

出所负农都尉属陈宣,钱二千。建昭四年十一月壬子市阳里吕敞付辞曹☐(EPT5：7)[1]

建昭是西汉元帝刘奭年号,建昭四年十一月壬子即公元前35年12月6日。整理者未释"辞"字后面一字。张俊民先生在其大作中指出辞后之"□",可以补释为"曹"字,合起来就是"辞曹"。[2] 考察《甘肃秦汉简牍集释(一)》中的红外线图片,可清楚看到"曹"的大部分,故张说正确,显然,建昭年间居延就有辞曹之组织。《居延新简》另有一枚简记有辞曹令史,这说明辞曹有史,亦有令史的职位:

吏曹史偃再拜言。甲渠候遣令史延赍居延男子陈护众
所责钱千二百,女子张宜春钱六百,居延丞江责钱
二百八十,凡二千八十。辞曹令史忠将护等与钱。
再拜白□(EPT56：73A)

吏曹史偃再拜言。甲渠候遣令史延赍居延男子陈护众所责钱千二百,居延丞江责钱二百八十,女子张宜春责钱六百,凡——————史忠将护众子——————————二千八十,请以付钱,辞曹令史忠召护众等见以与,再拜白(E.P.T56：73B)[3]

笔者疑这是一份政府疏解、调停民间借贷纠纷的文书,"赍",《说文》谓"持遗也",段玉裁谓许慎释"赍"为"持而予之,……近人则训赍为持矣",[4] 即"予人以物曰赍"。整理者认为此为书信简,说明偿债事务,甲渠候派遣令史延携带债钱二千八十钱到居延,其中包括男子陈护众所责钱千二百,女子张宜春钱六百,居延丞江责钱二百八十。"辞曹令史忠召护众等见以与"一语表示辞曹令史见证责钱的交收。[5] 此枚简牍与上引建昭四年简牍同样提及辞曹,可见至迟在元帝建昭年间,县组织就有辞曹。张俊民也谓"辞曹"在西汉已经出现,而且汉简中常见的"辭"或"辤"多与纠纷、

1　参见孙占宇等著:《居延新简集释(一)》,甘肃文化出版社2016年版,第145页。

2　张俊民:《〈甘肃秦汉简牍集释〉校释之二》,载简帛网 http://www.bsm.org.cn/show_article.php?id=2878,发布时间:2017年9月5日。

3　释文见《居延新简集释(四)》,第201页。按整理者谓背面简文有墨笔涂改迹,本文引文横线就是墨笔涂改之处,"吏曹"释文写作"史曹",张俊民认为"史"字当为"吏",很正确。见氏著:《〈甘肃秦汉简牍集释〉》校释之二。

4　许慎撰、段玉裁注:《说文解字注》,经韵楼藏版影印,上海古籍出版社1981年版,第280页。

5　赵宠亮认为此文书是债权人在权利受到侵害时要向官府求助,主动提起申诉的行政记录,见《居延新简〈女子齐通耐所责秦恭鼓事残册〉的复原与研究》,载简帛网 http://www.bsm.org.cn/show_article.php?id=1082,发布时间:2009年6月13日。

诉讼、判狱有关,如私人之间的债务纠纷、劾状、判狱与失期、失职之验核等,这个观点很正确。[1] 而在职官方面,辞曹有令史为主管,属下有辞曹史。

另外,姚远谓五一广场东汉简牍中辞曹的记录,均出自"君教诺"行文之中,其内容均是辞曹向上级机关汇报案件审理进展,并将集议后的处理意见禀报上级:"议请属功曹选得吏当,被书复白"(《选释》简 45 CWJ1③: 325 - 1 - 103),"议请解盱械,敕遣归"(《选释》简 46 CWJ1③: 325 - 2 - 9),"议请敕理讼掾伉、史宝实核治决"(《选释》简 47 CWJ1③: 325 - 5 - 21)。他认为"辞曹在案件审理的过程中担任审判角色,对贼曹所'逐捕'的罪犯,结合贼曹等的'考问'口供进行审理,在审理过程中如有异议,向上级机关提请重新更换人员再次审理,或转交相关机关进行下一步判决。可见辞曹职掌结合口供及证据等对案件的事实进行审理,而不涉及判决过程"。[2] 笔者很同意他的观点,但辞曹"审理"的具体行为是不是仅仅包括口供及证据,此点似乎未说清楚。虽不涉及判决过程,但这不表示辞曹掾史没有建议的权力。

秦汉地方行政郡县列曹之中,处理诸如诉讼、犯罪案件的供辞属于"辞曹"的职责。《五行大义》引刘向《洪范五行传》谓辞曹"共讼诉",《续汉书·百官志》谓:"辞曹主辞讼事。"严耕望先生谓:"公府辞曹主辞讼事。"[3] 汉碑反映郡国亦有辞曹史,地方辞曹与公府职同,丞相府辞曹以明晓法令者任之,郡国承用此制,[4] 意谓丞相府、郡国都有辞曹,负责辞讼之事,出任此职者都是明晓法令的人。陈宠曾任中央三公府掾属的辞曹,是辞曹的好例子,文献记载约在东汉明帝年间。如《后汉书·陈宠传》载:

> (陈宠)辟司徒鲍昱府。……昱高其能,转为辞曹,掌天下狱讼。其所平决,无不厌服众心。时司徒辞讼,久者数十年,事类溷错,易为轻重,不良吏得生因缘。宠为昱撰《辞讼比》七卷,决事科条,皆以事类相从。昱奏上之,其后公府奉以为法。

司徒鲍昱辟陈宠为掾属,对他的能力评价甚高,其后请他任辞曹之职,陈宠遂掌管天下狱讼。他的具体工作似乎不止于记录和整理案件的原委而已,还包括对案件作出"平决"。笔者理解"平决"为对案件做出公平判决,结果"无不厌服众心",意思是众人都心中满意信服。陈宠任辞曹十分称职,这也许与他的家学背景有关。宠是

---

1 张俊民:《〈甘肃秦汉简牍集释〉校释之二》。

2 姚远:《东汉内郡县法官法吏复原研究——以长沙五一广场东汉简牍为核心》。

3 安作璋和熊铁基亦认为公府辞曹主辞讼事,列于户曹、奏曹之后,参见《秦汉官制史稿》下册,第 119 页。

4 以上参见严耕望:《中国地方行政制度史——卷上:秦汉地方行政制度》,第 109、111、137、233 页。

沛国人,曾祖父陈咸在西汉成哀年间以律令为尚书,后因王莽篡位而归乡里,称病不事莽,并且壁藏律令书文。陈咸常戒子孙:"为人议法,当依于轻,虽有百金之利,慎无与人重比"。[1] 意思是议法判刑,当慎重处理,从轻判决,不宜随意使用重刑。陈宠明习家业,自然娴熟律令。又,《汉官仪》中讲到东汉丞相故事,其时选举用人,以四科取士,除德行学问和决断能力之外,"明达法令,足以决疑,能案章覆问,文中御史"也极为重要。[2] 显然,按照陈宠本传所言,辞曹的职责:(一)主辞讼事务;(二)对案件有"平决",即对供辞的真实性有所查核,判断是非,甚至建议罪犯的刑责;(三)任命为辞曹的掾吏都明晓法令,依法平决案件。陈宠明习家传律令文书,又曾整理公府案例,为司徒鲍昱撰《辞讼比》作为裁决案件的科条,公府奉以为法,所以其能"平决"辞讼,赢得世人心悦诚服。《续汉书·百官志》谓"辞曹主辞讼事"是颇为简略的说法。陈宠根据讼辞,反复考问,剖析决疑,执法公平,就像御史执法一样严明。东汉明帝时期应是汉代列曹制度迈向成熟的阶段,严耕望认为任职辞曹的都是明晓法令之人,而陈宠的例子可以作为检视辞曹的职责的范例。

另外,辞曹亦屡见于汉碑文字之中。如汉灵帝建宁初年所立的《竹叶碑》,[3] 就有辞曹史的记载,其排列次序如下:

> 功曹史——中部督邮——南部督邮——北部督邮——左户曹史——右户曹史——□曹史——奏曹史——辞曹史——□曹史——中贼曹史——左贼曹史——右贼曹史——左决曹史——右决曹史——法曹史——□曹[4]

辞曹列于户曹、奏曹等史之后,贼曹、决曹和法曹等史之前。汉碑多以地位重要性排列,故辞曹地位在户曹、奏曹之后,而高于贼曹、决曹和法曹。论者认为,因《竹叶碑》中所记有"鲁国掾吏",王昶的《金石萃编》卷十九有释文引陈竹厂之跋,又以汉时掾史辟任本郡人推测,此碑所言之人位不出属吏,贯不出鲁国,故可推知此碑是鲁国长官的德政碑。"其职则有东南北督邮、奏曹、辞曹、中左右贼曹、左右决曹,诸史

---

1 《后汉书》卷四十六《陈宠传》。

2 见《后汉书》志二十四《百官一》注引应劭《汉官仪》。

3 有关《竹叶碑》之释文及考证,参见王昶:《金石萃编》卷十九《竹叶碑》,中国书店1985年,第4页。按清马邦玉的《汉碑录文》卷四认为,虽然没有年月,但据碑阴"文(汶)阳马琮",亦见于史晨后碑,推测其是在建宁初年立。《山东秦汉碑刻》(第37页)与永田英正《汉代石刻集成》(第310页)均持此说。

4 按这个排序是据王昶:《金石萃编》、山东省文物总店编:《山东秦汉碑刻》(齐鲁书社1984年版,三四)、永田英正编:《汉代石刻集成》(同朋舍1994年版,第308—310页)、叶程义:《汉魏石刻文学考释》(新文丰1997年版,第385—389页)及徐玉立主编:《汉碑全集》(河南美术出版社2006年版,第六册,第2202—2203页)等资料整理而来。

皆属吏也。其贯则有鲁、薛、蕃、汶阳,皆鲁国也。"[1]据此,《竹叶碑》碑阴所列诸曹应是建初年间鲁国诸曹,"辞曹"在其中,官员还有史。另外,从碑刻的图片来看,排列在户曹后的辞曹可能是有两位辞曹史的。因为没有掾的郡县府廷,案件事务繁重,个别的曹史应不止一人;而且下面的贼曹,就已经有中贼曹史、左贼曹史、右贼曹史等三位曹吏,从排列上来看,基本上不可能是贼曹了,故谓《竹叶碑》的辞曹极有可能有两位。[2]

《竹叶碑》中的两位辞曹之下还有两位左右决曹,"左决曹史□奚□、右决曹史文阳马琮"。[3] 在东汉灵帝中平五年立的《巴郡太守张纳碑》的"碑阴",题名职分清晰地列出七十四人,当中除有"辞曹史"二人之外,亦有"决曹史"一人。[4] 如排列先后反映了权力或重要性,则"辞曹"在前、"决曹"在后;就职责而言,两者并存,断不会重复,故在处理司法案件上,辞曹与决曹当有明显的分工。毕汉思教授(Hans Bielenstein)比较笼统地认为辞曹(Bureau of Statements)负责诉讼(litigations),[5]而李安敦教授及叶山教授则指出,牵涉汉郡法律事务的曹包括辞曹和决曹,辞曹在诉讼案件时负责处理口供(process statements in legal cases)。[6] 决曹的职责与辞曹不同,决曹负责审阅郡县交来的诉讼案件,甚至预备新的案件,建议案件的裁决、审问涉案的罪犯、侦查,以及为郡守预备司法决定,并交由上级批准或者否决。他们同时对县交来的案件进行司法复核,特别是死刑案件,并交予郡守作出最后裁决,但整件案件的卷宗是由决曹中专业的掾吏为他预备的。[7] 目前所见的决曹事例都是郡府决曹,严

---

1 《金石萃编》,卷十九,第4页。

2 序列如下:奏曹史卞□□□、辞曹史文阳□□、□(疑为辞字)曹史蕃仲□、中贼曹史薛荀瑶、左贼曹史鲁□□、右贼曹史蕃韩□、左决曹史□奚(《秦汉碑述》释"奚"作"虞")□、右决曹史文阳马琮、法曹史□□□。见《金石萃编》,卷十九,第三页。

3 袁维春:《秦汉碑述》释"奚"作"虞",见《竹叶残碑》,北京工艺美术出版社1990年版,第602页。

4 中平五年的《巴郡太守张纳碑阴》题名记载巴郡属吏七十四人,当中或许有缺漏,正如严耕望先生所言,观乎此碑汉代郡府掾吏组织已大体了然可晓(第113页)。其陈述列曹序列,先言各曹之掾,然后副掾理事的史。此碑辞曹没有掾,史的排列,简列如下:文学主事史——奏曹史(二人)——户曹史(三人)——户令史——献曹史——辞曹史(二人)——贼曹史(四人)——右贼曹史——决曹史——右金曹史——左金曹史——左仓曹史——右仓曹史——左漕曹史——右漕曹史——法曹史——右集曹史——右兵曹史——比曹史。各曹地位高低:文学主事史、奏曹史、户曹史、户令史及献曹史在辞曹之上,贼曹、决曹、金曹、仓曹、漕曹、法曹、集曹、兵曹和比曹则在其下。《巴郡太守张纳碑》及《张纳碑阴》释文,见洪适:《隶释》卷五,中华书局1985年版,第61—64页。

5 Hans Bielenstein, *The Bureaucracy of Han Times* (Cambridge; New York: Cambridge University Press, 1980), p97, p182n20.

6 Anthony J. Barbieri-Low and Robin D.S. Yates, *Law, State, and Society in Early Imperial China: A Study with Critical Edition and Translation of the Legal Texts from Zhangjiashan Tomb no. 247* (Leiden, Boston: Brill, 2015), p127.

7 *Society in Early Imperial China: A Study with Critical Edition and Translation of the Legal Texts from Zhangjiashan Tomb no. 247*, p127.

耕望和安作璋都曾对此做过分析。严耕望先生认为决曹主罪法事,有掾史、有书佐,被书称颂的决曹掾史都决狱公平,晓习文法。[1] 安作璋先生则分析,决曹的主要职掌是决狱、断狱、用法;关于后者,他认为用法行刑还有一定的手续,即签定文书,一则便于用刑,一则以备复核。与辞曹很不同,郡决曹尚有责任行部录囚徒。[2]

三、《五一广场东汉简牍》的辞曹

《五一广场东汉简牍》简牍中"辭"写作"辤",《说文·辛部》有"辭"及"辤"两字,后者释作"不受也",但许慎注引《释文》谓"辭本又作辤",《说文》解释"辞"谓:"说也。今本说讹讼。""犹理辜也",[3] 辜是罪的意思,理辜是治理罪过错失。《周礼·秋官·乡士》:"听其狱讼,察其辞",此"辞"即供辞,"辭""辤"相同。秦汉法律文书所用的"辤",是指调查案件时,相关官员记录涉案人所提供关乎罪案的具体文字记录。汉代郡县行政系统中的辞曹,就负责辞讼事。五一广场东汉简牍的内容,很多都如实记录涉案者的作供,或者官员侦查所得的陈述、考问、考实,或者比对不同涉案人的供辞,缕析"明分别处言""明正处言",都是其具体任务。

五一广场东汉简牍内容涉及各种类型案件的供辞,如盗贼、缉捕亡匿、合谋杀人、奸情、官员监守自盗、受赇请、土地买卖纠纷、债务纠纷、奴婢谋杀主人等等。值得注意的是,这些案件记录都是涉案者的案情陈述,属于"民自言"、"本事"(案件基本事实的文案),上级要求对其再行考实、"亟实核,明分别处言"、考实奸诈、考问之辞、讯问之辞,其中都没有直接引用律令条文,或者提出相关条文判罪。还有"临湘狱以律令从事"(2010CWJ1③:71-26)、"如律令"(J1③:325-1-140)等表述,笔者疑是因其中大部分供辞所记录的犯罪行为并未到判刑阶段,所以看不见律令条文的引用。但其所坐何罪却常有提及,例如木牍2010CWJ1③:201-30就提及一批失职掾吏"皆坐吏不以征沓为意,不承用诏书,发觉得"。辞曹主辞讼事,治理罪过错失,听取狱讼,考察作供者文辞曲直。文献说辞曹负责辞讼事,而辞曹的官员,如上引汉碑、居延和肩水金关汉简所载,有辞曹令史、辞曹史、助史。他们调查案件,并记录涉案具体内容,也就是汉代郡县行政系统中辞曹所具体扮演的角色。他们似乎没有判决案件的最终权力,我们也看不出他们有量刑权。

---

1 严耕望:《中国地方行政制度史——卷上:秦汉地方行政制度》,第137页。按上引《竹叶碑》有左右决曹史各一人。

2 安作璋、熊铁基:《秦汉官制史稿》下册,第128页。

3 许慎撰、段玉裁注:《说文解字注》,第742页。

五一广场东汉简牍中,有三枚简牍直接提及辞曹,如 CWJ1③: 325 - 1 - 103 木牍载:

	辞曹史伉,助史修、弘白:民诣都部督邮掾自言,辞如牒。案文
	书,武前诣府自言,部待事掾杨武、王伦,守史毛佑等考,当畀,各巨异。
	今武辞,与子男溃狠(垦)食,更三赦,当应居得。愿请大吏一人案行覆考
君追贼小 武陵亭部	如武辞。丞优、掾遗议请属功曹选得吏当,被书复白。
	永初元年正月廿六日戊申白

在和帝、殇帝期间,临湘县因自然灾害而影响秋收庄稼,政府鼓励百姓开垦耕田,曾除田租、刍稾之税。检视《后汉书·孝和孝殇帝纪》所载,例如永元年间关东以及南方广袤万里,天灾频仍:"(永元四年)十二月壬辰,诏:'今年郡国秋稼为旱蝗所伤,其什四以上勿收田租、刍稿;有不满者,以实除之。'"又,"(永元五年)壬午,令郡县劝民蓄蔬食以助五谷。其官有陂池,令得采取,勿收假税二岁";"(永元六年)三月庚寅,诏流民所过郡国皆实禀之,其有贩卖者勿出租税,又欲就贱还归者,复一岁田租、更赋";"(永元九年六月诏)今年秋稼为蝗虫所伤,皆勿收租、更、刍稾;若有所损失,以实除之,余当收租者亦半入。其山林饶利,陂池渔采,以赡元元,勿收假税"。直接关乎荆州的一次是永元十三年,荆州雨水为患,临湘县处荆州中部,当无可避免受灾害。和帝曾下诏书:"荆州比岁不节,今兹淫水为害,余虽颇登,而多不均浃,深惟四民农食之本,惨然怀矜。其令天下半入今年田租、刍稾;有宜以实除者,如故事。贫民假种食,皆勿收责。"和帝年间,南方水患特别严重,永元十四年秋天兖、豫、荆州三州淫雨伤农,"是秋,三州雨水。冬十月甲申,诏:'兖、豫、荆州今年水雨淫过,多伤农功。其令被害什四以上皆半入田租、刍稾。'"永元十五年秋天四州发生雨水,于是十六年春天,和帝下诏向贫民有田业而匮乏不能自农者贷种粮。可是当年秋天又突然发生旱灾,秋稼方穗而旱,云雨不沾,和帝又下诏"半入今年田租、刍稿;其被灾害者,以实除之",再次免贫民收贷种粮及田租、刍稾的债务。及至和帝驾崩,殇帝立,延平元年六月又发生三十七个郡国雨水连续不停降雨的灾害。[1] 以上和帝、殇帝本纪中未说有何赦令,但从诏书内容看,皇帝曾经多次鼓励百姓垦田,还根据实际情况减免田租、刍稾之税,所谓"以实除之"。

CWJ1③: 325 - 1 - 103 木牍所载案件提及"武辞,与子男溃狠(垦)食,更三赦,当

1　以上引文,皆参见《后汉书》卷四《孝和孝殇帝纪》。

应居得”，整理者认为“三赦”是指经历三次赦免，但未说明赦什么。由上下文理推测，当与垦田有关，只是文中未说诉讼是为了金钱抑或田地开垦的所属权。根据牍文内容，辞曹史及其助史处理此案的具体部分如下：

1. “民诣都部督邮掾自言”，即民众向郡监察县的督邮投诉，并自言供辞，交代案情。辞曹应该获得其抄件并且研读过；

2. 辞曹史伉和助史修、弘审问涉案相关人物，查明“民诣都部督邮掾自言”的供辞与牒书内容一致；

3. 辞曹史作出“案”语总结，称参考涉案人“武”的供辞，并认为“武”“当界”，但“部待事掾杨武、王伦，守史毛佑等考”，应当界的（垦田数？金钱多少？）各自存在巨大差异。笔者疑辞曹史在此曾据供辞诘问“武”，所得结论是“今武辞，与子男溃貇（垦）食，更三赦，当应居得”。根据“武”的供辞，其曾经与子男溃一起垦食，同时经历过三次的赦免。“当应居得”，即应当获得诉讼所得。“居得”的具体内容此处并无显示；

4. 辞曹的“议请”权。辞曹听取相关供辞，加了“案”语，“案文书”判断认为“当界，各巨异”。在汉简诉讼文书中，“案”字表示审理案情，原劾一方提出结论或表示作出某些判断，常以“案”语表达。[1] 此处“辞曹史伉，助史修、弘白”做了“案”语：民众向郡监察县的督邮提出诉讼的自言供辞，经辞曹调查认为，该供辞与牒书所言一致，判断“武”辞正确属实，但辞曹对案件并无判决权，于是他建议“议请”上级覆考。丞优、掾遗同意“议请”，并签署了辞曹史伉和助史修、弘的建议。

由此可见，辞曹理讼案件，必须慎密分析各方供辞，包括民所自言，查问知情者，诘问涉案人物，以及进行官方搜证。其过程可能往返数次。像“武辞，与子男溃貇（垦）食”一案，辞曹得出结论后即整理相关辞状，交予上级，但辞曹无权作出判决，遂议请上级县丞、掾，“愿请大吏一人案行覆考”，对案件做进一步的跟进。此反映辞曹的职权有整理供辞、调查内容真实性、做出案情总结。其还有“议请”权，即在判决前建议上级拣选大吏，案行覆考。

CWJ1③：325－2－9木牍提及辞曹助史，此案进一步反映辞曹处理的程序如下：

	辞曹助史襄白：女子张罢自言：桑乡佐盰负布钱万九千三百
	五十。械盰曹下，诡盰，[2]今以钱万九千三百五十堲雇罢，毕。当处重

1 高恒：《秦汉简牍中法制文书辑考》，社会科学文献出版社2008年版，第443页。

2 原释文为：“械盰，曹下诡盰”，承陈伟教授提示，句读为“械盰曹下，诡盰”，意思是把犯人加上刑具带到辞曹；“诡盰”，《说文·言部》谓“诡，责也”；《长沙五一广场东汉简牍选释》注释谓责成盰还钱。

(续表)

	罚,以钱毕,蒙阔略。丞优、兼掾暘议请解盱械,勑遣归
君教诺	乡。
	延平元年八月四日己酉白

CWJ1③:325－2－9木牍记载了辞曹助史襄处理女子张罢向桑乡佐盱讨债一案。桑乡佐盱欠张罢布钱万九千三百五十,数目颇大,盱被捕后,恐其潜逃,遂加上刑具拘禁,在县曹审问。盱被捕后被带进审讯的"曹",从上下文理解,特别是考虑到文书以"辞曹助史襄白"起头,而下文"丞优、兼掾暘议请解盱械"是签署文书的临湘县丞和兼掾,故推测辞曹自称的办公地方为曹。因为如果是其他的地方,则可如实写出那一曹。此债务案件案情简单,不过清楚地显示出:1. 辞曹直接审理、诘问桑乡佐盱;2. 审问地点在自己办公的曹;3. 查明欠债事实,实时即有所决断,责成盱以"以钱万九千三百五十□雇罢,毕",立即处理案件;4. 辞曹助史襄认为本应重罚盱,但由于钱债交收完毕,所以从宽处理,不予追究,并向县丞优及兼掾暘提出"议请",解开犯人盱的刑械,遣归桑乡。文书有县丞优及兼掾暘的签署确认。此案表明辞曹有执法权力,具有审理犯人和调查案件具体情况的权力。笔者还认为辞曹史应不单依赖"女子张罢自言"的内容,而且也直接诘问犯人,让他如实招认欠人钱债,只是辞曹处理供辞未有提及;5. 如果结合下面一枚木牍,可知临湘县的辞曹有辞曹史、辞曹助史,此两职位是并存的,且无疑辞曹助史地位低于辞曹史。值得注意的是,此案审理是由助史襄一人负责的。学者曾指出,汉代郡县分曹办事,行政分工细密,一曹之内,案件轻重不一。本案涉案金额接近二万钱,并非小额,而助史可以处理该案,亦可建议从宽处理,因此,汉代一曹的权力不能轻看。

第三枚关于辞曹的文书CWJ1③:325－5－21木牍内容如下:

兼辞曹史辉、助史襄白:民自言,辞如牒
教属曹分别白。案:惠前遣姊子毒、小自言,易永元十七年
君教诺　中,以由从惠质钱八百。由去,易当还惠钱。属主记为移长刺部
曲平亭长寿考实,未言,两相诬。丞优、掾暘议请勑理讼
掾伉、史宝实核治决。会月廿五日复白
延平元年八月廿三日戊辰白

此牍记载兼辞曹史辉、助史襄处理的追还借贷案。文书说有百姓提出诉讼,于是

县令下教令,吩咐所属曹按律令考实此案件是非曲直。兼辞曹史辉、助史襄参阅牒书及涉案人"惠"之姊子毐、小的"自言",确定"自言"之事实:"易"在永元十七年中,利用"由"作担保人,从"惠"处借钱八百。其后"由"离去,在没有担保人之下,"惠"要求"易"还钱。为了厘清案件,兼辞曹史辉、助史襄曾经要求县内主记移写"长刺"到乡部曲平亭长"寿"处,请"寿"详细考实(也许案件在曲平亭发生,又或者涉案人物居住在曲平亭所在地)。可是具体情况尚未上报,涉案人已经互相诬告诋毁,无法梳理,因此建议"丞优、掾畼议请勑理讼掾伉、史宝实核治决"。此案反映:1. 辞曹分析牒书供辞、涉案人的自言等,同时就疑惑不清之处,或可专门派掾吏对有待考实的地方详细调查。五一广场东汉简牍中有一些以考实为名而写成的文书,或许解书就是基于这种情况而产生的;2. 兼辞曹史辉、助史襄未必有治决之权。此案发生地不在县廷都乡,而在临湘县下属的桑乡。此乡名在三国走马楼吴简中亦可见。辞曹史辉、助史襄属主记为移长刺部曲平亭。众所周知,汉代的亭有管理地方治安的机能,故很有可能案件首先闹上亭长寿处,亭长上报乡部,乡部再把理讼文书(包括"民自言")送呈县廷,由辞曹史辉、助史襄处理。文书说"辞如牒"所考实。由于涉案人互相诬告诋毁,无法梳理,于是兼辞曹史辉、助史襄提出议请,丞优、掾畼议请勑理讼掾伉、史宝实核治决;3. 此案与上两案件中,辞曹只涉及对供辞的梳理,对案件事实的调查和厘清,辞曹甚至交出治决的权力来给予理讼掾伉、史宝,以实核和治决。[1]

概言之,上述三案件都提及"君":一次"君追贼小武陵亭部",两次"君教诺"。陈松长先生、周海峰先生认为,"君"指起草文书者对县长吏的尊称,"君教诺"即"请君教示",给予教令批覆。"诺"是县令长吏表示同意的签署,签署者各有特色,如文献所称的"画诺"。在其检视的例子中,也有经办人做签署的。[2] 邢义田先生认为,县令长吏教令批覆和画诺之说可从,但将画诺看成是签署则有待商榷。因为画诺和签署概念本不相同,"画诺"表示"同意"或"知道了";签署则是官和吏都得在公文草案上签署,然后呈送主管批示"画诺"。[3] 木牍 CWJ1③: 325-2-9 及 CWJ1③: 325-5-

---

1 关于理讼掾,姚远谓郡有"讼曹",其下有理讼掾、史,并引五一广场东汉简牍两枚木牍的债权、债务纠纷为例,谓县疑难案件交了"郡讼曹"的理讼掾处理。明钊按文献及简牍材料尚未见"讼曹"(按严耕望及安作璋、熊铁基的著作均不见两汉郡县属吏有讼曹,〔隋〕萧吉《五行大义》论诸官亦未云有讼曹,据钱杭点校,第五卷,第二十二《论诸官》,上海书店出版社 2001 年版,第 133—134 页),不能单凭有理讼掾便说有"讼曹"。姚远又说理讼掾当负责案件的判决工作,其职能与"决曹"相似,究竟是判决还是解决疑难,看来解决"领讼掾"和"理讼掾"的归属,是属于决曹,抑或另立"讼曹",尚待更多证据才能判断。(参见姚远:《东汉内郡县法官法吏复原研究——以长沙五一广场东汉简牍为核心》)

2 陈松长、周海峰:《"君教诺"考论》,载《长沙五一广场东汉简牍选释》,第 328—330 页。

3 邢义田先生认为展露个性化的"画诺",三国以后,纸张空间大,便于挥毫,才显露出来,参见氏著:《汉晋公文书上的"君教诺"——读〈长沙五一广场东汉简牍选释〉札记之一》,载简帛网 http://www.bsm.org.cn/show_article.php?id=2638,发布时间:2016 年 9 月 26 日。

21 两者应是由县令长官做了批示,所以顶上一栏书有"君教诺"。对于"君追贼小武陵亭部",陈松长认为应句读为"君,追贼小武陵亭部",这个"君"字是起草者对县令长的尊称。[1]

此外,CWJ1③: 325-1-103 及 CWJ1③: 325-5-21 两木牍均提及"辞如牒。案文书"、"辞如牒",可推测三件简牍都只是案件的部分内容,具体的牒书内容可能已经散佚,又或者尚未公布,目前仅见辞曹所"白"的内容。

关于辞曹出现的年代,肩水金关简中最晚的一枚木牍是王莽时期的;再往前推,上引《居延新简》EPT5: 7 所提供的具体年代是汉元帝刘奭建昭四年十一月壬子,即公元前 35 年 12 月 6 日,此时辞曹已经是汉代郡县诸曹之一。上面三枚五一广场东汉辞曹简牍有明确年份,分别是延平元年八月四日、延平元年八月廿三日及永初元年正月廿六日。延平是东汉殇帝年号,延平元年是公元 106 年;永初是安帝年号,永初元年即公元 107 年,三者相隔不到一年。由此看来,辞曹在西汉武帝以后至元帝年间已经是汉曹之一,一直到汉灵帝建宁年的《竹叶碑》、中平五年的《巴郡太守张纳碑》中都可见辞曹执行其职责。

所属辞曹的职官名称,以上所见大致有辞曹令史、辞曹史、辞曹助史、兼辞曹史。汉代曹一般有掾和史。目前"辞曹令史"一见,"辞曹史"数见,还有"兼辞曹史"及"助史"。"助史"有多名,应是"史"的助手,而且这种助手在贼曹也有,例如"兼左贼史修、助史寿、庞"(CWJ1①: 97 木两行)。

综合分析三起案件,其性质都是田地及钱债案件,三起案件都是由老百姓向官府"自言"举报的案件:"民诣都部督邮掾自言"、"女子张罢自言"和"民自言",部分案件疑经过乡里、亭部调查,然后才来到辞曹。上文论述了辞曹负责辞讼,"辞如牒。案文书"、"辞如牒",换言之,辞曹审阅案件的供辞牒书、爰书并加以整理,附于木牍作为凭证,转呈"君"。当中包含辞曹对案件主动的建议、乡部的跟进和考实,并有其对调查所做出分析的案语。上面三件辞曹处理的案件,辞曹都建议县丞、掾"议请"上级覆案裁决,例如"功曹选得吏当"、"愿请大吏一人案行覆考"、"丞优、掾晹议请敕理讼掾伉、史宝实核治决",又或者建议"丞优、兼掾晹议请解旰械,勑遣归乡",请县令长吏跟进或裁决。

辞曹审阅口供、爰书,还直接审问犯人,CWJ1③: 325-2-9 木牍可为证:"辞曹助史襄白: 女子张罢自言: 桑乡佐旰负布钱万九千三百五十。械旰,曹下诡旰,今以

1 《"君教诺"考论》,第 328 页。他也认为"追贼小武陵亭部""可以看作对所请示内容的概括,使得主事者一看就知晓需要处理什么事情"。按此牍内容与陈松长先生所举木牍 CWJ1③: 305"君追杀人贼小武陵亭部"一牍待事掾王纯追捕杀人贼黄俲、郭幽内容无关(第 142 页)。何以关乎辞曹 CWJ1③: 325-1-103 木牍的"追贼小武陵亭部"会与此联系起来,成为请示内容的概括? 故尚有商榷余地。

钱万九千三百五十□雇罢,毕。当处重罚,以钱毕,蒙阔略。丞优、兼掾暘议请解盱械,勑遣归乡。”欠债人桑乡佐盱被上枷锁,并带到“曹下”。此曹当指“辞曹”。其在辞曹官员诡责下悉数奉还欠债,事情结束,桑乡佐盱当受重罚。但由于其以金钱了结所欠布钱,故得到宽大处理,县“丞优、兼掾暘议请解盱械,勑遣归乡”。这件木牍值得注意的地方是,辞曹不单直接参与审问桑乡佐盱欠债还钱的过程,而且可建议宽大处理已经还钱的桑乡佐盱。笔者如此判断,是因为此文书是由辞曹拟写,“丞优”和“兼掾暘”二人在文书预留的位置签署名字(丞下签署“优”和兼掾下签署“暘”的字迹不同[1]),然后再呈上临湘县令请其裁决的,最后临湘县令同意,故文书顶上写有“君教诺”。

辞曹有“议请”之权。辞曹审阅案件并议请相关官员做跟进,三例皆可为证。CWJ1③: 325－5－21木牍表明,兼辞曹史辉、助史襄收到老百姓的诉讼和相关牒书后,教令下属曹调查案件。“民自言,辞如牒”,百姓“易”透过百姓“由”为担保人向百姓“惠”借钱,担保人“由”离开,“易”当还所欠款项,县的主记官移长刺文书部曲平亭长寿,[2]请寿考实,依据各人供辞,查出真相,事情未有结果,涉案者两家互相推诿,县“丞优、掾暘议请勑理讼掾伉、史宝实核治决”。其中“优”和“暘”的字迹不同,应该是“优”和“暘”本人所签署,这样表示接受兼辞曹史辉、助史襄的意见,并把整份文书连同案件的牒书送呈“君”(临湘县令长吏),请其“复白”。相同的情况出现在木牍CWJ1③: 325－1－103的议请部分:“愿请大吏一人案行覆考如武辞。丞优、掾遣议请属功曹选得吏当,被书复白。”《长沙五一广场东汉简牍选释》的图版也清楚显示丞“优”和掾“遣”的字迹不同,应该也是“优”和“遣”本人所签署的名字,这表示其实请大吏案行覆考是“辞曹史伉,助史修、弘”三人的建议,县丞“优”和掾“遣”署名同意,并连同供辞牒书送呈“君”(临湘县令长吏)裁决。

四、辞曹负责整理“辞状”

这里想补充一点。如上所述,辞曹之职以辞讼为核心,上述三案件都有的共同点是辞曹依据涉案人的供辞来处理,包括“民自言”、“考实”以及相关牒书。辞曹作出的议请,也要附上他整理的“辞状”以作理据。因此,我们有必要了解他写的“辞状”。

---

1 有关文书签署,参考邢义田:《汉晋公文书上的“君教诺”——读〈长沙五一广场东汉简牍选释〉札记之一》。

2 根据《长沙五一广场东汉简牍选释》的注释引《释名·释书契》,谓刺是文书名称,“下官刺曰长刺,长书中央一行而下也”(第157页)。

“辞状”是辞曹为讼狱案件的具体事实而写定的供辞文书。“辞状”作为起诉文书的一部分,除陈述事实之外,似乎辞曹在撰写状文时亦会附上符合律令的适当意见。李均明认为完整的“劾状”文书通常由劾文、状辞及相关呈文构成。[1] 一般而言,劾文是主件,内容包括被告人的身份及犯罪事实,原告对事实的调查及对事件的处理。“状辞”是举劾的依据,是原告的自述,包括其爵位、籍贯、年龄、姓名、供职机构、职务等,如居延新简 E.P.T68 云:“● 状辞皆曰名爵县里年姓官禄”;还有被告的犯罪事实及调查处理情况,此部分在居延新简破城子探方六八的例子中,大部分均以大写的“案”字表示,有时“案”字前加上墨点,然后写出“案验”结果。劾状末常见的“以此知而劾无长者使,劾者状具此”,表示起诉行为是依法、依据事实所作出,并不是相关郡县长吏所唆使或诬告他人。呈文是呈送劾文与状辞的报告,具体的式样是“〇〇年〇月〇日,原告者职位姓名,敢言之”,可参看李均明先生辑解简牍司法文书的举例。以居延新简破城子探方六八(E.P.T68)八编劾状为例,除脱简和残缺者外,上奏的“劾状”都有“状辞”,而且在“状辞”前都加墨点。[2] 辞曹负责罪犯的辞讼,应该就负责上面所讲的“辞状”。以下举其中一编劾状为例,可见在汉代劾状中,劾文、状辞的编联次序大致如李均明之说,为呈文+劾+状+转文:

[呈文]

建武六年四月己巳朔戊子,甲渠守候长昌林(E.P.T68:29)

敢言之。谨移劾状一编,敢言之(E.P.T68:30)

[劾文]

乃四月戊子,新占民居延临仁里□☐(E.P.T68:47)

食,之居延博望亭部采胡于,其□☐(E.P.T68:48)

中夜行迷渡河☐(E.P.T68:49)

出。案:良☐(E.P.T68:50)

兰越塞天田出入☐(E.P.T68:65)

☐典主不发觉。● 案☐(E.P.T68:66)

建武六年四月己巳朔己丑,甲渠候长昌林劾将(E.P.T68:31)

---

1 高恒先生研究汉代的举劾程序和劾状文书内容,认为劾文书主要由“状辞”和“劾章”两部分组成,先有状辞,后有劾章。大体每份劾文文书细分有:1. 状辞,2. 状辞呈文,3. 劾章,4. 劾章呈文,5. 签发文书。其说见氏著:《秦汉简牍中法制文书辑考》,第 435—443 页。

2 参考李均明:《额济纳汉简法制史料》,载孙家洲主编:《额济纳汉简释文校本》,文物出版社 2007 年版,第 229 页;李先生所引《居延新简》八编劾状全文(当中有脱简和残缺),见氏著:《秦汉简牍文书分类辑录》四《书檄类》,文物出版社 2009 年版,第 70—77 页。

良诣居延狱以律令从事(E.P.T68：32)

[**状辞**]

● 状辞皆曰名爵县里年姓官禄各如律，皆□(E.P.T68：34)

迹候备盗贼寇虏为职。乃丁亥，新占民居延临仁里(E.P.T68：35)

赵良兰越塞。验问，良辞曰：今月十八日毋所食，之居延博望亭(E.P.T68：36)

部采胡于，其莫日入后，欲还归邑中，夜行迷河河(E.P.T68：37)

兰越甲渠却适燧北塞天田出。案：良兰(E.P.T68：38)

越塞天田出入。以此知而劾无长吏使，劾者状具(E.P.T68：39)

此。(E.P.T68：40)

[**中转文**]

四月己丑，甲渠守候　移居延，写移如律令。(E.P.T68：33)[1]

简 E.P.T68：29 至简 E.P.T68：32 是原告的呈文和劾文，记有原告官职、名字、陈述事件，并两度加"案"语。状辞中的"案"表示考察良兰越塞天田出入为事实。另一"案"前加大墨点，此案表示候长昌林依据律令劾良，并把其送到居延狱中。简 E.P.T68：34 至 E.P.T68：40 为状辞，"状辞"前加大墨点，撰写状辞者说明按律记录被告的名爵县里姓名，叙述案件事实；然后撰写状辞者申明状辞所劾的内容，并非长官唆使"以此知而劾无长吏使"；而且也说明"劾者状具此"，表明被劾的供辞都完整呈上。状辞此部分(又或者其原稿)的内容应该就是掌辞曹职责的掾吏所撰写，当中不单平铺事实，而且添加了对案查事实的判断。E.P.T68：33 表明甲渠守候写移此文书到居延县，时为建武六年四月。五一广场东汉简牍断代在其后，因此笔者认为五一广场东汉简牍的"辞状"，即居延新简的"状辞"，为一物异名。

高恒先生认为状辞是举劾的依据，是由有责任人提出的，例如负责监督、检查法律执行情况的"监临"官吏，或者是负责主管的"部主"官吏。[2] 以下笔者试读五一广场的一份永初年间的直符举劾文书。该文书合共四枚木牍，马增荣认为此案是关乎诏狱的重大案件，因涉案而连逮或受征召作证者众，所以这数枚木牍仅是案件的冰山一角，[3] 惟文书提及辞曹负责撰写的"辞状"，可窥见辞曹的职责：

[**直符户曹史盛举劾文书的部分内容**]

案：都乡利里大男张雄，南乡匠里舒俊、逢门里朱循、东门里乐竟，中乡泉阳

1 《居延新简集释(六)》，释文见第 356—361 页，红外线图见第 182—187 页，彩图见第 72—77 页。

2 《秦汉简牍中法制文书辑考》，第 440 页。

3 马增荣：《汉代地方行政中的直符制度》，第 253—277 页。

里熊赵皆坐。雄,贼曹掾;俊、循,吏;竟,骖驾;赵,驿曹史。驿卒李崇当为屈甫证。二年十二月卅一日,被府都部书:逐召崇,不得。雄、俊、循、竟典主者掾史,知崇当为甫要证,被书召崇,皆不以征逮为意,不承用诏书。

发觉,得。

永初三年正月壬辰朔十二日壬寅,直符户曹史盛劾,敢言之。谨移狱,谒以律令从事,敢言之。(木牍 J1③: 281 - 5A)[1]

[**部分状辞**]

永初三年正月壬辰　　朔　日　临湘令丹守丞皓敢言之,谨移耐罪

大男张雄、舒俊、朱循、乐竟、熊赵辞状一编。敢言之。(木两行 2010CWJ1③: 202 - 12A)

掾祝、商,狱助史黄护(木两行 2010CWJ1③: 202 - 12B)[2]

[**状辞附件**]

临湘耐罪大男都乡利里张雄, 年卌岁。

临湘耐罪大男南乡匠里舒俊, 年卅岁。

临湘耐罪大男南乡逢门里朱循,年卅岁。

临湘耐罪大男南乡东门里乐竟,年卅岁。

临湘耐罪大男中乡泉阳里熊赵,年廿六岁。

皆坐吏不以征逮为意,不承用诏书。发觉,得。

永初三年正月十二日毄(系)。(木牍 2010CWJ1③: 201 - 30)[3]

[**鞫**]

▌鞫:雄、俊、循、竟、赵,大男,皆坐。雄,贼曹掾;俊、循,史;竟,骖驾;赵,驿曹史。驿卒李崇当为屈甫证。二年十二月廿一日,被府都部书,逐召崇不

▌得。雄、俊、循、竟、赵典主者掾史,知崇当为甫要证,被书召崇,皆不以征沓(逮)为意,不承用诏书,发觉,得。直符户曹史盛劾,辞

▌如劾。案:辟都、南、中乡,未言。雄、俊、循、竟、赵辞:皆有名数,爵公士以上。癸酉赦令后以来,无它犯坐罪耐以上,不当请。

▌永初三年正月十四日乙巳,临湘令丹、守丞皓、掾商、狱助史护,以《劾律》爵咸(减)论,雄、俊、循、竟、赵耐为司寇,衣服如法,司空作,计其年。(木牍 2010CWJ1③: 201 - 1A)

---

1 参见《湖南长沙五一广场东汉简牍发掘简报》,第 21 页。

2 释文见《长沙五一广场东汉简牍(贰)》,第 176 页,彩图见第 10—11 页,红外线图见第 94—95 页。

3 参见《湖南长沙五一广场东汉简牍发掘简报》,第 21—22 页;释文亦见《长沙五一广场东汉简牍(贰)》,第 173 页,彩图见第 6 页,红外线图见第 90 页。

得平 （木牍 2010CWJ1③：201－1B）[1]

以上四份文书，提及案件与反映值班制度的“直符”文书有关联，其应当是同属一册文件。其中的 J1③：281－5A；2010CWJ1③：201－30 及 2010CWJ1③：201－1A，学者认为这三份木牍涉及同一案件，即直符史揭发一班官吏“不以征逮为意，不承用诏书”的罪行，显然是负责监督法律执行者劾举违法者的例子。而 2010CWJ1③：202－12A 及 B 公布在《长沙五一广场东汉简牍（贰）》内，其描述与直符一案人物名称相同，经手官员的职官、姓名也相同，可见属同一案件。李均明认为前三者皆为临湘县府值班佐史在值班过程中所形成的文书，包括一份值班报告、一份值班举劾报告及其附件（被告名单）；[2] 孙兆华称此文书为“直符户曹史盛举劾文书”，[3] 并根据“京师出土文献研读班”的研读成果作了释文订正和标点；马增荣也对这三份文书所反映汉代直符史的举劾职责做了分析。[4] 木两行 2010CWJ1③：202－12A 及 B 为一份呈文，内容大致是：临湘令丹、守丞皓把县内辞曹掾史整理出来的关于张雄等人供辞的“辞状”向长沙太守府移交。[5] 令人注目之处是其具体提及辞曹负责整理的“辞状”。呈文既要呈上“辞状”，就应该附有“辞状”的具体内容，但目前可确定与此案有关的文书仅此四枚，“辞状”部分只见呈文及被劾名单，也许后续发表的文书中仍有更多资料。马增荣认为此木两行应与其他载有张雄等人辞状的木两行编连成册，木简背面左下方书有“掾祝商、狱助史黄护”，这是经手这份册书的属吏。[6] 他曾经怀疑“掾商”是临湘县的辞曹。而此两行中的“掾祝、商”，笔者怀疑“掾祝、商”的“商”就是“掾商”。如果“辞状一编”表明是由他们整理，则临湘令丹在上呈长沙太守府时，一并呈上写了负责供辞的掾吏名字的木牍，这是合理的，可能是共同承担责任的表现。不过，县有列曹十数个，属吏掾、史数目不少，以上引《竹叶碑》所记的鲁国为例，掾史也有二十多人，故难以确定“掾祝、商”就是辞曹掾。

笔者考察五一广场同时出土的另外一枚两行简，其中有提及临湘县“兼辞曹史勋”的信息，其年代似乎在“直符户曹史盛举劾文书”一案相同或相若时期：

兼辞曹史勋，叩头死罪死罪，勋蒙恩在职，过恶日闻，无已自效，勋叩头叩头，

1 释文见《长沙五一广场东汉简牍（壹）》，第 253 页，彩图见第 89 页，红外线图见第 181 页。

2 李均明：《长沙五一广场出土东汉木牍“直符”文书解析》，载《齐鲁学刊》2013 年第 4 期。

3 孙兆华：《五一广场东汉简牍直符户曹史盛举劾文书释文订正》，载简帛网 http：//www.bsm.org.cn/show_article.php?id=2647，发布时间：2016 年 10 月 19 日。

4 马增荣：《汉代地方行政中的直符制度》，第 253—277 页。

5 释文见《长沙五一广场东汉简牍（贰）》，第 176 页，彩图见第 10 页，红外线图见第 94 页。

6 以上是马增荣告知的看法。

死罪死罪。伏见功曹,以今月除,除故史熊赵,赵昨署守史,除缺,愿得持赵除勋,小人(木两行 2010CWJ1③: 233A)

愚戆惶恐,叩头死罪死罪。

正月十二日白(木两行 2010CWJ1③: 233B)[1]

从内容看,兼辞曹史勋向临湘县令上书,当中涉及被撤除的熊赵,"除故史熊赵,赵昨署守史,除缺,愿得持赵除勋,小人愚戆惶恐,叩头死罪死罪",兼辞曹史勋叩见县功曹,作出人事安排后取代熊赵故史的职位;雄、俊、循、竟、赵被直符户曹史盛举劾一案,官员失职事件已经公开,赵勋被调离职位,功曹作出兼辞曹史勋代熊赵的决定。即在案件发生后,涉案官员熊赵的史职被撤,由曾任兼辞曹史的勋所取代,但谁任辞曹仍未确定。据此我们可知,直符户曹史盛举劾一案期间,"勋"曾经兼辞曹史之职。可是临湘令丹守、丞皓呈辞状一编,给长沙太守的文件中没有"勋"的名字,然而必定有掾吏负责整理供辞,"掾祝、商",甚至"兼辞曹史勋"都是有可能的。

此外,木牍 2010CWJ1③: 202 - 12B 直符户曹史盛举劾一案的鞫辞,在得到临湘令丹、守丞皓的签署后,接着还把"掾祝、商"与"狱助史黄护"一并提及。如果"掾祝、商"是辞状的整理者,则并署的"狱助史黄护"也参与此案。故应是侦查与记录供辞同时进行,而且在鞫辞内,掾商、狱助史护也参与了劾论雄、俊、循、竟、赵等人的论罪过程。案"鞫"是审问犯人的文书,辞状是辞曹掾史所整理的供辞,并且陈述了侦查审问后所得的结果,以及提出依法处理的意见:"永初三年正月十四日乙巳,临湘令丹、守丞皓、掾商、狱助史护,以《劾律》爵咸(减)论,雄、俊、循、竟、赵耐为司寇,衣服如法,司空作,计其年。"此木牍背面有大字草写的"得平"两字。上文引述陈宠任辞曹,由于对案件做出公平判决获"平决"之誉。故辞曹负责撰写辞状并非记录犯人口供而已,而是经过稽查核实的程序,依据律令作出平决,然后整理文书,以供相关官员后续处理案件。此处"得平"似乎与陈宠获"平决"美誉的意思相当。所谓"平决",上文已经提及。根据《续汉书 · 百官志》廷尉条谓"掌平狱,奏当所应",其下属有左平一人,负责"掌平决诏狱"。[2] 廷尉专门判断疑狱,奏请准确的刑罚,他的属下左平公平判断诏狱。又,《礼记 · 月令》:"(孟秋之月)审断,决狱讼必端平。"这些无疑说明"平决"的意思在于狱讼端平,"端"即曲直无所枉,"平"则指轻重得宜,无所不经遣使案验,覆案亦不关三府,全仗刺史为心腹,刺史又以从事为耳目。"是为尚书之平,决于百石之吏",即应当交由尚书判断的案件,都决于百石之吏,致"群下苛刻,各

1 释文见《长沙五一广场东汉简牍(贰)》,第 186 页,彩图见第 23—24 页,红外线图见第 107—108 页。

2 《后汉书》志第二十五《百官二》。

自为能。兼以私情容长,憎爱在职,皆竞张空虚,以要时利,故有罪者心不厌服,无咎者坐被空文,不可经盛衰,贻后王也"。以上表明,断案不平的导致有罪者心不厌服,无咎者含冤图圄。党锢之后,桓帝永康元年,窦武上疏述宦官贻害,应当以次贬黜,案验诬罪,"平决臧否,使邪正毁誉,各得其所,宝爱天官,唯善是授"。[1] "平决臧否"就是公平判断官员的去留,这显示执法者断狱平决,也就是对案件做出公正端平的判决。直符户曹史盛举刻一案的鞫辞背面草书"得平",可能就是长沙太守府相关官员认为案件得到公平的处理。

结 语

汉郡府县廷分曹办事,辞曹是其中一曹。肩水金关汉简和居延新简木牍都有辞曹的资料,故至迟在汉元帝刘奭建昭年间,辞曹就已经是汉代郡县诸曹之一,直至东汉灵帝建宁和中平年间的《竹叶碑》《巴郡太守张纳碑》中都可见辞曹。目前可考辞曹有令史、史、助史,暂未见辞曹掾。文献中说辞曹负责诉讼,"主辞讼事",且都以明晓法令者任之。根据《后汉书·陈宠传》所载,陈宠谙熟律令,曾任辞曹,百姓对其所"平决"案件心悦诚服。以此可推论,辞曹似对供辞曲直、是非考实和罪犯量刑做出"平决"。然而,五一广场东汉简牍中的具体案件皆在审理过程之中,未见辞曹史等引用律令做裁决,赐曹的责任似乎在于侦讯涉案人、搜集证据、辨明真相和整理供辞。

就几枚涉及辞曹的木牍内容来看,一些发生在郡县、乡部的案件具有固定的流程,例如 CWJ1③: 325-1-103 木牍所载:"民诣都部督邮掾自言,辞如牒"——经过"武前诣府自言,部待事掾杨武、王伦,守史毛佑等考"——辞曹收到案件当事人"武辞",审阅后请求大吏覆考是否"如武辞"——辞曹史等得到丞优及掾遗签署同意——然后请君(县长吏)裁决批示"君教诺"。当然,不排除一般案件是经贼曹、狱曹等调查、逮捕、考问等流程,相关供辞、爰书被整理为牒书后,才转交辞曹审理的可能性。CWJ1③: 325-2-9 木牍显示,辞曹坐曹治事,直接在辞曹的衙署审问犯人,诡责涉案人。简言之,由五一广场东汉简牍所示,辞曹官员处理原告和涉案人的供辞,斟酌民自言及相关官员的考实,或者直接参与考问涉案犯人,然后整理辞状。辞曹有议请的职责,并在得到县丞、掾签署同意后,再请县令长裁决。

目前可见的三起经辞曹处理的案件,都是由县"丞"和"掾"签署后才呈上县令长,这说明辞曹议请权是有限制的,属建议性质。辞曹所谓的"平决",最多就是厘清

1 《后汉书》卷六十九《窦武列传》。

案件事实、寻根究底地追查考实、端正不阿地整理辞状。如果县令、丞接纳其结论,辞曹的判断就将直接影响案件判决的结果。然而,辞曹没有最后的裁决权。现在可见的例子中,辞曹对案件的处理,包括在诉讼程序中审阅所有相关供辞、民所自言和官员的考实,辞曹掾史甚至亲自诘问犯人,并在疑惑处提出、跟进、考实,但这一切都不是最终的判决。

本文认为辞曹之职以辞讼为核心,上述三个案件拥有共同点,即辞曹依据涉案人的供辞(包括"民自言""考实"等)来处理案件。辞曹作出的议请要附上相关"辞状"以作理据。五一广场东汉简牍 2010CWJ1③:202-12A 记载临湘令丹守丞皓向上级"移耐罪大男张雄、舒俊、朱循、乐竟、熊赵辞状一编",这份"辞状一编",就是辞曹审理直符户曹史盛举劾大男张雄等人的供辞。这份"辞状"以附件的形式附在劾举文书之内,作为劾举的证据。虽然辞曹没有对案件做最后裁决的权力,但"辞状"是劾举文书的核心,没有此部分则根本无法进行裁决,亦无法完成司法程序。因此,辞曹在诉讼过程中也担当了重要的角色。

东汉时期法律家的活动及其性质

[韩] 金秉骏[*] 著　李瑾华[**] 译

前　言

本文的主要讨论对象是东汉时期史料上所出现的“法律家”。他们是登场于东汉初期,活跃于整个东汉时代,魏晋以后逐渐消失的法律专家。因此,“法律家”本身起到了明确反映东汉法令的制定、执行特色的媒介作用。但以往并没有相关研究关注具有此种时代意义的“法律家”。在个别法制史概论,或是寥寥论文中也有言及“法律家”的内容,但都不是史料上的专门用语,仅是任何时期都能看到的明晓法令的人。[1]

本文中首先要探讨的是作为东汉时期史料用语的“法律家”概念,进而考察致使他们在东汉时期才得以登场的时代背景。在这些基本工作的基础上,进一步讨论他们具体实现了何种机能。最后,通过相关内容推导出东汉法令的制定形态和执行过程中的特色。讨论法律家与后汉社会、政治的相互关系,会有助于我们理解东汉时期如何调节法令与现实差距的问题。

一、东汉法律家的出现

1. 文吏、儒生与法律家

东汉时期史料中可见的法律家一词,具有前所未见的意义。此处的法律家被称

* 金秉骏,韩国首尔大学教授。

** 李瑾华,韩国庆北大学东洋史专业 2008 级博士生。

1 程树德:《九朝律考》卷一《汉律考八》,商务印书馆 1934 年版,第 227—228 页;陈顾远著,西冈弘译:《支那法制史》上卷,人文阁 1941 年版,第 69—86 页;刘富起:《论中国古代律学家》,载《吉林大学社会科学学报》1984 年第 6 期;邢义田:《秦汉的律令学》,载《历史语言研究所集刊》第 54 本第 4 分,1983 年。邢义田的文章集中讨论了秦汉时期,但他也只把法律家看作为一般“明习律令者”,而不是特殊时期被看重的专业团体。

为“法家”“法律之家”“法令之家”,或是“律家”。[1] 由此可知,这并不是继司马谈的六家要旨以后,沿袭而来的便于思想史分类概念的“法家”,可能指的是法律专家。为了能更准确地理解相关概念,将对下列史料进行讨论。

(A) 论者以儒生不晓簿书,置之于下第。法令比例,吏断决也。文吏治事,必问法家。县官事务,莫大法令。必以吏职程高,是则法令之家宜最为上。[2]
(＊文字下方加点为笔者强调之处,下文同例)

(B) 法律之家,亦为儒生。[3]

(C) 诏刑罚者,处其所应不,如今律家所署法矣。[4]

(D) 今叔孙通所撰礼仪,与律令同录,臧于理官,法家又复不传。汉典寝而不著,民臣莫有言者。[5]

(E) 汉来治律有家,子孙并世其业,聚徒讲授,至数百人。[6]

(F) [宗正]员吏四十一人,其六人四科,一人二百石,四人百石,三人佐,六人骑吏,二人法家,十八人学事,一人官医。[7]

上述资料中,(B)(C)中的用语在使用方法上可以明确地与思想史分类概念的法家相区别,特别是(A)(B)都包含有可以反映出“法律家”概念的主要内容。(A)与(B)的内容载于记述了文吏、儒生的对立与各自优缺点的《论衡》篇中,[8] 都以区别文吏和儒生为前提。但(A)中不仅从对立的角度对儒生与法律家进行评价,而且在其记述过程中,文吏与法律家也是被区别开来的两种存在。反之,(B)中将法律家理解为属于儒生范畴的对象。因为当时将文吏与儒生看作是汉代官僚的主

1　参见《独断》,载《汉魏丛书》明刻本卷下,台北新兴书局1970年影印版,第410页下右;《论衡》,载北京大学历史系《论衡》注释小组:《论衡注释》,中华书局1979年版,第690页、第724页;《周礼》卷三十六《司刑条》,十三经注疏本,第539页下右。其中“法家”是出现频率最高的用语,与思想史分类概念的法家容易产生混淆;另外,“律家”一般是意为法律家的常用语(参见前页注1程树德、陈顾远著作),易与负责音律的“律家”产生混同,如“自此律家莫能为准施弦”(《后汉书》志第一《律历上》)。因此,本文中将使用概念较为明确的“法律家”进行论述。

2　《论衡·程材篇》。

3　《论衡·谢短篇》。

4　《周礼》卷三十六《司刑条》“郑玄注”。

5　《汉书》卷二十二《礼乐志》。

6　《南齐书》卷二十七《崔祖思传》。

7　《后汉书》志第二十六《百官志》注引《汉官》。

8　李伟泰:《王充对韩非及文吏的批评析论》,载氏著:《汉初学术及王充论衡述论稿》,长安出版社1985年版,第128页。

要成员，[1]首先明确法律家与文吏、儒生间的关系，是有助于理解东汉法律家的实质这一问题的。另外，(C)(D)讲述的是法律家的知识，(E)是法律家的培养方式，(F)是有关他们与官吏关系的内容，因而可以成为通过法律家与文吏、儒生间的关系来理解法律家实质的重要资料。

首先，法律家与文吏的关系。如前(A)所述，法律家是与文吏相区别的存在，我们可以通过讨论郑玄注(C)的内容后来确认这一点。此记录针对的是《周礼》司刑条"若司寇断狱弊讼，则以五刑之法诏刑罚，而以辨罪之轻重"的注解，究其原文意义可知，司寇在进行断狱弊讼时，司刑按照五刑之法来判断其罪妥当与否以及轻重。也就是说，司寇的职责区别于司刑。但郑玄注中指出，司刑的职务与当时法律家适用法令相同，认为法律家是与司刑相对应的。另外，正如(A)中所示，与当时断狱弊讼的司寇相符的是负责实质裁决法令比例的文吏。[2] 如是，郑玄认为《周礼》的司寇、司刑与东汉的文吏、法律家相对应，故可确知在东汉郑玄作注的时期，法律家与文吏是有性质区别的存在。

秦、西汉时期的文吏是"能通法律，涉及司法的官僚，为文法之吏"，相较之下，东汉文吏在这一方面的意义较弱。[3] 汉代成为官吏的必备条件是"颇知律令"，[4]官吏在未能完成法律规定的职务时，便会受到处罚，[5]说明他们必须熟知法令知识。加之，这些事实还表明，这些规定适用于包括文职和武职在内的所有官吏。[6] 因此，职务上与法令关系密切的文吏所掌握的法律知识一定在"颇知律令"的程度之上。新居延汉简中的部分内容，例如"建武三年候粟君所责寇恩事"所载，在诉讼过程中亲自审问被告的都乡啬夫直接向被告"辨告"律的内容，[7]以及文吏熟知条品、故事，[8]

---

1 据《后汉书》卷六十一《左雄传》，左雄在试才察举的上疏中，将儒生与文吏视为不同的基本对象。另外，阎步克的《秦政、汉政与文吏、儒生》(载《历史研究》1986 年第 3 期)讨论了在这一基础上秦汉文人的动向。

2 除此以外，还可见言及当时的文吏进行"案狱考事"的事例，参见《论衡 · 谢短篇》。

3 江幡真一郎：《漢代の文吏について》，载《田村博士頌壽紀念東洋史論叢》，田村博士退官纪念事业会 1968 年版，第 110、120 页。

4 旧居延汉简 179.4 简载"肩水候官执胡隧长公大夫累路人，中劳三岁一月，能书，会计，治官民颇知律令，文，年册七岁，长七尺五寸，氐池宜乐里，家去官六百五十里"(笔者加强调点)，以及 562.2、57.6、37.57、89.41 等简文指出"能书，会计，治官民颇知律令"是官吏须具备的三个条件。

5 汉简常见此类内容的劾状，例如"建武五年甲渠候官劾候长王褒劾状"就是典例，其内容是在上级机关甲渠候官弹劾未遵守烽火品约规定的候长王褒。

6 由此可知，汉简中记有"颇知律令"的官吏中，也包括诸多武吏。旧居延汉简 562.3 简载"和候长公乘蓬士长当，中劳三岁六月五日，能书，会计，治官民颇知律令，武，年册七岁，长七尺六寸"，以及 13.7 简等等(笔者加强调点)。

7 新居延汉简"建武三年候粟君所责寇恩事"(E.T.P.22)的第 1—2 简，释文参见甘肃居延考古队简册整理小组：《"建武三年候粟君所责寇恩事"释文》，载《文物》1978 年第 1 期。

8 《论衡 · 程材篇》。

都是可以证明这一事实的实例。

如果文吏掌握相当的法令知识,那么,其与可视为法令专家的法律家又在哪个方面有所区别呢?另外,前引(A)的记录中,文吏为什么会"必问"法律家呢?就这一问题,可以参看指责文吏不足之处的《论衡》的记录内容。王充指出,文吏虽然熟知官事、簿书,但却不知其意义;他还具体提出了31个问题,本文仅举个别问题为例,如下:[1]

(1) 一岁使民居更一月,何据?

(2) 年二十三傅,十五赋,七岁头钱二十三,何缘?

(3) 七十赐王杖,何起?

据上述各例引文内容可知,文吏虽知道一年当中的徭役期、根据年龄征收赋税、授予王杖的事实,却不知道它们的历史渊源或意义,仅仅起到了执行者的作用。如何征收、为何赏赐老人等,这些举措全部都是法令的规定。[2]

反倒是下面的引文涉及此种法令的历史渊源和意义:

(a) 律说,卒践更者,居也,居更县中五月乃更也,后从尉律,卒践更一月。休十一月也。[3]

(b) 汉仪注民年七岁至十四出口赋钱,人二十三,二十钱以食天子,其三钱者,武帝加口钱以补车骑马。[4]

(c) 元延三年正月壬申下,制诏御史,年七十以上杖王杖,比六百石,入官府不趋,……令在兰台第册三……右王杖诏书令,在兰台册三。[5]

(a)(b)(c)分别对(1)(2)(3)的历史根据或意义进行了解释说明。王充指责文吏并不知道这些历史根据或意义。

---

1 《论衡·谢短篇》。

2 从(a)可知,(1)是尉律所规定的;从(c)可知,(3)是兰台令第卌三的规定;(2)也是与"汉律,民不繇,赀钱二十三"相类似的法令。参见《说文解字注》卷六下,贝部"赀"条,艺文印书馆1976年版,第285页上左。

3 《汉书》卷七《昭帝纪》注引"如淳曰"。

4 《汉书》卷七《昭帝纪》注引"如淳曰"。

5 1981年武威磨咀子汉墓出土"王杖诏书令"第20、21、22、27简,释文参看武威县博物馆:《武威新出王杖诏令册》,载甘肃省文物工作队、甘肃省博物馆编:《汉简研究文集》,甘肃人民出版社1984年版。

"律说"二字用以解释律令条文或单词。[1] 经笔者查找所得,明记"律说"一词的记载仅有8处。"律说"对如鬼薪、髡钳、城旦等刑名,或故纵、故不直等罪名,以及出现在律令中的都吏等词语或条文进行了解释说明。[2] 但"律说"不仅仅规定用语概念,同时也说明他们的历史渊源或变化。"律说,都吏,今督邮是也",[3]便是其中一例。(a)的"律说"也反映出这一点,即(a)的"律说"是针对"卒践更"作出的说明,同时也说明其变为一年承担一个月徭役的事实。

此"律说"的作者是谁,又由谁来传播的呢? 和帝时期陈宠在上奏中可见"律有三家,其说各异",[4]此处"说"并不是任何人随便提出的意见,而是"一家之学",具有注解、说明学派体系的意义。再看《独断》引文如下:

> 群臣异姓有功封者,谓之彻侯,后避武帝讳改曰通侯,法律家皆曰列侯。[5]

由这一记录可知,虽然未明确记有"律说"二字,但其对汉律的"列侯"进行了说明。[6] 西汉初的法令称"群臣异姓有功封者"为彻侯,[7]武帝时期把彻侯改为通侯,之后通侯再次变为列侯。[8] 这一记载显示,法律家对于法令上的"列侯",能够解释其历史渊源、变化。因此,可以推测(b)与(c)也是法律家解释的。上述《汉书·礼乐志》(D)"礼仪……臧于理官,法家又复不传"的记录,表面上讲述的是法家不传礼仪的问题,实际上讲的是法家传承藏于理官的律令。这里的"传"不是单纯的"传递、传达"的意思,而是具有"说明"或"解说"的意义。[9]

如上所述,东汉的文吏不了解法令的渊源和意义,而法律家则通过"律说"等对

---

1 学者们把它解释为汉律解释或注释书。参见大庭脩:《律令法体系の变迁と秦漢の法典》,载氏著:《秦漢法制史の研究》,创文社1982年版,第11页;滨口重国:《践更と过更——如淳説の批判》,载氏著:《秦漢隋唐史の研究》上卷,东京大学出版会1966年版,第474页;越智重明:《西漢時代の徭役について》,载《法制史研究》25,1976年。

2 程树德的《九朝律考》集中记有律说,便于参考。参见程树德:《九朝律考》卷一《汉律考》,第227—228页。

3 《汉书》卷四《文帝纪》注引"如淳曰"。

4 《后汉书》卷四十六《陈宠传》。

5 《独断》卷下。

6 《周礼》卷二十二《冢人条》"郑玄注":"汉律曰,列侯坟高四杖,关内侯以下庶人,各有差。"

7 "吕宣王内孙、外孙、内耳孙、玄孙,诸侯王子、内孙、耳孙,彻侯子、内孙有罪……",参见张家山汉墓竹简整理小组:《江陵张家山汉简概述》,载《文物》1985年第1期。

8 《汉书》卷一下《高帝纪》注引"张晏曰"。

9 有关春秋经,有公羊传、谷梁传、左氏传,后者的"传"是有关"经"的说明,或具有解说的意义。因此,当时"传"的意义中也具有此种解说的意义。同时,《后汉书》卷四十六《郭躬传》云:"郭氏自弘后,数世皆传法律"。所谓"传法律",也是在单纯的传递意义中包含解说的意义。

法令进行说明。这就是区别文吏与法律家的重点,同时也是文吏"必问法家"的理由。

除此以外,两者之间的区别还反映于他们的社会身份。文吏是官吏,法律家不一定是官吏。虽然(F)的内容反映出法律家是官吏,但据(D)"法家又复不传"的记录,是把法家作为与官吏相对的概念,表示法律家是与官吏不同的存在。这一事实更好地反映于法律家的教育形态。秦以后的法令教育遵守"以吏为师"的原则,这一原则持续至东汉,与司法有关的专业官吏大体上都是在入官以后开始学习法令的。[1] 据上述(E)的内容可知,东汉法律家的教育形式主要为"家学"或"私学"。虽然不能排除由"家学"而学成的法律家以后会成为官吏,但不能直接把法律家视为官吏。

下面将开始讨论儒生与法律家的关系。据上述王充(B)的记录,可知法律家即儒生,但据王充的其他记录显示,两者不能混为一谈。首先,依(A)的记录可知,二者不仅被区别开来各自使用,对其的评价也恰恰相反。从(A)的记录又可知,王充批判"论者徒尊法家",强调儒生的优势地位。[2] 杨赐的相关记载也指出了他对儒生与法律家的评价:

> 数日出为廷尉,赐自以代非法家,言曰:"三后成功,惟殷于民,皋陶不与焉,盖吝之也。"遂固辞,以特进就第。[3]

这一记载是站在儒生的立场上对廷尉或法律家进行记述的。对《尚书·吕刑》的记录,杨赐表述了自己的立场。他指出,《尚书》对皋陶评价过低,是因为当时的皋陶与廷尉或法律家联系密切。[4] 而究杨赐立场之根本,是他认为法律家很羞耻。

据上述内容可知,东汉时期对儒生和法律家的相互评价截然不同,那么,要如何解释(B)的记录呢?要解决这一问题,笔者认为,关键是究明记录有(B)的《论衡》中"儒生"的使用意义。包括记有(B)内容的《程材篇》在内的总共7篇中,可见如何评价文吏与儒生的主题。[5] 这些篇将儒者分为儒生、通人、文人、鸿儒四类。其中,将儒

---

1 池田雄一:《漢代における司法の展開について——律令一定と法の公開》,载栗原益男先生古稀記念論集:《中国古代の法と社会》,汲古书院1988年版,第59—64页。

2 《论衡·程材篇》。

3 《后汉书》卷八十四《杨赐传》。

4 邢义田:《秦汉的律令学》,第86页。

5 程材篇、量知篇、谢短篇、效力篇、别通篇、超奇篇、状留篇都是篇名,前后相连。北京大学历史系《论衡》注释小组:《论衡注释》,第676页。

生解释为“夫能说一经者为儒生”。[1] 另外，还指出儒生除经和师说以外，所知无几，[2] 即《论衡》中儒生的主要意思是“说经者”。但进入东汉以后，法律家研究的律被视为经，因此，他们也属于“说经者”一类。(B)中所记《程材篇》的内容，是以各自研究五经的儒生与文吏的主要区别来记述的，将与文吏相区别的法律家视作“亦为儒生”(强调点为笔者所加)，这是将其归入儒生范畴来进行论述的理由。当然，他们兼具儒学素养的特征也是理由之一，但更主要的原因是以往的五经与法律家的律都被视为“经”。因两者之间仍然有显著区别，所以针对儒生和法律家的评价有所不同。

总之，东汉的法律家与文吏、儒生是不同的存在。他们专门研究被视为经的律，说明法令的历史渊源及变化，通过家学或私学的教育形式成为非官吏的法律家，这一时期的法令教育已不再仅面向官吏。

2. 西汉法令的继承与律的经典化

据现传资料可知，汉代的法律家在进入东汉以后才出现，但文吏不熟悉法令的渊源与意义这一现象是从西汉末开始的。武帝时期张汤、赵禹主持制定法令，形成决事比，甚至出现了“文书盈于几阁，典者不能遍睹”的情况。[3] 在此需要指出的是，此种法令的增加现象，导致同罪刑罚的轻重有所差异，使得法令间出现矛盾，而学习法令的文吏们也不知该遵从哪种法令。[4] 即他们虽具有相当丰富的法令知识，但是他们不了解法令的缘由和根本意义，缺乏对相关知识的了解，所以他们解决不了逐渐增多的法令中出现的矛盾和问题。此种现象到西汉末期更为严重。元帝、哀帝至平帝时期，下达了一系列的法令删定诏书，[5] 据统计，共有 123 件删定事宜。[6] 但这些都是杯水车薪的权宜之计，并未实现法令删定的意图，[7] 也未消除西汉文吏对法令“不知所由”的现象，这一问题最终延续至东汉。

如果说西汉已经开始出现文吏处理能力不足的问题，那么，为何到东汉时才确定

---

1 《论衡·超奇篇》。

2 《论衡·谢短篇》。除此以外，还有“儒生侈有经传之学”(《量知篇》)、“儒生能说一经……文吏晓簿书”(《谢短篇》)等文例。

3 《汉书》卷二十三《刑法志》。

4 “方今律令百有余篇，文章繁，罪名重，郡国用之疑惑，或浅或深，自吏明习者不知所处，而况愚民乎。”参见《盐铁论》(四部备要本)卷十《刑德》。

5 《刑法志》中记有元帝、成帝之诏，另据《梁统传》可知，哀帝、平帝时期也实施了删定工作。特别是在成帝诏书里有关法令删定的原因中，提到了“自明习者不知所由”。参见《汉书》卷二十三《刑法志》及《后汉书》卷三十四《梁统传》。

6 《后汉书》卷三十四《梁统传》。另外，同条注引《东观记》的记载则指当时删定115事。

7 “而徒钩摭微细，毛举数事，以塞诏而已。”参见《汉书》卷二十三《刑法志》。

了法律家的存在呢?下面将分析西汉与东汉交替期的情况,以此来考察促使法律家出现的原因。王莽在其执政初期实施了诸多社会经济改革,为贯彻实施,其制定或改订了新法令,实施过程相当严苛。[1] 王莽建国以后,为了克服西汉末期的社会弊端及与西汉划清界限,进行了根本上的改革,同时进行了与之相适应的法令改订。禁止买卖土地与奴隶、制造新币,[2]都与各个经济结构的核心问题——土地制度、劳动力、货币制度有关,都是根本性内容。可想而知,其需要改订的相关法令必然数量庞大。

改名工作是可以明确反映出试图与西汉划清界限的意识的典型事例。王莽在建立新朝的同时,对官职名、地名、官秩名,乃至印文都进行了全面的改名、新置工作。[3] 法令不仅规定官职人员数、负责的相关业务,[4]而且规定了官秩名、地名等。[5] 可以说,王莽全面进行改名工作的同时,也会随之出现改订大量法令的情况。

下举的王莽诏书,在讨论王莽推进此种政策时的意图这一点上,具有时间节点的意义。

> 三年,莽曰:"百官改更,职事分移,律令仪法,未及悉定,且因汉律令仪法以从事。令公卿大夫诸侯二千石举吏民有德行通政事能言语明文学者各一人,诣王路四门。"[6]

据此记录可知,始建国三年时,新莽政权不仅尚未完全改订西汉的所有律令,并且持续使用尚未改订的西汉律令。但需要注意的是,王莽试图进行全面的律令改订,因而让具有"通政事"、"明文学"等资格的人去完成这项工作。王莽设想的是制定与西汉律令相区别的新朝律令,并尽量努力完成这一目标。加之,此诏书颁布于新朝初期,《王莽传》记录了在此后实施的诸多法令改订的事实。[7] 可以说,当时曾经对相当一部分的法令进行了改订工作。

为终结新朝末期的混乱局面而即位的光武帝,在为确保东汉正统性所颁措施的

1　沈展如:《新莽全史》,正中书局1977年版,第193—256页。

2　《汉书》卷九十九《王莽传》。

3　《汉书》卷九十九《王莽传》;《汉书》卷二十八《地理志》。

4　《汉书》卷五十五《卫青传》注引"如淳曰":"律,都军官长史一人。"《汉书》卷十九《百官公卿表》注引"如淳曰":"律,司空主水及罪人。"

5　《汉书》卷八《宣帝纪》注引"如淳曰":"律,百石,奉月六百。"又,《艺文类聚》卷五《岁时下》"伏"条云:"户律,汉中、巴、蜀、广汉,自择伏日。"这些名称中,百石改为庶士,汉中郡、蜀郡、广汉郡各自改为新成、导江、就都。

6　《汉书》卷九十九《王莽传》。

7　可见"始建国四年,针对六莞之令设置科条防禁。始建国五年,允许吏、奴婢告发将主"等法令改称,并因此经常指责"政令烦多"的现象。参见《汉书》卷九十九《王莽传》。

其中一环，便是否定了王莽的律令和计划，恢复实施西汉末期的律令。因此，我们很容易找出可以证明东汉继承西汉法令的事例。明帝时期使用的漏法"令甲第六常符漏品"，制定于宣帝时期，光武帝建武十年重新继承实施。[1] 不仅如此，武威出土的王杖十简中，记有明帝永平十五年的内容中就包括了西汉的令和判例，其中有永平二年恢复西汉旧制，"初行养老礼"的内容。[2]

当然，不能以此断言东汉继承了西汉的所有法令，值得我们关注的是东汉要"传承西汉法令"的这一意图。此处可举光武帝的诏书为例：

(1)（建武六年）诏王莽时吏人没入为奴婢不应旧法者，皆免为庶人。[3]

(2)（建武六年）诏曰："顷者师旅未解，用度不足，故行什一之税。今军士屯田，粮储差积。其令郡国收见田租三十税一，如旧制。"[4]

建武初年，由于王朝体制尚未完善，仍部分沿用王莽时期的律令，所以上述诏书将西汉末的律令称为"旧法""旧制"。但诏书的整体内容否定了王莽的律令，并主张根据西汉末的"旧法""旧制"处理相关事务。[5] 由此可以反映出光武帝继承西汉的意图。

诏书的实施以东汉初颂汉意识高涨为前提的。身为会稽处士的王充，在《论衡》中指出，颂汉意识源于同一时期的班固与杜抚，[6]表明了东汉初的文人试图大范围推广颂汉意识。赤盾之乱时毫无政治能力的刘盆子被拥立为帝一事，则进一步说明希望恢复刘姓西汉朝的意识已经深入当时社会的最下层。[7] 此种背景下，在刚刚结束新莽混乱局面的时期，光武帝需要已经席卷全社会的颂汉意识作为其治理国家的思想基础。为此，除其自身是西汉皇室后裔的事实以外，还有必要用实际行动具体体现东汉继承西汉这一事实，如以强调与西汉关系为内容的谶纬。[8] 此外，恢复西汉律令

---

1 《后汉书》志第二《律历中》。

2 武威县博物馆：《武威新出王杖诏令册》，第50页。王杖十简的释文也出自同文，第60—61页。

3 《后汉书》卷一《光武帝纪下》。

4 《后汉书》卷一《光武帝纪下》。

5 根据(2)的情况，可推测西汉末的法令中规定三十税一。王莽时期田租的税率不明。在土地改革时，其赞颂井田制的税率为"什一而税"，并处罚了"敢有非井田圣制，无法惑众者"。由此可推测新莽曾实行什一之税。参见吉田虎雄：《两漢租税の研究》，大坂屋号书店1942年版，第14页；《汉书》卷九十九《王莽传》。

6 《论衡·须颂篇》；北村良和：《东漢の頌漢思想の根源——武帝"受命"の意味》，载《古史春秋》1，1984年，第29页。

7 边士名朝郎：《東漢前期思想界の諸問題について》，载《九州中国學會報》24，1983年，第23页。

8 安居香山：《東漢における受命改制と緯書思想》，《緯書の成立とその展開》，国书刊行会1979年版。

是作为维持和贯彻支配体系的重要制度手段。

虽是如此,王莽改订律令的意图之一是解决西汉末期的矛盾,因此,无条件恢复西汉律令可能会导致西汉历史的重演。那么,问题就在于如何解决恢复西汉律令并符合现实条件。就此问题而言,如前所述,笔者认为应关注东汉律的经典化现象。首先要讨论的是下举《论衡》的一例内容:

> 五经题篇,皆以事义别之,至礼与律独经也,题之,礼言昏礼,律言盗律何?[1]

上述记录明确表现出东汉时期将礼、律视为经的这一认识。虽然律被视为经,但是没有必要将其看作是儒学经典。上述引文所在的《论衡》中,已经很明确地区分了五经和律。除此以外,也有带经字的《墨经》《道经》。[2] 东汉时期刘熙、王符的下列引文,有助于理解"经"在当时的普遍意义:

> (1) 经,径也,常典也,如径路无所不通,可常用也。[1]
>
> (2) 索道于当世者,莫良于典,典者,经也,先圣之所制。[2]

(1) 肯定了"经"的常典意义,将其比喻为径路。因为径路是通达之路,所以经也具有普适性。(2) 指出其价值优越性和为先圣所制的情况,由此可以看出被神圣化的"经"的意义。如果当时"经"具有此种意义,那么被看作是"经"的"律"也应该具有此种意义。所以,东汉的"律"具有普遍适用性,备受推崇,同时被认为编自先圣之手。

上述是根据"经"的意义推导出律的性质。我们还可以通过当时有关"律"的认识来确认此种性质。普遍适用性原理本身意味着其固定性,这反映出儒学经典不可更改的原则。[3] 而律也可理解为"百王不易之道",[4] 且其"改定不可"的性质符合先圣所制的认识,例如,律也被视为皋陶所制。[5] 这一问题可与西汉末刘向所讲的"今

1 《论衡·谢短篇》。

2 《墨经》与《道经》各自见于王先谦注:《庄子集解》卷三十三《天下篇》,上海书店影印本 1987 年版,第 98 页;《荀子》(四部备要本) 卷十五《解蔽篇》。除此以外,《韩非子》的《内储说》《外储说》的构成都分为"经"与"传"。

1 《太平御览》中华书局影印本 1985 年版,第 2735 页上右。

2 《潜夫论》(四部备要本)卷一《讚学》。

3 平冈武夫:《经書の成立——天下的世界观》,创文社 1983 年版,第 5—7 页。

4 吴树平校译:《风俗通义校译》"佚文篇",天津人民出版社 1980 年版,第 418 页。

5 《论衡·谢短篇》:"问曰:'《九章》,谁所作也?'彼闻皋陶作狱。必将曰:'皋陶也。'"亦可参见《后汉书》卷四十四《张敏传》。

之刑，非皋陶之法也，而有司请定法，削则削，笔则笔，救时务也”形成鲜明对比。[1] 刘向认为，西汉末期之所以实施一系列法令删定工作，其理由是法令并非先圣所制，这与东汉时期律被看作是由皋陶制定，因而具有“改定不可”性质的观点相反。另外，曹操为提高甲子科、新科的效力，减半“依律论”。[2] 反之，东汉时期则严格实施了“依律论”。

东汉的律虽具有“经”的价值，但完全承袭了西汉的律令。下面将讨论与此相关的记录内容：

(1) 秦世旧有厩置、乘传、副车、食厨，汉初承秦不改，后以费广稍省，故后汉但设骑置而无车马，而律犹著其文，则为虚设。[3]

(2) 今虽有尉律，不课，小学不修，莫达其说久矣。[4]

(3) 文颖曰：“萧何承秦法所作为律令，律经是也。”[5]

(4) 法令、汉家之经，吏议决焉。[6]

(1)的厩律、(2)的尉律都是有名无实的内容，这是因为其直接继承了与现实不符的西汉法令。明确可知，(3)是将西汉法令看作经的律的内容，(4)中所谓“汉家之经”的理解也源于这一事实。

不管西汉法令是否为虚文，但东汉律令继承西汉法令，甚至将其看作是经的事实，已很明确地反映出东汉试图继承西汉法令的立场。如此，西汉法令虽局限于所谓“律”的固有观念之中，却有用追加的法令——“令”来解决现实问题的余地。[7] 安帝元初年选择了有关丧事的宣帝时期的令，但不久此令几乎被废止。[8] 由此可知，就“令”来讲，东汉即便选择继承西汉法令，其在现实中也会因为“不便”而遭到废止。

“律”的“经典化”是促成法律家出现的基本条件。西汉末期，文吏并不熟悉法令的渊源意义，此种状况持续至东汉。王莽时期否定西汉的律令并重新改定，进行了全

---

1 《汉书》卷二十二《礼乐志》。

2 《晋书》卷三十《刑法志》。

3 《晋书》卷三十《刑法志》。

4 《说文解字》卷十五上。

5 《汉书》卷八《宣帝纪》注引“文颖曰”。

6 《论衡·程材篇》。

7 参见大庭脩：《律令法体系の变迁と秦漢の法典》，第 17 页；贝冢茂树：《漢律略考》，载氏著：《贝冢茂树著作集》第三卷，中央公论社 1977 年版，第 298 页。

8 《后汉书》卷四十六《陈忠传》载：“（元初三年）‘孝宣皇帝旧令，人从军屯及给事县官者，大父母死未满三月，皆勿徭，令得葬送，请依此制。’太后从之。……竟寝忠奏而从讽、布议，遂著于令。”

面的改名工作。而至东汉初期又将其重新恢复为西汉职名,[1]这一做法无疑会导致法令用语混淆,加大了理解法令用语的难度。东汉的律令直接继承自西汉法令,这很可能与当时的现实情况产生矛盾。但是,由于律被看作经的事实,律因此具有不可改定的固定性及可被接受的普遍性。同时,追加的“令”也不能与律的渊源与意义背道而驰。为了解决这些问题,时人必须要理解律的渊源。另外,儒学经典、墨经等经典,都要通过“说”“传”的形式来理解其内容。[2] 而像这些经被看作是经的律,也会通过相同的形式来解说其内容。

与此相呼应的是东汉法律家的律说,现传律说中有关刑名内容中“都吏,今督邮是也”等解释官职的用语解说,[3]说明有关徭役期限的法令渊源及其变化的事例等,[4]都可以很明确地反映出这一点。东汉时期的法律家之所以成为突出存在正是东汉初期的条件所致。

另外,法律家不遵从“以吏为师”制度也与前东汉交替期的情况有关。著名法律家陈宠的祖先,其记录非常具有启发性。[5] 陈宠的祖先陈咸在王莽即位后,便将家中的家藏律令藏了起来。[6] 在王莽时期否定西汉律令、实行新法令的情况之下,他因为害怕西汉律令被没收,所以才将西汉律令藏了起来。[7] 这反映了王莽时期,西汉律令的教育并不是“以吏为师”的公共教育形式,而是以私人教育的形式得以实施的情况。就是在这样的情况下,陈咸以家学的形式传授西汉律令。到了东汉时期,随着以私学教育形式得以延续的西汉律令再次得以传承,王莽时期以家学形式接受教育的人们逐渐登场。东汉时期此种需要的增加,推进了已经初具形态的法令私学现象的扩展。

总之,东汉以后出现法律家,其原因在于东汉要继承因王莽而中断的西汉法令,以及因此出现的律的“经典化”问题。据东汉末期文颖将西汉法令表述为律经的事例可知,[8]此种现象从东汉初期开始,一直持续到东汉末。因此,在这一条件下出现的法律家一直活跃至东汉末期。

---

1 准确的改称时期不明,但既然在《汉书》卷二十八《地理志》中已记载改为西汉名称,则改称至少是在班固以前的时期。

2 有关春秋经,有公羊传、谷梁传、左氏传,墨经有墨说,《韩非子》中也有有关“经”的传。

3 《汉书》卷四《文帝纪》,注引如淳曰,第 114 页。有关刑名的律说是“律说,鬼薪作三岁”,参见《史记》卷六《秦始皇本纪》,集解注引如淳曰,第 229 页。

4 参看前注。

5 在《后汉书》卷四十六《郭陈传》“论曰”中,范晔论道:“法家之能庆延于世,盖由此也。”这表明范晔考虑到了法律家有其代表人物,如有郭躬、陈宠、吴雄,遂为他们另开一篇列传。

6 《后汉书》卷四十六《陈宠传》:“及莽篡位,……于是乃收敛其家律令书文,皆壁藏之。”

7 池田雄一:《漢代における司法の展開について》,第 65 页。

8 《汉书》卷八《宣帝纪》注引“文颖曰”。文颖是东汉末的人物,参见颜师古:《汉书叙例》,第 5 页。

二、东汉法律家的作用

1. 非官僚法律家进出官场

在东汉时期,法律家行使了何种职能呢?首先,按照社会身份,其可以分为官僚职能与非官僚职能。如上所述,法律家并不一定局限于官吏。他们以非官僚身份,用自己法令知识进行论议,甚至也有可能以此种形式维持生计。从资料性质我们很难推测非官僚法律家的具体活动,但笔者认为,也许可以从其与东汉豪族经济发达的关系中找到线索。东汉的豪族为了保护自身利益,会以官为对象进行争讼。在豪族兼并现象较为盛行的地区,此种争讼较为多见的情况可以反映出这一点。[1]

下面的引文显示出豪族诉讼与非官僚身份法律家的关系:

> 则贫弱少货者终无已旷旬满祈。豪富饶钱者取客使往,可盈千日,非徒百也。[2]

此引文中的"客"意为豪族的诉讼代理人。此"客"需要参与从县廷到中央公府的整个再审过程,[3]因此需要具备可以代替豪族胜诉的丰富法令知识。此外,如果需要几年来进行代理诉讼,那么我们无法认为"客"是现任官吏,故此处的"客"应是非官僚身份且具有丰富法令知识的法律家。[4]

同时,乡间的法律家还承担县级以上文吏的咨询工作,可以从前述(A)的记录中文吏的"必问法家"来确认这一情况。这是由于当时文吏的法律知识不足而导致的。那么,豪族需要雇佣法律专家处理直至中央公府的诉讼。

为理解咨询时法律家的具体作用,我们需要关注的文吏咨询时间点就是"断决"时期。[5] "断决"是以记录嫌疑人的陈述及情况的爰书为基础而下达最终判决的时期。[6] 新居延汉简《建武五年甲渠候长王褒劾状》的相关记录更有助于理解"断决"

---

1 《后汉书》卷四十六《陈宠传》:"西州豪右兼开,吏多奸贪,诉讼日百数。"

2 《潜夫论》卷四《爱日》。

3 《潜夫论》卷四《爱日》。

4 站在法律家的立场,代理豪族的诉讼是为了获取金钱。虽然是春秋时期的例子,但法律专家邓析代理大狱时收一衣,小狱时收襦袴。参见《吕氏春秋》(四部备要本)卷十八《离谓》。

5 《论衡·程材篇》曰:"法令比例,吏断决也,文吏治事,必问法家。"

6 肖永清主编:《中国法制史简编》上册,山西人民出版社1981年版,第240页。

的意义：

(1) 令史劾将褒诣居延狱,以律令从事,…… (2) 案：褒典主而擅使丹乘用驿马,为虏所略得,失亡马,褒不以时燔举,而举堠上一苣火,燔一积薪,燔举不如品约,不忧事边。[1]

根据(1)的记录可知,居延都尉府执行了对王褒的“断决”。[2] 甲渠候官的判决如(2)所示,候长王褒明确犯有“失亡马”“燔举不如品约”的罪名。因此,“断决”的意义并不是单纯地指出“失亡马”“不如品约”等犯罪行为,而是判定这些犯罪行为在法令上所适用的罪名和刑量。《建武三年候粟君所责寇恩事》中,据居延狱都乡啬夫的爰书可知,“须以政不直者法亟报”便是此种“断决”的一例。[3] 如是,文吏的“断决”时期,是在法令比例中找出针对其犯罪行为的条文并实施的时期。

法律家在这一时期成为文吏的咨询顾问,前述第一章中(C)《周礼·司刑条》的郑玄注具体地反映出这一时期法律家的作用。虽然郑玄注只是指出司刑的职责与东汉法律家实施法令是一样的,[4] 但这可以说明法律家参与诉讼的时间是“断决”时期。而且,郑玄注的原文意思是,“司刑”是有关司寇断狱时决定罪的妥当与否和轻重的法令,[5] 所以,法律家的作用也与司刑的职责一样。总之,法律家在“断决”时针对文吏的咨问,以与其犯罪行为有关的法令为基础,决定罪刑的妥当与否和轻重。

如上所述,东汉法律家的活动是以非官僚身份代理豪族诉讼,以及为文吏提供咨询。但如春秋时代邓析的事例,[6] 这种情况很可能威胁官僚体系的秩序。为政者既然无法抹杀法律家的存在,那么只能积极地将他们纳入官僚阶层。

那么,法律家被任用为何种官吏呢? 现传资料中法律家的具体事例,只有郭躬、陈宠、吴雄的家系。为考察法律家们的官职,笔者将分析下举东汉时期法律家代表人物郭躬的家系记录：

郭氏自弘后,数世皆传法律,子孙至公者一人,廷尉七人,侯者三人,刺史、二

1　新居延汉简 EPT68：81－92,释文参见冈田功：《漢代居延出土〈塞上烽火品约〉をめぐって》,第 13 页。

2　冈田功：《漢代居延出土〈塞上烽火品约〉をめぐって》,第 15 页。

3　新居延汉简 EPF22：35,释文参见大庭脩：《居延新出〈候粟君所责寇恩事〉册书一爰书考补》,载《東洋史研究》40－1,1981 年。

4　《周礼》卷三十六《司刑条》“郑玄注”：“诏刑罚者,处其所应不,如今律家所署法矣。”

5　《周礼》卷三十六《司刑条》“郑玄注”：“若司寇断狱弊讼,则以五刑之法诏刑罚,而以辨罪之轻重。”

6　据《吕氏春秋·离谓》所云,邓析的行动导致“郑国大乱,民国讙譁”,结果被郑的为政者子产处刑。

千石、侍中、中郎将者二十余人,侍御史、正、监、平者甚众。[1]

此记录虽然仅以郭氏一族为对象,但此处的法律家被任用为廷尉、刺史、侍中等官职。特别是廷尉的属僚与侍御史中,有很多是法律家出身。此外,郭镇历任三公府的掾属、尚书、河南尹等职。[2] 由另一个代表性法律家陈宠的家系可知,他们也历任廷尉以及其属僚、三公府的掾属、尚书、司隶校尉等官职。[3] 因此,结论是东汉时期的法律家曾出任必须由"明律令者"担任的诸多官职。

虽是如此,如果进行逆向思考,我们可以将出任这些官职的人员都划分为法律家吗?与这一问题相关联,下列记录是可以将法律家的具体事例进行扩大的重要线索:

(1) 永宁元年,徵拜廷尉。皓虽非法家,而留心刑断,数与尚书辩正疑狱,多以详当见从。[4]

(2) 数日出为廷尉,赐自以代非法家,言曰:"三后成功,惟殷于民,皋陶不与焉,盖吝之也。"遂固辞,以特进就第。[5]

据(1)(2)的记录可知,成为廷尉的条件是其必须是法家(法律家)。虽然(1)的张皓不是法律家,但正是因为这一点,才需要特意阐述说明他留意刑断、他的意见审详且平当。(2)记录中,杨赐最后固辞的主要原因也是他并非法律家。因此,在没有反例的情况下,我们可以认为一般历任廷尉的人是法律家。另外,廷尉属僚——正、监、平,以及侍御史的人员,也是由法律家充当的。特别是治书侍御史的"掌以法律当其是非"职务,[6] 与为文吏提供咨问的法律家非常相似。因此,将历任治书侍御史的人看作是法律家也并无大碍。

另外,还可见任用法家(法律家)为宗正属僚的记录。[7] 宗正的机能包括处理宗室内部犯髡刑以上罪行,[8] 作为宗正属僚的法律家应该负责此项工作。如此,为了解

---

1 《后汉书》卷四十六《郭躬传》。

2 《后汉书》卷四十六《郭镇传》。

3 《后汉书》卷四十六《陈宠传》。

4 《后汉书》卷五十六《张皓传》。

5 《后汉书》卷五十四《杨赐传》。

6 《后汉书》志第二十六《百官志》:"治书侍御史二人,六百石,本注曰,掌选明法律者为之,凡天下诸谳疑事,掌以法律当其是非。"

7 《后汉书》志第二十六《百官志》注引《汉官》:"员吏四十一人,其六人四科,一人二百石,四人百石,三人佐,六人骑吏,二人法家,十八人学事。一人官医。"

8 《后汉书》志第二十六《百官志》:"若有犯法当髡以上,先上诸宗正,宗正以闻,乃报决。"

决宗室内部的犯罪而任用法律家。那么,除此以外,将历任掌管天下吏民犯罪的廷尉和其属僚,以及侍御史等人员看作是法律家的推论是较为妥当的。

如上所述,虽然法律家以非官僚身份从事代理豪族诉讼,或在"断决"时为文吏提供咨问等活动,但国家为了进行更有效地统治管理,会在尽可能的情况下积极任用这些法律家。原则上来说,东汉的廷尉和其属僚,以及侍御史等官职,都可以由法律家来担任。

2. 司法行政与法令整备

被任用为官僚的法律家,其出任的大部分官职都与司法行政有关,[1]因此其司法行政作用较为显著。我们可以从非官僚法律家为文吏提供咨询的事例中,找出有关官僚阶层在司法行政中起何种作用的线索。即法律家在"断决"时为文吏提供咨问,以规定犯罪行为的相关法令为基础,决定罪刑的恰当与否和轻重。即便是在他们成为官僚以后,应该也要负责同类事务,这也是国家任用法律家的意图所在。

他们所处理的事件原本就是难以解决的案例,尤其廷尉等职能包括"有罪先请""谳疑罪",这要求作为中央官僚的法律家需具备丰富的法令知识,这种情况在进入东汉以后更加明显。首先,从数量上看,"有罪先请"的对象从六百石以上扩大至三百石的墨绶长相。[2] 其次,从性质上来看,这些都是难以解决的高难度案件。当时的法律家代理豪族诉讼这一事实说明,他们要以法令为基础尽力进行诉讼。很多地方刑狱被处理为疑事后,会移送至廷尉。所以,承担此种复杂诉讼工作的廷尉需要具备更强的能力。现传资料中可见的历任廷尉,继承郭躬、吴雄、陈宠家系的正统,且出身家学的人员几乎占总数一半,[3]这样的情况也源于此。

那么,他们是怎样具体参与到司法行政中的呢?就此问题,甘谷汉简中包含时事性内容。[4] 甘谷汉简内容是桓帝延熹元年十二月宗正刘柜的上奏文,由于文字缺失,暂无法确定其全貌。其大致内容是,提出与永寿三年蜀郡复除问题有关的诉讼,并上奏解决这一问题的方案。宗正的属僚中有两名任职的法律家,[5]因此,虽然是以宗正的名义提出此上奏,但实际的操作则是由具有丰富法令知识的法律家来完成。如后

---

1 廷尉,及其属僚、司隶校尉、河南尹、御史中丞、治书侍御史,都是与司法行政有关的官职。

2 《汉书》卷八《宣帝纪》载,宣帝黄龙元年,有"吏六百石,位大夫,有罪先请"诏;又,《后汉书》卷一上《光武帝纪》曰,光武帝建武三年下诏"吏不满六百石,下至墨绶长相,有罪先请"。

3 在《后汉书》卷四十六《郭陈传》中,家学出身的法律家共 11 名,历任廷尉。除此以外的廷尉历任者有岑彭、邓晨、张禹、綦毋参、张皓、冯绲、郜郸义、霍谞、陈球、崔烈、宣播、徐璆等 12 人。参见熊方:《补后汉书年表》,载《后汉书三国志补表三十种》卷九上—卷十下《百官》,中华书局 1984 年版。

4 释文参见《甘谷汉简考释》,载《汉简研究文集》,第 87—94 页。

5 参看前注。

文所述,所谓的"法比都目"虽然以司徒鲍昱的名义提出,但实际上是由其掾属法律家陈宠来完成的。

值得关注的是,甘谷汉简中的解决方案并非只是根据类似比例、故事进行的类推,[1]而是提出了从根本上解决问题的方法。上奏中指出,之所以提出此诉讼,是因为有关复除对象范围的法令中出现了矛盾,要从根本上去除矛盾点。上奏中提及三项法令,即光武帝建武七年的诏书规定,对五属内外全部实施复除;顺帝永和六年以前颁布的乙酉示章诏书规定,只有非流客的五属内宗室才属于可适用的范围;永和六年的辛亥诏书又重新恢复了建武七年的诏书内容。[2] 此上奏书指出,这种法令间的相互矛盾,使得地方乡吏在引用法令时产生混淆,随即出现"迷惑承章"的现象,[3]导致蜀郡太守出现疑事。[4] 为解决这一问题,现决定统一根据这些法令中的顺帝永和六年辛亥诏书进行判决。[5] 实际上,此处的处理工作应是由法律家来完成的。所以,甘谷汉简所见的法律家的作用是,在提出有关诉讼的诸多法令及说明各个法令的意义之后,对出现矛盾的法令进行组合、统一。法律家的此种作用,要求其具有相关法令先例及意义的相关知识,这也源于法律家应该熟知法令的历史渊源及变化过程的规定。

除甘谷汉简以外,还有另外一例可以反映出法律家在司法行政中的作用,这就是明帝与郭躬的对话中郭躬对事案的处理。《郭躬传》中记有两个案件,我们首先讨论第一例案件。永平年间,奉车都尉窦固出击匈奴,骑都尉秦彭在别屯。因秦彭擅自杀人,窦固指责其专擅,请求将其诛杀。对此,议者们都赞同窦固的上奏,但郭躬的处理方式较为特别:

> 躬独曰:"于法,彭得斩之。"帝曰:"(1)军征,校尉一统于督。(2)彭既无斧钺,可得专杀人乎?"躬对曰:"(1)′一统于督者,谓在部曲也。今彭专军别将,有异于此。兵事呼吸,不容先关督帅。(2)′且汉制棨戟即为斧钺,于法不合罪。"帝从躬议。[6]

---

1 中村茂夫指出,中国前近代社会的司法行政,法令本身规定了刑罚的种类和刑量,所以会出现很多比附或类推问题。参见中村茂夫:《比附の機能》,载氏著:《清代刑法研究》,东京大学出版会 1973 年版,第 178 页。

2 建武七年的诏书是甘谷汉简的第 12、13 简,乙酉示章诏书是第 1、2 简,永和六年的辛亥诏书是第 8 简。

3 甘谷汉简第 15 简的原简是"或悉承章",参见张学正:《甘谷汉简考泽》,第 113 页。

4 蜀郡太守将乙酉示章诏书与永和六年的庚午诏书相互混淆,永和六年庚午诏书不是与宗室复除问题有关的法令。因此,法律家没有介绍此诏书的内容,而仅举 3 例与复除问题有关的诏书。参见张学正:《甘谷汉简考释》,第 98 页。

5 甘谷汉简第 19 简,"诏书:宗室有属属尽,皆勿事"。参见张学正:《甘谷汉简考释》,第 122 页。

6 《后汉书》卷四十六《郭躬传》。

郭躬的处理方式(1)′、(2)′,各与一般的处理方式(1)、(2)相对应。明帝认为根据(1)的法令,其罪成立;反之,郭躬则反对无条件适用法令的方式,他认为应在说明法令本身的意义之后再进行相应的处理。也就是说,若考虑(1)法令的根本意义,则其罪名不成立。另一方面,(2)表明虽然秦彭没有专杀的条件"斧钺",但郭躬主张(2)′中法令用语"斧钺"在现实制度中也可用作"棨戟",因此没有必要执着于"斧钺"这一用语。由上述记录我们可以看出,法律家都是以理解法令的根本意义为基础来处理案件的。此种情况与甘谷汉简所见法律家的作用一样,准确地反映出了法律家所具有的概念特征。特别是(2)′的律说"都吏,今督邮是也",[1]与此种形式如出一辙。

第二件案例是针对中常侍孙章误传明帝下达的有关兄弟共同杀人案件的判决后,对其进行处理的内容。尚书认为孙章矫制,应处以腰斩:

> 躬对"章应罚金"。帝曰:"(1) 章矫诏杀人,何谓罚金?"躬曰:"(1)′法令有故、误,章传命之谬,于事为误,误者其文则轻。"帝曰:"(2) 章与囚同县,疑其故也。"躬曰:"'(2)′周道如砥,其直如矢。''君子不逆诈。'君王法天,刑不可以委曲生意。"帝曰:"善。"[2]

此记录同样是(1)′对应(1),(2)′对应(2)。明帝在(1)中指出"矫制杀人"罪的刑罚不是罚金,但郭躬在(1)′中则反对明帝将其结果适用于一般法令,主张应该以故意或过失等法律概念为基础。明帝在(2)中提出了不是过失而可能是故意的反驳意见,但郭躬在(2)′中指出,不应依靠推测来进行判断,而是要根据客观行为来判断。据论述可知,在上述记录中法律家使用了"故""误"等法律概念,并不仅仅根据结果来处理案件,而是更加谨慎地进行判决,同时也反对推测性的恣意判断。

上述官僚身份的法律家以有关法令的专业知识为基础,对罪刑的妥当与否、轻重进行判决,其通过这些活动参与到东汉的司法行政之中。整理其具体参与形态,我们可知,当时的法律家们提出法令的先例和意义,重组相互矛盾的法令,理解当时法令用语、内容的正确意义,反对法令条文普遍适用的做法,使用法律概念处理案件,反对依据推测进行判断,根据客观行为处理案件。

不仅如此,官僚身份的法律家不仅参与了司法行政,还参与到了东汉法令整备、制定的工作中。法令的整备与制定需要具有丰富专业知识的人员,但东汉要求的是

---

1 《汉书》卷四《文帝纪》注引"如淳曰"。

2 《后汉书》卷四十六《郭躬传》。

接受过更专业化教育的人员。即东汉的律不仅继承了西汉法令,其在被看作是经的同时,还要具有“不可改定”和普遍化的性质。这意味着,在制定令以下的新法令时,这些新法令不可与律的根本意义相矛盾。[1] 因此,制定法令的人员不仅需要了解每一个西汉法令用语的严谨概念和根本意义,这项工作还要求他们拥有以此为基础分类的能力,或说明西汉法令与现实的相关性的逻辑能力。能满足这些条件的人应该是法律家。

首先,我们看看法律家整备东汉法令的过程。在正确理解法令的基础之上,法律家们根据各自的性质进行了分类。陈宠的《辞讼比》七卷便是这一分类工作的成果。他指出,在“时司徒辞讼,久者数十年,事类溷错,易为轻重”的情况下,“决事科条,皆以事类相从”,其成果便是《辞讼比》七卷。[2]

另外,法律家的律令章句也能反映出东汉法令整备的过程。律令章句是法律家对律令的追加注释,并据此区分章节。[3] 换句话说,就是根据律说将法令按照“事类别”进行分类整理。[4] 针对章句出现的这一原因,《晋书·刑法志》指出,以往的律令中不仅事类轻重怪癖,甚至同一编中还有属于异编的内容。例如,盗律中包含贼伤之例,贼律中有盗章之文,兴律、厩律中各有上狱之法、逮捕之事。[5] 律令章句将源于此种律令“错揉”现象的部分按照事类别进行整理,再进行轻重分类。

下面将讨论法律家所参与的制定东汉法令的过程。首先要考察的是记录了与此过程有关的汉代法令的《晋书·刑法志》。由其记载可知,汉代的法令共906卷,汉律60篇,汉令300余篇,还有司徒鲍公编撰的《法比都目》;[6]《法比都目》包括汉律、汉令,在汉代法令中占有重要地位。撰者司徒鲍公应是东汉的鲍昱,因为纵观东汉的史料,鲍氏为司徒者,除鲍昱以外并无他人。[7] 但在关于鲍昱的记录中,我们也无法找到其编撰的“法比都目”的内容。然而,我们可以找到有关陈宠《辞讼比》的记载。也就是说,陈宠被召至司徒鲍昱府,为鲍昱编撰了《辞讼比》,后由鲍昱上奏,才发挥了法律效果。[8]

---

1 西汉令以下的法令与律之间有很多矛盾,其以皇帝的意愿为基础制定。《汉书》卷六十《杜周传》:“前主所是著为律,后主所是疏为令。当时为是,何古之法乎!”这表现出杜周没有根据律而是依据令断案,反映了武帝的意志。

2 《后汉书》卷四十六《陈宠传》。

3 内田智雄:《譯注晋書刑法志》,载氏编:《譯注中國歷代刑法志》,创文社1964年版,第96页;陆心国:《晋书刑法志注释》,群众出版社1986年版,第49页。

4 据《汉书》卷十四《诸侯王表》注引“张晏曰”,郑玄的律说得以传承,其律令章句都是根据此种律说而来。

5 《晋书》卷三十《刑法志》。

6 《晋书》卷三十《刑法志》。

7 参见熊方:《补后汉书年表》卷九上—卷十下《百官》。

8 《后汉书》卷四十六《陈宠传》。

加之,考虑到“法比都目”的内容“嫁娶辞讼决”,[1]与陈宠的《辞讼比》相似,故鲍昱虽被记为撰者,但实际的编制工作应该是由法律家陈宠来完成的。鲍昱仅是对此进行了上奏,让其发挥了作为法令的效应。

有关东汉的“律”,在继承西汉法令的同时,其被看作为“经”,因而具有“不可改定”的固定性。但正如厩律所见,律中存在虚文,有很多难以直接适用于现实。解说这些法令意义的解说词“律说”的出现也源于此,律在实行过程中也迫切需要此种律说。因此,法律家的律说,以及据此编撰而成的律令章句,也随之具备法令效力。[2]

与律的经典化不同的是,以令为首的其他法令会被重新制定或改订。此种令以诏的形式颁布,[3]史书中所记载的诏,很少有明示制定法令的情况。例如,章帝元和元年七月的诏禁止“鉆鑽之属”等酷刑,[4]同年十二月的诏命令蠲除“妖恶禁锢”,[5]但都未明记相关实际执行人员。而《陈宠传》中却记录了与此相同内容的法令制定经过,即章帝接受当时尚书陈宠的上疏,制定了以“绝鉆鑽诸惨酷之科”与“解妖恶之禁”为内容的令。[6] 虽然记录中没有关于陈宠制定令的内容,但陈宠上疏制定此令的事实,已经说明陈宠参与制定的可能性很大。作为法律家被记录于同传的郭躬直接制定了被颁布为令的“诸重文可从轻者四十一事”的事实,也可以印证陈宠的情况。[7]

因此我们可知,法律家担任了制定令、决事比等新法令的工作。此处值得关注的是,在此种法令制定中,我们可以找出法律家的本质特征。如第一章所述,笔者认为,法律家原本是解说法令渊源的人员,他们在制定法令的过程中,经常以旧典,特别是西汉的法令为根据,记述其意义,并据此来制定法令。陈忠在制定有关允许军屯、县官的人们可以为“大父母葬送”的法令时,依据的是西汉宣帝的旧令。[8] 当然,法律家并非一定要根据旧典进行新法令的制定,而是要以旧典的意义为基础。这一情况也反映于陈忠的另一个法令制定事例。陈忠以官吏们逃避法网、未申报盗贼为由,主张“纠增旧科”,并提出明确具体的法令文案。陈忠指出他的法令文案非但没有遗漏旧典“亡逃之科”所具有的禁绝盗贼之意,而且恰恰是以之为基础的。[9] 它因东汉制定

1　《晋书》卷三十《刑法志》。

2　蒲坚主编:《中国法制史》,光明日报出版社 1999 年版,第 83 页。

3　大庭脩:《漢代制詔の形態》,载氏著:《秦漢法制史の研究》,第 225—229 页。

4　《后汉书》卷三《章帝纪》。

5　《后汉书》卷三《章帝纪》。

6　《后汉书》卷四十六《陈宠传》:“帝敬纳宠言,每事务于宽厚。其后遂诏有司,绝鉆钻诸惨酷之科,解妖恶之禁,除文致之请谳五十余事,定著于令。”

7　《后汉书》卷四十六《郭躬传》:“乃条诸重文可从轻者四十一事奏之,事皆施行,著于令。”

8　《后汉书》卷四十六《陈忠传》。

9　《后汉书》卷四十六《陈忠传》:“夫穿窬不禁,则致彊盗;彊盗不断,则为攻盗;攻盗成群,必生大奸。故亡逃之科,宪令所急,至于通行饮食,罪致大辟。……宜纠增旧科,以防来事。”

的法令不能与西汉法令的根本宗旨存在矛盾这一制约而出现。法律家参与了大部分带有此种制约的东汉法令的制定工作。

综上所述,法律家除具有参与司法行政的作用以外,其还是东汉法令制定者所要求的拥有丰富专业知识的官僚阶层,负责东汉法令的整备与制定。

结　语

从严格意义上而言,进入东汉时期才出现的法律家,是与文吏、儒生相区别的存在。他们并未局限于单纯熟知法令条文,还可以是解释法令渊源和意义的法律专家,通过家学或私学教育,形成了独立的学派。促进此种法律家形成的诸多条件也见于西汉末期,但是,根本原因还在于当时处于法律并不成熟的过渡期。西汉末期开始出现文吏“不知所由”现象,其后王莽改编法令更造成了法令用语的混淆,这使得文吏“不知所由”现象愈发严重。东汉初期重新继承西汉法令,且伴随着律的“经典化”,更需要解释法令的渊源和意义,法律家的出现呼应了这一情况。

根据其存在形态,这些法律家的职能可分为非官僚机能和官僚职能。法律家的教育形态不同于前期的“以吏为师”,而采取了家学或私学的形式,发挥了其非官僚职能。现传资料中可见他们代理豪族诉讼,以及“断决”时为文吏提供“咨问”的事例。但站在为政者的立场来看,为维持支配秩序,其需要应付此种非官僚法律家的活动,这也成为其积极任用法律家为官吏的原因。法律家主要出任掌管法令事务的官职,特别是廷尉和其属僚、侍御史等,都以由法律家来担任为原则。被任用为官僚的法律家以准确理解法令的渊源和意义为基础,判决罪刑的恰当与否和轻重。除了此种司法行政职能以外,法令制定者还要求具有丰富专业知识的法律家负责整备及制定令以下的法令。

总之,东汉法律运营形态的特殊性,通过法律家得以体现。其不仅负责法令的执行,还负责法令的整备。西汉时期,被称为刀笔吏或文吏的人独自承担着这些职能,从他们的名称便可知,其是单纯负责实施业务的官吏。但东汉时期,掌握了丰富的法令渊源与意义等专业知识的法律家具有此种职能,则意味着东汉法令运营形态具有与西汉所不同的特殊性。法律家不仅单纯地执行法令,而且他们的工作是以准确的法令渊源和意义为基础的。笔者认为,法律家通过实施此种职能,试图与东汉的礼教秩序相结合,结果导致了政治势力间的均衡化。这些事实,都反映出东汉的支配体制试图在尽可能的情况下,将继承西汉的理念与现实相结合的一面。

上述东汉法律家的活动,伴随着东汉末期的政治动荡而逐渐减少。推进法律家活动的前提条件,是以皇帝为首的全社会成员根据法令来寻求行为准则的氛围。[1]但党锢之狱与曹操擅权等混乱状况,很难营造或维持此种前提条件。党锢之狱中的“刊章”现象是较为基础的破坏,[2]曹操制定的甲子科、新科等与已有法令相悖的新法令,[3]是以曹操之便为前提才得以运作的,[4]这些都充分地限制并减少了法律家的活动,也因此自然而然地减少了法律家的再产生。曹魏建国以后,这一现象以设置律博士的形式得以延续,如卫觊认为设置律博士的理由之一便是法令的“私议之所轻贱”现象。[5] 上述都可以明确地反映出当时法律家活动大幅减少和教育大幅缺失的情况。设置律博士与此前东汉单一化解释法令的工作不同,[6]表现出国家试图主导法令教育和解释法令的意图。因此,法律家的活动也以此为转折而逐渐消失了。

---

1 如前所述的皇帝一样,掌握强大权力的外戚窦武也依据汉家故事改进了自己的主张。同样,反对袁绍之说的何太后也是根据汉家故事进行反驳的。参见《后汉书》卷六十九《窦武传》;《后汉书》卷六十九《何进传》。

2 《后汉书》卷六十七《党锢传》。

3 参见《晋书》卷三十《刑法志》。虽然添加了汉律过于严苛这一理由,但这也反映出根据汉律处理的程度已经减半的情况。另外,甲子科与新科,既是临时的刑法,也是制定魏律以前发挥了基本法典效力的单行法规。参见栗原益男:《曹魏の法令について》,载《唐代史研究會報告》第V集:《中國律令制の展開とその國家·社会との关係——周边諸地域の场合を含めて》,刀水书房1984年版,第44—46页。

4 冈崎文夫:《魏晋南北朝通史》,弘文堂书房1943年版,第463页。

5 《三国志》卷二十一《卫觊传》。

6 《晋书》卷三十《刑法志》。

由唐代《厩牧令》复原所见的唐代交通体系*

［日］河野保博** 著 周东平 徐 敬*** 译

前 言

对于前近代的中央集权国家，被称作“驿传制”的交通制度是必需且不可缺少的。不仅是古代中国，在阿契美尼德朝的波斯、古罗马帝国、印加帝国等中央集权国家中都配备了同样的交通系统。据此也可以看出其重要性。无论哪一个国家都会配备连接都城直至统治领域末端的交通网，用以传递文书和方便官员往来，偶尔也传达中央的命令，并将各地方的信息情况收集到中央，以此达到统治的目的。日本的古代王权也以组成中央集权国家为目标，在接受的律令制中引入被称作“驿传制”的交通制度。虽说日本以前就开始推进有关交通方面的研究，但关于作为其源流的唐代交通，却因史料的残存状况等原因而有很多暧昧不清之处。再者就唐代的交通而言，也还存在何地、何时的交通规定这样的问题。唐代的统治领域广阔且统治时间甚长，其交通是扩展到中国全境的交通制度，还是仅限定在西域的交通方式？此外，其与前代交通制度的关系，或者即使在唐朝其初期和中后期存在着很大不同，由于驿制的松弛、延续至宋代的“递铺”的出现及其时常变化，这些原因都使得唐代的交通体系并不那么清晰。唐代的交通制度规定往往见于作为国家基本法的律令，所以，首先阐明规定在唐令中的交通体系是重点。而且，只要还未阐明唐代的交通体系，就不得不说试图将其与日本的交通体系进行比较是不全面的。

近年来，随着北宋《天圣令》的发现，律令研究颇有进展，关于唐代驿传制的各种研究视角被提出来，关于日本与中国交通制度的比较研究也得以推进。因此，本文选取集中了相关交通规定的《厩牧令》，分析通过唐令复原的法规中所见到的驿制和传

---

* 本文原题为《唐代厩牧令の復原からみる唐代の交通体系》，载于《東洋文化研究》第19号，2017年。

** 河野保博，日本产业能率大学经营学部兼任讲师。

*** 周东平，厦门大学法学院教授；徐敬，厦门大学法学院2018级法律硕士研究生。

送制是何种情况,进而思考、研究唐代的交通体系。

一、唐代交通的研究

首先,概述一下迄今为止有关唐代驿制和传送制研究的基本状况。

若论唐代交通研究的嚆矢,当推坂本太郎氏的研究。坂本氏在日本古代的驿制研究中也涉及唐代的制度。[1] 再者,中国的陈源远氏搜集并详述了有关唐代驿的组织和管理、驿使等史料。[2] 随后,青山定雄氏承继坂本、陈两氏的研究,对驿制和传制的差异、驿制的变迁乃至宋代的变化予以论述。[3] 总结三位先生的理解,可知唐代的驿传制是继承秦汉以来的驿制和传制的产物。但在唐代,传制被编入驿制之中。驿马和传马共同设置于驿,其中驿马是紧急时的交通手段,传马则是作为日常交通手段。再者,一般情况下驿马是用作乘骑,传马主要用于驾马车。这种见解在日本有关唐代交通的理解中已为通说。[4]

如上所述,此前对唐代驿传制理解的通说中,是将传制看作驿制的从属。王冀青氏在对敦煌、吐鲁番文书研究中对传马进行了另一番深入探究。[5] 据此可知,传马与在驿中准备的"驿马"有所不同,是由马坊进行管理的。马坊设置在州县的治所,传马在用于日常出行的人员输送的同时,也用于输送物资。在王氏视角的基础之上进一步深入考察的荒川正晴氏,论述了驿制是以驿为据点进行递送的交通网络,传制是以县治为据点进行传送的交通网络。[6] 接着,荒川氏从对敦煌出土的传马坊牒的分析和县官的职责出发,认为传制是以县作为据点进行递送的交通体系,利用设置在县的官马,依据递牒来递给,确定了驿制作为防止公用交通覆盖面不足的系统的地位。[7] 与此相对,黄正建氏指出这样的交通只限定在唐代前期的西北地区,传制作为

---

1 坂本太郎:《上代駅制の研究》,至文堂 1928 年版;后收入《坂本太郎著作集 八 古代の道と駅》,吉川弘文馆 1989 年版。

2 陈源远:《唐代驿制考》,《史学年报》第 1 卷第 5 期,1933 年。

3 青山定雄:《唐代の駅と郵及び進奏院》,收入《唐宋時代の交通と地誌地図の研究》,吉川弘文馆 1963 年版。

4 例如:"在中国,通信用的驿根据驿马的不同、旅行者用的传根据传车的不同被分开使用,但是道路和驿站是共用的。"木下良:《駅伝制について》,载于《事典日本古代の道と駅》,吉川弘文馆 2009 年版。

5 王冀青:《唐前期西北地区用于交通的驿马、传马和长行马——敦煌、吐鲁番发现的馆驿文书考察之二》,《敦煌学辑刊》1986 年第 2 期。

6 荒川正晴:《唐代駅伝制度の構造とその運用(Ⅰ~Ⅴ)》,《吐鲁番出土文物研究会会報》第 79—83 期,1992 年。

7 荒川正晴:《唐朝の交通システム》,《大阪大学大学院文学研究科纪要》第 40 期,2000 年。

交通体系并未规定于律令，传送马、传送驴等是与官马、官驴一样存在的，均由州府进行管理。[1]

因为现存的唐代律令中没有传制的规定，故也有传马与官马等一样均由州府管理，出于必要时才允许使用的考虑，而北宋《天圣令》的发现，明确了传制（传送制）作为交通制度被规定在可以追溯到唐代的令文中的事实。宋家钰氏认为，驿制和传制同时在州县的管理之下，这种运营是徭役制的产物，传送制度（特别是传送马）是补充驿制的，多数情况下存在于州县内部的运输中。[2]

随着新令文的发现，不只是驿制和传送制的各类规定，它们之间的相互关系也有进一步研究的必要。因此，接下来拟分别分析令文中所见的驿制和传送制，并希望以此为根据研究唐代的交通体系。

二、据北宋《天圣令》复原的唐代《厩牧令》

（一）北宋《天圣令》的发现与《厩牧令》的概要

1999年在中国浙江省宁波市的天一阁博物馆发现了北宋《天圣令》的明代钞本。[3] 2006年《天一阁藏明钞本天圣令校证 附唐令复原研究》（以下简称《天圣令校证》）的公开出版，[4] 让律令研究迎来了新的阶段。《天圣令》编纂于天圣七年（1029），是以唐令为蓝本，按照"因其旧文，参以新制定之"修订而成的。另外，修订中未使用到的唐令（"不行唐令"）也一并作为附录。据此，唐令的复原有了大的进展。

有关交通的规定集中于《厩牧令》，共收录五十条，其细目是现行宋令十五条、不行唐令三十五条（参见文末表1）。其内容中有关闲厩和监牧的规定有二十七条，有关交通制度和官马的规定有十六条，有关官私各类畜牲的管理规定七条，还有由不行唐令和宋令复原的推测性唐令三条，共计提出了五十三条唐令。这样，条文数大大超越了以往在《唐令拾遗》和《唐令拾遗补》中的复原条文二十三条，以及日本律令《养

1 黄正建：《唐代的'传'与'递'》，《中国史研究》1994年第4期。

2 宋家钰：《唐开元厩牧令的复原研究》，载于天一阁博物馆、中国社会科学院历史研究所天圣令整理课题组：《天一阁藏明钞本天圣令校证 附唐令复原研究》，中华书局2006年版。

3 戴建国：《天一阁藏明抄本〈官品令〉考》，《历史研究》1999年第3期，后收入《宋代法制初探》，黑龙江人民出版社2000年版。

4 天一阁博物馆、中国社会科学院历史研究所天圣令整理课题组：《天一阁藏明钞本天圣令校证 附唐令复原研究》，中华书局2006年版。

老令·厩牧令》的二十八条。[1] 下文拟以与交通有关的条文为中心进行研究。

(二)马的生产和配备

首先,笔者拟谈及作为古代交通所需的马的生产。在动力革命以前,马作为高速移动的手段,乃至作为军事力量,是无法忽视的。唐朝也莫能例外的是马政与兵政为一体。[2] 因此,唐代也十分重视马的生产,过半数的《厩牧令》是有关马的生产与管理的厩和牧的规定。在以陇右地区为中心的唐朝全境内配备的官营牧场"监牧"中生产的马,被分为上贡给朝廷和分配给地方的两份。送往中央的马用于皇帝的乘骑和禁军的骑兵、充实南衙诸卫等。分配到地方的马被配属于折冲府后成为官马,在那里进一步被用于传送和驿。

虽然在监牧生产的马和其他动物一样通过账簿被管理,但要识别个体还是需要依据烙印。接下来试图探讨关于皇宫马匹(うち馬)上所盖的马印。[3] 下揭《厩牧令》不行唐令第十一条中有详细的规定。[4]

史料 1 《天圣令校证·厩牧令》不行唐令第十一条:

> 诸牧,马驹从小"官"字印印右膊,以年辰印印右髀,以监名依左、右厢印印尾侧(若行容端正,拟送尚乘者,则不须印监名)。至二岁起春(脊),量强、弱,渐以"飞"字印印右髀、膊;纳细马、次马俱以龙形印印项左送尚乘者,于尾侧依左右闲印,印以"三花"。其余杂马送尚乘者,以"风"字印印左膊,以"飞"字印印右髀。……经印之后,简入别所者,各以新入处监名印印左颊。官马赐人者,以"赐"字印,配诸军及充传送驿者,以"出"字印,并印右颊。

根据上述规定,在监牧生产的小马首先要在右膊(肩部)印上一个小小的"官"字印,其次在右髀(腿部)印上一个表示马龄的年辰印,接着在接近马尾的部位印上监名。不过,

1 仁井田陞:《唐令拾遺》,东方文化学院东京研究所 1933 年版,后由东京大学出版会于 1964 年再版;仁井田陞著,池田温编集代表:《唐令拾遺補》,东京大学出版会 1997 年版。

2 有关唐代的监牧、马政,参见横山贞裕:《唐代の馬政》,《国士舘大学人文学会紀要》三,1971 年;山下将司:《唐の監牧制と中国在住ソグド人の牧馬》,《東洋史研究》66 - 4,2007 年;林美希:《唐前半期の厩馬と馬印——馬の中央上納システム》,《東方学》一二七,2014 年。

3 关于唐代的马印,前揭林美希《唐前半期の厩馬と馬印——馬の中央上納システム》一文有详细研究。

4 本文使用的《天圣令》条文,虽均依前揭《天一阁藏明钞本天圣令校证 附唐令复原研究》中收录的《唐开元厩牧令复原清本》,以及前揭宋家钰的论文,但本条参照《唐会要》卷七十二"诸监马印",改动了句读的位置。

因行容端正而被预定送往尚乘局的马就不需要印上监名。到两岁时,根据力量的不同印上各种印,选出预定上纳的马。另外,一旦所属机构改变时,就应印上新监名之印。还有,将官马赐给人时要印上“赐”字印,配备给诸军、传送、驿的马要在右颊印上“出”字印。

接着在不行唐令第十二条中有关于送往诸府的马匹之印的规定:“诸府官马,以本卫名印印右膊,以‘官’字印印右髀,以本府名印印左颊。”送往折冲府的官马的右肩部印有本卫名,右腿部印有“官”字印,左颊部印有本府府名之印。而且,用于驿和传送的马匹在不行唐令第十三条中规定:“诸驿马以‘驿’字印印左膊,以州名印印项左。传送马、驴以州名印印右膊,以‘传’字印印左髀。”即充当驿马的马匹要在其左肩部印上“驿”字印,在脖子处印上“州名”印,传送马和驴在右肩处印上“州名”印,在左腿部印上“传”字印。按照这样盖过马印后,就可以把在监牧生产的马匹送往折冲府,折冲府再把这些马匹配备为驿马或传送马来使用。

以上所述可参考图1。

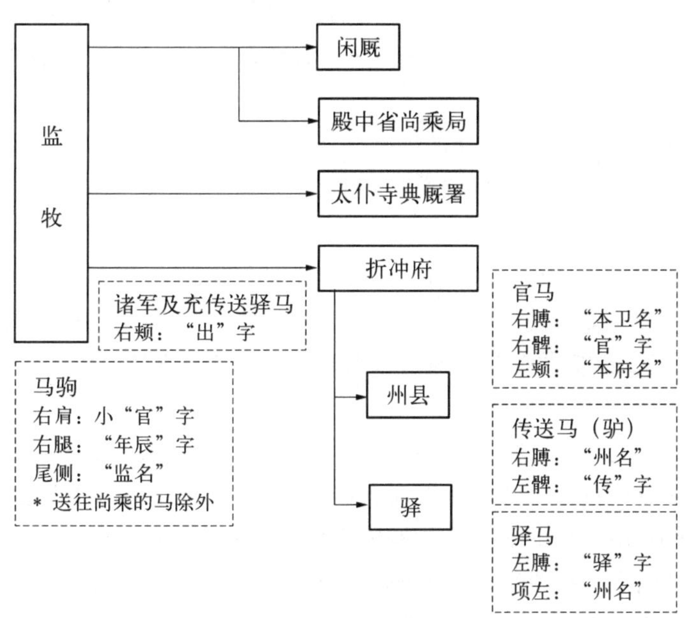

图1 监牧生产马匹分配模式图(以交通关系为中心)

(三)官马、传送马的饲养与管理

在监牧生产的马匹中,分配给地方的马匹印上“出”字印,然后送往各地的折冲府。送到折冲府的马匹成为官马,并将其作为军用马在府内饲养。这些官马未必都在府内饲养,也有规定表明折冲府士兵中家庭富裕、足以饲养的,可以作为马主饲养官马。[1] 这些官马中的良马成为骑马,劣马则成为驮货马。[2]

从折冲府中饲养的官马中选拔出驿马和传送马。在不行唐令第二十一条中有如下规定。

史料 2 《天圣令校证・厩牧令》不行唐令第二十一条:

> 诸州有要路之处,应置驿及传送马、驴,皆取官马驴五岁以上、十岁以下,筋骨强壮者充。如无,以当州应入京财物市充。不充,申所司市给。其传送马、驴主,于白丁、杂色(邑士、驾士等色)丁内,取家富兼丁者,付之令养,以供递送。若无付者而中男丰有者,亦得兼取,傍折一丁课役资之,以供养饲。

据该条规定,在作为交通要道的州县里设置驿马及传送马、驴,由官马中五岁到十岁的筋骨强壮的马匹充当,当没有合适的官马时,可以用"入京财物"从市场中购买充当。传送马、驴由白丁、杂色丁中富裕且有能力饲养者作为马主饲养之,该马主可以免除课役。[3]

接着是不行唐令第二十二条的规定。

史料 3 《天圣令校证・厩牧令》不行唐令第二十二条:

> 诸府官马及传送马、驴,非别勅差行及供传送,并不得辄乘。本主欲于村坊侧近十里内调习者听。其因公使死失者,官为立替。在家死失及病患不堪乘骑者,军内马三十日内备替,传送马六十日内备替,传送驴随阙立替。

据此,官马和传送马、驴在没有特别勅令的情况下禁止随意乘骑。另外,马主希望在居住的村坊附近十里以内调习,是允许的。官马和传送马、驴在因公使用时死亡的,由官费来补充;在马主家死亡、失踪或因患病不堪乘骑时,因责任在马主,由马主在一定期限内补充。相关的不行唐令第二十三条规定官马、传送马因病老而无法乘用时应从市场购买替代,如果费用不足,官马则由官府的预算填补,传送马则充为"当处官物"。另外,同一条文中还规定每年州刺史和折冲都尉、果毅都尉对官马和

1　《天圣令校证・厩牧令》不行唐令第二十条:"诸府内,皆量付官马令养。其马主,委折冲果毅等,于当府卫士及弩手内,简家富堪养者充,免其番上镇防及杂役。若从征军还,不得留防。"速水大:《天聖厩牧令より見た折衝府の馬の管理》,《法史学研究会会報》第15期,2010年。

2　参见前揭横山贞裕:《唐代の馬政》。

3　《天圣令校证・赋役令》"复原唐令第十五条"。

传送马进行检择，期望对官马、传送马进行集中管理。查看从军时的管理规定（不行唐令第二十五条）和针对公使的供给规定（不行唐令第二十六条），也可以窥见州对传送马、官马的集中管理。[1]

传送马在州县什么地方、多少数量、如何配置等问题，都因无具体规定而不清楚。[2] 若根据不行唐令第二十七条所示，在置有传送马的州县，将传送马分番上番，以“应急速”，每上番一匹马，按规定给予州县附近的四亩官地。正如永田英明氏所指出的那样，普通的传送业务与上番工作的传送马相对应，必要时，也有动员不当班的传送马这样的灵活体制。[3] 如后所述，驿使在非紧急时刻也不使用驿马而是使用传送马。为与使者的官品相对而应供给马匹，有必要保证可资供给的一定数量的马匹。进而观览被认为是规定传送马支给数的复原唐令第四十一条的下一条即复原唐令第四十二条，规定（在州县）没有传送马时可用私马充当，还规定在传送马不足时可征发民间的马匹。

以上内容可简化为图2：

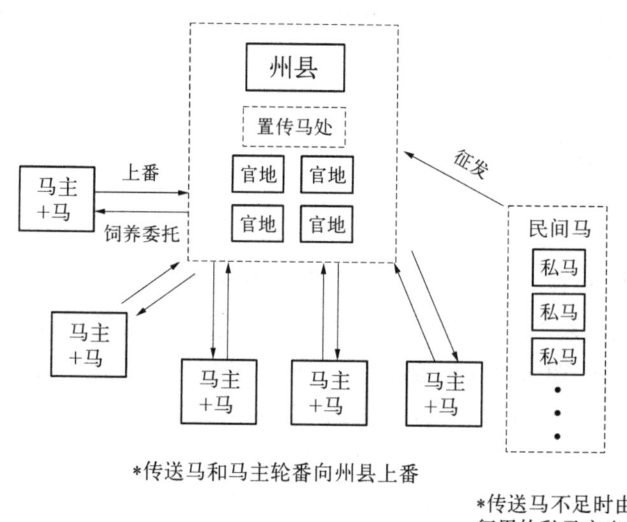

图2 传送马的饲养、管理模式图

1 市大树：《日本古代伝馬制度の法的特徴と運用実態——日唐比較を手がかりに》，《日本史研究》544，2007年；中大辅：《北宋天聖令からみる唐の駅伝制》，载于铃木靖民、荒井秀规编：《古代東アジアの道路と交通》，勉诚出版社2011年版。

2 前揭青山定雄论文指出，虽然传马也配备于驿，但因为驿只向乘坐传送马的使者供给，所以没有配备。前揭王冀青论文指出，如同沙州“传马坊”一样的马坊在唐朝国境内都存在。但正如荒川氏指出的那样，其在史料上还不能确认。参见荒川正晴：《唐代公用交通システムの構造》，载于《ユーラシアの交通・交易と唐帝国》，名古屋大学出版会2010年版。

3 永田英明：《唐日伝馬制小考》，载于铃木靖民、荒井秀规编：《古代東アジアの道路と交通》，勉诚出版社2011年版。

接下来拟讨论关于传送马的供给规定。利用传送马出使的情形,规定在不行唐令第二十六条中。

史料4　《天圣令校证·厩牧令》不行唐令第二十六条:

诸官人乘传送马、驴及官马出使者,所至之处,皆用正仓,准品供给。无正仓者,以官物充;又无官物者,以公廨充。其在路,即于道次驿供;无驿之处,亦于道次州县供给。其于驿供给者,年终州司总勘,以正租草填之。

据规定,利用传送马、驴和官马出使时的费用,由正仓或官物等州的财物支付。还规定使者在行道途中的供给由驿供给,没有驿时则由州县供给。另外,驿的供给每年合计后用正租草填充。传送马因在州县的管理之下,利用州县的财物运营自是理所当然的。但是,驿只配置有驿马而未配置传送马。需要注意的是,传送马也在驿接受供给。这与后述传送马和驿马的管理规定有差异,各种供给设施都具备的驿由州府管辖。[1] 由此来谋求一体化运用。

(四)驿马的饲养与管理

接下来看一下驿马的规定。驿马也与传送马一样同属于官马之中,"五岁以上十岁以下,筋骨强壮"的都被选充官马。具有驿制供给、管理设施的"驿",在不行唐令第三十二条中被描述为"诸道须置驿者,每三十里置一驿"。基本的是每三十里(约15公里)设置一个驿,在地势阻险的地段根据情况进行设置,对于边缘地带的镇、戍则没有里数的限制。而且不行唐令第三十三条中规定驿设有驿长,根据驿的等级配备一定量的马,在配备的驿马出现死阙时有"当驿立替"的规定。条文仅规定如此,至于怎样补充并不明了。《唐律疏议·厩库律》"监守借官奴蓄产条"的疏议中有"驿马驴一给以后,死即驿长陪填",规定了驿长的补充责任。[2] 该驿长是何身份?在《厩牧令》中并未记载。在《赋役令》不行唐令第十五条中,可以看到驿长与传送马主一样都免除课役。[3]

不行唐令第三十四条规定,驿中根据每三匹驮马、五头驮驴对应一人的比例来征发驿丁,分番饲养。例如设置于京师的都亭驿,配置了驿马七十五匹,那么与之相对

1　《唐六典》卷三十,"三府督护州县官吏"。

2　"守"字当作"主"字。如《疏议》曰:"监临主守之官,以所监主官奴及蓄产……"——译者注

3　大津透:《唐日律令地方財政管見——館駅・駅伝制をてがかりに》,载于笹山晴生先生还历记念会编:《日本律令制論集》(上卷),吉川弘文馆1993年版,后收入《日唐律令制の財政構造》,岩波书店2006年版。

应的驿丁就是二十五人。

同条中记载了驿丁分为四番上番。这就如传送马一样由马主保管马,而不是饲养后上番,应该是驿丁上番后饲养驿内(或者驿的近郊)的驿马。正如中大辅氏指出的那样,驿马是为了紧急情报通信而设置,这就是为什么经常必须有一定数量的驿马。[1]

以上内容简化为图3:

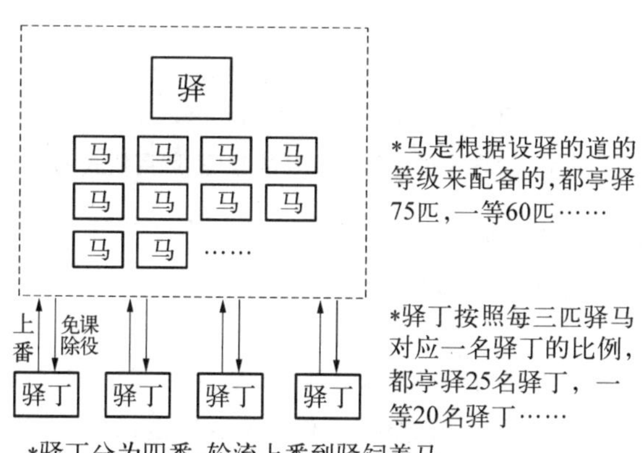

图3　驿马的饲养、管理模式图

最后拟论及有关驿使的供给设施。令文中并未规定利用驿马出使时的供给设施。但《唐律疏议·职制律》"驿使稽程条"的疏议中有"'给驿者,给铜龙传符;无传符处,为纸券,量事缓急,注驿数于符契上。'据此驿数以为行程"的规定。驿使必须依照传符或纸券上记载的驿数通行,一旦违反,将受到处罚。据此规定,驿使必须落脚到相应的驿,由此可以设想驿使的供给设施存在于驿。前面已指出,传送马在移动过程中供给设施也存在于驿,没有设置驿的地方,就由州县供给。驿马、传送马的费用由州县负担,这一点有可能是整体运营的。

以上内容简化为图4:

三、复原唐令所见传送制与驿制的差异

(一) 北宋《厩牧令》第九条所见唐令复原的驿马和传送马的不同

前文主要是检讨有关马的配备、传送马和驿马的饲养以及管理的规定。接下来

1　参见前揭中大辅:《北宋天聖令からみる唐の駅伝制》。

*官马和传送马的一元化管理（检简 · 补充 · 货卖 · 购入财源）

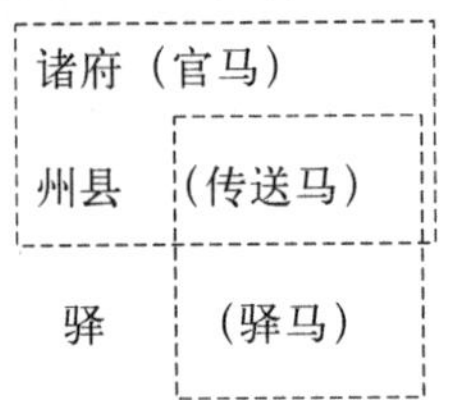

*传送马和驿马的一体化运用（供给财源 · 供给设施）

⇒利用规定有别（传送马：厩牧令；驿马：公式令）

图 4 官马 · 传送马 · 驿马的管理、运用模式图

试图研究对出使者的马的支给规定。首先以北宋的令文为例。

史料 5 《天圣令校证 · 厩牧令》宋令第九条：

> 诸应给递马出使者，使相给马十匹，节度观察等使、翰林学士各给五匹，枢密、直学士至知制诰、防御、四方馆、阁门等使各四匹，员外郎以上、三院御使及带馆阁省职京朝官、武臣带阁门祇候以上各二匹，太常博士以下并三班使臣各一匹。尚书侍郎、卿、监、诸将军及内臣奉使宣召，不限匹数多少，临时听旨。其马逐铺交替。无递马处，即于所过州县，差私马充，转相给替。

该条文规定了在利用递马出使时与官职相对应的递马的支给。这里的递马是指在递铺置备的马，出现于唐后半期的驿制废除过程中，主要担任传达文书的任务，进入宋代就与驿一起成为公用交通的基干。[1] 宋代的递铺除了徒步行走以外，也有使用马的马铺。马铺设置在比驿的间隔更短的区间，用于交换马。这就强化了既是接受供给的场所，又是供给设施的驿作为投宿场所的意义。宋代的递马属于唐代驿制或传送制中的哪一个谱系，抑或属于另外一个新的谱系，不能一概而论。据该条文来复原唐令时，“递马”是驿马、还是传送马或者是指代两者？要确定下来是很困难的。

担任《天圣令校证 · 厩牧令》复原研究的宋家钰氏，对该条文，利用《唐令拾遗》作为唐令复原根据的史料 6《唐律疏议》和史料 7《资治通鉴》的注，复原了史料 8 的条文，其中有驿马和传送马的支给规定。

---

1 曾我部静雄：《宋代の駅伝郵鋪》，桑原博士还历记念祝贺会编：《東洋史論叢》，弘文堂书房 1931 年版；后收入《宋代政経史の研究》，吉川弘文馆 1974 年版。青山定雄：《宋代の郵鋪》，《東方学報》第六期，1936 年；后改订为《宋代における逓鋪の発達》，收入《唐宋時代の交通と地誌地図の研究》，吉川弘文馆 1963 年版。曹家齐：《宋代交通管理制度研究》，河南大学出版社 2002 年版。

史料6 《唐律疏议·杂律》“应给传送剩取条”疏议：

“应给传送”，依《厩牧令》：“官爵一品，给马八匹；嗣王、郡王及二品以上，给马六匹。”三品以下，各有等差。

史料7 《资治通鉴》卷二百三“垂拱二年(686)三月条”胡三省注：

唐制：乘传日四驿，乘驿日六驿。凡给马者，一品八匹，二品六匹，三品五匹，四品、五品四匹，六品三匹，七品以下二匹。给传乘者，一品十马，二品九马，三品八马，四品、五品四马，六品、七品二马，八品、九品一马。三品已上勅召者，给四马，五品三马，六品已下有差。

史料8《天圣令校证·厩牧令》复原第四十一条：

诸乘传日四驿，乘驿日六驿。凡给马者，官爵一品八匹，嗣王、郡王及二品六匹，三品五匹，四品、五品四匹，六品三匹，七品以下二匹。给传乘者，一品十马，二品九马，三品八马，四品、五品四马，六品、七品二马，八品、九品一马。三品已上勅召者，给四马，五品三马，六品已下有差。尚书侍郎、卿、监、诸卫将军及内臣奉使宣召，不限匹数多少，临时听旨。

此外，史料5的后半下划线部分，是从与日本令(公使乘驿条)的比较并作为其他条文的出使无马私马充条来复原的。关于这一点拟在后文详述。

与此不同，市大树氏提出下文的复原方案：[1]

史料9 市大树氏复原的唐《厩牧令》第四十一条：

诸公使须乘驿及传送马者，乘传日四驿，乘驿日六驿。给传送者，官爵一品八匹，嗣王郡王及二品六匹，三品五匹，四品五品四匹，六品三匹，七品以下二匹。三品已上勅召者，给四匹，五品三匹，六品已下有差。〈尚书侍郎卿监诸卫将军及内臣奉使宣召，不限匹数多少，临时听旨。〉若不足者，即以私马充。其私马因公致死者，官为酬替。

1 参见前揭市大树：《日本古代伝馬制度の法的特徴と運用実態——日唐比較を手がかりに》。

市氏认为该条文是作为传送马的支给规定，驿马的支给是规定在《公式令》中。并且如同下划线部分那样，将其作为公使在乘驿马和传送马时的行程基准复原为“乘传日四驿，乘驿日六驿”，下划虚线的后半部分也与宋氏有差异，将其作为同一条文复原。

但是，如果说《唐令拾遗》所设想的传送马的支给规定在《厩牧令》中，驿马的支给是规定在《公式令》中，那么同一条文中同时有传送马和驿马的记述是不合理的，“诸公使须乘驿及传送马者，乘传日四驿，乘驿日六驿”这部分就无法复原。

宋氏将史料 7 开头的“唐制”的“给传乘”部分设想为式文，将“给马”部分作为传送马，与史料 6《厩牧令》的引文相结合改订并复原唐令，“尚书侍郎”以下部分也在令文之外，作出如下的传送马给付数量的规定。[1]

史料 10　宋家钰氏复原的唐《厩牧令》第四十一条：

> 诸给传送马者，官爵一品，给马八匹；嗣王郡王及二品以上，给马六匹；三品，给马五匹；四品五品，给马四匹；六品，给马三匹；七品以下，给马二匹。

若考虑到后述驿马的支给规定是在《公式令》中，宋氏的复原方案可以被认同。只是，还有一个问题的是宋令第九条的后半部分。宋氏根据《令集解·厩牧令》“公使乘驿条”中“凡公使须乘驿及传马。若不足者，即以私马充。其私马因公使致死者，官为酬替”这样的语句，复原出文字大致相同的出使无马私马充条。但是，考虑到从宋令第九条复原的是有关传送马的规定，删除了有关驿马的语句，如此复原“凡公使须乘驿及传马”这种语句是不合理的。侯振兵氏在市氏指摘的基础上，将宋令第九条作为一条进行复原，将后半部分作为传送马不足时的补足规定。[2] 笔者也如同侯氏一样，将这一部分看作是对传送马不足时的补足规定。[3]

接下来，从唐令复原第四十一条中除去的“乘传日四驿，乘驿日六驿”语句能否作为唐令来复原？在讨论这个问题之前，拟先看一下驿马的支给规定：

史料 11　《唐律疏议·职制律》“增乘驿马条”疏议：

> 依《公式令》：“给驿：职事三品以上若王，四匹；四品及国公以上，三匹；五品

1　宋家钰：《唐〈厩牧令〉驿传条文的复原及与日本〈令〉〈式〉的比较》，《唐研究》第 14 期，2008 年。

2　侯振兵：《唐〈厩牧令〉复原研究的再检讨》，《唐史论丛》第 20 期，2015 年。

3　考虑到被宋氏分为二条的根据的公使乘驿条的存在，笔者未能确定有必要将其作为一条看待。关于驿使的规定，一般认为是在收有对驿使支付规定的《公式令》中。不过，现在因为无法复原，且留待他日考量。

及爵三品以上，二匹；散官、前官各递减职事官一匹；余官爵及无品人，各一匹。皆数外别给驿子。此外须将典吏者，临时量给。”

《唐令拾遗》从史料 11 等假定驿马的给付规定存在于《公式令》中。如果斟酌一下史料 6 只规定有关传送马、史料 11 只规定有关驿马的话，很容易想到唐令中驿马和传送马的支给规定是在不同篇目之中的。

“乘传者日四驿，乘驿者六驿”的语句在《新唐书》中也能见到，[1] 可见《资治通鉴》所载的“唐制”应有某种根据。前揭《唐律疏议 · 职制律》“诸驿使稽程条”的疏议中，规定给付驿马时要在所用的符契上注明驿数，标示一天行程的大致基准，这被认为是有必要的。《唐会要》中有记载“长安四年（704）五月二日，乘传人使事闲缓，每日不得过四驿”，[2] 出台了利用传移动的情形下不得超过四驿的勅。

史料 12 《令义解 · 公式令》“给驿传马条”：

凡给驿传马，皆依铃传符剋数。（事速者，一日十驿以上；事缓者八驿；还日事缓者，六驿以下。）

在日本令中，驿使一天应行进的驿数被规定在《公式令》中，唐《公式令》中也应该规定了基准的驿数。[3] 日本令中，驿马和传马的支给规定同在《公式令》中，与唐令不同的是驿制和传制多被一体看待。此事当另论，但在唐代法律规定中驿制和传送制是被明确区分的。

只是虽说马的支给规定等被区别开来，但如同不行唐令第二十六条那样，无论驿使、还是传送使，都把驿作为基本的供给设施，正如前述运用上的一体性中也可以看出。

（二）由北宋《厩牧令》第十二条而来的唐令复原

规定北宋时代利用递马情形的宋令第九条，使得唐令中支给传送马的规定可以复原，但除此之外的有关交通的宋令又是怎样呢？宋令第十五条是在驿支给稻草的

---

1 《新唐书》志第三十六《百官志一》“礼部”。

2 《唐会要》卷六十一，“御史台 中 馆驿使”。

3 宋氏也做过同样的推论。参见前揭宋家钰：“唐《厩牧令》驿传条文的复原及与日本《令》《式》的比较”。

规定,但相关史料不多,日本令也因为缺少对应条文的原因致使复原困难。[1] 宋令第十一条与《唐令拾遗》作为复原根据的《唐六典》中的水驿规定[2],在字句上颇近似,因为连《养老令》都有对应的水驿条的条文,[3]作为唐代的水驿设置规定被复原。[4]成为问题的是宋令第十二条,以下载揭其文。

史料 13 《天圣令校证·厩牧令》宋令第十二条:

诸乘递,给借差私马应至前所替换者,并不得腾过。其无马之处,不用此令。

宋氏将史料 14 的日本令作为这个条文的对应,复原了史料 15 那样的唐令。[5]

史料 14 《令义解·厩牧令》"乘驿条":

凡乘驿及传马,应至前所替换者,并不得腾过。其无马之处,不用此令。

史料 15 《天圣令校证·厩牧令》复原第三十七条:

诸乘驿及传送马驴,应至前所替换者,并不得腾过。其无马驴之处,不用此令。

该条文中规定在乘驿马及传送马、驴时,到达应该交换马、驴的地点时必须交换马、驴,如果遇到马、驴全部出去的驿时,不交换也是可以的。该条文的原型也是递马,对将其复原为"驿及传送马驴"是不敢赞同的。如同宋令第九条的复原中也指出的那样,应避免将宋代的递马简单地等同于唐代的传送马或驿马。再者,《厩牧令》中驿马和传送马同时规定的情况并不多,必须将其与日本令的编成原理不同这一情况作为前提。前一条文的宋令第十一条的内容是水驿的规定,从后续论述的条文排列来考虑的话,该条文的内容被认为是关于驿马的规定。虽然没有直接的表现史料,但下揭《唐律疏议》的相关记述可资佐证。

史料 16 《唐律疏议·职制律》"乘驿枉道条":[6]

---

1 宋氏和侯氏均没有复原这一条。

2 《唐六典》卷五,"尚书兵部 驾部郎中"。

3 《令義解·厩牧令》"水駅条"。

4 参见前揭宋家钰:《唐开元厩牧令的复原研究》。

5 参见前揭宋家钰:《唐开元厩牧令的复原研究》。

6 "乘驿"后宜加"马"字。——译者注

诸乘驿马辄枉道者，一里杖一百，五里加一等，罪止徒二年。越至他所者，各加一等。谓越过所诣之处。经驿不换马者，杖八十。无马者，不坐。

疏议曰：乘驿马者，皆依驿路而向前驿。若不依驿路别行，是为"枉道"。"越至他所者"，注云："谓越过所诣之处"，假如从京使向洛州，无故辄过洛州以东，即计里加枉道一等。"经驿不换马"，至所经之驿，若不换马者，杖八十。因而致死，依《厩牧令》："乘官畜产，非理致死者，备偿。""无马者，不坐"，谓在驿无马，越过者无罪，因而致死者不偿。

问曰：假有使人乘驿马枉道五里，经过反覆，往来便经十里，如此犯者，从何科断。

答曰：律云"枉道"，本虑马劳，又恐行迟，于事稽废。既有往来之理，亦计十里科论。

史料16中规定驿使不沿着正确的路线行进这种情况下的罪，同时还规定在经过的驿不换马时的罪。而且如加下划线的最后的律文原注"无马者，不坐"那样，记载了驿中若无可换的马匹时不问罪。该律条的目的正如最后的问答部分所记的考虑到"马劳"的情况，为了紧急重要的信息传达中不出现障碍，则要求按规定换马。

从上面的内容来看，可以将宋令第十二条设想为有关驿制的规定，如果以此复原唐令的话，就变成了"诸乘驿马，应至前所替换者，并不得腾过。其无马之处，不用此令"。

（三）从《厩牧令》的复原看出的唐代交通体系

据上文探讨的唐代《厩牧令》的复原，兹整理统括唐代传送制和驿制的特征如下：

传送制是以要道州县配备的传送马为基干的交通，让传送马主饲养马，他们的上番与州县的递送业务相对应，官府也在传送马不足时征发私马。一方面，传送马与折冲府的官马一元化管理，另一方面，其移动中的供给也与驿中的驿马一体运用。

驿制是利用在要道中设置的驿以及配备驿马的交通，驿是在驿长管理下设置规定数量的驿马，上番驿丁饲养驿马，以应对紧急情报的传达的场所。

虽说传送马和驿马都由折冲府的官马来配备，但驿马不实行传送马那种与官马的一元化管理，而是被相对独立地管理。驿制是联结国都和州府或者军府的紧急情报、军事信息的传达网。正如《唐律疏议》有诸多关于驿使的惩罚规定那样，驿马使用是被严格限制的。对于使用驿马来说，铜龙传符或者纸券是必要的，但这是皇帝权力的象征,驿马的支给规定被规定于《公式令》中。《公式令》是为公文书的样式和制作的各种规定、官员的秩序、印玺的管理运用等而设立的篇目,为此,担当紧急情况下文书传达的驿制也被规定于其中。关于利用驿马时铜龙传符这种皇帝权力象征的使用,荒川氏认为它以可视性的形式表明皇帝与各州县之间的政治从属关系,并指出州县有维持管理驿马、驿并供给驿使的义务。[1]

与此不同,传送制承担着以州府内部为中心的日常交通,州常使用的递牒这种文书得以运用。[2] 关于递牒,荒川氏认为其具有以中国社会基层行政单位"县"为基础的交通功能。因为其制度中吸收了汉代以降变形后存在的地域社会的交通机能"传",所以所谓的传送制,就是在传送、递送时,适应递牒的需要而征发的交通机能。[3]

没有明确表示传送马在何时得到利用的规定。但是,不行唐令第三十五条"传送马差给条"中有传送马的利用规定。该条文中规定了诸州在令、式规定之外禁止利用传送马,传送蕃客和贡品时支给传送马的内容,支给桂州、广州、交州三府派遣使传马的内容,等等。依其内容可知,这不仅是一般的利用传送马的规定,而且还将例外规定整合在一条之中。因为连日本令中也没有对应的条文,排列也被放在不行唐令的最后,所以有可能在最初的法规定中是不存在的。[4]

驿马的支给规定在《公式令》中、传送马的支给规定在《厩牧令》中,两者的运用是被区分开的。但下述史料 17 中,驿使在无紧迫性的情况下也使用传送马。

史料 17 《唐六典》卷八《门下省 给侍中》:

凡发驿遣使,则审其事宜,与黄门侍郎给之。其缓者给传,即不应给,罢之。

对于公使的移动不通过驿而通过传送的场合,如复原第四十一条规定那样,相对应于同样官爵的驿马而支给传送马。而且其移动中的供给与驿使一样是在驿中进行的。为此,在要道的州县中设置了与传送使相对应的传送马、驴,以备传送、供给。存在不足的场合或在无常置的州县,则通过征发私马来完成相应的任务。[5] 如荒川氏所述的"县是用某些方法确保某种交通手段"[6],在此类交通繁剧的重要地区,传送马

1 参见前揭荒川正晴:《唐朝の交通システム》。

2 ファム・レ・フイ:《賦役令車牛人力条からみた逓送制度》,《日本歴史》736,2009 年。

3 参见前揭荒川正晴:《唐朝の交通システム》。

4 参见黄正建撰:《天聖令における律令格式勅》,山口正晃译,载于大津透编:《日唐律令比較研究の新段階》,山川出版社 2008 年版;前揭中大辅:《北宋天聖令からみる唐の駅伝制》。

5 另外也可能使用官马。在《天圣令校证·厩牧令》复原四十五条中,同时记载了传送马、驴和官马,估计官马也用于出使。

6 参见前揭荒川正晴:《唐代公用交通システムの構造》。

是为了公使的传送而配置的。再者，驿也用州县的财源来维持管理，为将驿使、传送使均以驿为供给设施，驿马和传送马也就被一体地运用。

四、复原唐令的条文排列设想

最后尝试一下复原唐令的条文排列。《天圣令校证》是以《养老令》（以及《唐令拾遗》）的排列为基准复原的。[1] 若论其他的篇目，《养老令》和《天圣令》中宋令、不行唐令的排列没有大的差别，但《厩牧令》被大幅度变更了。《养老令》是按照厩和牧的相关条文群、驿传制的相关条文群、走失畜牲的处理等的相关条文群的顺序排列的。但《天圣令》中有关驿传制的条文被分为两处（参照后揭文末表1）。宋氏以《养老令》为依据，将驿传制相关的部分作为一群。可是，正如本文讨论过的那样，对于日、唐的驿传制，特别是唐朝的传送制与日本的传马制分歧是很大的。在日本，是将驿马和传马作为一体的东西，日、唐驿传制的不同也可从条文的排列中反映出来。[2]

对于复原无法反映日本令改革的唐令，有必要根据复原唐令的内容重新排列。宋令的条文群和不行唐令的条文群的排列顺序，是因为考虑到沿袭唐令的排列顺序，所以尽可能不变更不行唐令的排列，在进入宋代后，须依内容适当地插入变更过的宋令。《厩牧令》的条文构成，可以从内容上分类为官畜的支给规定，官畜的生产规定，烙印的规定，厩、牧的规定，官马、传送马的管理规定，官、私诸畜的管理规定，驿制的规定。据此重新排列的条文如后揭文末表2。第1—29条是关于诸官畜的生产和管理的条文群，第30—40条是关于官马和传送马的条文群，第40—47条是关于官、私诸畜管理的条文群，第48—53条是关于驿制的条文群。[3]

结　语

从《天圣令》的宋令、不行唐令复原唐令，迄今仍有诸多不明白之处，以日本令、

---

1 参见前揭宋家钰：《唐开元厩牧令的复原研究》，《唐〈厩牧令〉驿传条文的复原及与日本〈令〉〈式〉的比较》；前揭侯振兵：《唐〈厩牧令〉复原研究的再检讨》。

2 参见前揭中大辅：《北宋天聖令からみる唐の駅伝制》；前揭永田英明：《唐日伝馬制小考》。

3 正如本文所讨论的，编号52虽然不清楚是否能复原为唐令，但大致是关于驿制的条文。编号53是有关传送制的条文，不过，不包含于最初的唐令，作为追加条文的可能性颇高。关于传送马的利用，拟另文讨论。

西域文书等为依据有可能重新检讨唐代的交通体系。关于在唐代交通体系中看不到具体的规定且定位不明确的传送马,依据法律规定可以明确它设置于要道的州县,担任着传送功能的事实。传送制与驿制的编成原理有所不同,马的支给也被规定在不同的篇目中,但可以确认的是两者也存在运营上一体化的部分。

而且,在复原唐代交通体系时,与古代日本律令制下的交通体系的新的比较成为可能。古代日本的交通体系与唐代相对照,将传马与驿马一体化的制度定位倾向很强。在引入交通制度时,将驿制和传马制规定在同一条文中,这也导致条文排列上的不同。在唐令复原时,虽然不得不参照日本令,但同时也应时常注意日本方面的变化。

本文力图复原唐令,并从这些法律规定中检讨有关驿制和传送制。因此,没有进行实际运用情况的研究,以及与日本令的比较等。唐代交通制度的实际状况和变迁,还有与日本驿传制的比较等,可研究之处颇多。这些将作为今后的课题,此处暂且不提。

表1 唐·宋·日本《厩牧令》条文对照表

No.	宋氏复原	天圣令	天圣令条文名	宋氏分类	唐令拾遗	拾遗补	养老令	养老令条文名	内容
1	复1	宋1	系饲象马给兵牧子条	A	1	补订	1	厩细马条	官畜饲养的人员规定
2	复2	宋2	系饲象马给干藁条	A	2	补订			给官畜的藁的支给量
3	复3	宋3	系饲给豆盐药条	A	3				给官畜的豆、盐、药的支给量
4						※	2	马戸分番条	(马户的番役和运输调草的规定)
5	复4	宋4	系饲官畜请草豆条	A					草、豆的支给、管理规定
6	复5	宋5	官畜请脂药条	A		※	3	官畜条	药类的支给规定
7	复6	唐1	马牛成群条	B	4	补订	5	牧每牧条	牧的构成和牧子的人员
8	复7	唐2	诸牧置长条	B		※	4	牧马帐条	牧的职员和任用规定

（续表）

No.	宋氏复原	天圣令	天圣令条文名	宋氏分类	唐令拾遗	拾遗补	养老令	养老令条文名	内 容
9	复 8	唐 3	给兽医条	B					兽医和牧户的任用规定
10	复 9	唐 4	杂畜饲干青时日条	B		＊补订			关于干草和青草的替换时间
11	复 10	唐 5	驹犊三岁别群条	B	5 甲	补订			关于驹、犊分群的年龄
12	复 11	唐 6	游牝责课条	B	5 乙	补订	6A	牧牝马条 A	牧的马、牛、羊的游牝和责课的年龄
13	复 12	宋 6	牝牡同群游牝条	B					关于牧的饲养形态
14	复 13	唐 7	年课驹犊条	B			6B	牧牝马条 B	在牧的责课数量规定
15	复 14	唐 8	每剩驹犊条	B	6	补订	7	每乘驹条	超过责课数的褒奖规定
16	复 15	唐 9	杂畜死耗条	B	7	补订	8	死耗条	关于每年间减少的容许数量
17	复 16	唐 10	失杂逐条	B	8		9	失马牛条	丢失官畜以及致不当死损时的课征
18	复 17	唐 11	马牛印字条	C	9	补订	10	驹犊条	在牧的烙印种类和部位
19	复 18	唐 12	诸府官马印字条	C					诸府官马的烙印和部位
20	复 19	唐 13	驿监镇戍马牛印字条	C					驿、传送、镇戍等马牛的烙印和部位
21	复 20	唐 14	印在省府条	C					烙印的管理规定
22	复 21	唐 15	在牧驹犊对印条	C					关于烙印的时期和记录账簿的作成

(续表)

No.	宋氏复原	天圣令	天圣令条文名	宋氏分类	唐令拾遗	拾遗补	养老令	养老令条文名	内容
23	复 22	宋 7	牧羊供祭勿印条	C					供祭祀用的羊不要烙印的规定
24	复 23	〔补〕	尚乘每配习驭调马条		16	补订			尚乘局、东宫的调习马的规定
25	复 24	〔补〕	诸牧监使每年简细马进条						关于陇右牧、祥麟、凤苑厩献上的马
26	复 25	唐 16	官户奴充牧子放免条	D					在牧劳动十年时间的官户奴放为良的规定
27	复 26	唐 17	牧侧人入牧地条	D					允许在牧地采斫的规定
28	复 27	唐 18	诸牧置监条	D					关于牧的名称和规模
29	复 28	唐 19	须猎师条	D					关于驱除有害野兽
30	复 29	宋 8	牧地烧草条	D		※	11	牧地条	牧地的用火规定
31						※	12	须烙印条	烙印时的人员调配方法
32	复 30	唐 20	卫士家养官马条	D		※	13	牧马应堪条	将诸府的官马交付马主饲养时的规定
33	复 31	唐 32	置驿条	E	10	补订	14	须置驿条	驿的设置场所
34	复 32	唐 33	置驿长驿马条	E	11		15A	驿各置长条 A	驿长的任用、驿数的设置数量
35					12		15B	驿各置长条 B	(驿马死时驿长赔偿填补)
36					13		16A	置驿马条 A	(驿马的设置数量)
37	复 33	唐 34	驿马给丁条	E					驿丁的设置

（续表）

No.	宋氏复原	天圣令	天圣令条文名	宋氏分类	唐令拾遗	拾遗补	养老令	养老令条文名	内 容
38	复34	唐21	驿马传送马驴取官马马主养马条	E			16B	置驿马条B	将官马用作驿马、传送马，以及传送马的饲养规定
39	复35	宋11	水路给船条〔水驿条〕	E	14		17	水驿条	在水路供给船（水驿的设置）
40	复36	宋15	诸驿受粮蘽条〔驿受粮蘽条〕	E					支给驿糧蘽时的规定
41	复37	宋12	乘递不得腾过条〔驿不得腾过条〕	E		※	18	乘驿条	乘递马禁止越过的规定〔乘递马禁止越过的规定〕
42	复38	唐22	官马传送马驴死阙备替条	E	17		19	军团官马条	官马、传送马驴的调习和补充的规定
43	复39	唐35	传送马差给条	E					利用传送马的范围
44	复40	唐23	官马传送马驴老病货卖条	E	18	补订	20	驿传马条	不堪乘用的官马、传送马驴的精简规定
45	复41	宋9（前半）	出使给马等第条〔给传送马条〕	E	15		公式42	给驿传马条	递马的支给数〔传送马的支给数〕（驿马的支给数在《公式令》中）
46	复42	宋9（后半）	出使无马私马充条	E		※	21	公使乘驿条	递马不足时的应对〔传送马不足时用私马充当〕
47	复43	唐24	诸府官马检校条	E					官马的检查校对规定
48	复44	唐25	官马传送马从军行条	E					官马、传送马从军的规定

(续表)

No.	宋氏复原	天圣令	天圣令条文名	宋氏分类	唐令拾遗	拾遗补	养老令	养老令条文名	内 容
49	复45	唐26	官人乘传马供给条	E		※	22	乘传马条	关于对传送马驴、官马利用者的供给
50	复46	唐27	州县传马承直给地条	E					传送马的分番和给地的规定
51	复47	宋10	官私阑马驼等条	F	19		23	国郡条	关于走失畜牲的管理和变卖
52	复48	唐28	赃马杂畜条	F	20		24	阑遗物条	关于赃畜的管辖和处置
53	复49	唐29	官畜私马帐条	F		※	25	官私马牛条	官私马帐册的送上规定
54	复50	唐30	私马申牒造印条	F					私马印的规定
55	复51	唐31	官马骡驼牛死收筋脑条	F		※	26	官马牛条	死损官畜的利用的规定
56	复52	宋13	因公使乘官私马致死条	F	21		27	因公事条	因公用造成官私马牛死损时的规定
57					22	削除			
58	复53	宋14	官畜在道羸病条	F	23		28	官畜条	官畜在路途疲羸时的规定

*条文名参照宋家钰的复原研究(前揭宋家钰:《唐开元厩牧令的复原研究》和《唐〈厩牧令〉驿传条文的复原及与日本〈令〉〈式〉的比较》),但有部分改动。

*宋令条文名的〔 〕中的名字,是唐令复原时的条文名。

*加浅黑色底部分是根据宋家钰变更排列后的交通关系的部分(前揭宋家钰:《唐〈厩牧令〉驿传条文的复原及与日本〈令〉〈式〉的比较》)。

*宋氏分类项目的详细内容为如下通例。"诸畜给丁饲养类"=A、"诸畜管理责课类"=B、"诸畜印字类"=C、"诸牧置监与牧地管理类"=D、"驿传类"=E、"阑畜、赃畜、死病处理与官私畜帐类"=F。

*《唐令拾遗补》项的"*补订",参照池田温:"唐令と日本令(二)《唐令拾遺補》の訂補"(《創価大学人文论集》11,1999年)。

表 2　复原唐《厩牧令》排列方案

No.	分类	天圣令	复原唐令的条文名	宋氏分类	唐令拾遗	拾遗补	养老令	养老令条文名	唐令的内容
1	对官畜的支给规定	宋 1	系饲象马给兵牧子条	A	1	补订	1	厩细马条	官畜饲养的人员规定
2		宋 2	系饲象马给干藁条	A	2	补订			给官畜的藁的支给量
3		宋 3	系饲给豆盐药条	A	3				给官畜的豆、盐、药的支给量
4		宋 4	系饲官畜请草豆条	A					草、豆的支给、管理规定
5		宋 5	官畜请脂藥条	A		※	3	官畜条	药类的支给规定
6	官畜的生产规定	唐 1	马牛成群条	B	4	补订	5	牧每牧条	牧的构成和牧子的人员
7		唐 2	诸牧置长条	B		※	4	牧马帐条	牧的职员与任用规定
8		唐 3	给兽医条	B					兽医和牧户的任用规定
9		唐 4	杂畜饲干青时日条	B		* 补订			关于干草和青草的替换时间
10		唐 5	驹犊三岁别群条	B	5 甲	补订			关于驹、犊分群的年龄
11		唐 6	游牝责课条	B	5 乙	补订	6	牧牝马条	牧的马、牛、羊的遊牝和责课的年龄
12		宋 6	牝牡同群游牝条	B					关于牧的饲养形态
13		唐 7	年课驹犊条	B			6B	牧牝马条Ⅱ	在牧的责课数量规定
14		唐 8	每剩驹犊条	B	6	补订	7	每乘驹条	超过责课数的褒奖规定

(续表)

No.	分类	天圣令	复原唐令的条文名	宋氏分类	唐令拾遗	拾遗补	养老令	养老令条文名	唐令的内容
15	官畜的生产规定	唐 9	杂畜死耗条	B	7	补订	8	死耗条	关于每年间减少的容许数量
16		唐 10	失杂逐条	B	8		9	失马牛条	官畜的丢失以及致不当死损时的课征
17	烙印的规定	唐 11	马牛印字条	C	9	补订	10	驹犊条	在牧的烙印种类和部位
18		唐 12	诸府官马印字条	C					诸府官马的烙印和部位
19		唐 13	驿监镇戍马牛印字条	C					驿、传送、镇戍等的马牛的烙印和部位
20		唐 14	印在省府条	C					烙印的管理规定
21		唐 15	在牧驹犊对印条	C					关于烙印的时期和记录账簿的作成
22		宋 7	牧羊供祭勿印条	C					供祭祀用的羊不要烙印的规定
23	厩、牧的规定	〔补〕	尚乘每配习驭调马条		16	补订			尚乘局、东宫的调习马的规定
24		〔补〕	诸牧监使每年简细马进条						关于陇右牧、祥麟、凤苑厩献上的马
25		唐 16	官户奴充牧子放免条	D					在牧劳动十年时间的官户奴放为良的规定
26		唐 17	牧侧人入牧地条	D					允许在牧地采斫的规定

（续表）

No.	分类	天圣令	复原唐令的条文名	宋氏分类	唐令拾遗	拾遗补	养老令	养老令条文名	唐令的内容
27	厩、牧的规定	唐 18	诸牧置监条	D					关于牧的名称和规模
28		唐 19	须猎师条	D					关于驱除有害野兽
29		宋 8	牧地烧草条	D		※	11	牧地条	牧地的用火规定
30	官马、传送马的管理	唐 20	卫士家养官马条	D		※	13	牧马应堪条	将诸府的官马交付给马主饲养时的规定
31		唐 21	驿马传送马驴取官马条	E			16B	置驿马条 B	将官马用作驿马、传送马以及传送马的饲养规定
32		唐 22	官马传送马驴死阙备替条	E	17		19	军团官马条	官马、传送马驴的调习和补充规定
33		唐 23	官马传送马驴老病货卖条	E	18	补订	20	驿传马条	不堪乘用的官马、传送马驴的精简规定
34		宋 9（前半）	给传送马条	E	15		公式 42	给驿传马条	传送马的支给数（驿马的支给数在公式令中）
35		宋 9（后半）	出使无马私马充条	E		※	21	公使乘驿条	传送马不足时用私马充当的规定
36		唐 24	诸府官马检校条	E					官马的检查校对规定
37		唐 25	官马传送马从军行条	E					官马、传送马的从军规定

(续表)

No.	分类	天圣令	复原唐令的条文名	宋氏分类	唐令拾遗	拾遗补	养老令	养老令条文名	唐令的内容
38	官马、传送马的管理	唐 26	官人乘传马供给条	E		※	22	乘传马条	关于给传送马驴、官马的利用者的供给
39		唐 27	州县传马承直给地条	E					传送马的分番和给地规定
40	官私诸畜的管理	宋 10	官私阑马驼等条	F	19		23	国郡条	关于走失畜牲的管理和变卖
41		唐 28	赃马杂畜条	F	20		24	阑遗物条	关于赃畜的管辖和处置
42		唐 29	官畜私马帐条	F		※	25	官私马牛条	官私马帐册的送上规定
43		唐 30	私马申牒造印条	F					私马印的规定
44		唐 31	官马骡驼牛死收筋脑条	F		※	26	官马牛条	死损官畜的利用规定
45		宋 13	因公使乘官私马致死条	F	21		27	因公事条	因公用造成官私马牛死损时的规定
46		宋 14	官畜在道羸病条	F	23		28	官畜条	官畜在路途中疲羸时的规定
47	驿制的规定	唐 32	置驿条	E	10	补订	14	须置驿条	驿的设置场所
48		唐 33	置驿长驿马条	E	11		15	驿各置长条	驿长的任用、驿数的设置数量
49		唐 34	驿马给丁条	E					驿丁的设置
50		宋 11	水驿条	E	14		17	水驿条	水驿的设置
51		宋 12	乘递不得腾过条	E		※	18	乘驿条	乘递马禁止越过的规定
52		宋 15	诸驿受粮藁条	E					对驿的粮藁支给时的规定
53		唐 35	传送马差给条	E					传送马的利用范围

* 注释说明方面,与上面的表 1 相同。

日唐关市令的成立和特质
——以关于关税的法规为中心*

[日] 吉永匡史** 著 周东平 陈牧君*** 译

前 言

关市令是规定关的交通检查和市的交易管理的一篇律令。但两者并不是独立的,而是在漫长的历史中相互关联,各规定最终被整理成关市令的形式。从其内容来看,关市令与交通体系、经济活动密切相关,再加上关具有潜在的军事防卫性质,以及与边境地区其他集团相接触的特点,故被视为对国家和民众有多方面影响的法规。但是,唐朝以前的令几乎散佚,而且即使古代日本,也因为《令集解》中关市令卷的缺失,致使在法制方面的研究存在困难。

在这种情况下,2006 年公布了包括关市令在内的北宋天圣令残本,向学会提供了许多比较研究日唐关市令的素材。[1] 关于唐关市令的内部构造,其大概的内容在

---

* 本文原题为《日唐関市令の成立と特質——関にかかわる法規を中心として》,载《金沢大学歴史言語文化系論集 史学·考古学篇》第十号,2018 年。另外,本文所使用的主要史料的典据如下:【日本古代史】《令義解》《令集解》《類聚三代格》(新訂増補國史大系),《日本書紀》(日本古典文学大系),《続日本紀》(新日本古典文学大系),養老律令(日本思想大系《律令》);【中国史】《吕氏春秋》(國譯漢文大成),《管子》(新积漢文大系),《汉书》《晋书》《隋书》《旧唐书》《新唐书》《唐六典》(中华书局标点本),《太平御览》(中华书局影印本),《故唐律疏议》(律令研究会编:《譯註日本律令》,东京堂出版),《郡斋读书志》(上海古籍出版社标点本)。

** 吉永匡史,日本金沢大学人间社会研究域历史语言文化学系准教授。

*** 周东平,厦门大学法学院教授;陈牧君,厦门大学法学院 2018 级法律硕士。

1 天一阁所藏《官品令》残本经戴建国校订为北宋天圣令残本。参见戴建国:《天一阁藏明抄本〈官品令〉考》,后收入氏著《宋代法制初探》,黑龙江人民出版社 2000 年版。有关天圣令残本之公布及其意义的介绍,参见大津透:《北宋天聖令の公刊とその意義——日唐律令比較研究の新段階》收入《律令制研究入門》,名著刊行会 2011 年。本文所提及的天圣令条文虽基本依据天一阁博物馆、中国社会科学院历史研究所天圣令整理课题组校正《天一阁藏明钞本天圣令校证 附 唐令复原研究》(下册)(中华书局 2006 年版)所收之清本,但于不赞同校订之处,则据校录本及照片,回复至底本中的字句。

此前的文章中已有所示[1],并且推进了唐关市令条文的复原。[2]

在天圣令中,“不行”之令被认为是极大地保留了开元25年令的原貌,另一方面,对于宋令,有必要复原为唐令的条文。虽然从宋令中复原唐令的工作颇为困难,但认真地逐条研究,可以成为今后律令制研究的基础。[3]

事实上,仅靠逐条研究的积累是不够的。之所以这样说,是因为各篇目并不是到了唐朝突然形成的,而多是从前朝继承的东西。换言之,就唐令的篇目而言有“前史”,具有继承篇目内部的理论结构和各种规定之内容的侧面。随着逐条研究的推进,从这种观点出发对篇目本身的考察也将被深化。

因此,本文根据迄今为止逐条研究的成果,以相关的法规作为主要着眼点,考察古代日本和唐朝关市令篇目本身的特征。首先,为了对律令中的关市令本身进行评价,将回顾到中国宋代为止的关市令的变迁;其次,探讨日本关市令的成立。并且,在参照孟彦弘氏和榎本淳一氏的研究成果的同时,[4]对日唐关市令条文进行比较研究,以明确从“令”这一法规管窥的古代日本关的特质。

一、中国关市令的形成过程

古代中国关的出现,可以追溯到春秋战国时期。在春秋时期,各国尚未发展成为领土国家,而是停留在所谓的城市国家阶段。因此,关多设在国都的旁边,其主要作用,开始时被认为是迎接他国使者的场所。[5] 随后,才增加了作为军事防卫据点和征收通行税(即关税)的经济性的特质。

直到战国时期,随着领土国家体制的逐渐完善,不仅是在首都周边地区,而且在国内的其他重要地区、边境地区也开始设置关。如果根据安徽省寿县出土的“鄂君启金节”,可以确认在战国时期的楚国,无论是陆路、还是水路似乎都设有关,对于行

1　拙稿《律令関制度の構造と特質》,收入拙著《律令国家の軍事構造》,同城社2016年,第144—149页。

2　前揭拙稿《律令関制度の構造と特質》,以及拙稿a《唐代における水関と関市令》(收入《工学院大学研究論叢》50篇1号,2012年)、拙稿b《日本书籍中的唐代法制——以唐令复原研究为视角》(收入中国政法大学法律古籍整理研究所编《中国古代法律文献研究》十一辑,社会科学文献出版社2017年版)。

3　冈野诚氏也指出同样的问题。参照氏作《書評 大透津編〈日唐律令比較研究の新段階〉》,收入《唐代史研究》十二号,2009年,第166页。

4　孟彦弘:《唐关市令复原研究》(收入前揭《天圣令校证》),榎本淳一:《北宋天聖令による唐関市令朝貢・貿易管理規定の復原》,收入《唐王朝と古代日本》,吉川弘文馆2008年版。

5　佐藤武敏:《先秦時代の関と関税》,收入《甲骨学》十号,1964年版,第158—161页。

人所携带的马、牛、羊、货物都征收关税。[1] 另外，在被视为战国时期秦国西域地图的天水放马滩秦墓出土地图上，还特别描述了渡河点的关。[2] 根据藤田胜久氏的说法，战国秦采用在前线设置“县”，并在其周边设关的方式扩大其统治领域。[3] 经过这样的阶段之后，关的检查增加了以公文书开封为首的交通检查功能，以及物品出入等经济检查功能，以充实其职能。如此一来，关就形成“交通及军事上的目的”与“经济目的”两者并存的形态。

当秦始皇首次统一中国全境时，关原则上被分为首都圈周围和边境地带两大类型，建立了多层性的关的设置体制。[4] 此后，经过秦末动乱后重新统一的西汉，设立了“包围畿内的关”和“汉帝国边境地带的关”两种类型。[5] 也就是说，关只设置在畿内和边境地带，具有边界一旦变化就将被废除的特性。

西汉的关，从在关中地区的首都圈来看，只在东方设置了与南北相连的关线，尤其是针对东方诸侯王国的军事防卫线。据推测，这条线具有区分支配方地区（关中）和被支配方地区（东方）的作用。[6] 这就清楚地显示出了关具有政治、军事、经济上的复合性特征。

此后，如果根据大櫛敦弘氏所言，由于王莽在新朝建立之年设置了四关将军，对后世设置关的方式产生了巨大的影响。[7] 即这不仅仅是南北方向上的单一线，而是由众多的关围绕首都而形成“回”字形的防卫线，这种形式被东汉洛阳的八关、唐代京城的四面关所继承。[8]

如果根据砺波护氏的说法，唐代的关存在“区分京城内外的四面关”和“隔绝中华与四夷的边境关”两种类型。[9] 尽管如此，两者的重要性并不等同，《唐六典》卷六《尚书刑部》“司门郎中员外郎”曰：

---

1 参照前揭佐藤武敏：《先秦時代の関と関税》，第 170—171 页。

2 参照何双全：《天水马滩秦墓出土地图初探》，收入《文物》，1989 年第 2 期。

3 参照藤田胜久：《戦国秦の領域形成と交通路》，收入《中国古代国家と郡県社会》，汲古书院 2005 年版。

4 大栉敦弘：《秦代国家の統一支配——主として軍事的側面から》，收入间濑收芳编《〈史記〉〈漢書〉の再検討と古代社会の地域的研究》，平成五年度科学研究费补助金成果报告书，1994 年，第 124—126 页。

5 纸屋正和：《前漢時代の関と馬弩関》，收入《福岡大学人文論叢》十卷二号，1978 年。但也有人指出，纸屋氏这种分类不是绝对的，包围畿内的诸关具有对付匈奴的防卫线的功能。

6 参照大栉敦弘：《関中・三輔・関西——関所と秦漢統一国家》，收入《海南史学》三十五号，1997 年。

7 《汉书》卷九十九中《王莽传》始建国元年冬条中有“置五威司命，中城、四关将军”，后继的是对各将军的训示（包括职务内容）。

8 大栉敦弘：《新朝の統一支配——主として軍事的側面から》，收入《高知学人文学部人間文化学科人文科学研究》十六号，2010 年，第 18—26 页。

9 砺波护：《唐代的畿内和京城四面関》，收入《隋唐都城財政史論考》，法藏馆 2016 年版，第 86 页。

> 凡关二十有六,而为上、中、下之差。京城四面关有驿道者为上关,余关有驿道及四面关无驿道者为中关,他皆为下关焉。

由此可见,上关仅由京城四面关构成,且京城四面关最受重视。可以说唐代在关的设置上,是把京师防卫作为最重要的考量。

综上所述,伴随着中国由城市国家过渡为领土国家,乃至形成统一国家,关的设置方式及其性质也改变了。那么,关市令篇目的成立和变化,是如何定位的呢?

如果根据池田雄一氏的说法,最初的"关市"是指沿着国境设置的关,它是交易的场所。[1] 《吕氏春秋》卷八《仲秋纪》记载:"易关市,来商旅,入货贿,以便民事。"提倡通过减少对"关市"的征税来繁荣商人的贸易往来,这一点可以作为参考。另外,由《管子·问篇》"征于关者,勿征于市,征于市者,勿征于关",可知从战国时代开始,国内不仅仅只有"关市",还存在着市,实施征税。在战国晚期,睡虎地秦简的"关市"律中可见"为作务及官府市,受钱必辄入钱缿中,令市者见其入,不从令者,赀一甲。关市。"[2] 由"市者"监视销售金额投入"缿"之事,可以推测国家严格管理着"官府市"。进入西汉以后,作为"关市"的对置词语"都市"开始出现在史料中,可以确认地方郡县治所级别存在"市"区(="都市")。所以,"关市"在古代是两个字的惯用语,首先要掌握的不仅仅是表示"关"+"市"的意思。

根据上述,将具体篇目明确的北宋天圣令以前的律令总结为本文末尾所附的表一。在读解表一时,必须注意在最初阶段律令应有的状态。虽然根据战国晚期的睡虎地秦简、西汉张家山汉墓出土的吕后二年律令,可以了解所谓律令的最初状态,但在曹魏以前成为律令之核心的是律,令只是皇帝的诏令而已。[3] 因此,"△△令"这个名称也可以说是临时名称,还没有像唐、宋令那样按事项进行分类的做法。经过这种尚未成熟的状态后,到了西晋泰始律令,明确地将律令分化为刑罚性法规的律和行政性法规的令。

根据表一,在继受西晋泰始律令及其框架的梁天监律令中,关市律和关市令并存。在《太平御览》的佚文中,可见卷五百九十八"文部十四·过所"的晋令如下条文:

> 诸渡关及乘舡筏上下经津者,皆有过所。写一通付关吏。[4]

---

1 池田雄一:《簡牘に書かれた律令》,收入《白山史学》四十五号,2009年,第20页。拙文有关"关市"的叙述,多赖此文。

2 睡虎地秦简的释文,根据睡虎地秦墓竹简整理小组编《睡虎地秦墓竹简》,文物出版社1990年版。

3 冨谷至:《晋泰始律令への道》,收入《漢唐法制史研究》,创文社2016年版。

4 本文原著"皆有所写一通"。但根据内藤虎次郎《三井寺所蔵の唐過所に就て》(《内藤湖南全集》七卷,筑摩书房1970年版。)第617页所指示,补了"过"字。

本条规定，在渡河点的关上，船只、木筏也有义务持有过所作为其通关的勘检凭证。另外，该书卷七百五十六“器物部一·器皿”中的“晋令曰”：

> 欲作漆器物卖者，各先移主吏者名，乃得作。皆当淳漆著布骨。器成，以朱题年月姓名。

可见在买卖漆器的时候，也有用红笔书写着制作者的姓名和年月的规定。

前两条规定，可以确认是与唐令、宋令相对应的条文，前者是被《倭名類聚抄》卷三《居处部·道路类》“津”所引用的唐令佚文“诸度关津，及乘船筏上下经津者，皆当有过所”[1]、后者是被北宋天圣关市令宋 14 条“诸造弓箭、横刀及鞍出卖者，并依官样，各令题凿造者贯属、姓名，州县官司察其行滥。剑及漆器之属，亦题姓名”所继受。正如程德树氏考证的那样，这些可以视为晋关市令的佚文。[2] 由此可以推定，其与唐、宋令一样，是根据关的勘验过所（即“勘过”）和市的买卖等相关规定而成立的。

并且，关市律对此有相应的罚则。唐律中与关相关的罚则，是一同规定在与宫城有关规定的卫禁律中。但晋泰始律，是将卫宫律和关市律分离，这一篇目构成理念不仅体现在南朝梁的天监律令，在北周律也都一样。[3]

但在北齐河清律令中发生了很大的变化。北齐律将关市律和宫卫律合二为一，成立禁卫律这一篇目。此后的隋虽然从北周禅让而来，但仍多采北齐律令，[4]之后的唐朝律令在很大程度上依据开皇律令。这可以从发展为唐律中的卫禁律的结果看出。另一方面，由于北齐令中中央官司采取二十八曹，关市令作为篇目名因此消失，但后来在隋开皇令中得以恢复，并被唐令所继承。

在这一过程中值得注意的是，从随开皇令到北宋天圣令，篇目自始至终都是按“田→赋役→仓库→厩牧→关市”这样的顺序排列的。其中“厩牧→关市”的顺序，若将视野拓展到律，可追溯到晋律及梁律中也能找到（厩律→关市律）这一依据。在考

---

1 《倭名類聚抄》的原文，根据京都大学文学部国语学国文学研究室编《諸本集成 倭名類聚抄本文篇》（临川书店 1968 年版）收录的 10 卷本《箋注倭名類聚抄》。拙文所引用部分，在 20 卷本中亦同。还可以参照前揭拙稿《律令関制度の構造と特質》，第 155—158 页。

2 程树德：《九朝律考·晋律下》，中华书局 2006 年版。

3 但是北周律中除了关市律、宫卫律外，还有市廛律的存在。对此，池田雄一氏指出，对市的规定有可能像秦汉时代那样将其分离成国内的“都市”和边境的“关市”。前揭池田雄一：《簡牘に書かれた律令》，第 29 页。

4 关于律，《通典》卷一百六十四《刑法二》记述北周律：“大凡定法千五百三十七条。其大略滋章，条流苛密，比于齐法，烦而不要。”另外，也有学者指出，由于北周重视礼，本来令应该规定的都被礼所包容，结果令大多变得有名无实。参照内田吟风《北周の律令格式に関する雜考》，收入《東洋史研究》十卷五号，1949 年，第 37 页以下。

虑关市令的特征时,我认为厩牧的后面接续关市这一排列顺序是很重要的。

最初在汉代,张家山汉墓出土的吕后二年律令《津关令》五〇六简中就有“☐议,禁民毋得私买马以出扜关、郧关、函谷(关)、武关及诸河塞津关”的说法。[1] 由此可以看出当时对于马出关(即向诸侯王国输出马匹)是非常敏感的。对此,也应同时注意为控制马和弩的运输而设置马弩关的特性。[2] 不仅应该检查人及其随身物品,还要对以马为首的家畜的出入详加检查,这一点在譬如下揭北宋天圣令关市令宋1条也能找到相关的规定:

> 诸欲渡关者,皆经当处官司请过所,(今日公凭,下皆准之。)具注姓名、年纪及马牛骡驴牝牡、毛色、齿岁,判给。还者,连来文申牒勘给。若于来文外更须附者,验实听之。日别总连为案。若已将过所,有故不去者,连旧过所申纳。若在路有故者,经随近官司申牒改给,具状牒关。若船筏经关过者,亦请过所。

关于家畜,过所不仅记载其雌雄,还记载其毛色和年龄。因此,在西汉时期就严密监视以马为首的牲畜的输出。这是关的一个明显特性——特别是考虑到马在军事上具有重要作用——直至宋代为止,在篇目顺序这一点上也被律令内部所继承。

如第三章中具体叙述的那样,从唐、宋令中也可以很容易地了解到缘边的关系和交易的关系(即“关市”)。关于“都市”的规定,从北宋天圣关市令不行唐令第8条可知其限制市的设置:

> 诸非州县之所,不得置市。其市,常以午时击鼓三百下而众大会,日入前七刻击钲三百下散。其州县领户少之处,欲不设钲鼓者,听之。

可见“关市”和“都市”的要素并存于关市令中。因此,在唐、宋令中,“关”和“市”相互之间有密切的关联,这一点在前代也是被认可的。

如上所述,直至唐宋时期,关市令的篇目深受前代的影响,而关与市之间紧密联系的形式也发生了变化。在这点上,包含与其他篇目关联性的上述结构的唐关市令,在日本又是被怎样继受和改变的呢?

1　张家山汉墓竹简的释文是根据张家山二四七号汉墓竹简整理小组编:《张家山汉墓竹简〔二四七号墓〕(释文修订本)》,文物出版社2006年版。解释时,参考了富谷至编:《京都大学人文科学研究所研究報告 江陵張家山二四七号墓出土漢律令の研究・訳注篇》,朋友书店2006年版。

2　参照前揭纸屋正和:《前漢時代の関と馬弩関》。

二、古代日本关市令的成立

日本最初撰定的律令,被认为是天智朝的近江令。[1] 但是律没有被撰定,只存在令。结果是以近江令的形式存在、还是以体系性的法典形式存在,仍有争议。[2] 最初关市令与律(若为关则为卫禁律)形成表里一体的关系,因此即使只存在令,其意义和实效性也会减半。但无论如何,目前还没有找到显示其实质的直接史料依据。这种情况在接下来的飞鸟净御原令(同样被认为律未实施)中也基本相同,[3] 在七世纪后半期的日本,令中即使存在关市令的篇目,也无法明确看出来。对此,在律和令第一次被系统撰定并实施的大宝律令中,可以确认关市令的存在。《令集解》中关市令部分的遗失,导致想要具体了解各条文存在着困难。大宝令制下的天平感宝元年(749)六月十日左京职移如下(以下,下划线部分系笔者所加)[4]:

> 左京职移　东大寺
>
> 婢弟女
>
> 婢秋女(已上二人,六条一坊户主犬上朝臣真人户口犬上朝臣都可比女之贱)
>
> 右,得□□□女诉状云,上件婢等,以去三月立券,卖纳东大寺已讫。然寺未与其价,至令诉申,已经数月,都无处分者。□□□状,<u>案关市令云,卖买女婢,立券付价</u>。然即立券,理应付价。若未与价,所诉合理。仍具诉状移送如件。至早处分。故移。
>
> 天平感宝元年六月十日从七位上行少属平群臣广道
>
> 正六位上行少进猪名真人东万吕

---

1 《類聚三代格》卷一,序事的"格式序"(弘仁格式序)中有:"降至天智天皇元年,制令廿二卷。世人所谓近江朝庭之令也。"

2 否定近江令作为体系性法典而存在的研究,以青木和夫:《浄御原令と古代官僚制》(收入《日本律令国家論攷》,岩波书店 1992 年版)为代表。对此进行批判的,参见吉川真司:《律令体制の形成》(历史学研究会、日本史研究会编:《日本史講座第一巻 東アジアにおける国家の形成》,东京大学出版会 2004 年版)。

3 参照小林宏:《日本律の成立に関する一考察》,收入《日本における立法と法解釈の史的研究第一巻 古代・中世》,汲古书院 2009 年版。

4 《大日本古文書》第三卷,第 259—260 页。

在这份文件中,犬上朝臣都可比女将两名婢女卖给东大寺,但东大寺并未向都可比女支付价款,因此向左京职提出诉讼,左京职遂向东大寺传达起诉书,要求其尽快处理。书上明确记载着"案关市令云,卖买奴婢,立券付价",这与下引养老关市令16卖奴婢的条款相对应。

凡卖奴婢,皆经本部官司,取保证,立券付价。(其马牛,唯责保证,立私券)

据推测,画线部分是一致之处,在文书中的引用部分有省略之处。但可以确认在大宝令中,关市令这一篇目是独立存在的。

接下来的问题是,关市令在大宝令中位于哪个部分。在养老令中,关市令位于第27篇。如果大宝令与养老令之间存在差异,那么这将为考察关市令的成立过程提供某种参考材料。由此,可以推测出遗失的大宝令的篇目。

首先,作为前提,可以从《令义解》确认养老令的篇目为30篇,卷数为10卷。与此相对,大宝令的卷数虽然从《本朝書籍目録》可知是十一卷,但篇目数却无法确认。但根据石上英一氏指出的《清原宣賢式目抄》有"令十一卷廿八篇"的记载里,[1]这虽然是镰仓时代的明法家的说法,却是记载篇目数的唯一史料,不应被忽视。石上氏一直保持着谨慎的态度。[2] 但正如池田温氏所指出的那样,还不如积极评价保留下比养老令更少的篇目这一点更有意义。[3]

如果把大宝令的篇目数看作是二十八篇的话,就需要删去养老令的两个篇目。对此,榎本淳一氏明确表示,在大宝令中,宫卫令并不是独立存在的,其条文包含在军防令中。另外,他认为家令职员令变成东宫・家令官员令。[4] 从养老令的后宫・东宫・家令职员令中能够确定大宝令篇目名的只有"后宫官员令"。[5] 考虑到既然家令职员令连"古记"里都无法找到,那么他的推测算是妥当的吧。

关于具体的篇目顺序,平城宫宫城东面的外层护城河(东一坊大路西侧侧沟渠)SD四九五一沟二区出土的2925号木简值得关注[6]:

---

1 《清原宣賢式目抄》的正文,依据牧健二监修、池内义资编:《中世法制史料集》(别卷),岩波书店1978年版。

2 石上英一:《史料体論》,收入《日本古代史料学》,东京大学出版会1997年版,第41—42页。

3 池田温:《唐令と日本令——〈唐令拾遺補〉編纂によせて》,收入池田温编:《中国礼法と日本律令制》,东方书店1992年版,第171—172页。

4 参照榎本淳一:《養老律令試論》,收入笹山晴生先生还历纪念会编:《日本律令制論集》(上卷),吉川弘文馆1993年版,第275—278页。

5 "后宫官员令"的名字,见于《令集解》后宫职员令开头部分的"古记"。

6 释文依据奈良国立文化财产研究所:《平城宮木簡 三 解説》,奈良国立文化财产研究所,1980年版。

● 医医医疾疾疾疾第十九九凡凡医博博咒咒禁博博士士亦
士选选选医师师内内法内内法术术优优准此此凡凡医生
□□□□□□□
● 大伴

（三九〇）×（三〇）×五　　　　〇八一型式

该木简是医疾令条文的习书。[1] 在这里，篇目名“医疾”的习书后面，可以看到“第十九”这一点很重要。从该木简的出土遗址是神龟年间之前的，以及《令义解》中篇目顺序的表示方法（“官位令第一”等），可以判断大宝令中医疾令是作为第十九篇的篇目。[2] 在养老令中医疾令是第二十四篇，由此可以确定大宝令和养老令的篇目顺序不同。

进而，可以根据《令集解》的“古记”推测出篇目的前后关系。《令集解·赋役令》37杂徭条“古记”中，在“令条内”的役和杂徭的区别上大量引用大宝令文。吉田孝氏已指出，由于杂徭条“古记”在医疾令条文之后引用了营缮令条文，因此大宝令和养老令的篇目顺序有可能不同。[3] 大宝医疾令位于第十九的篇目，再加上营缮令位于养老令第二十的篇目，杂徭条“古记”条文的列举，很可能反映了大宝令的篇目顺序。从篇目顺序来看，根据吉田氏的分类（将“不在杂徭之限”之组分为A，“充杂徭”之组分为B），[4] 可以提炼出如下两种体系的顺序：

［A］　田——赋役——军防——营缮——捕亡——杂
［B］　田——赋役——医疾——营缮——厩牧——丧葬

前文并没有直接表示篇目的连续顺序，只是表示其大致的前后关系。但从相同的角度来看《令集解》的“古记”的话，除此之外还有可以看到“官位——官员”（职员令10条）、“军防——厩牧”（职员令79条）、“僧尼——狱”（僧尼令21条）、“赋役——假

1　该木简可以确认两条医疾令的条文。一条是相当于养老医疾令（1）医博士条的大宝令文，另一条是相当于养老医疾令（2）医生等取药部及世习条的大宝令文。参照丸山裕美子：《日唐医疾令の復原と比較》，收入《日本古代の医療制度》，名著刊行会1988年版，第16页。

2　参照前揭：《平城宮木簡 三 解說》，第85—86页；石上氏：《史料体論》，第42页；丸山氏：《日唐医疾令の復原と比較》，第16页。

3　参照吉田孝：《律令における雑徭の規定とその解釈》，载于坂本太郎博士还历纪念会编：《日本古代史論集》（下卷），吉川弘文馆1962年版，第233页，注释（11）。

4　参照前揭吉田孝：《律令における雑徭の規定とその解釈》，第227—237页。

宁”(假宁令 13 条)、“继嗣——仪制”(丧葬令 17 条)等的前后关系(都不是连续的直接顺序)。另外,正如坂本太郎氏和池田温氏所指出的,在养老令中“户——田——赋役”、“考课——禄”、“仪制——衣服”的篇目顺序。如果是以日本的独特性为基础的话,[1]那么这些在对唐令表现出强烈排斥倾向的大宝令中,也可以认为顺序是相同的。

那么,关市令是第几篇呢?其中一个线索是从唐招提寺宝库天花板上的草袋里发现的“令私记断简”。[2] “令私记断简”是由军防令、营缮令、关市令中的一句令文并加注释而成的,现存五条断简。这些注释,与《令义解》和《令集解》是完全不同的体系,此为前期研究之共识,但关于令文符合哪个令仍存在争议。[3] 我个人认为,可以支持桥本裕氏等人的结论,即“令私记断简”是大宝令的注释书(贯穿大宝令所有篇目的注释书)。[4] 这样一来,令人瞩目的是 B 断简的以下记载(阿拉伯数字表示断简的行数,据令文算出行数)[5]。

6](按原文符号,下同)〈□□/讫也〉交〈忽/也〉修营〈修/理〉堰〈乙云井/□支也〉

7]第十八 过所〈乙云,帐内资人随受其主本司之/资人私度者□京及国

---

1 坂本太郎:《日唐令の篇目の異同について》,收入《坂本太郎著作集 第七卷 律令制度》,吉川弘文馆 1989 年版,第 119—120 页;前揭池田温:《唐令と日本令——〈唐令拾遺補〉編纂によせて》,第 173—174 页。

2 关于“令私记断简”的基本信息,依据狩野久:《古本令私記断簡》,收入《日本古代の国家と都城》,东京大学出版会 1990 年版。释文基本上依据狩野氏的翻印版,并且根据奈良六大寺大观刊行会编:《奈良六大寺大観 第十三卷 唐招提寺 二》(岩波书店 1972 年版)所收录的照片进行确认。

狩野氏的报告以后所发表的专论,可举岚义人 a:在《最近発見の令私記断簡に就いて》(收入荆木美行编:《令集解私記の研究》,汲古书院 1997 年版)、橋本裕:《唐招提寺所蔵古本令私記所載の令条文について》(收入《律令軍団制の研究 增補版》,吉川弘文馆 1990 年版)、岚义人 b:在《唐令釈文としての唐招提寺藏〈令私記〉断簡》(收入《國書佚文研究》20 号,1987 年)、森田悌《〈令私記〉断簡と令の編纂》(收入《古代国家と万葉集》,新人物往来社 1991 年版)。另外,在前揭石上英一:《史料体論》的注释(16)中也有所考察。

3 狩野氏所述的《在现存的养老令中可能含有先行令文》(第 372 页),也暗示是大宝令。对此,桥本氏和森田氏也得出大宝令的结论,石上氏对此亦表示支持。岚氏在 a 论文中认为是《令义解》成立后才写的养老令的注释书,不过,在 b 论文中放弃此观点,改变看法认为是唐令注释书。但是,正如森田氏所批判的那样,“令私记断简”作为军防令的令文,可以看到“军团主帐”,由于军团制是日本独有的军事制度,因此不能认为是唐令。关于律令军团制,请参照拙稿:《律令軍団制の成立と構造》,收入前揭拙著:《律令国家の軍事構造》。

4 参照前揭桥本氏:《唐招提寺所蔵古本令私記所載の令条文について》、森田氏:《〈令私記〉断簡と令の編纂》。

5 在断简中,〈〉内为小字双行的注释(斜线表示换行,下同)。

司也〉还者

（后略）

引用部分中，第 7 行“］第十八”的后面是养老关市令 1 欲度关条的一部分（下划线部分是一致的地方）。

凡欲度关者，皆经本部本司，请过所。官司检勘，然后判给。还者连来文，申牒勘给。若于来文外更须附者，验实听之。日别惣连为案。若已得过所，有故卅日不去者，将旧过所申牒改给。若在路有故者，申随近国司，具状送关。虽非所部，有来文者亦给。若船筏经关过者，亦请过所。

加上“过所”这一令文所附“乙云”的注文不同于《令义解》的注释。[1] 过所广泛发放给百姓。在说明该过所时，“乙云”只言及账内、资人，让笔者强烈感觉“乙云”亲近辈出帐内、资人的人们，还有“乙云”是居住在畿内周边的人。

这里的第 6 行，如果在养老令中，营缮令的末条是以堤内外条（第 17 条）的“堰〈乙云井/□支也〉”结束，从第七行开始，表示注释移到关市令。因为《令义解》中篇目名称记载着“关市令第二十七”，所以很早就有人提出“］第十八”可能是篇目号码。[2] 但正如桥本氏也面临着的速决一样，[3] 既然《令私记断简》是抄本，那么这个号码依然存在着是注释书的卷数，或者是该注释书独自实施的编号的可能性。[4] 因此，虽然可以以“令私记断简”为依据来断定大宝关市令的篇目编号为十八，但表明其与养老令是不同的篇目顺序，关市令可能位于营缮令之后。

根据上述研究，大宝关市令应位于田、赋役、军防、医疾、营缮令之后，厩牧、捕亡、丧葬、杂令之前。仅从有限的史料来确定全部篇目的编号是不可能的，但根据这个大致的顺序推测大宝令的篇目顺序的话，可以复原为表 1 所示（作为参考，律亦并举）。[5]

1　《令义解》关市令 1 欲度关条的“过所”部分没附注释，在“还者连来文”这一节的“来文”下方有注释。

2　参照前揭狩野氏：《古本令私記断簡》，第 362 页，岚氏 b：《唐令釈文としての唐招提寺藏〈令私記〉断簡》，第 24 页。

3　参照前揭桥本氏：《唐招提寺所蔵古本令私記所載の令条文について》，第 179 页。

4　虽然“］第十八”的记载在断简的中间，但既然“令私记断简”是抄本，那么每卷都有不改变体裁而连续书写的可能性。既然如此，那么篇目顺序上在营缮令之后这一点是可以确认的吧。另外，石上氏还考察了大宝关市令的篇次为十八时大宝令的篇目顺序。参照前揭石上氏：《史料体論》，注释（16）。

5　个人关于大宝令篇目顺序的设想，已经在前揭拙著《律令国家の軍事構造》表 9－2 中提及。但本文中关于篇目顺序复原的具体讨论，由于游离于拙著的宗旨而省略，只把结果反映于此表中。

表1　大宝律令和养老律令

名称	大 宝 律 令		养 老 律 令	
年代	701(令)、702(律)		722	
篇目	律(推测)	令(推测)	律	令
1	名例	官位	名例	官位
2	卫禁	官员	卫禁	职员
3	职制	后宫官员	职制	后宫职员
4	户婚	东宫、家令官员	户婚	东宫职员
5	厩库	神祇	厩库	家令职员
6	擅兴	僧尼	擅兴	神祇
7	贼盗	户	贼盗	僧尼
8	斗讼	田	斗讼	户
9	诈伪	赋役	诈伪	田
10	杂	学	杂	赋役
11	捕亡	选任	捕亡	学
12	断狱	继嗣	断狱	选叙
13		考仕		继嗣
14		禄		考课
15		军防		禄
16		仪制		宫卫
17		衣服		军防
18		公式		仪制
19		医疾		衣服
20		营缮		营缮
21		关市		公式
22		仓库		仓库
23		厩牧		厩牧
24		假宁		医疾
25		丧葬		假宁

（续表）

篇目	律（推测）	令（推测）	律	令
26		捕亡		丧葬
27		狱		关市
28		杂		捕亡
29				狱
30				杂
卷数	6	11	10	10
篇目数	不明	28?	12	30
条数	不明	不明	不明	955
典据	《养老律》《令义解》《令集解》《本朝法家文书目录》《类聚三代格》		《律》《令义解》《本朝法家文书目录》	

那么，从表1所示的大宝令内部的篇目的位置，可以看出关市令怎样的特性呢？

首先可以得出的结论是，与养老令相比，其在大宝令中的位置有所上升。篇目顺序可以认为是与篇目本身的重要程度有直接关系。[1] 因此可以说这表明关市令在大宝令中的重要性。

其次，与之前中国关市令的篇目顺序进行比较研究的话，表明其与厩牧令之间的连续性被消除（大宝令、养老令均同）。骑兵队在壬申之乱中发挥了巨大的作用，对律令体制的成立产生了巨大的影响，[2] 尽管在全国整顿了驿传制度，[3] 但这与唐令中的厩牧令并没有直接关联，表明其篇目顺序的改变是有目的的。

另外，关市令位于营缮令之后的位置，这一点值得关注。池田温氏就唐令末尾设置营缮令而在日本令中其地位有所提高一事，给予了“大宝令的编者在国家土木建筑事业中将都城营缮设置于开头，意味着在国制中被赋予比后面各项令更为优越的位置”的评价。[4] 据此见解，将关市令安排在营缮令之后，与关和市的营缮显然有关系。

---

1 前揭坂本氏《日唐令の篇目の異同について》、池田氏《唐令と日本令——〈唐令拾遺補〉編纂によせて》的论文，都是以此为前提展开论述的，个人见解也与之相同。

2 参照薗田香融：《わが上代の騎兵隊》，收入《日本古代の貴族と地方豪族》，塙书房1992年版。

3 关于驿传制，请参照永田英明：《古代駅伝馬制度の研究》，吉川弘文馆2004年版，以及市大树：《日本古代都鄙間交通の研究》（第Ⅰ部），塙书房2017年版。

4 前揭池田氏：《唐令と日本令——〈唐令拾遺補〉編纂によせて》，第174页。

关于大宝令实施前的关,第一次出现于《日本书纪》的"改新之诏"中的"关塞",[1]具体的关只能了解到"铃鹿关"和设置于龙田山、大阪山的关,[2]七世纪后半期全国性的关的设置、分布状况尚不明确。后来,三关被称为美浓国不破关、伊势国铃鹿关、越前国爱发关,爱发关的故址至今仍未能确定,关于被发掘调查的不破关,其修建可追溯到壬申乱之后的白凤期(只是停留在初始的设施),而现在残留下的土垒只能追溯到和铜年间。[3] 因此,三关的大规模营造和修整,颇有可能是在将关作为军事力量的军团制已经成立的大宝令实施之后。[4] 另外,关于市,京师的东西市的整顿显然与都城的建设有着密切的关系。

从这一点来看,大宝令在实施时,关、市的修缮和整顿,都被认为是国家性的事业。这足以让律令撰定者意识到其与营缮令之间的联系。也就是说,律令撰定者意识到对以三关为首的全国各地的关的营造、整顿和对官设市的整顿的必要性,在大宝令中,也可以说暗示了关市令这一篇目的新颖性。作为像养老令一样具备过所检察制度和市场管理等法体系的关市令,在大宝令中不是新成立的吗?[5]

以上讨论了关市令这个篇目的成立及其性质。根据本章得到的见解,接下来对具体的日唐令文进行比较研究,以进一步明确律令关制度的特质。

三、古代日本律令关制度的特质

首先,要确认唐令的条文排列和篇目内部的结构。根据北宋天圣关市令的内容,如果复原唐关市令的条文排列及其结构,则如表三所示。[6] 在唐令中关和市虽然存

1 《日本书纪》大化二年(646)正月甲子朔条。

2 《日本书纪》天武天皇元年(672)六月甲申条中可见:"是夜半,铃鹿关司,遣使奏言:山部王、石川王,並来归之。故,置关焉";天武天皇八年(679)十一月是月条可见:"初置于龙田山、大坂山。仍难波筑罗城"。

3 岐阜县教育委员会、不破关遗迹调查委员会:《美濃不破関》,收入岐阜县教育委员会、不破关遗迹调查委员会1978年版。

4 关于律令制下的关的体系和军团制的关系,请参照拙稿:《律令制下における関剗の機能》,收录前揭拙著《律令国家の軍事構造》。

5 但是,飞鸟净御原令中关市令这个篇目,也不打算否定其部分包含着养老关市令的规定。

6 本表是以前揭拙稿《律令関制度の構造と特質》(收入《律令国家の軍事構造》,同城社2016年版)的[表6]为基础作成的。条文排列和分类没有变化。另外,对于该复原方案,得到大西磨希子氏的批判,并提出他个人的排列复原方案。如能一并参照,则幸甚。参照大西磨希子:《奈良時代における文物の移入と唐関市令——〈天聖令〉関市令を中心に》,收入《唐代仏教美術史論攷——仏教文化の伝播と日唐交流》,法藏馆2017年版,第250—268页。

另外,大西氏排列复原方案,正如他本人所叙述的那样,与我的方案相近,但最大的不同之处在于复原排列方案的第十一条和十二条位置对调这一点。按这样排列的话,养老令第6条和(转下页)

在着相互关联的现象，但大致可以区分为关的条文群和市的条文群。

关于内容，可以分为以下六点：① 过所的申请、发放（复原排列方案的第 1、2 条）；② 关的勘查（第 3—10 条）；③ 违禁物的出入限制（第 11—15 条）；④ 关门的管理（第 16 条）；⑤ 市的设置和管理（第 17—21 条）；⑥ 有关交易的各项规定（第 22—27 条）（以下，汉字数字的“第△条”是指表三的复原排列序号）。本章将从条文的有无、条文内容的修改等观点进行探讨。

表 2　唐关市令条文排列复原方案

复原排列	分类		天圣令		天圣关市令各条文的内容	《唐令拾遗补》	养老令
			宋令	不行唐令			
1	关	① 过所的申请、发放	1		行人申请过所的手续	1 甲·乙	1
2				1	规定行人自行钞写副白文书		
3		② 关的勘查	2		在关之关司实施勘查场所的原则	2	2、3
4			3		明确关司对行人的过所、驿券、递牒的记录义务		4
5			4		乘坐递马的行人，以及护送囚犯等度关的勘查规定		
6			5		军队出关的原则	3	
7				2	丁匠上役度关时，关的勘查细则		5
8				3	对因互市目的通过关的行人的检查规定		
9				4	同一州县内部存在关的场合，实施勘查的简单措施		
10				5	关之官员及其家人申请过所的便宜规定		

（接上页）第 7 条的排列就会调换，这意味着日本令撰定者变更了条文的顺序。大西氏根据这一理由，寻求养老令第 6 条“几乎不保留原型地加以大幅度的改变”。

虽然大西氏的复原是一种方案，但是，在日本继承唐令时，对条文进行了大小不一的改变，但其改变并不一定伴随着条文排列的变更。为什么日本令必须变更条文排列呢？有必要根据撰定律令氏的日本情况进行说明。也就是说，关于日本令条文排列的变更，如果日本方面没有给出积极的理由，根据唐令条文排列进行大的变更是不被认可的。对其详情，希望今后有机会再讨论。

(续表)

复原排列	分类		天圣令 宋令	天圣令 不行唐令	天圣关市令各条文的内容	《唐令拾遗补》	养老令
11	关	③ 禁物的出入限制		6	禁止诸蕃和缘边诸州互市违禁物品的规定	4、补1	6
12			6		对度关的蕃客及随身物品的勘查规定	补2	7
13			7		在关出现违禁物的没收与分配规定		8
14			8		对居住在关外的人及蕃客,携带违禁物出入关的特别措施		9
15				7	禁铁之乡的居民购买铁制农具等的特殊手续规定		
16		④ 关门的管理	9		关门的开、关规定		10
17	市	⑤ 市的设置和管理		8	规定市场设置的限制,及其开始与结束时间	6	11
18			10		市场内部、周边店铺设置等的细则	7	12
19			11		规定官私交易时估算价格的方法	8	13
20				9	官府、私制度量衡器的检查校正规定	9	14
21			12		秤、格等的具体使用办法	10	15
22		⑥ 有关交易的各项规定	13		买卖牛马等订立契约的规定	11	16
23			14		制造弓箭等武装时,制造者应凿刻名籍的规定	12	17
24			15		投宿官营旅店时确认本属公文,以及在店铺应男女别坐的规定		18
25			16		交易物品质次量少的处理规定	13	19
26			17		与外蕃交易之际,互市官司应事前设定价格的规定	5	(8)
27			18		官衙应于市购买民间必需品的规定	补3	20

1. 关通行的严格化与“关市”概念的淡化

通过比较日唐关市令中与关本身有关的条文群，首先可以从条文的有无这一点出发，得出日本令的特性有以下五点：

① 删除有关囚犯度关的条文（第五条）；

② 删除有关兵马出入关的条文（第六条）；

③ 删除有关互市的条文（第八条）；

④ 删除居住在关周边州县的官员、百姓的便利规定（第九、十条）；

⑤ 删除有关限制铁的交易的条文（第十五条）。

其中关于②和③，在过去的拙文中曾有讨论，认为②事关日本的关和地方兵制而没有继受，③与广域商业活动的发达程度之间存在差异是其原因之一。[1] 因此，在本节中的问题是①、④、⑤。①是因为没能复原的具体唐令的条文，有待以后的考证。在这里我想就④、⑤进行思考。

首先，针对④进行讨论。第九条（天圣令不行唐令第4条）有如下规定：

> 诸隔关属州县者，每年正月造簿付关。其须往及，就关司申牒，勘簿判印听过。日收连为案。其州县虽别而输课税之物者，亦据县牒听过，随了即停。

本条指出，对由于某种原因（可能与行政有关的事由），虽在同一州县被关隔开的相邻地区的往来频繁的人们，每年正月都要在关卡常备有名册，每次通行时都要向关司申报，并依照名册核对，这是允许度关的规定。另外，对于运送课税物品的人，不需持有许可证（过所）而只是县牒就允许其通行。这主要是为了顺畅完成州县业务，为地方州县管理的方便而规定的。

而且第十条（天圣令不行唐令第5条）也中也有同样的便利规定。

> 诸关官司及家口应须出入余处关者，皆从当界请过所。其于任所关入出者，家口造簿籍年纪，勘过。若比县隔关，百姓欲往市易及樵采者，县司给往还牒，限三十日内听往还，过限者依式更翻牒。其兴州人至梁州，及凤州人至梁州、岐州

---

1 前揭拙稿《律令関制度の構造と特質》，第147—148页。其中，③与“互市”这一行为本身有很大关系。从关与贸易的关系这一观点出发，对日唐关市令的条文进行比较研究的，可参见榎本淳一：《律令貿易管理制度の特質》（收入前揭《唐王朝と古代日本》一书），同氏前揭论文《北宋天聖令による唐関市令朝貢· 貿易管理規定の復原》，以及市大树：《日本古代関制の特質と展開》（收入前揭《日本古代都鄙間交通の研究》一书）。

市易者,虽则比州,亦听用行牒。

本条首先规定,关司官人及其家属在通过其他关时,由关所在地区的主管官司发给通行证。其次,作为特别措施,在通行自己管理的关的场合,要制作记录有该官员家属的名单,经确认后方许度关。再次,当邻县被关隔开时,对于为了生计而要频繁往返的百姓,会发给有效期为30天的往返通行证,准许其通关。最后,以贸易为目的的兴州人前往梁州,或者凤州人前往梁州、岐州时,允许不使用过所而是“行牒”通行。本条是以管理关的官员及其家属以及关周边的百姓生活为对象而制定的条文,可以理解为不是出于行政方面的考虑,而是出于便民方面的目的。另外,最后关于兴州、凤州的规定,缘自在兴州和梁州之间曾设有兴城关(中关,位于兴州)和百牢关(下关,位于梁州),凤州和梁州之间设曾有甘亭关(下关,位于梁州)、凤州和岐州之间曾设有散关(上关,位于岐州)。[1]

如果根据研究过第十条的佐藤ももこ氏的意见,[2]可知关于最后的对兴州、凤州人的便利规定,由于条文中并没有提及从兴州到凤州之间,以及从凤州到兴州之间没有设置关卡,可以认为本条规定的“行牒”的发放是基于关是否存在。另外,“行牒”这一词语在吐鲁番阿斯塔那509号墓出土的“唐开元二十一年西州都督府案卷为勘给过所事”中也可以确认[3]:

牒蒋化明为往北庭给行牒事。

正如佐藤氏所指出的,如果从西州到北庭都护府之间没有设置关,则基本不需要以“行牒”度关,本条是限定于该地区的特别措施。[4]

日本虽然没有继承这两条的内容,但归根结底,过所、铃符和惣历以外的通行证是无法给通关(出入关)带来便利。在通关时,正如养老卫禁律私度关条的注曰“谓公使有铃符,军防丁夫有惣历。自余各请过所而度。”公使使用驿铃、传符,军防丁夫使用惣历(历名薄),除此之外都必须有过所。但中央政府可以不依据这项规定便宜从事(只是,关于征税物品的运输将在后面论述)。

---

1 各关的等级和所在州,依据《唐六典》卷六《尚书刑部》“司门郎中员外郎”条的记载而来。关于位置关系,参考严耕望:《严耕望史学著作集 唐代交通图考》第四卷(上海古籍出版社2007年版)的“图十四”。

2 佐藤ももこ:《唐代の通行証に関する一考察——“行牒”と“往還牒”を中心に》,载于《史泉》120号,2014年,第13页。

3 中国文物研究所等编:《吐鲁番出土文书[肆]》,文物出版社1996年版,第295页。

4 前揭佐藤ももこ:《唐代の通行証に関する一考察——“行牒”と“往還牒”を中心に》,第14—15页。

关于这一点，市大树氏认为“往还牒”“行牒”这类通行证“不被认为是通过特定关的简便通行证”，在日本关市令中，以都鄙间交通所需的通行证为焦点而设立条文，将同一地区内部、相邻地区间交通所需的通行证排除在外。[1] 市氏的见解是对通行证状况的全方位推测，从关的管理和勘查的严格化的观点来看，富有启发性。

日本最初的关是以设置在国境为原则，[2]其管理也不存在像唐朝那样独立的关司，而是由地方最高级官司的国司兼任这一职务。[3] 总之，由于通行证的发放者与检查主体相一致，如果出现可以通过简便手续解决的第九、第十条的情况时，那么关司的严格勘查也不会从根本上动摇。同时，还存在另一种忧虑，即意图将关的勘查严格化而把这两条规定删除。日本的关的设置和唐朝一样，都设置在对军事重要性较高的交通要道上，所以，设置关这种行为本身是国家统治中表示地域重要性的标志。不继承第九、第十条的行为，可以清楚地表明律令国家对关的态度。

其次是⑤中第十五条（天圣令不行唐令第7条）的内容：

> 诸居在禁铁之乡，除缘身衣服之外，所须乘具及锅釜农器之类要须者，量给过所，于不禁乡市者，经本部申牒商量须数、录色目给牒听市。市讫，官司勘元牒无賸，移牒本部知。

对在“禁铁”（禁止铁制品的生产和买卖）地区生活的百姓来说，除了衣服以外，可以在非禁止区购买生产和生活所需要的烹饪器具和农具等铁制品。但是，这需要先向其“本部”（所属官司）申请并获得许可，不允许购买超过预定数额的产品。

日本并没有继受该条，不过在下面的第十一条（天圣令不行唐6条）中也设置了像“禁铁乡”这种规定，这与禁止带往各蕃的物品中含有铁密切相关。[4]

> <u>诸锦、绫、罗、縠、绣、织成、紬、丝绢、丝布、犛牛尾、真珠、金、银、铁，并不得与</u>

---

1 前揭市大树：《日本古代関制の特質と展開》，第330页；同氏：《過所木簡に関する一試論》，收入前揭市大树：《日本古代都鄙間交通の研究》，第374—378页。

2 参见舘野和己：《関津道路における交通検察》，收入《日本古代の交通と社会》，塙书房1998年版，第135—140页。

3 关于关司，参照前揭拙稿：《律令制下における関剗の機能》，第182页—186页。

4 本条参照前揭榎本淳一：《北宋天聖令による唐関市令朝貢・貿易管理規定の復原》；前揭大西磨希子：《奈良時代における文物の移入と唐関市令——〈天聖令〉関市令を中心に》，以及刘馨珺《唐宋的关界——从〈天圣・关市令〉“应禁之地”谈起》，收入台师大历史系等主编：《新史料・新观点・新视角：〈天圣令论集〉》（上），元照出版有限公司2011年版。

诸蕃互市及将入蕃,(绫不在禁限)所禁之物,亦不得将度西边、北边诸关,及至缘边诸州兴易。其锦、绣、织成,亦不得将过岭外,金银不得将过越巂道。如有缘身衣服,不在禁例。其西边、北边诸关外户口须作衣服者,申牒官司,计其口数斟量,听于内地市取,仍牒关勘过。

对此,日本对于铁的输出是怎样规定的呢?对应第十一条的养老关市令6弓箭条规定如下:

凡弓箭兵器,并不得与诸蕃市易。其东边北边,不得置铁冶。

前半部分,将第十一条详细规定禁止出口的物品限定为"弓箭兵器",后半部分禁止在"东边北边"即与东北的虾夷社会接壤的地区设置炼铁设施。关于后半部分,因被确认有对应天圣杂令宋10条的部分("西北缘边无问公私,不得置铁冶"),故推测这一规定是从唐杂令中移植过来的。[1] 本条的大宝令的情况,虽然因《令集解》的该卷遗失而不得详情,但根据红叶山文库本《令义解》的背书,可见《令集解》的佚文:"古记云,东边北边,谓陆奥出羽等国也",[2]"东边北边"一节可由此得以复原。或许后半部分在大宝令中也有相同的文字。[3] 所谓"铁冶",如果从前半部分是"弓箭兵器"的禁令来看的话,可以将此具体设想为与武器生产相关的据点。然而,值得注意的是,铁的交易这一行为本身没有被禁止。

---

1 黄正建:《天圣杂令复原唐令研究》,收入前揭《天圣令校正》下册,第736—737页。正如榎本淳一氏指出的那样,天圣杂令宋10条的"西北缘边无问公私,不得置铁冶"的部分,被相应的养老杂令9国内条删除,支持了这一推测。参照前揭榎本淳一:《北宋天聖令による唐関市令朝貢·貿易管理規定の復原》,第125、129页。

2 背书的释文是基于森田悌、小口雅史:《旧紅葉山本〈令義解〉書入(二)》,(《金沢大学教育学部紀要》社会科学、人文科学篇,第三十一号,1982年)第38页刊载的照片版翻刻。

3 在唐招提寺藏"令私記断簡"的C断简中,能看出后半部分规定的一部分"不得置铁冶"的内容(译文参照前揭狩野氏:《古本令私記断簡》)。从本文把该断简视为大宝令注释书的立场来看,后半部分的规定与大宝令的令文是相同的。

另外,在C断简第4行"不得置铁冶"同一行的前面部分"市易"(可以看到"市易"一词的小纸片从C断简开始脱离,但此处遵从狩野氏的复原),以及第3行末尾的"铁"都能看出。在这里成为问题的是"铁"字。在养老关市令中,"铁"字能够确认的只有第6条,并且"铁"字之前的注释,从养老令来看是针对第5条的"放还",所以"铁"字很可能是大宝关市令第6条的一部分。换言之,前半部分的市易禁止的对象不仅仅是"弓箭兵器",还可能包含"铁"(或者铁制品等)。在C断简中可以看到"铁"、"市易"的部分有很大的损毁,所以禁止的对象究竟是"铁",或是铁制的特定物品,还是铁制的"(弓箭)兵器",从断简看无法判断。但是,大宝关市令第6条的前半部分,暗示了其与养老令存在不同的可能性。

从东北地区的实际情况来看，在陆奥南部，被认为是官营生产作坊的福岛县南相马市金泽地区制铁遗迹群和武井地区制铁遗迹群，可以追溯到七世纪后半期，由此推测出在铁制品的供给方面对经营东北起着很大的作用。[1] 因此，设置了"禁铁之乡"，像第十五条那样对虾夷社会输入铁制品的限制应该更加严格。但日本并没有继承这一条。作为结果，日本关市令6条的确立和不继承唐关市令第十五条并不矛盾，因为其对铁的交易没有特别规定。

在探究其理由时，可举时间更后面、收录在《类聚三代格》卷十九中的延历六年(787)正月廿一日太政官符：[2]

> 太政官符
>
> 应陆奥按擦使禁断王臣百姓与夷俘交关事
>
> 右被右大臣宣称，奉 勅，如闻，王臣及国司等争买狄马及俘奴婢。所以，犬羊之徒，苟贪利润，略良窃马，相贼日深。加以，无知百姓，不畏宪章，卖此国家之货，买彼夷俘之物。绵既着贼袄胄，铁亦造敌农器。于理商量，为害极深。自今以后，宜严禁断。如有王臣及国司违犯此制者，物即没官，仍注名申上。其百姓者，一依故按擦使从三位大野朝臣东人制法，随事推决。
>
> 延历六年正月廿一日

该官符，是陆奥国内用于禁止王臣家、国司、百姓等进行夷俘与马等的交易。[3] 在此处值得注意的是下划线部分中，"无知百姓"不畏惧禁令，出卖棉、铁等并购入"夷俘之物"。铁通过服从于律令国家的虾夷中的俘夷，落入国家之"敌"虾夷手中，成为他们的农具，由此可以看出交易物品中出现了"铁"。这里所说的"宪章"具体指什么尚不明确，但能确认铁的交易在当时是禁止的。[4]

---

1 井出靖夫：《須恵器・鉄生産の展開》，收入熊田亮介、八木光则编：《九世紀の蝦夷社会》，高志书院2007年版，第229—237页。

2 实际上，该书第二行的"犬羊之徒"，国史大系本作"弘羊之徒"，但此处根据尊经阁文库本修改。前田育德会尊经阁文库编：《尊経閣善本集成39 類聚三代格 三》卷十二上一卷十八，八木书店2006年版，第28页。

3 关于该官符的定位，参照窪田大介：《承和二年十二月三日官符の歴史的意義——鎮守府管轄地域を中心とする陸奥出羽の支配強化》，载于《弘前大学 國史研究》112号，2002年，第4—6页。

4 窪田氏在前揭《承和二年十二月三日官符の歴史的意義——鎮守府管轄地域を中心とする陸奥出羽の支配強化》中，认为王臣家以及国司和夷俘间的交易被禁止之事，该官符属首次(第六页)。另外，关于八到九世纪日本列岛北部地区间交流的实际情况，请参照武广亮平：《北方地域との交流とその展開》，载于前揭熊田亮介、八木光则编：《九世紀の蝦夷社会》。

该官符发布的延历六年,是后来延历八年(791)实施征讨虾夷的稳步推进时期。[1] 因此,铁等物品最终落入"贼"人虾夷的状况遭受严厉批判。但是,像延历六年时政府的这种态度不能与七世纪末推进大宝令的撰定一事相提并论。在列岛北部南北社会的民间交易中,铁是作为交易品而流通,根据这一实际情况,在令文层面,存在没有禁止铁交易的可能性。

除了上述交易的实际情况外,第十五条中明确指出"量给过所",本条假定了以关为基准的缘边交易这一点也是重点。也就是说,当政者最初没有以缘边的关为基点进行物品流通管理的意图,从而导致本条不被继承的结果。榎本淳一氏指出的日本关市令中的关和缘边关系稀薄化这一要素,[2] 在此也能看到。正如第一节所述,虽然唐朝的关具有分隔中华和四夷的标志功能,但日本在展示国家版图时,并没有赋予关这样的功能。如果对此进一步探讨的话,对于七世纪末的律令撰定者来说,可以说他们有缘边设关的意识,并在第一节中看到执着于淡化作为交易场所的"关市"的概念。

2. 关司勘检的差异

将两者进行对比可以明确看出,日本令在继受时对很多点进行了修改。在此虽然不能解释其全部意义,但我还是想指出与前一章相关的若干点。

首先,我将重申,相对于唐关市令第十一、十三、十四、十五条的缘边与关有着密切的关系,在日本,比如养老关市令9禁物条中有"不得将出境",注意此处将"关"改为"境"的事实。这一点表明日本的关并非指缘边,而是指内地。另外,与关规定限制违禁物输出的复原十三条对应的养老关市令8官司条规定如下:

> 凡官司未交易之前,不得私共诸蕃交易。为人纠获者,二分其物。一分赏纠人,一分没官。若官司于其所部捉获者,皆没官。

本条与关并没有直接联系,是官司优先购买的规定。这也可以看作没有设想缘边的关与交易有关系的一种反映。

接下来要讨论的是第七条(天圣令不行唐令第2条):

---

1 征讨的准备从前一年的延历五年开始(《続日本紀》延历五年八月甲子条)。延历八年实施的征夷情况,参照樋口知志:《延暦八年の征夷》,收入蝦夷研究会编:《古代蝦夷と律令国家》,高志书院2004年版。

2 前揭榎本淳一:《北宋天聖令による唐関市令朝貢・貿易管理規定の復原》,第120—123页。同时还可以参照前揭同氏:《律令貿易管理制度の特質》。

诸丁匠上役度关者，皆据本县历名，共所部送纲典勘度。其役了还者，勘朱印钞并元来姓名年纪同，放还。

本条是丁匠在赴役途中度关的规定。与此相对应的养老关市令 5 丁匠上役条规定如下：

凡丁匠上役及庸调脚度关者，皆据本国历名，共所送使勘度。其役纳毕还者，勘元来姓名年纪，同放还。

本条虽然看起来像是唐令删除了简略化的“朱印钞”等，大体忠实地继受了唐令。这里要注意的是加上去的“庸调脚”。这是根据上一节讨论的第九条的“课税之物”规定的理念，在日本令中增添的。将庸调运往京城的运脚，可能也包含在前述卫禁律私度关条注的“军防丁夫”中(《令义解》同条的注释：“此令历名，与律惣历义同也”)，虽然这与法律上的规定一致，但在日本为了避免删除之前的第九条给租税搬运体系带来阻碍，采取了增加一个条文的对象为手段予以调整。只是在这里应注意关的通行证的种类，除了过所、驿铃、传符、惣历之外，并没有增加新的种类。

最后要注意的是养老关市令 4 条赍过所条：

凡行人赍过所，及乘驿传马，出入关者，关司勘过，录白案记。其正过所及驿铃传符，并付行人自随。仍驿铃传符，年终录目，申太政官惣勘。

本条规定行人携带的过所、驿铃、传符由关司审查，然后根据驿铃、传符在年终时制作成目录，并向太政官报告。这里值得注意的一点是官司“录白案记”。本条的《令义解》对“录白案记”进行注释，以理解关司在白纸上抄写行人所持的通行证这一规定：

谓，凡行人及乘驿传度关者，关司皆写其过所若官符，以立案记。直于白纸录之，不点朱印，故云录白也。

思考这一注释时应注意的问题是，《令义解》成立时的天长十年(833)，作为律令关制度要领的三关体系已经被废止，[1]律令关制度发生了质的变化。但在养老关市令第 4 条中，把唐令的事例中没有见到的“正过所”一词，用于判给行人过所正本的

1 《続日本紀》延历八年七月甲寅条。

意思来使用,而作为与之相关的关司业务中,可以看到"录白案记"一词,由此可以认为之前对《令义解》的理解颇有可能追溯到八世纪初叶。关司对行人的通行证抄录并确认,正如《続日本紀》延历八年(789)四月乙酉条上写着:"先是,伊势、美农等关,例上下飞驿函,关司必开见。至是,勅,自今以后,不得辄开焉。"为了防止信息泄露,竟颁诏赦禁止,并对通关的人、物品进行严格检查。

与养老关市令第4条对应的是下列北宋天圣关市令宋3条(复原排列方案第四条):

> 诸行人赍过所及乘递马出入关者,关司勘过所,案记。其过所、驿券、递牒并付行人自随。

宋3条规定,凡持过所的行人或者骑递马的官人通关时,关司要对过所等通行证进行检查并记录。在复原作为本条蓝本的唐令时,关于与养老关市令第4条一致的下划线部分的字句,应该是作为开元二十五年令来复原。孟彦弘氏对唐令条文作了如下的复原。[1]

> 诸行人赍过所及乘驿、传马出入关者,关司勘过所,案记。其过所、符券、递牒并付行人自随。

正如在另文中讨论的那样,除了将"符券"改为"传符"以外,我认为孟氏的复原方案是妥当的。[2] 由此看来,"录白"一节没有相对应的唐令条文,而是由日本令的撰定者自己加上去的。此时要稍加注意的是,在下面的第二条(不行唐令第1条)可以找到"白"这一术语:

> 诸请过所,并令自钞副白,官司勘同,即依署给。其输送官物者,检钞实,付之。

本条规定了申请过所时所需文书的各项手续,而"自钞副白"的解释则成为问题。孟氏认为,"副白"的"副"表示副本,"白"表示没有盖官印,"自钞副白"则表示将市券等写成文书然后制作成册,并添加到过所的申请书中。[3] 孟氏的见解尚有深入探讨

---

1 关于复原考证,请参照前揭孟彦弘:《唐关市令复原研究》,第529—530页。

2 参照前揭拙稿b《日本书籍中的唐代法制——以唐令复原研究为视角》。

3 孟彦弘:《唐代"副过所"及过所的"副白""录白案记"辩释——兼论过所的意义》,收入《出土文献与汉唐典制研究》,北京大学出版社2015年版,第139页。

的余地，由于该部分的主语是过所申请人，故显然不是指关司的行为。由此可以判定“录白案记”是另一个行为。

因此，可以看一下有关过所的实例，在敦煌莫高窟 122 号窟前出土的天宝七载(748)的残缺文书如下[1]：

1 请改给[

2

3 参军摄司户少鸾

4 史邓[

5 天宝柒载肆月拾[

6 六月二日。东亭守捉健儿王颁佚勘东过。 六月三日。苦水守捉健儿徐[

7 六月四日。常乐勘过。守捉官索怀。 六月五日。悬泉勘过。守捉官镇将靳崇信。

8 六月八日。晋昌郡[

由于全部文字都是用同一支笔所写的，所以可以判断其不是过所的原件。直至第 5 行的“天宝柒载肆月拾[”都是过所的正文，第 6 行以后是检察据点所作的勘过(过关检查)记录。摄判司户参军职务的“参军摄司户少鸾”被认为是沙洲敦煌郡参军的“武少鸾”。[2] 根据勘过的记录，可知从沙洲出发，六月二日在东亭守捉勘过后，接着在各地一边接受勘过检察一边前进，最后到达晋昌郡(即瓜州)。

在报告该文书最初被发现时，负责文书移录和解说的樊锦诗、马世长两氏以未盖有官印为依据，推测属于“录白案记”类的写本。[3] 但是，如果从该文书不是由晋昌郡(瓜州)出土，而是由出发地的沙洲敦煌县出土的情况来看，认为属于关的“录白案记”的实例颇为困难。孟氏将该文书看成是官府为了处理再次发放过所的申请，所以作为存根被官府保存为案卷的一部分。[4] 由此可以判断该文书不是唐代的“录白案记”的实例。

根据以上讨论，在唐令中，过所检查的形式没有规定在令文中，这被认为是日唐

1 录文根据照砺波护：《唐代の過所と公験》，收入《隋唐佛教文物史論考》，法藏馆 2016 年版，第 370—371 页。

2 前揭砺波护：《唐代の過所と公験》，第 372 页。

3 敦煌文物研究所考古组：《莫高窟发现的唐代丝织物及其他》，载于《文物》，1972 年第 12 期，第 58 页。

4 参照前揭孟彦弘：《唐代“副过所”及过所的“副白”“录白案记”辩释——兼论过所的意义》，第 135 页。

令之间的巨大差异。将试图通关的行人的过所全文抄写是一项烦琐的工作,但在日本,这具有依令要求关司的意义。也就是说,日本令在度关行为这一点上,对关司和行人双方都采取了比唐朝更加严厉的态度。

日本关市令中关的相关条文比唐令有所减少。但在通关这一点上,删除一些便利的规定,要求关司实施严密的勘查业务,显示了简洁且严厉的风貌。另外,也反映了关的历史较短,排除不熟悉的"关市"的概念,消除关与缘边的联系,这被认为可以灵活处理律令国家的版图边界之故。

结　语

本文就日本和唐朝的关市令,从篇目本身的成立过程及其特性、日唐令文的比较这两种角度进行考察。根据第一部分的内容可知,日本的关市令,尤其在大宝令阶段,与唐令的篇目排列具有不同的独自的理论和令的位置排序。也就是说,关市令位于营缮令之后,表明制定大宝令时,关、市的营造正处于国家事业当务之急的阶段。这表明在日本,关这一国家交通检查设施的历史尚浅,到大宝律令的实施,关这一体系才趋于完善。

并且,与其将不行唐令作为中心对日唐令进行比较来确认日本的关与缘边之间的关系日益淡薄,倒不如着眼于内地的关重新证明其特性。另外显而易见,日本对待关的通行以及关司的勘过态度比唐朝更加严厉。旧文中曾指出,日本的关制度在京师防卫这一点上与唐朝的关系有共同点。[1] 这一点通过本文的讨论,可以说得到了强化。

但是,关于过所发放的具体手续的实例、与律令法规的关系等,尚有很多值得讨论的地方。这些均为今后的课题,于此暂且停笔。

【附记】

本文是对2011年提交东京大学研究生院人文社会系研究科的博士论文的第二部第二章的一部分作大幅度修订增补而成。修订增补部分,是JSPS科研费(JP25884057,JP15K16813)研究成果的一部分。

1　参照前揭拙稿《律令関制度の構造と特質》;《律令制下における関剗の機能》。

表 1　北宋以前“关市”篇目的变迁

名称	睡虎地秦简		张家山汉简		三国魏新律	西晋泰始律令		梁天监律令		北周保定律令		北齐河清律令	
年代	公元前 3 世纪		公元前 186 年		明帝时期（3 世纪前半叶）	267 年		503 年		563 年		564 年	
篇目	刑罚法规	行政法规	刑罚法规	行政法规	律	律	令	律	令	律	令	律	令
1	法律答问	田律	贼律	钱律	刑名	刑名	户	刑名	户	刑名		名例	吏部
2		厩苑律	盗律	置吏律	盗	法例	学	法例	学	法例		禁卫	考功
3		仓律	具律	均输律	贼	盗律	贡士	盗劫	贡士赠官	祠享		户婚	主爵
4		金布律	告律	传食律	［囚］	贼律	官品	贼叛	官品	朝会		擅兴	殿中
5		关市	捕律	田律	捕	诈伪	吏员	诈伪	吏员	婚姻		违制	仪曹
6		工律	亡律	口市律	杂	请赇	俸廪	受赇	服制	户禁		诈伪	三公
7		工人程	收律	行书律	［具］	告劾	服制	告劾	祠	水火		斗讼	驾部
8		均工	襍律	复律	［兴］	捕律	祠	讨捕	户调	兴缮		盗贼	祠部
9		徭律		赐律	［厩］	系讯	户调	系讯	公田公用仪迎	卫宫		捕断	主客
10		司空		户律	户	断狱	佃	断狱	医药疾病	市廛		毁损	虞曹

(续表)

篇目	刑罚法规	行政法规	刑罚法规	行政法规	律	律	令	律	令	律	令	律	令
11		军爵律		效律	劫略	杂律	复除	杂律	复除	斗竞		厩牧	屯田
12		置吏律		傅律	诈伪	户律	关市	户律	关市	劫盗		杂律	起部
13		效		置后律	毁亡	擅兴律	捕亡	擅兴	劫贼水火	贼叛			左中兵
14		便宜无好传食律		爵律	告劾	毁亡	狱官	毁亡	捕亡	毁亡			右中兵
15		行书		兴律	系讯	卫宫	鞭杖	卫宫	狱官	违制			左外兵
16		内史杂		徭律	断狱	水火	医药疾病	水火	鞭杖	关市			右外兵
17		尉杂		金布律	请赇	厩律	丧葬	仓库	丧葬	诸侯			都兵
18		属邦		秩律	[擅兴]	关市	杂上	厩律	杂上	厩牧			都官
19				史律	[乏留]	违制	杂中	关市	杂中	杂犯			二千石
20				津关令	惊事	诸侯	杂下	违制	杂下	诈伪			比部
21					偿赃		门下散骑中书		宫卫	请求			水部
22					[免坐]		尚书		门下散骑中书	告劾			膳部

（续表）

篇目	刑罚法规	行政法规	刑罚法规	行政法规	律	律	令	律	令	律	令	律	令
23							三台秘书		尚书	逃亡			度支
24							王公侯		三台秘书	系讯			仓部
25							军吏员		王公侯	断狱			左民
26							选吏		选吏				右民
27							选将		选将				金部
28							选杂士		选杂士				库部
29							宫卫		军吏				
30							赏		军赏				
31							军战						
32							军水战						
33							军法一						
34							军法二						
35							军法三						
36							军法四						
37							军法五						

(续表)

篇目	刑罚法规	行政法规	刑罚法规	行政法规	律	律	令	律	令	律	令	律	令
38							军法六						
39							杂法上						
40							杂法下						
卷数	不明	不明	不明	不明	不明	21	40	20	30(录1)	25	不明	12(目1)	50
篇目数	不明	不明	不明	不明	18	20	40	20	30	25	不明	12	28
条数	不明	不明	不明	不明	不明	620	不明	2529	不明	1537	不明	949	不明
典据	《睡虎地秦墓竹简》(文物出版社)		《张家山汉墓出土竹简[247号墓](释文修订版)》(文物出版社)		《晋书·刑法志》、《唐六典》卷6	《晋书·刑法志》、《唐六典》卷6、《旧唐书·经籍志》		《隋书·刑法志》、《经籍志》、《唐六典》卷6		《隋书·经籍志》、《唐六典》卷6		《隋书·刑法志》、《经籍志》、《唐六典》卷6	
备考	法律问答是188问答集。篇目的第二分类依据池田雄一:“簡牘に書かれた律令”		篇目的第二类依据池田雄一:“簡牘に書かれた律令”		[ ]内的律名根据史料·研究者的不同而有出入。此处依据池田雄一:“簡牘に書かれた律令”	律的条文数依据《晋书·刑法志》		律令的总条文数据《隋书·刑法志》为1530		令的篇目不明		直至前朝为止的律都是简略化的。令以28曹为篇名	

隋开皇律令		隋大业律令		唐永徽律令		唐开元七年律令		唐开元二十五年律令		北宋天圣令
582 年(令) 583 年(律)		607 年		651 年		719 年		737 年		1029 年
律	令	律	令	律(推测)	令(推测)	律	令	律	令(推测)	令
名例	官品上	名例		名例	官品上下	名例	官品上下	名例	官品	官品
卫禁	官品下	卫宫		卫禁	台省职员	卫禁	三师三公台省职员	卫禁	三师三公台省职员	户
职制	诸省台职员	违制		职制	寺监职员	职制	寺监职员	职制	寺监职员	祠
户婚	诸寺职员	请求		户婚	卫府职员	户婚	卫府职员	户婚	卫府职员	选举
厩库	诸卫职员	户		厩库	东宫诸府职员	厩库	东宫王府职员	厩库	东宫王府职员	考课
擅兴	东宫职员	婚		擅兴	州县职员	擅兴	州县镇戍岳渎关津职员	擅兴	州县镇戍岳渎关津职员	军防
贼盗	行台诸监职员	擅兴		贼盗	命妇职员	贼盗	内外命妇职员	贼盗	内外命妇职员	衣服
斗讼	诸州郡县镇戍职员	告劾		斗讼	祠	斗讼	祠	斗讼	祠	仪制
诈伪	命妇品员	贼		诈伪	户	诈伪	户	诈伪	户	卤簿
杂律	祠	盗		杂律	学	杂律	选举	杂律	学	公式
捕亡	户	斗		捕亡	选举	捕亡	考课	捕亡	选举	田
断狱	学	捕亡		断狱	封爵	断狱	宫卫	断狱	封爵	赋
	选举	仓库			禄		军防		禄	仓库
	封爵俸廪	厩牧			考课		衣服		考课	厩牧

(续表)

律	令	律	令	律(推测)	令(推测)	律	令	律	令(推测)	令
	考课	关市			宫卫		仪制		宫卫	关市
	宫卫军防	杂			军防		卤簿上下		军防	捕亡
	衣服	诈伪			衣服		公式上下		衣服	疾医
	卤簿上	断狱			卤簿		田		义制	狱官
	卤簿下				义制		赋役		卤簿	营缮
	仪制				公式		仓库		乐	丧葬
	公式上				田		厩牧		公式	杂
	公式下				赋役		关市		田	
	田				仓库		医疾		赋役	
	赋役				厩牧		狱官		仓库	
	仓库厩牧				关市		营缮		厩牧	
	关市				捕亡		丧葬		关市	
	假宁				医疾		杂令		医疾	
	狱官				假宁				捕亡	
	丧葬				狱官				假宁	
	杂				营缮				狱官	

（续表）

律	令	律	令	律（推测）	令（推测）	律	令	律	令（推测）	令
					丧葬				营缮	
					杂				丧葬	
									杂	
12	30（目1）	11	30	12	30	12	30	12	30	30
12	30	18	不明	12	32	12	27	12	33	21
500	不明	500	不明	不明	不明	500	1 546	不明	不明	不明
《隋书·刑法志》、《经籍志》、《唐六典》卷6		《隋书·刑法志》、《经籍志》、《唐六典》卷6		《唐六典》卷6、《旧唐书·经籍志》、《刑法志》		《唐六典》卷6、《旧唐书·经籍志》、《刑法志》		《唐六典》卷6、《故唐律疏议》、《旧唐书·经籍志》、《刑法志》		《郡斋读书志》卷8
		令的篇目不明		律、令及其篇目均推测。令依据前揭池田温：“唐令と日本令——〈唐令拾遺補〉編纂によせて”。卷1～6的令的篇目大致可以确认。				令的篇目依据仁井田陞：《唐令拾遗》（东京大学出版会）。以及前揭池田温：“唐令と日本令——〈唐令拾遺補〉編纂によせて”。		田令以下的篇目与天一阁藏明钞本天圣令的残本不同。

日本《仓库令》复原研究之现状*

［日］武井纪子** 著 周东平 肖秋莲*** 译

前 言

7世纪末以来，日本古代国家为了制定本国国体的基干，继受了中国唐代的律令。而那时，由于日、唐在社会结构和成熟程度方面有着很大的差异，日本无法直接照搬唐朝制度。因此，为了适应当时日本社会的实际，对唐律令各条款加以适当修正后再引入。到8世纪初叶，体系化的大宝律令开始实施。这给当时的古代日本社会带来极大的冲击。

其中，《仓库令》虽然也适用于原来就存在的仓库，但起到了将这些仓库管理重新纳入律令体制中的作用。而且，从8世纪之后，在以国司为首的新的地方管理制度中仍有法律制度发挥着作用的情形来看，它应该是发挥着连接以仓库令为核心的新旧双方要素的篇目。因此，关于《仓库令》具体规定了哪些内容，通过篇目究明其性质这件事，在帮助了解日本律令制度的整体特质上，可以说意义重大。

有关仓库管理和出纳的方式，一方面保留了较为丰富的木简等实物史料，另一方面对于作为法律本应用来佐证这些史料的《仓库令》本身的研究甚少。这是因为日本律令共三十篇中，只有《仓库令》和《医疾令》早已散佚，导致无法知晓该令的全部条文。因此，难以阐释篇目整体的性质。江户时代以降，对《仓库令》研究的主要目标就是复原条文。然而，这种状况因北宋《天圣令》的公布而发生了重大变化。由于《天圣令》向世人展示了散佚的唐代《仓库令》全貌，对日本《仓库令》个别条文的修正因此也变得可能；与此同时，也有必要重新审视此前对日本《仓库令》的复原研究。

日本《仓库令》到底规定了什么内容，整体上是一种什么性质的篇目？为解明这

---

* 原文题为《日本倉庫令復原研究の現在》，载于日本《弘前大学國史研究》138，2015年。

** 武井纪子，日本弘前大学人文社会科学部准教授。

*** 周东平，厦门大学法学院教授；肖秋莲，厦门大学法律硕士，任职于江西省赣州市商务局。

些问题,本文旨在回顾迄今日本《仓库令》复原研究的历史及对其再检讨,以抛砖引玉。

一、日本《仓库令》复原研究的轨迹

(一) 江户时代的《仓库令》复原研究

日本令没有以令(养老令)本身的形式作为法制史料流传下来,而是通过令的注释书,如《令义解》《令集解》等手抄本的形式流传下来,所以我们能够知晓其条文。虽然《令义解》《令集解》存在以金泽文库本系统为代表的多个系统的手抄本,[1]但包含《仓库令》和《医疾令》之卷的令文,在任何一个系统的手抄本中都没有留存下来。在岩波书店版《律令》一书中,记载着十六条《仓库令》条文,[2]但这些是根据江户时代以来的复原研究而明朗起来的佚文。

近世的律令格式研究中,手抄本的收藏和教材的修订在幕府主导下进行而取得了很大进展。[3] 德川家康命令各地提供古书,右大臣今出川(菊亭)晴季积极响应号召,于庆长十九年(1614)向家康呈上律令(《律》《令义解》《令集解》)的手抄本。在《駿府记》庆长十九年的记述中,有"十九日,律令到来,是者金泽文库本关白秀次执之,今出川殿被遣之"的记载,那时献给德川家康的都是金泽文库本系统的手抄本,到如今,以红叶山文库本的《令义解》和内阁文库本的《令集解》流传着。根据近藤正斋的《右文故事》,[4]具体是指名例律、贼盗律之律2卷,《令集解》10卷8篇(官位、职员、后宫职员、东宫职员、家令职员、神祇、僧尼、户)和《令义解》7卷19篇(官位、户、田、赋役、学、选叙、继嗣、考课、禄、宫卫、军防、仪制、衣服、营缮、公式、关市、捕亡、狱、杂),据此可知,此时的《令集解》和《令义解》都遗失了包含《仓库令》的那卷。之后,宽永十一年(1634),中原(平田)职忠将这个与其他系统的手抄本——船(舟)桥本

---

1 《令义解》《令集解》的各版本有:新订增补国史大系《令義解》《令集解》之"解題"、日本思想大系《律令》(岩波书店1976年)之"解题"(早川庄八、吉田孝氏执笔),以及石上英一:《〈令集解〉金沢文庫本の再検討》,《日本古代史料学》,东京大学出版社1997年版;同氏:《〈令集解〉金沢文庫本の成立》,同前揭书;水本浩典:《律令註釈書の系統的研究》,塙书房1991年版,等等。

2 参照前揭岩波版《律令》。《仓库令》的补注由关晃氏执笔。以下,本文若出现岩波版《律令》即指该书,条文名亦权从该书。另,《仓库令》的条文号也遵从该书的复原编号,并加上尖括号以表明。

3 江户时期律令研究的详细内容,可参照利光三津夫:《江戸期における律令学》,载《律令制的研究》,庆应义塾大学法学研究会1981年版。

4 《近藤正斎全集》(第二),国书刊行会1905年版。

《令集解》进行抄写和校对,从田令到丧葬令均补充了一些篇目,即便如此,《仓库令》依然处于散佚状态。

作为律令的教科书,庆安三年(1650),由立野春节刊行了京本(青本)《令义解》,这在当时的研究者之间广为传播。该版本被推定为是与黑川本(以金泽文库本为祖本,但被认为与红叶山本属于不同的系统)同母本的转抄本为底本编纂而成的,[1]但仍缺少《仓库令》和《医疾令》。而且,该版本甚至未收录红叶山本《令义解》中的《关市令》,据说所谓校订一事也是杜撰的。[2]

享保年间,德川吉宗探索古书的结果,是松平忠荣献上旧广桥家藏本的转抄本之卫禁、职制二律。至此,现在我们所知道的日本律四篇、[3]令(除《仓库令》和《医疾令》之外)二十八篇都收齐了。享保年间以后,律令的校订与研究由荷田春满与荷田在满推进,其成果由尾张藩的学者们继受。以尾张地区为中心,《仓库令》的复原研究得以进展。

关于十八世纪中叶尾张地区律令学的兴盛状况,详见利光三津夫氏和丸山裕美子氏的研究。[4] 根据两氏的研究,若追寻有关《仓库令》的复原研究,首先不得不提到河村秀颖、河村秀根两兄弟。他们从《令集解》《政事要略》等史料中复原《仓库令》与《医疾令》,著有《令义解第八本 仓库令补 · 厩牧令 · 医疾令补》一书。此书每处按所据书目摘抄逸文,河村秀根之子益根按篇目重新整理,于文化七年(1810)附上校注后予以出版。

稻叶通邦出生于尾张藩士的武艺师范之家,以神村正邻为师,从事律令研究,著有《逸令考》,尝试复原《仓库令》和《医疾令》。据说该书出版于明和六年(1769)以后,与河村兄弟的著作几乎是同一时期。因为两者的条文排列方案不一样,故应为各自独立完成的。[5]

另外,若举尾张地区以外差不多同时期的律令学成果,当推薗田守良于宽政八年(1796)所著的《逸令义解 仓库 · 医疾 · 关市 · 令外》。他在书中复原的《仓库令》和《医疾令》,基本与河村秀颖、秀根的复原相重复。只因两者间的相互关系未被认可,故该时期在尾张、伊势等地涌现出不少单独收集《仓库令》佚文的研究。

---

1 参照水本浩典:《塙本〈令義解〉の成立》,前揭《律令註釈書の系統的研究》。

2 参照前揭利光三津夫:《江戸期における律令学》。

3 加上《斗讼律》的逸文可见于九条家本延喜式纸背面,三条被部分复原。参照前揭岩波版《律令》之"解题"。

4 参照前揭利光氏《江戸期における律令学》、丸山裕美子:《尾張名古屋の律令学——稲葉通邦〈逸令考〉を中心に》,《愛知県立大学文学部論集》第56期,《日本文化学科編》第10号,2008年版。另,名古屋市博物馆展示图录《尾張名古屋の古代学》(榎英一氏执笔,1995年)对此也有帮助。

5 参照高盐博:《養老医疾令復原の再検討》,《日本律の基礎的研究》,汲古书院1987年版。

经过这些研究而出版的是塙保己一的《令义解》，即所谓的塙本（红本）《令义解》。[1] 宽政十二年（1800）的初版缺少《仓库令》和《医疾令》，但此后的版本进行增补，成为如今国史大系的底本。在该书的卷八中，记载着："右仓库医疾二令散逸既久矣。《今（令）抄》《续日本纪》《类聚三代格》《政事要略》《令集解》等所引集而编之。虽不能复古本，可以见其概也。"关于《仓库令》的复原，河村兄弟的《令义解第八本 仓库令补·厩牧令·医疾令补》和稻叶通邦的《逸令考》被认为是集大成者。但实际上，学者或认为该书（塙本《令义解》）与《令义解第八本 仓库令补·厩牧令·医疾令补》的不同点甚多，与《逸令考》的相似点较多。据高盐博氏的观点，塙本《令义解》问世之际，校勘时参考了红叶山文库本、水户殿校本的同时，也使用了稻叶通邦本。因稻叶通邦的著作容易入手，故而缺失的《仓库令》和《医疾令》就用《逸令考》填补。[2]

天保年间，《延历交替式》的古手抄本在石山寺被发现，天保九（1838）年，岸本由豆流校订的版本问世传播，文中多次引用《仓库令》，以此逸文为基础，开始对以往的复原研究进行校订。

有代表性的是伴信友的《关市令义解 附仓库令缺文 医疾令缺文》。该书是信友撰写于文化十年（1813），是神村正邻《关市令义解》刊本与河村兄弟仓库令复原研究《令义解第八本 仓库令补·厩牧令·医疾令补》之石井正敏藏刊本的合集。手抄本部分添加了与白文本的校订、《延历交替式》补笔（年代不详）、及与《政事要略》、塙本《令义解》的校合（弘化三年（1846）），这些成果都被以其他颜色的文字记载于其中。[3] 据说，信友校订时使用的白文本是小山田与清购入的令，且省略义解部分。[4] 该实物已因战争被烧毁，只能通过京都大学法制史研究室所收藏的古法制书目调查卡片略窥一二，但因为它是从金泽文库本转抄而来，被公认为属于十七世纪上半期的抄写本。[5] 此白文本具备红叶山本所缺失的《仓库令》和《医疾令》，信友对该白文本里的仓库令论述道："白文本载有的仓库和医疾二令不是令的全文，而是从《三代格》《令集解》《政事要略》等所载之文抄录而来，近年来，为了与尾张人河村氏抄录的印本相吻合，原本不同的文字逐渐变得一致，只有《仓库令》多出一条。"[6] 虽然

---

1 参照前揭水本氏：《塙本〈令義解〉の成立》。

2 参照前揭高盐氏：《養老医疾令復原の再検討》。

3 对《関市令義解 附倉庫令缺文 医疾令缺文》的手抄内容，中泽巷一、林纪昭在《伴信友の律令研究について》（《法学論叢》85－1，1969 年）一文中载有释文文本。

4 参照伴信友："令義解及令集解三代格政事要略缺本考"，载于《比古婆衣》六卷，《伴信友全集》第四，国书刊行会 1907 年版。

5 下述关于白文本的性质，参照前揭中泽、林两氏：《伴信友の律令研究について》。

6 参照前揭《伴信友全集》第四。

河村版本与复原版本基本一致,但比起河村兄弟复原版本,白文本在条文数目上多了一条。白文本之所以多一条,是因为将有关交易的条款(割取交易物直条)分成两条。但由于它与塙本《令义解》完全相同,所以白文本的《仓库令》被认为是后世补写的。[1]

与伴信友的校订本差不多同期的著作,有大判事势多章武抄写校订的《逸令仓库第廿二/医疾第廿四》。据吉冈真之氏所述,因该复原版《仓库令》首先将交替式作为复原史料来使用,这就与在河村本、塙本上加以修订的此前的复原研究迥异。[2]《延历交替式》的发现,无疑极大推进了仓库令的复原研究。

表1 江户时代主要复原研究中可见的条文排列

复原仓库令条文	河村秀颖、秀根、益根《令义解第八本仓库令补·厩牧令·医疾令补》	稻叶通邦《逸令考》	薗田守良《逸令义解仓库·医疾·关市·令外》	塙本《令义解》(新印本)	伴信友《关市令义解 附仓库令缺文 医疾令缺文》	
(1) 仓于高燥处置条	1	1	(2)	1	1	〈1〉
(2) 受地租条	2	2	5	2	2	〈2〉
(3) 仓出给条	3	3	—	3	3	〈3〉
(4) 大藏出给条	4	4	3	4	4	〈4〉
(5) 仓藏给用条	5	5	—	5	5	〈5〉
(6) 仓藏贮积杂物条	12	6	—	6	12	〈6〉
(7) 仓贮积条	13	7	—	7	13	〈7〉
(8) 置公文库锁鎰条	7	8	1	8	7	〈8〉
(9) 在京仓藏巡察条	9	9	2	9	9	*
(10) 调庸物应送京条	11	10	4	10	11	〈9〉

1 参照前揭中泽、林两氏:《伴信友の律令研究について》。另外,石上氏在前揭《〈令集解〉金沢文庫本の成立》中也认同中泽、林两氏的观点。只是,只有白文本从"割取交易物直条"中再另分出一条,《逸令考》又将其与"欠负官物条"的后半部分连在一起,复原成一条。还有,在塙本《令义解》的新印本中,这部分内容正好处于换行的位置,看不出是否分解为别条。也可以参照本文"二、日本《仓库令》复原的可能性"的(一)之①。

2 参照吉冈真之:《延曆交替式二題》,《古代文献の基礎的研究》,吉川弘文馆1994年版(首刊于1978年)。

（续表）

复原仓库令条文	河村秀颖、秀根、益根《令义解第八本仓库令补·厩牧令·医疾令补》	稻叶通邦《逸令考》	薗田守良《逸令义解仓库·医疾·关市·令外》	塙本《令义解》（新印本）	伴信友《关市令义解 附仓库令缺文 医疾令缺文》	
（10）′国明注载	15				15	〈10〉
（11）仓藏文案孔目条	16	11	—	11	16	〈11〉
（12）仓藏受纳条	6	12	—	12	6	〈12〉
（13）欠负官仓条	14	13	—	13	14	〈13〉
（13）′其隐截及贷用	10	15	—	15	10	〈15〉
（14）欠失官物条	8	14	6	14	8	〈14〉
（15）割取交易物直条	—	15	7	15	—	〈16〉
（16）有人从库藏出条	—	—	—	—	—	—
备注	计16条	计15条 （13）′与（15）作为同一条，放在第15条	计8条 按“在京仓藏巡察条”后续的是“仓于高燥处置条”的后半部分复原	计15条	计17条 排列是根据河村本，在标注上增加了白文本的校订条文编号（见表右侧的尖括号）。另，在京仓藏巡察条的位置是在置公文库锁鎰条之后	

注：＊本表参考了中泽巷一、林纪昭：《伴信友の律令研究について》所载《倉庫令逸文配列順序》一表。

＊“复原仓库令条文”栏的条文序号、条文名称，依据岩波版《律令》。

＊表中的数字表示其在各书中的条文排列顺序，需要特别注意的事项参见备注栏。

（二）明治以后的《仓库令》复原研究与天圣仓库令

明治伊始，植木直一郎氏发表了使用《延历交替式》进行复原研究的成果。[1] 不

1 参照植木直一郎：《交替式と倉庫令》，《國學院雜誌》13－1，1907年。

久之后,《仓库令》复原研究的关注点从日本的国书转为指向收集更多的佚文。与此同时,也从比较研究的角度展开对作为日本令之母的唐令的研究。可是,由于唐令里的《仓库令》也遗失了,所以只能从各种中国史料中寻找唐令佚文,再从中推测日本令的存在。[1]

以考证唐仓库令的唐代史料为基础,试图复原日本《仓库令》的是泷川政次郎。[2]泷川氏一方面沿用国史大系本《令义解》的排序,另一方面将相当于古代地方财政决算报告书的正税账和中国法制史料中所见的仓库令文,作为研究唐令、日本令佚文根据的史料。在此前复原了十五条令文的此基础上,增加了有关官户奴婢的公粮支给、在京诸司官人的给食、牧监兽医等上番者的公粮支给、赏赐物品的支给、时服的支给等五条内容。由此推测,规定这些内容的唐仓库令文是存在的,并列举了一至五的相关史料来佐证。

另外,利光三津夫氏认为《明文抄》卷一《帝道部》所引的"凡有人,从库藏出,有疑盗状者,即合搜检令",属于《仓库令》的佚文。[3] 而且,红叶山文库版本的《令义解·田令》34 条的"在外诸司条"记载着"见《仓库令》"。由此推测,在《仓库令》里存在着有关地方官国司在职务替代时如何分配从职分田收获的稻谷的规定。[4]

在岩波版《律令》中,有关泷川氏作为参考资料所列举的唐代史料并没有作为日本令来处理,在迄于植木氏的研究为止所复原的十五条的基础上,加上利光氏认为是《仓库令》的一条佚文,共收录了十六条。这就是我们今天得以简便利用的律令范本。

如此看来,日本《仓库令》的复原研究似乎已经穷尽。但随着 2006 年北宋《天圣令》残卷的发表,[5]情况又发生了很大变化。在公开发表的卷第二十一《田令》至卷第三十《杂令》的篇目中,包含了《仓库令》。《天圣令》是于天圣七年(1029)五月十八日删定为令 30 卷后颁布的,在当时的现行法令宋令之后附上不再施行唐令的做法,与《宋会要辑稿·刑法一之四》:"凡取唐令为本,先举见行者,因其旧文参以新制定之。其令不行者,亦随存焉"的记载相吻合。

---

1 唐令的复原研究成果,以仁井田陞的《唐令拾遺》《唐令拾遺補》为代表,唐仓库令在《唐令拾遺》中复原了七条,《唐令拾遺補》中又以[补]的形式追加了三条。具体可参照仁井田陞:《唐令拾遺》,东京大学出版社 1933 年版;仁井田陞撰、池田温编:《唐令拾遺補》,东京大学出版社 1997 年版。

2 参照泷川政次郎:《令の逸文》,《律令の研究》,刀江书院 1931 年版。

3 参照利光三津夫:《倉庫令の研究》,《律令及び令制の研究》,明治书院 1959 年版。

4 参照利光三津夫:《倉庫令逸文考》,《律令制とその周辺》,庆应义塾大学法学研究会 1967 年版。

5 1999 年,在中国浙江省宁波市的天一阁博物馆里,上海师范大学的戴建国氏发现了一本名为《官品令》的抄写本,考明这是北宋时期的律令即《天圣令》。2006 年由中国社会科学院历史研究所的天圣令研究班将其全文与各篇章的唐令复原研究同时公开发表。参照天一阁博物馆、中国社会科学院历史研究所天圣令整理课题组:《天一阁藏明钞本天圣令校证》,中华书局 2006 年版。

《天圣令》的公布，对唐令的复原研究及日本律令的研究均具有划时代的意义。[1] 天圣《仓库令》是由宋令二十四条和不行唐令二十二条构成，共计四十六条。《天圣令》之不行唐令部分是在开元二十五年令的基础上，补充了至宋代之间有所变化的内容。虽然唐令（开元二十五年令）条文的词句复原应十分慎重，但宋令中相当的条文也全部存在于原先的唐令中，故而推断唐仓库令也是四十六条左右。[2] 因《唐令拾遗》《唐令拾遗补》复原的唐令只是十条左右，故而判明大约是其四倍的唐《仓库令》条文。其中，从唐令继受至宋令的大部分条文是有关仓库使用的基本内容（如收纳、出给、管理），相反，宋代不适用的是有关谷物相互换算、粮食俸禄支给规定等细则。宋令部分的规定，是因唐宋年间发生了巨大社会变革而在唐令基础上加以修订的，但另一方面，对《仓库令》而言，因宋令与养老令有很多共同点，所以由唐令继受而来的宋令条文就与唐令差别不大。从以上所述的宋令与不行唐令的关系来看，我们可以判断天圣《仓库令》之现行宋令，主要是由唐令中虽经历唐宋社会变革但仍能适用的实务型运用规定为中心构成的。

再从与日本令的比较视角来看，《天圣令》的发现为重新审视此前的日、唐律令比较研究提供了契机，使得日、唐令的相同点与独立性更加明朗，也成为研究日本律令制整体性质的重要线索。只是，就《仓库令》而言必须注意的是，日本令本身是经过收集佚文的复原研究而推定的，所以与其他篇目差别较大。因此，《天圣令》公布后，很有必要重新认识、修正江户时期的复原研究。具体有以下四点：

a. 所有复原条文与《天圣令》在字句上的异同

b. 判断唐令（宋令）中被日本令继受的或不继受的

c. 有关被复原为日本令的条文（推定规定在《仓库令》中的内容）与《天圣令》之间的对应关系中难以体会的性质

d. 条文排列问题

笔者一直在对 a、b 进行研究。[3] 关于 a 问题，经过对已复原的日本令与《天圣令》在字句上的异同进行研究发现：在日本，中央的藏库作为“藏”担负着重要作用，

---

1 关于《天圣令》的意义，可参照大津透：《北宋天聖令の公刊とその意義——日唐律令比較研究の新段階》，《律令制研究入門》，名著刊行会 2011 年版；丸山裕美子：《日唐令復原・比較研究の新地平——北宋天聖令残巻と日本古代史研究》，载于《歴史科学》第 191 期，2008 年。

2 参照拙文：《日本古代倉庫制度の構造とその特質》，载于《史学雑誌》第 118 卷第 10 期，2009 年。以下本节关于天圣仓库令特征的内容也是基于此文。

3 参照前揭拙文：《日本古代倉庫制度の構造とその特質》，以及《日唐律令制における倉・蔵・庫——律令国家における収納施設の位置づけ》，收入大津透编：《日唐律令比較研究の新段階》，山川出版社 2008 年版。

即使日本令照搬唐令,也会通过对条文进行独自的解释,使其能够适用于日本社会。[1]

关于b问题,从《令义解》目录来看,可知日本仓库令共22条,但这只是唐令的大约一半的数量。那么,现在最大的问题就是要弄清楚哪些条文是从唐令继受而来的,哪些条文是日本自己创作的。另外,目前为止复原的养老仓库令条文,可以说很多在《天圣令》中相当于宋令。从这一点可以看出,由唐继受至日本的条文,与唐宋之间的继受一样,是以规定仓库实际运用的条文为中心,从唐令中取舍损益而构成的。虽然我们可以大致找到如上的继受法则,可以推定条文存在,[2]但依然难以逐条确定并复原被继受的条文。为了弄清楚在未复原的日本令里有什么内容的条文,除了要逐条研究《天圣令》的条文外,还必须将该内容与日本的法制史料及实际史料进行参对。[3]

(三)《天圣令》与日本《仓库令》

根据《天圣令》可以明确的内容之一,是日、唐令之间不仅存在字句的差异,而且在日本令中确实存在自主制定的条文。[4] 具体而言,将《天圣令》(及由此复原的唐令)与《养老令》相比较,[5]若在唐令(《天圣令》)中找不到与日本令相对应的条文,则说明该条文未被日本所继受。反过来,若在日本令中找不到与唐令(《天圣令》)相对应的条文,则说明该条文是日本自主制定的。然而,如前反复说过的,由于日本《仓库令》自身的条文内容也不确定,无法这样简单地二选一。因此,对于看不出被复原的日本令条文(推定《仓库令》有相关规定)与《天圣令》之间的对应关系这种状况,

1 例如复原养老仓库令(11)"仓藏文案孔目条"中所见的"专当"一词,在日本,从继受唐令之后,至《延曆交替式》为止的期间,日本令从该条文中删除了该词语。参照前揭拙文:《日本古代倉庫制度の構造とその特質》。

2 野尻忠氏根据1999年部分公开发表的天圣《仓库令》,论证了诸司常食、义仓、官人给禄等内容被规定在《仓库令》的可能性。野尻忠:《倉庫令にみる律令財政機構の特質》,池田温编:《日中律令制の諸相》,东方书店2002年版。另外,在日本令中,"义仓"条规定在《赋役令》里,但天圣赋役令及天圣仓库令都找不到该条文。关于义仓方面的规定,可参照拙文:《義倉の成立とその意義》,载于《国史学》205期,2011年。

3 例如,在拙著:《古代日本における贓贖物の特徴》(载于《東方学》125期,2013年)中指出,由于日、唐对赃赎物处理方式的差异,有关藏赎物进京的不行唐令19条未被日本继受。

4 参照养老赋役令37杂徭条、38仕丁条、39斐陁国文条、养老杂令40诸节日条、41大射者条等。参见大隅清阳:《大宝律令の歴史的位相》,前揭《日唐律令比較研究の新段階》。

5 严格来说,大宝令与养老令之间没有条文的删除,《天圣令》收录的条文是以追溯至唐令(永徽令)为止为前提条件。

有必要进行逐条考察。

事实上，根据《天圣令》复原唐令时就遇到了同样的问题。[1] 在《唐令拾遗》《唐令拾遗补》阶段复原唐《仓库令》所记载的内容中，《天圣令》（其原始为开元二十五年令）里没有的内容，极有可能不是唐令。例如，《唐六典》卷三"金部郎中、仓部郎中"里有关于木契的表述，这在《唐令拾遗》复旧第五条（开元七年令）中的记载如下：

> 库藏出纳，皆行文榜，季终而会之。若承命出给，则于中书省覆而行之。百司应请月俸，则符牒到所由，皆递覆而行之。旧制，京官有防阁、庶仆俸食杂用等。开元二十年，敕以为名目虽多，料数先定，既烦案牒，因此生奸。自今已后，合为一色，都以月俸为名，其贮米亦合入禄数同申，遂为恒式。乃置木契，与应出物之司相合，以次行用，随符牒而合之，以明出纳之恡。金部置木契一百一十只，二十只与太府寺合，十只与东都合，十只与九成宫合，十只与行从太府寺合，十只行从金部与京金部合，十只行从金部与东都合，二十只与东都太府寺合，二十只东都金部与京金部合。

木契是用来证明仓库的出纳命令是正当的，是在发出命令的官衙与执行仓库出纳的官衙之间使用的一种木制符信，各官衙的保有数是固定的。[2] 《唐六典》收录了很多令的简述，但天圣《仓库令》中没有与此相当的条文。由此可知，《唐令拾遗》复旧第五条的部分可能不是令，而是格或式（《金部格》《金部式》）。[3]

那么，日本《仓库令》又是怎样的呢？复原条文与《天圣令》条文在内容或字句上有很大差异，如有关大藏、内藏之中央藏库管理的规定，[4] 有关公文库的规定，有关仓

1　由《天圣令》复原唐令的研究的主要问题，可参照前揭丸山氏：《日唐令復原・比較研究の新地平——北宋天聖令残巻と日本古代史研究》。

2　关于木契，可参照清木场东：《穀物の支出体制》，收入《帝賜の構造》，京都中国书店 1997 年版；古尾谷知浩：《中央保管官司におけるカギの管理》，收入《律令国家と天皇家産機構》，塙书房 2006 年版。

3　参照李锦绣：《唐开元二十五年〈仓库令〉研究》，黄正建主编：《〈天圣令〉与唐宋制度研究》，中国社会科学出版社 2011 年版。

4　养老仓库令复原（4）大藏出给条：

> 大藏，准一季应须物数，量出别贮，随用出给。其内藏者，即纳一年须物，每月别贮出用。并乘者附帐，欠者随事征罚。

与此相应的是天圣仓库令宋 8 条：

> 诸州县，每年并预准来年应须粮禄之数，各于正仓内量留拟备，随须出给。

库钥匙的规定[1]等。其中,《天圣令》中含有与日本令字句相似的条文,虽然无法断定它们在内容上是否具有完全的对应关系,但可以推测制定日本令时就存在着唐令(宋令)的条文。[2] 这些日、唐之间的差异必须另行考察研究。除此之外,也还有需要再研究的事项,那就是前文提到的 c 之问题,即:尽管不知晓具体的条文字句,但从复原根据史料中有"《仓库令》"一词可推测存在相关条文。下一节还会继续对此进行讨论,并论及 d 之条文排列问题。

二、日本《仓库令》复原的可能性

(一) 作为日本令复原之依据的史料中的"《仓库令》"

1. 割取交易物直条——日本令复原(15)条

该条文以"《仓库令》云……"的形式被《交替式私记》引用,附在《政事要略》卷59所收录的延历十七年(798)十月十九日太政官符里,岩波版《律令》也作为复原第(15)条而收录。下面,将复原之依据的部分史料揭示如下:

交替式云,太政官符

一、禁犯用官物名公文乘事

右田租地子出纳有限。正税杂用色数非一。如闻,奸吏之辈,不惮宪章,心挟贪浊,竞事截留。至有剩征田租,过收地子,割取物直,折减粮赁。赃污多端,积习无悛。不设科条,何以惩肃。其来年正月以后,若有违犯者,计赃科罪,一同隐截出举之坐。解却见任,永不叙用。

私记云:私案,仓库令,割取交易物直者,同隐截罪。剩征田租,过收地子等罪,准非法赃敛入官坐赃论。入私者准犯法可论之。抑可复案。

1　天圣仓库令宋24条载有:

诸仓库门,皆令监当官司开闭,知封锁署记。其左右藏库,记仍印。其锁鑰,监门守当之处,监门掌。非监门守当者,当处长官掌。

日本令中无相对应条文,但从字句上看,与(8)置公文库锁鑰条有关联。养老仓库令复原(8)置公文库锁鑰条记载:

置公文库锁鑰者,长官自掌。若无长官者,次官掌之。

规定钥匙管理只限于公文库。

2　参照前揭拙文:《日本古代倉庫制度の構造とその特質》《日唐律令制における倉・蔵・庫——律令国家における収納施設の位置づけ》。

关于复原(15)条,早就有人对它作为仓库令文的复原提出疑义。[1] 但小仓真纪子氏指出,它是惟宗直本的《贞观交替式》注释书之《交替式私记》的原文。[2] 小仓氏认为,作为《交替式私记》的注释方法,无论有无注释,都整条引用了交替式本文,该部分的"《仓库令》",就是指此前收录在《贞观交替式》(及引用它的《交替式私记》)的《仓库令》之欠负官仓条。

笔者虽然赞同这个结论,但在附议小仓氏所述见解时应注意到,将该《交替式私记》与欠负官仓条结合起来考虑的观点在江户时代的复原研究中已有体现。养老仓库令复原(13)欠负官仓条载有:

凡欠负官仓应征者,若分付欠损之徒,未离任者,纳本仓。已去任者,听于后任及本贯便纳。其隐截及贷用,不限在任去任,皆纳于京。

规定了欠负官仓责任人的相关补缴场所。该条与可看出字句异同的天圣《仓库令》宋12条相对应。虽然复原日本令在延历、贞观、延喜的交替式里被全文收录,但由于第一文a与《类聚三代格》《类聚国史》,第二文b与《令集解·职员令》31赃赎司条"穴记"的复原所据史料各不相同,在《延历交替式》被发现以前,就被复原为其他条文了。在稻叶通邦的《逸令考》等著作里,将《交替式私记》"割取交易物直"以下的部分作为《仓库令》佚文处理,并与欠负官仓条的b部分合为一条予以复原。再根据《延历交替式》可知,欠负官仓条是结合a、b来修订的,"割取交易物直"以下的部分原封不动地另作他条保留下来,在国史大系本、岩波版《律令》中将其作为复原(15)条处理。

其实,该私记部分是对太政官符正文里列举的"割取物直""剩征田租,过收地子"等罪适用哪部分律的罚则进行议论的注释内容。因此,不能简单地认为"割取交易物直"以下部分就是《仓库令》。在江户时代的复原研究中,"《仓库令》"一词最终作为佚文被采纳,但这指的是欠负官仓条b"隐截及贷用"的情形,而后复原合为一条。这再次表明,江户时代的《仓库令》复原不仅仅只停留在收罗佚文上,而且是对律令本身进行研究和对仓库令文内容进行考察后的复原结果。

1　参照前揭泷川氏:《令の逸文》,以及利光三津夫:《律令条文復旧史研究補遺》(载于《続律令制とその周辺》,庆应通信1973年版)所收录的佐藤诚实氏的见解。另,吉村武彦氏从地子制的视角出发,对作为仓库令文的复原提出疑义。参见氏著:《賃租制の構造》,收入《日本古代の社会と国家》,岩波书店1996年版。

2　参照小仓真纪子:《倉庫令"割取交易物直条"の復元について——地子制研究の視点からの再検討》,《続日本紀研究》第330期,2001年。

2. 有人从库藏出条——日本令复原(16)条

此条是利光氏将《明文抄》卷一《帝道部》所引"凡有人,从库藏出,有疑盗状者,即合搜检令"这一部分作为仓库令文的佚文复原而来。由于养老宫卫令9库藏门条载有:

凡库藏门,及院外四面,恒持仗防固。非司不得辄入。夜即分时检行。

利光氏认为:"通过比附、分析该条文(《宫卫令》9库藏门条),守固官员承担检查从库藏出来人员的义务也不是不可能。……但将此另行规定为一条令文,作为律令的方针是理所当然的。"而且,在提及《明文抄》之文与唐厩库律15库藏主司不搜检条及其疏文的类似性后,他指出,"为了扩大乃至明确其构成要件或科刑对象,律不断重述令条文的某一部分,这在律的其他条文中也是多见的。……不能仅以《明文抄》之文与唐律之文相似,就将《明文抄》之文当做令文,也无法将其看做律文"。由此可知,与唐厩库律对应的日本律的存在,以及与日本令对应的唐仓库令的存在。[1]

关于这个复原,笔者过去因为找不到对应天圣《仓库令》的条文,认为它不是日本《仓库令》的令文。[2] 但现在有必要从内容上再次思考该复原的条文是否是《仓库令》。复原时要考虑以下三种可能性:

a.《明文抄》记载的"令"是否错误,可能并非令而是日本律(《厩库律》)。

b. 可能日本仓库令的令文在唐令中没有,而是日本令独有的(从唐律独立作成令)。

c. 在日本令和唐令里都有的条文,唐令中存在于永徽令时期,到成为天圣令蓝本的开元二十五年令时期已被删除。

成为问题的《明文抄》的记载,从字句上看,首先自然还是考虑与唐厩库律15库藏主司不搜检条的对应关系。《唐律疏议》同条的律文载有:

诸有人从库藏出,防卫主司,应搜检而不搜检,笞二十。以故致盗不觉者,减盗者罪二等。若夜持时不觉盗,减三等。

规定了防卫主司应搜检而未搜检因而渎职时的处罚。另外,唐代藏库与诸门的

1 参照前揭利光氏:《倉庫令の研究》。

2 参照前揭拙稿:《日本古代倉庫制度の構造とその特質》。

出入、防卫体制，规定在与前揭养老宫卫令9库藏门条相对应的《唐令拾遗·宫卫令》复旧五条里：

诸院内常四面，持仗为之防守。夜则击柝，分更以巡警。

规定了包含库藏在内的院内警备事宜。在《唐令拾遗·宫卫令》复旧四条亦有：

诸藏院之内，禁人然火，及无故而入者。

规定禁止持火种进入库藏院内，也禁止擅自进入。这与养老宫卫令8兵库大藏条"凡兵库大藏院内，皆不得将火入。其守当人，须造食者，于外造。余库藏准此"相对应。而且，被推定在复原唐令里不存在、而在对应唐令里存在的养老宫卫令10诸门条载有：

凡诸门及守当处，非正司来监察者，先勘合契，同听检校。不同执送本府。[1]

由此可知，虽然日、唐在仓库的防卫管理体制上有所不同，[2]但关于库藏防卫的条文都不是规定在《仓库令》里，而是一起规定在《宫卫令》中。假如将《明文抄》之文看作是令文，b的可能性成立的话，规定在《宫卫令》而不是《仓库令》里应该更好。可是，养老宫卫令里找不到与《明文抄》之文相对应的规定。即使唐《仓库令》里存在扩大搜检范围的条文规定，只要《天圣令》里没有，就必须考虑c的可能性。然而，由于内容上有关联的库藏主司不搜检条存在于开元二十五年的唐厩库律中，所以很难由此推定开元二十五年之前规定仓库搜检的令文被删除了。《明文抄》该部分的开头"凡有人，从库藏出"之内容与唐厩库律的开头相同，目前笔者个人觉得a的可能性更高。可是，关于《明文抄》记载的"令"这个问题，目前仍未能解决，只能期待日后的研究能够作出怎样的解释了。[3]

3. 有关公粮支给的条文

天圣仓库令中存在对诸役的公粮支给的条文群。

---

1 与该条对应的唐令是《唐令拾遗补·宫卫令》复旧补三中的"本云，每门有合符"。

2 与此问题关联的还有日、唐对仓库钥匙管理的问题，参照前揭注36。

3 关于《明文抄》里的"令"，神户航介氏对手抄本情况等做了检讨，就《明文抄》中律、令的引用方法等方面，在科学研究费补助金B《律令制的人民支配の総合的研究》(研究代表大津透)的研究会上，得到指导。现在，他仍在孜孜不倦地写作中，期待着他的研究成果的发表。

宋7条 诸应给公粮者,皆于随近仓给。其非应给公粮,临时须给者,在京申三司,听报乃给。外州者,且申且给。

宋8条 诸州县,每年并预准来年应须粮禄之数,各于正仓内量留拟备,随须出给。

宋9条 诸给粮禄,皆以当处正仓充。若边远无仓及仓少之处,准所须数申转运司,下随近有处便给。随近处又无仓者,听以当处官钱,准时价给直。

唐3条 诸给粮,皆承省符。丁男一人,日给二升米,盐二勺五撮。妻、妾及中男、女(中男、女谓年十八以上者),米一升五合,盐二勺。老、小男(谓十一以上者),中男、女(谓年十七以下者),米一升一合,盐一勺五撮。小男、女(男谓年七岁以上者,女谓年十五以下),米九合,盐一勺。小男、女年六岁以下,米六合,盐五撮。老、中、小男任官见驱使者,依成丁男给,兼国子监学生,缄、医生,虽未成丁,依丁例给。[1]

唐6条 诸在京流外官长上者,身外别给两口粮,每季一给。牧尉给五口粮,牧长四口粮。(两口准丁,余准中男给。)

唐7条 诸牧监兽医上番日,及卫士、防人以上征行,若在镇及卫番还,并在外诸监、关、津番官(上番日给。)土人任者,若尉史,并给身粮。

唐8条 诸官奴婢皆给公粮。其官户上番充役者亦如之。并季别一给,有賸随季折。

宋令共计3条,是支给公粮的场所与方式的总则,不行唐令共计4条,规定的是不同年龄应支给粮食的基本数量和特殊岗位支给公粮的方式。可以窥见,被宋令继承的是支给场所、方式等,而支给粮食的基本数量、公粮的特殊支给对象等具体内容却未被继受。

而日本养老赋役令31丁匠往来条规定:

凡丁匠往来,如有重患,不堪胜致者,留付随便郡里,供给饮食。待差发遣。若无粮食,即给公粮。

意即如果丁匠在往来途中患了重病,不能胜任往来任务时,就交给郡、里,由郡、里为其提供饮食。《令集解》本条"迹记"对此有解释:"供给饮食,谓即丁匠身所卖之

1 本条的《天圣令》手抄本中有多处字句错误。关于本条的唐令复原,参照李锦绣:《唐开元二十五年〈仓库令〉所载给粮标准考——兼论唐代的年龄区分》,黄正建主编:《〈天圣令〉与唐宋制度研究》,中国社会科学出版社2011年版。

私粮,而便供给耳。若无私粮者,乃给公粮。但给数习上条耳。”意思是丁匠往来的路粮由丁匠自己负担,如果出现本条规定的供给饮食情况时,供给的粮食也是从私粮里支给;若没有私粮时则根据上一条文(养老赋役令26役丁匠条)的规定支给公粮。“迹记”之后的“朱说”里记载:“朱云,准《仓库令》耳。未明。”他解释,为丁匠提供公粮要参照《仓库令》的规定。我们已经设想日本《仓库令》里存在规定公粮及常食的供给制度。[1] 朱说的这个解释,更加直接表明《仓库令》中确实存在公粮支给的规定。

对照前揭天圣仓库令的条文,这里所说的日本仓库令,被认为是与规定公粮支给场所及程序的宋令7条、规定根据不同年龄、性别支给不同粮食量的不行唐令3条相对应的条文。如果仅凭“朱说”提供的信息,还是难以判断到底是指不行唐令3条关于供给量的条文、还是指宋令7条关于支给场所的条文,抑或是这两条(因前面提到的“迹记”将“给数”作为一个问题,是否属于关于供给量的条文呢)?但不管哪种情况,都可以证明日本仓库令中存在支给公粮的条文。

4. 有关官奴婢的公粮支给

在前项③里所述的《天圣令》有关公粮的条文里,有必要对所有的日本令中是否存在与《天圣令》相对应的条文进行专门研究,关于其中不行唐令8条规定的对官奴婢、官户支给公粮的事项,可以参考泷川政次郎氏撰写的日本《仓库令》的复原方案。[2] 由于《唐六典》卷三仓部郎中规定:“诸官奴婢,皆给公粮,其官户上番充役者,亦如之”,《令义解·杂令》34给衣服条规定:“谓,其四岁以上,依《仓库令》,给粮也”,泷川氏早已指出,唐令和日本令中都存在有关官奴婢支给公粮的《仓库令》条文。并且,他添加了《唐六典》《令义解》的文言,以弘仁主税式为复原根据,提出“凡官户奴婢皆给公粮,四岁以上,奴三把五分”的复原方案。

根据《天圣令》可以再次确认的是,对官户、官奴婢的公粮支给规定在唐仓库令里(不行唐令8条),尽管这证实了泷川氏的见解是正确的,但不能因此就附和泷川氏提出的日本令复原方案。他的复原方案里阐述了具体的公粮支给年龄和支给量,其中,作为“奴三把五分”复原根据的弘仁主税式,是有关畿内校班田使的食法的条文,延喜主税式79校班田使食法条对这部分的表述是“从三把五分”。延喜主税式83初诸使食法条里也有“傔从”一词,这些词的意思都是指跟随国司巡行等的侍从,不能认定为官奴。所以,也就不能将其看作是给官奴婢的公粮支给量。

因此,首先想确认唐代对官户、官奴婢的公粮支给是如何规定的。下面再次列出天圣《仓库令》不行唐令8条:

---

1 参照前揭野尻氏:《倉庫令にみる律令財政機構の特質》;前揭拙稿:《日本古代倉庫制度の構造とその特質》《日唐律令制における倉・蔵・庫——律令国家における収納施設の位置づけ》。

2 参照前揭泷川氏:《令の逸文》。

诸官奴婢皆给公粮。其官户上番充役者亦如之。并季别一给,有賸随季折。

在《唐令拾遗》中,结合前揭《唐六典》卷三仓部郎中的记载,与同书卷六都官郎中的支给量的详细规定部分,本条文作为复旧七条被复原如下:

诸官奴婢,皆给公粮,其官户上番充役者,亦如之。其粮,则季一给。其粮,丁口日给二升,中口一升五合,小口六合。诸户留长上者,丁口日给三升五合,中男给三升。

其中的"其粮则季一给",相当于天圣令不行唐令里的"并季别一给",但"其粮,丁口日给二升"以下的支给量的详细规定部分,在不行唐令里没有规定。因此,可以自然而然地认为该部分的内容是规定在别的条文或式里。

再看一下前项③列举的天圣仓库令有关公粮支给的条文群,一般性的公粮支给量规定在不行唐令 3 条里。里面更加细化了唐代良人的年龄,区分为黄(三岁以下)、小(十五岁以下)、中(二十岁以下)、丁(二十一岁以上)、老(六十岁以上),[1]再根据男女的区别规定不同的支给粮食量(表 2)。[2]

表 2 天圣仓库令不行唐令 3 条的公粮支给量与年龄区分

男	女	米	盐
丁男(21~59)		2 升	2 勺 5 撮
中男(16~20)	丁妻·妾(21~59) 中女(18~20)	1.5 升	2 勺
老男(60~)、小男(11~15)	老女(60~) 中女(16~17)	1.1 升	1 勺 5 撮
小男(7~10)	小女(7~15)	0.9 升	1 勺
小男(4~6)	小女(4~6)	0.6 升	5 撮

与此相对,不行唐令 6 至 8 条单独规定了对特定对象的特别支给,但没有规定具体的支给量。或许正如不行唐令 6 条规定的"两口准丁,余准中男给"那样,即使是

1 参照《通典》卷七《食货七·丁中》。

2 关于天圣仓库令不行唐令 3 条中的唐代公粮支给,可参照前揭李氏:《唐开元二十五年〈仓库令〉所载给粮标准考——兼论唐代的年龄区分》。

特别支给的场合，也应该以不行唐令3条的支给量为大致基准。根据《天圣令》的基准，还是令文里不包含具体支给量内容的见解比较妥当。

如此看来，不行唐令8条对官奴婢供粮的规定也是以此为准，但“丁口日给二升，中口一升五合，小口六合”的支给量规定，与不行唐令3条规定的供给粮食数量和年龄区分的关系不一致。李锦绣氏判断《唐六典》的年龄记载有误后，认为在《唐六典》里，是将年龄简化记载为丁、中、小三等。[1] 但事实果真如此吗？

关于唐代官户、官奴婢的衣粮支给，《唐六典》卷六都官郎中员外郎里有一段概括性的表述，年龄区分问题也必须结合前后记载进行研究。相关内容记载如下：

> 凡配官曹，长输其作。番户、杂户，则分为番。（番户一年三番，杂户二年五番，番皆一月，十六已上当番请纳资者，亦听之。其官奴婢长役无番也。）男子入于蔬圃，女子入厨饎，乃甄为三等之差，以给其衣粮也。（四岁已上为小，十一已上为中，二十已上为丁。春衣每岁一给，冬衣二岁一给。其粮则季一给。丁奴春头巾一，布衫、袴各一，牛皮鞾一量并毡。官婢春给裙、衫各一，绢襌一，鞵二量。冬给襦、複袴各一，牛皮鞾一量并毡。十岁已下男春给布衫一、鞋一量，女给布衫一、布裙一、鞵一量。冬，男女各给布襦一、鞵韈一量。官户长上者准此。其粮，丁口日给二升，中口一升五合，小口六合，诸户留长上者，丁口日给三升五合，中男给三升。）

据此可知，官户、官奴婢各自被充当官役时，番户（即官户）、杂户是上番制，官奴婢是长役无番，分成丁、中、小三等支给衣粮。

顺便说一下，在唐代，严格区分官户与官奴婢，口分田仅提供给官户（只是，天圣田令不行唐令29条还规定了对在牧之奴各给田十亩），对官户中跟随充役的人只提供公粮，但对长役无番的官奴婢作为提供口分田的替代而支给公粮。[2]

《唐六典》的这一记载也区分了官户与官奴婢（下划横线部分是有关官奴婢，下划虚线部分是有关官户、番户的内容），小（四岁以上）、中（十一岁以上）、丁（二十岁以上）三个年龄段的区分是针对官奴婢的。[3] 而且，由于三岁以下被称作“黄”[4]，六

---

1 参照前揭李氏：《唐开元二十五年〈仓库令〉所载给粮标准考——兼论唐代的年龄区分》。

2 参照榎本淳一：《律令賤民制の構造と特質》，池田温编：《中国礼法と日本律令制》，东方书店1992年版。

3 参照滨口重国：《官賤人の研究》，《唐王朝の賤人制度》，东洋史研究会1966年版。还有，据滨口氏意见，官户的年龄区分与杂户一样，与良人同样区分为小中丁的年龄段。

4 根据吐鲁番出土文书的户籍可知，奴婢的年龄区分中，“小”下面还有“黄”。“唐贞观某年男世达户籍”69TKM39：9/2(a)，9/3(a)，《吐鲁番出土文书》（六）。只是，上述吐鲁番文书中载有“奴丰柱□〔年〕肆歳　黄奴”，也就是说四岁的奴被划为属于“黄”的年龄。

十岁以上及废疾人可以从官奴婢解放为官户、七十岁以上解放为良人,[1]所以,实际上唐代官奴婢的年龄被区分为黄、小、中、丁四等。根据天圣仓库令不行唐令8条的规定,官户只有在上番充役的时候才支给公粮,而官奴婢就不分年龄都支给公粮。[2]可是,在《唐六典》中未见有关对三岁以下的"黄"支给额的规定,但应注意到这一点在天圣杂令不行唐令20条里有规定:

诸官奴婢赐给人者,夫妻、男女不得分张。三岁以下听随母,不充数限。

可见,三岁以下因随从母亲而未列入数限。

倘若如上所述,唐代对官奴婢的待遇与良人和官户都不相同,因此,《唐六典》记载的年龄区分及相应的公粮支给量,也可以看作是只适用于官奴婢的。如果二升、一升五合、六合的供给量是指在表2中所见的良民的公粮支给量的话,那么官奴婢在配置给官曹后的年龄区分与相对应的供给粮食量之间的关系,与良人的标准是不相同的。换个角度来看,正因为特殊,《唐六典》才特意记载了丁、中、小的年龄区分。[3] 官奴婢的年龄区分恐怕规定于其他的式中。

与此相对,日本的官户、官奴婢的年龄区分及公粮支给量又是怎样的呢?在日本,养老田令27官户奴婢条载有:

凡官户奴婢口分田,与良人同。家人奴婢,随乡宽狭,并给三分之一。

可知,日本对官奴婢也提供口分田。而且,养老杂令33充役条还载有:

凡官户奴婢充役者,本司明立功课案记,不得虚费公粮。

---

1 参照《唐六典》卷六都官郎中:"年六十及废疾,虽赦令不该,并免为番户。七十则免为良人,任所居乐处而编附之。"

2 参照前揭榎本氏:《律令賤民制の構造と特質》。

3 天圣杂令不行唐令23条规定,对官户和官奴婢,应根据服役情况,不得浪费地支给公粮(天圣杂令的这条只残留一半,龟甲括号内的内容是根据《唐六典》复原的字句。唐令复原可参照黄正建:"天圣杂令唐令复原研究",前揭《天一阁藏明钞本天圣令校证》):

诸官奴婢及杂户、官户给粮充役者,本司名(明)立功课案记,不得虚费公粮。其丁奴每三人当二丁役。中〔奴若丁婢,二当一役;中婢,三当一役〕。

滨口氏因在此规定中未见有关"小"的规定,于是认为官奴婢的充役年龄是"中"以上(前揭氏著:《官賤人の研究》)。说到底,这是相对于良丁一人一役的充官奴婢时的换算规定。所以严格来说,"小"不能被认为是充役年龄未满。

可知，日本官户和官奴婢都按上番充役。榎本淳一氏认为，日本令用“官户奴婢”一词概称，说明日本不注重官户、官奴婢的阶级性，官户、官奴婢都以耕作口分田自给自足为前提，当作服役期间供给了公粮。[1] 与唐的规定一样，在日本，官奴婢三岁以下是由其父母负责养育。[2] 根据榎本氏的观点，《令义解》认定的供粮对象是四岁以上，这从年龄区分上来看属于“小”，这就对应了充役的年龄。

另一方面，日本官奴婢也根据年龄的不同而进行区分。在正仓院文书中的大宝二年御野国户籍[3]里，可见区分为绿、小、少、正、次、耆；在国郡未详计账的计账别项记载[4]和宝龟三年东大寺奴婢籍账案[5]里，也可窥见对年龄进行的区分。其中，御野国户籍的年龄区分与对良人的区分相同。而且，从养老户令38官奴婢条中规定的官奴婢解放为官户、良人的年龄，与唐令的规定不同，如果考虑与良民丁中制的关联关系，[6]可以认为，日本有别于唐朝的自身特有的一些因素影响了其对官奴婢的处理，对其适用与良人一样的年龄区分。如上所述，在日本，良贱的年龄区分并无差异，尽管不知道各年龄段所对应的具体支给量，但提供给官户、官奴婢的公粮数量，很有可能参照支给良人的标准量。假如存在与不行唐令3条相对应的日本令的话，应该也会与唐令一样，规定小以上的公粮支给，所以，《令义解》注释曰：“谓，其四岁以上，依《仓库令》，给粮也”。

还有，养老杂令34给衣服条规定：

凡官户奴婢，三岁以上，每年给衣服。春，布衫、袴、衫、裙，各一具。冬，布

1 参照前揭榎本氏：《律令賤民制の構造と特質》。关于官奴婢的口分田耕作，正如石上英一氏和神野清一氏所述，事实上，这对于平城宫内及聚居在其附近的令奴婢型（指在内里、宫内省、中务省等官司劳动的奴婢。原本是指良人、私奴婢）的官奴婢而言是不现实的，而是由各地出举来确保向他们供给相应的稻谷。详见石上英一：《官奴婢について》，《史学雑誌》80－10，1971年；神野清一：《官奴婢の存在形態と職掌》，《日本古代奴婢の研究》，名古屋大学出版社1993年版。此外，有关官奴婢的食料稻米与支给官奴婢公粮的关系，有待于另行考察。

2 养老杂令32放休假条载有：“凡官户奴婢者，每旬放休假一日。父母丧者，给假卅日。产后十五日。其怀妊及有三岁以下男女者，并从轻役”。可见，如有三岁以下的小孩，可以被安排轻松一点的劳动。

3 参照《大日本古文書》（一），第1—96页。另外，在大宝二年西海道户籍以降的户籍中，奴婢的记载不是只根据年龄进行区分。

4 参照《大日本古文書》（一），第505—549页。这点在户主秦人广幡石足的户之别项记载中（第516页）。

5 参照《大日本古文書》的东大寺文书之三、东南院文书之三、东大寺奴婢籍账案（第122—141页）。尽管东大寺奴婢准用官奴婢的相关规定（参照前揭石上氏：《官奴婢について》），但由于宝龟三年东大寺奴婢籍账案在年龄区分方面存在误差（参照神野清一：《東大寺奴婢籍の編首奴婢》，前揭《日本古代奴婢の研究》），而且在改绿为黄等年龄区分的记载方面也颇为混乱，因此难以尽信。

6 参照岩波版《律令》户令38官奴婢条的补注（吉田孝氏执笔）。

襖、袴、襦、裙,各一具。皆随长短量给。

可见,日本对官户、官奴婢供给衣服的规定是三岁以上,与给粮年龄不一致。《仓库令》里虽含有供给官人季节性衣服的规定,而对官户、官奴婢的衣服供给则另行规定。尽管对应的唐令不明确,[1]但根据《唐六典》卷六都官郎中、员外郎对“设隶”“俘囚”的规定可知,衣服是面向四岁以上人员供给的。因此,日本令规定的三岁以上,是日本自主的规定。

现阶段可以确定的是,日本《仓库令》里存在官奴婢给粮的规定。由于良贱制在日、唐的性质差异甚大,所以,日本令具体条文字句的确定,是有待笔者今后研究的课题。

5. 关于在外诸司职分田的获稻

红叶山本的《令义解》有诸多这方面的记录。[2] 其中,田令34在外诸司条的旁注,继“令释”所引养老八年正月二十三日(应为二十二日的误写)格,记录了以下有关“穴记”的注释(圆括号内表示补订字句之误,龟甲括号内表示脱字[3]):

穴云,问,于京官,以何日为重(交)代日。答,以任官日耳。人(交)代之心,新人未到之前司种者,亦同全得其获。见仓库令。

田令34在外诸司条是规定随着外官的交代,职分田的归属分为“种”与“未种”的条文。日本令将唐令里适合内外官双方的规定继受为限定在外职分田。[4] 利光三

1 与该条对应的唐令,因在《唐六典》和养老令中可见有对官奴婢供给衣服的规定,故可确定其存在,但因天圣杂令抄本自前条的半当中开始缺失,故而不明确。负责杂令复原的黄正建氏认为,《唐六典》的字句与唐令原文未必一致,并在此基础上,从卷六都官郎中的记载出发,提出以下复原草案(参照前揭黄正建:“天圣杂令唐令复原研究”):

〔诸官奴婢〕春衣每岁一给,冬衣二岁一给。丁奴春头巾一,布衫、袴各一,牛皮鞾一量并氈。官婢春给裙、衫各一、绢裈一、鞵二量。冬给襦、複袴各一、牛皮鞾一量並氈。十岁已下男春给布衫一、鞵一量,女给布衫一、布裙一、鞵一量。冬,男女各给布襦一、鞵韈一量。官户长上者准此。

2 参照《〈二色刷影印〉紅葉山文庫本 令義解》,东京堂出版1999年。关于红叶山本令义解整体性质,可参照前揭石上氏:“《令義解》金沢文庫本の成立”;水本氏:《律令註釈書の系統的研究》。

3 本文依据土田直镇:《律令——紅葉山文庫本令義解》,《日本歷史》194期,1964年;森田悌、小口雅史:《旧紅葉山本〈令義解〉書入》(一)(二),《金沢大学教育学部紀要》社会科学·人文科学编第31号,1982年;八重津洋平、林纪昭:《紅葉山文庫本〈令義解〉書入補考》,泷川政次郎博士米寿纪念论集《律令制の諸問題》,汲古书院1984年版等的释文,确认注64影印本的字句。

4 参照三谷芳幸:《職田の論理——議政官への給田をめぐって》,《律令国家と土地支配》,吉川弘文馆2013年版。

津夫氏根据该记载，推定有关诸司职分田所收获稻谷分配的条文存在于《仓库令》中。[1] 这一记载，岩波版《律令》未将其作为复原条文对待，在《唐令拾遗补》"唐日两令对照一览"里作为〔参考2〕，收录了该"穴记"的记载。然而，天圣仓库令里不存在将职分田所收获的稻谷在前后司之间进行分配的条文。因此，必须研究该记载中的"《仓库令》"具体所指为何。

首先，试将该记载与收录在《令集解》中的"穴记"进行比较：

> 穴云，郡司终身之任，不合有交代故，郡司者不云者。问，大纳言以上职田何。答，亦放此。但作令日，不云内官者，条内多论在外事故也。问，于京官，以何日为交代日。答，任官日耳。若于任符给之说，一如外官也。

前文"穴记"记载的问答内容与上述下划线部分的内容基本一致（唯"任官日耳"前缺"以"字），"交代之心"以下部分的内容在《令集解》中没有。土田直镇氏认为，"交代之心"以下部分的文字，未必是"穴记"的内容。另一方面，在红叶山本《令义解》的记载里，出现很多错字和脱漏字，可能是书写过程中的笔误，包含诸多现有的《令集解》未必收录的学说。[2] "穴记"本身也经过多位学者修正，是内容构造复杂的注释书。[3] 后半记载的"交代之心"以下的部分是否属于"穴记"的内容，正如土田氏所持的观点一样，应慎重对待。

其次，认真分析一下记载部分的具体内容。前半记载的"穴记"问答部分是，问：京官交代的指标是什么？答：任官日。关于紧接的后半部分，虽然"交代之心"一词的具体内容不能一目了然，但从"新人未到之"等词语判断，应该是指"官人交代的本质、原则"。

《仓库令》里含有诸多官人交代时适用的条文，据此，对前任与后任的职务及责任在何时交接问题展开讨论，是众所周知的事实。根据养老仓库令复原(11)仓藏文案孔目条有"交代之日，并相分付"，即后任来到任职地后，与前任相对，分付业务，正式完成前后任的业务交接。另外，养老仓库令复原(12)仓藏受纳条规定，依据是否经过分付业务这一程序来决定亏损发觉时的填补责任是否与前任有关。显而易见，这些被交替式所引用的事项主要是适用于外官交替之时。[4] 但由于令文中载有"仓

1 参照前揭利光氏：《倉庫令逸文考》。

2 参照前揭土田氏：《律令——紅葉山文庫本令義解》；森田、小口氏：《旧紅葉山本〈令義解〉書入》(一)(二)。

3 参照北条秀树：《令集解〈穴記〉の成立》，《日本古代国家の地方支配》，吉川弘文馆2000年版。

4 《仓库令》与国司交替的关联，可参照前揭拙著：《日本古代倉庫制度の構造とその特質》。

藏(仓与大藏、内藏)",可见令文本来意图适用于内外官双方。事实上,在《令集解》中,"穴记"对于京官的仓库出纳参照了《仓库令》即是例证。还有一例是《令集解·考课令》31 监物最条的"穴记"载有:"出纳,谓经年彼此相交,无由指号者,元来以后,出纳监物等,皆不得最耳。私云,出尽之日,验知承前不明,出尽之人,已明察者,后人得最。具如《仓库令》义也。"说明其参照了《仓库令》的规定。从"彼此相交""出尽之日""后人"等,到此处所言的"如《仓库令》义"等文字,都指出伴随官人交替的出纳责任。

从以上分析来看,红叶山本记录的"交代之心"也与此相同,或许可以理解为补充了遵循官人交替的一般性解释的说明。因此,记录末尾的"见《仓库令》",并非指利光氏所推定的与职分田获稻归属有关的未复原之新仓库令文,而是指已经复原的并规定官人交代时仓库出纳责任所属的各条文。也就是说,问题部分难道不是变为:"从(官人)交代的本质与原则来看,尽管新人还未到任职地,但如果是前任种植了的话,他就可以获得所有收成。相关条文见于《仓库令》。"由此可知,有关职分田收获稻谷分配的规定,在天圣《仓库令》和日本《仓库令》里都不存在。

而且,该红叶山本的记载,其史料的属性也尚有不明确之处,在对在外职分田归属的讨论中也几乎未被涉及。供给外官的职分田有任符予以保证,这在迹记、朱说等集解学说中是可以确认的。[1] 但实际上,就继任者的到任时间与任符的到达时间之关系而言,有两种观点,一种认为两者同时到达,[2] 另一种认为两者存在时间差。[3] 这个史料也根据《仓库令》的规定,表述为:前后司的交替是基于两者相对的时间。这可以被认为是当时对这一问题的一种解释。

从以上 1 ~ 5 的研究可知,在出现"见《仓库令》"、"准《仓库令》"等的各史料中,虽然含有指向如 3、4 那样有关公粮关系等新的、未复原的仓库令文的可能性,但如 1、5 所载内容,是指已被复原的仓库令文,那么可以肯定援用该解释加以说明的情况也是存在的。也就是说,就各史料中载有"《仓库令》"这种情况而言,未必就能将这些内容作为新的仓库令文而复原。

而且,若保留②,那么意味着在《天圣令》中无法确认的内容,也不能推定为日本《仓库令》的条文。现在,因为未被复原的条文的内容不确定而无法断定,但猜想从日本令中有较大修正的条文,也可以推定作为复原之依据的唐《仓库令》的存在。所

---

1 参照前揭三谷氏:《職田の論理——議政官への給田をめぐって》。

2 参照市大树:《国司制の成立と伝馬制——国司職分田制との関連から》,《日本古代都鄙間交通の研究》,塙书房 2017 年版;《国司任符に関する基礎的考察》,同前书。

3 参照榎英一:《外官職分田制の二・三の問題—田令在外諸司条と外官新至条》,《日本史論叢》四,1974 年。

以可以认为,《仓库令》中存在着日本自主性条文的可能性比较低。

(二)关于条文排列

接下来,研究下 d 的条文排列问题。此前日本《仓库令》的条文排列是依据江户时代的复原研究而排列的,并非《仓库令》当初制定的顺序。国史大系《令义解》与岩波版《律令》的排列,基本上是依据塙本《令义解》的排列顺序而来的。该塙本的排列与稻叶通邦的《逸令考》相一致,尽管基本上是继承了它,但其排列根据未必十分清晰。

另一方面,提出从天圣仓库令到唐令的排列复原方案的李锦绣氏指出,在不改变宋令与不行唐令各自顺序的情况下,将不行唐令依顺序置于宋令中来整合条款,如此便可大体区分为“仓”与“库”。[1] 唐代对此做了明确区分,谷物的储藏处是“仓”,其他杂物的储藏处为“库”,可以说这种排列十分合理。[2] 因此,日本令在继受时遇到的问题是:原原本本地沿袭唐令的排列,还是对条文顺序进行了修改?

关于与《仓库令》一样散佚的日本《医疾令》,《政事要略》卷九十五集中刊载了该佚文,还提出以其引用顺序为基础的日本令的排列复原方案,使得其与天圣医疾令的排列相同一事更加清晰明朗。[3] 与此相对,关于《仓库令》,观看表 3 所列《仓库令》复原根据史料的出处一览表即可知,佚文的引用史料和收录处也很散乱,要像《医疾令》那样成系统地排列复原是相当困难的。

表 3 养老仓库令复原根据一览

岩波版《律令》		《天圣令》	《养老令》复原根据史料的出处	备 注
(1)	仓于高燥处置条	宋 1	贵岭问答,政事要略卷 54,令集解宫卫令 8 兵库大藏条	
(2)	受地租条	宋 2	政事要略卷 53,令集解职员令 23 主税寮,令集解职员令 66 左京职,令抄	

1 参照李锦绣:《唐仓库令复原研究》,载于前揭:《天一阁藏明钞本天圣令校证》。

2 笔者虽然基本上同意李氏的复原方案,但关于条文群的分类,设想了“仓”与“库”间有关双方的管理规定的条文群。参照前揭拙稿:《日本古代倉庫制度の構造とその特質》。

3 正如丸山氏所指出的,引入唐代先进医疗制度的医疾令全盘照搬了唐令。参照丸山裕美子:《日唐医疾令の復原と比較》,《日本古代の医療制度》,名著刊行会 1998 年版。

(续表)

岩波版《律令》		《天圣令》	《养老令》复原根据史料的出处	备注
(3)	仓出给条	宋5	延历交替式15,政事要略卷54、卷59	
(4)	大藏出给条	(宋5)	政事要略卷59,令集解职员令7内藏寮	
(5)	仓藏给用条	宋15	政事要略卷59,类聚国史卷84	
(6)	仓藏贮积杂物条	宋18	类聚三代格卷8,延历交替式18,贞观交替式	
(7)	仓贮积条	唐1	延历交替式13,类聚三代格卷8,令抄,天平十年度和泉监正税账	令抄的佚文语句不见于其他史料
(8)	置公文库锁鎰条	(宋24)	政事要略卷61,令集解后宫职员令9闱司,职员令2太政官	
(9)	在京仓藏巡察条	唐12	令集解职员令58弹正台	
(10)	调庸物应送京条	唐13	令义解职员令3中务省,令集解职员令8中务省,类聚三代格卷8	
(11)	仓藏文案孔目条	宋17	延历交替式21、23、35,类聚三代格卷5,续日本纪天平宝字2年9月丁丑条,令集解考课令55增益条	
(12)	仓藏受纳条	宋19	政事要略卷54,延历交替式19,贞观交替式	
(13)	欠负官仓条	宋12	延历交替式12,贞观交替式,类聚三代格卷14,类聚国史卷84,令集解职员令31赃赎司	
(14)	欠失官物条	宋20	法曹至要抄卷中,延历交替式20,贞观交替式,政事要略卷59	据交替式确定的一条
(15)	割取交易物直条	—	政事要略卷59	天圣令没有。可能是交替式私记
(16)	有人从库藏出条	—	明文抄一帝道部上	利光氏据仓库令文的复原

（续表）

岩波版《律令》		《天圣令》	《养老令》复原根据史料的出处	备注
补1	官户奴婢规定	唐8	令义解杂令	泷川氏据仓库令文的类推
补2	官人给食规定	宋6	唐六典,旧唐书	泷川氏据仓库令文的类推
补3	牧监给粮规定	唐7	唐六典	泷川氏据仓库令文的类推
补4	赐物规定	唐21	唐六典	泷川氏据仓库令文的类推
补5	时服规定	唐22	唐六典	泷川氏据仓库令文的类推

这里应当引起关注的是《延历交替式》。仓库,尤其收纳地方财政税收的正仓,应是国司管理的国内重要设施。迄今所见到的多数复原仓库令文是从《延历交替式》复原而来的。《延历交替式》是收录有关国司交替业务各事项法令的书籍,根据内容可划分为几个项目。[1] 表4列举的是《延历交替式》中引用仓库令“贮积”“欠负”“仓藏”项目部分的令文与太政官符等。

表4 《延历交替式》与《仓库令》

《延历交替式》			复原唐令序号	《天圣令》	《养老令》复原序号	备注
项目		条文名称等				
贮积	13	仓库令仓贮积条	4	唐1	(7)	
	14	宝龟四年正月二十三日明法曹司解				
欠负	15	仓库令仓出给条	9	宋5	(3)	
	16	仓库令欠负官仓条	22	宋12	(13)	
	17	天平八年十一月十一日太政官符				
仓藏	18	仓库令仓藏贮积杂物条	28	宋18	(6)	
	19	仓库令仓藏受纳条	29	宋19	(12)	

1 参照早川庄八:《延暦交替式・貞観交替式・延喜交替式》,《日本古代の文書と典籍》,吉川弘文馆1997年版。

(续表)

<table>
<tr><th colspan="3">《延历交替式》</th><th rowspan="2">复原唐令序号</th><th rowspan="2">《天圣令》</th><th rowspan="2">《养老令》复原序号</th><th rowspan="2">备　注</th></tr>
<tr><th colspan="2">项　目</th><th>条文名称等</th></tr>
<tr><td rowspan="7">仓藏</td><td>20</td><td>仓库令欠失官物条</td><td>30</td><td>宋 20</td><td>(14)</td><td></td></tr>
<tr><td>21</td><td>仓库令仓藏文案孔目条</td><td>27</td><td>宋 17</td><td>(11)</td><td>不动仓受领分付的根据</td></tr>
<tr><td>22</td><td>和铜元年闰八月十日太政官符</td><td></td><td></td><td></td><td>有关不动仓的设置</td></tr>
<tr><td>23</td><td>“据账分付之条”(问答)</td><td></td><td></td><td></td><td>有关“据账分付”</td></tr>
<tr><td>24</td><td>天平六年七道检税使算计法</td><td></td><td></td><td></td><td></td></tr>
<tr><td>25</td><td>宝龟七年畿内并七道检税使算计法</td><td></td><td></td><td></td><td></td></tr>
<tr><td>26</td><td>天平宝字七年三月二十四日乾政官符</td><td></td><td></td><td></td><td>诸国不动仓钩匙事</td></tr>
</table>

*《延历交替式》的项目名称与排列序号,依据前揭吉冈真之《延历交替式二题》所收录的表。

*复原唐令序号是指融合了《天圣令》的宋令、不行唐令之后的复原唐令的条文排列方案的序号。参照前揭拙文《日本古代倉庫制度の構造とその特質》。

福井俊彦氏对于这部分令文、太政官符等的排列顺序,认为“有关仓库运用的基本条文及有关欠负和犯用官物的条文排列得有点混乱。”[1] 可是,正如吉冈真之氏指出的那样,各项目内先是放置条文,之后再根据年代顺序接续关联的太政官符等,并按此形式排列。[2] 即使在包含表 4 所列的《仓库令》的各项目内,也是按这种顺序。那么,在确认了如上述的《延历交替式》的排列后,重新审视令文的引用顺序,可以发现,唐 1,宋 5、12、18、19、20,几乎是在未破坏《天圣令》的排列顺序下排列的。

而日本令采取与唐令不同的条文排列方式的例证,可举如《赋役令》中岁役条的排列顺序。在唐朝的《赋役令》里,岁役条位于规定劳动征发内容的条文群中;但是,日本与唐朝不同,由于其将岁役条作为庸的征收规定之一,故而将其编入规定课役的税额、送纳、预算编成等前半部分的条文群中排列。[3] 由此可知,日本令编纂者在打乱唐的条文排列顺序时,肯定是在熟知唐令篇目内部理论构造的基础上加以改变的。关于《仓库令》,如李锦绣所述,唐令的复原排列是遵循一定的理论,那么,日本令的

1　参照福井俊彦:《〈延暦交替式〉の編纂》,《交替式の研究》,吉川弘文馆 1978 年版。

2　参照前揭吉冈氏:《延暦交替式二題》。

3　参照大津透:《唐日賦役令の構造と特色》,《日唐律令制の財政構造》,岩波书店 2006 年版。

条文排列只要在篇目上未有日本独有的条文,就可以认为日本令未曾对唐令的排列进行很大变动。

因为《仓库令》中也有与国司交替无直接关联的条文,所以《延历交替式》中载有的仓库令文可以说是从《仓库令》中摘录而来的。鉴于前文所说的《延历交替式》关于令文揭载的原则,笔者认为,在某些项目中从同一篇目引用多条条文时,是内容上的汇总,故意破坏原来的令的排列顺序的可能性甚低。倘若确如上述,那么《延历交替式》所收录的仓库令文的顺序与由《天圣令》复原而来的复原唐令排列顺序一样,并非只是偶然。

然而,其中,只有与宋令 17 条对应的仓藏文案孔目条排列在与宋令 20 条对应的欠失官物条之后,未遵循《天圣令》的排列顺序。该条是:

> 凡仓藏及文案孔目,专当官人交代之日,并相分付,然后放还。若数多不可移动者,据帐分付。

这是关于官人交替时由前任与后任对仓库藏物进行检查(受领分付)的规定。虽然日本令也与唐令有同样的表述,但在日本,该条成为以国郡不动仓为中心的正仓管理的根据。[1] 因此,与紧接着该条后引用的有关不动仓设置的和铜元年官符及有关受领分付的问答有直接关系,在不违反最初引用令条的《延历交替式》之收录原则的基础上,打破令本来的排列而设定在相关太政官符等前。不动仓是设置在地方府衙所在地的国郡的仓,用来收纳作为租税的稻谷,满仓即锁闭仓门。简言之,不动仓是一种为了防止谷物被擅自使用而封藏的制度,是日本独有的制度。[2] 仓藏文案孔目条本身,在作为继受双方的唐和日本,都属于适用于官府管理的所有仓库的管理、交替业务的条文。然而,从上述事例来看,在《大宝令》制定后的日本,该条的解释方式就变成主要与不动仓制度结合起来了。

结 语

人们认为,日本《仓库令》散佚时期大致是在应仁文明时期。[3] 这既能从载有《仓

---

1 参照前揭拙稿:《日本古代倉庫制度の構造とその特質》。

2 参照渡边晃宏:《平安時代の不動穀》,载于《史学雑誌》98 卷第 12 期,1989 年。

3 参照前揭植木氏:《交替式と倉庫令》;利光氏:《倉庫令の研究》。与此相对,伴信友主张散逸时期是在保元平治年间(前揭《比古婆衣》六卷,《伴信友全集》第四),但其依据不明。

库令》佚文史料的成立时期推测出来,又能从因首都的战乱致使许多公家藏书被烧毁的史实中推导出来。整个篇目的散失可以说相当不幸,但即便如此,日本《仓库令》还是可以根据古代各典籍中所引用的佚文、唐令相关史料,乃至北宋《天圣令》等各类史料进行复原研究。特别是根据天圣《仓库令》就能窥见唐《仓库令》的全貌,这对日本《仓库令》的复原起到极大的推进作用。可是,尽管《天圣令》全本重见天日已过许久,但仍然遗留着许多课题亟需研究。

本文阐述了复原研究的历程,同时针对《仓库令》在其他典籍中被引用或被提及时的特点,阐论现阶段的观点。尤其关注远一点,即不引用令文而是在《令集解》的注释中以"见《仓库令》"、"如《仓库令》义"等形式被提及时,大多数是指那些规定官人交替时对仓库管理责任承担的相关条文。虽然在交替式中经常引用仓库令文,但这种引用方式可以说是为了再次强调《仓库令》制定的主要目的就是仓库管理。另外,当时的明法家们也看到,在官员交替时应当参考《仓库令》的事实。

在阐明日本《仓库令》全文二十二条内容方面,还留有诸多课题。本文试图揭示现阶段《仓库令》复原的成果及其存在的问题,若能对今后的研究有所助益,则幸莫大焉。

[**补记**]本文的第一章内容是以平成二十六年度弘前大学国史研究会大会上的报告《日本倉庫令復原の現在》(2014 年 10 月 5 日,于弘前大学附属图书馆)为基础,再补正完善成文的。

另,本文是弘前大学青年研究者支援事业研究课题之"天聖令を用いた日唐倉庫令比較の基礎的研究"的成果之一。

明末广东的“书办”

——《盟水斋存牍》中所见非正规胥吏*

[日] 宫崎圣明** 著 凌 鹏*** 译

前 言

本文的研究对象是明末广东被称为“书办”的非正规胥吏,笔者将对其存在样态以及官方所实施的书办政策进行探讨。其目的是对该时期、该地域的胥吏集团的构成与实态进行考察。

首先,将展示在先行研究中对这一问题的理解,以及笔者迄今为止的研究概要,同时想对若干用语的定义进行确定。所谓胥吏,是指在官厅中从事行政文书、会计账簿的制作、管理等脑力劳动的庶民出身的事务处理者。正如宫崎市定曾经指出的,在清代的这群人之中有着拥有正规资格与没有正规资格的两类人。[1] 这一点在明代也是相同的。在缪全吉对于明代胥吏的全面性研究中,也论述了有被称为“吏员”的正规资格拥有者,以及没有资格的非正规胥吏两类。[2] 而且,两人共同强调的一点是,在正规胥吏与非正规胥吏之间,存在着“雇佣—被雇佣”,或者可形容为“头领—小弟”之间的私人关系。特别是宫崎市定将二者的关系称为“徒弟制度”,认为“胥吏头”(处于领导地位的胥吏)的地位是世袭、买卖的对象,且不时可见“见习胥吏”(处于徒弟地位的胥吏)继承“胥吏头”地位的事例,这使得正规的人事制度成为一纸空文。

这些先行研究,恰如宋代叶適所言,“官无封建,而吏有封建”(《水心先生文集》

---

* 本文原题为《明末広東における“書辦”について——〈盟水齋存牘〉よりみる非正規胥吏》,载《史朋》第五十号,2018 年。

** 宫崎圣明,别府大学文学部史学文化财学科准教授。

*** 凌鹏,北京大学社会学系助理教授。

1 参见宫崎市定:《清代の胥吏と幕友——特に雍正朝を中心として》,载《宫崎市定全集》14,岩波书店 1991 年版,第 173—205 页。

2 参见缪全吉:《明代胥吏》,嘉新水泥公司文化基金会 1969 年版,第一章“胥吏类别”。

卷三“吏胥”),指出了胥吏将其地位看作自家私有的东西。不过这些成果,大多主要依据例如官僚的上奏文与官箴书之类的史料,这些史料都是泛论性的,且有着强调“应然”的倾向。此外,经“官”(=士)之手而写成的文章,自然而然会带有对于“吏”(=庶)的蔑视这种偏见,由此导致的前述倾向可能会更为严重。若想要迫近胥吏的实态,则必然需要依据更加具体的其他史料进行探索。

在这种问题意识下,笔者长期以来都以判牍、档案为线索,以人事制度为中心,不断尝试来探究明代胥吏的实态。首先,以明末崇祯初年担任广东省广州府推官的颜俊彦的判牍《盟水斋存牍》为线索,[1]揭开明在该时期、该地域的吏员的人事、考课制度的运作实态。[2] 此后,以嘉靖年间为中心,基于档案考察了辽东镇的吏员人事制度的运作实态,并且将此与明末广东的事例进行了比较研究。[3] 这一系列研究的结果,一方面明确了先行研究中所指出的人事上的不正行为实际上更为广泛地存在,另一方面也发现明朝对于吏员的人事制定了详细的制度,而当地的地方衙门也试图通过加上各自的裁量,不断设定实施细则,来使制度发挥作用。

而且,在吏员之中,有着得到了衙门各部局所设的“缺”(职位)的人,以及在等待着缺被空出来的人。这种缺以及就缺(得到缺)的人被称为“吏典”,而等候空缺的状态,以及在等候中的人,则称为“候缺”。对于这些问题,笔者已经揭明了如下数点:官府是如何对待候缺吏员,如何来推进他们的人事进程,以及候缺吏为了获得吏典缺又会实施怎样的不正行为。此外还指出,明代胥吏的身份,首先根据资格的有无可以区分为“吏员/非正规胥吏”,其后更基于有无吏典缺,吏员可以再区分为“吏典/候缺”两类。换言之,这些身份区分是根据朝廷方面的制度而设定的公的身份区分,与基于“胥吏头”“见习”这种分工关系而来的私的身份区分不同,而笔者的问题意识则是希望基于这种公的身份区分,来揭明胥吏集团的构成。

不过在上述区分中,笔者对于非正规胥吏的相关问题还完全没有探讨过。因此,本文将以《盟水斋存牍》为线索,将明末广东被称为“书办”的人作为研究焦点,来努力探究这一课题。下文将首先概述书办的定义,以及与他们相关的吏员在人事上的不正行为。其次,将从个别判牍的内容出发,来考察书办的实质,特别是揭明其与吏

---

1 关于颜俊彦与《盟水斋存牍》,可以参见濱島敦俊:《明代の判牘》,载滋賀秀三编:《中国法制史——基本资料の研究》,东京大学出版会 1993 年版,第 528—531 页;三木聰、山本英史、高桥芳朗编:《伝統中国判牘資料目録》,汲古书院 2010 年版,第 49—52 页;以及《盟水斋存牍》标点本,中国政法大学出版社 2001 年版,“整理标点说明”。

2 参见拙文《明末広東における吏員の人事・考課制度——颜俊彦〈盟水齋存牘〉を手がかりに》,载三木聰编:《宋—清代の政治と社会》,汲古书院 2017 年版,第 155—183 页。以下称为“拙文 a”。

3 参见拙文《明代後期遼東における吏員人事——遼東都指揮使司檔案を手がかりに》,载《集刊東洋学》118 号,2018 年,第 61—80 页。以下称为“拙文 b”。

员间的关系。最后，将探讨广东当局所施行的书办管理制度，以及这一制度的演变过程。

一、书办的定义与指参

（一）书办的定义

首先，要确定明末广东“书办”的定义。正如“序言”中所述，明末广东的“书办”，是指从事处理和制作衙门房科中的文书、账簿等脑力劳动的非正规胥吏。而正如在后论中所述，其在《盟水斋存牍》中被称为“书手”和“书役”。

正如先行研究所揭明的，书办、书手等词语并不是广东特有的。首先，书手这一用语是里甲制下的一个职役的名称，原本是指分担里长所承担的编造黄册任务中的抄录、誊写任务的人。[1] 有见解认为，正是这个作为职役的书手，后来变成了固定在衙门内的作为非正规胥吏的书手。[2] 不过，至少在里甲制下的书手，其存在形态与作为本文探讨对象的书手是大不相同的。

另一方面，书办、书手这些用语，被广泛用于对在京、在外各衙门内的非正规胥吏的称呼。[3] 沈德符《万历野获编》卷九内阁“书办”之中，指出书办是对于掌管文书者的通称，用以指称大小曹署内的掌案胥吏。[4] 这是指称中央官厅内的非正规胥吏的用法。此外，沈榜《宛署杂记》卷三“职官”之中，在关于顺天府宛平县的吏典设置的记载之后，有“书办十八名”。[5] 与吏员能够获得的吏典缺不同，书办是作为“服公者”，与皂隶、门子的衙役并列记载的。从这一点可以看出，虽然书办是在县衙门各房科中就役的人，但却是与吏员不同的存在。而且，据嘉靖《广东通志》卷二十二“徭

1 参见韦庆远：《明代黄册制度》，中华书局 1961 年版，第 134 页；山根幸夫：《明代傜役制度の展开》，东京女子大学学会 1966 年版，第 42 页、第 151—152 页等。

2 参见赵世瑜：《吏与中国传统社会》，浙江人民出版社 1994 年版，第 131—133 页。

3 前揭缪全吉书，第 16 页，第 31—32 页。

4 《万历野获编》卷九《内阁》“书办”：“书办为筦文书者通称。……若两殿各有侍直房，内阁又有制诰两房。所司不过笔札。今两房久次者，忽自尊其衔曰掌房事，其次则曰办事，至効劳者亦称供事，以自别于书办。两殿官亦因而效颦焉。而书办之名，遂专属于大小曹署之掌案胥吏矣”。

5 《宛署杂记》卷三“职官”：“本县吏三十八名。……其服役于公者，有本县书办十八名。〈吏房一名，户房二名，礼房一名，户粮科二名，兵房一名，刑房一名，马科一名，匠科一名，承发科一名，库书一名，以上十二名，每名工食银柒两贰钱，俱在条鞭内征给。工南科一名，工食银陆两，于空丁银内支给。取供书办一名，工食银拾贰两，于课程银内支给。粮衙一名，匠衙一名，屯衙一名，捕衙一名，每名工食银柒两贰钱，条鞭内征给。〉皂隶四十九名。……门子六名。……以上俱听雇募”。

役”的记载,在布政司清军官之下,设置有书手。大概最好也将其看作是专门服务于官厅的非正规胥吏。除此之外,史料中还可以见到在督抚与巡按御史之下也设置有书办,这一点待后文论述。

这样,虽然可以见到作为中央、地方各衙门非正规胥吏的书办、书手等用语,但在《盟水斋存牍》中记载的明末广东的书办、书手、书役,是怎样的存在呢?《盟水斋存牍》(下文中再引用本书时,都省略书名)一刻·公移“书役顶首议”中,有如下记载:

> 看得,各衙门经承奉行,虽繇吏典职掌,实在书手。以吏典三年一考,缺满即去。而书手则备员房科,一定不移,大小远近之事,凡有查核,无所推诿。通天下皆然。所以重责成也。独粤中衙门房科,皆吏为政,而书手即为该吏雇办,官府未尝识其一面。吏一出缺去,而所为书手者亦各云散乌没。遇有吊查旧卷,而新进之吏诿非经手,文献无征,徒付之子虚乌有而已。

其中指出,所谓书手是本来专属于房科的人物。与三年一考的吏典不同,书手长期就役于房科。就按照房科来设置书手这一方式而言,这与前述的宛平县是相同的。不过如后所述,由于这一公移论述的是针对书办诸问题的对策,因此其中所称“通天下皆然”的“书手则备员房科,一定不移”等词句,其实是为了与广东进行对比来强调其弊害的修辞,大概只是展示了“应然”的情况。

与这一“应然”相对比,据说广东省的吏典则是雇佣书手来办事,在吏典退任的同时,书手便也从衙门中消失了。因此,当要对过去案件进行调查时,这一点会带来极大妨碍。从中可以看到,宫崎市定所指出的“胥吏头—见习胥吏”的关系,存在于明末广东的“吏典—书手”的关系之中。

另外,在这一公移的标题中所用的是“书役”一词,而内容中所用的则是“书手”一词。从这一点来看,大概可以认为两者指的是同一个存在。而且,这个“书役顶首议”,在其他的公移中也被称为“书办顶首之议”。[1] 从这一使用方法来看,将“书役”和“书办”看成是指向同一个存在的不同用语,大概没有问题。为了避免烦冗,在下文中,除了引文之外,将本文开头时定义为非正规胥吏的存在都统一称为“书办”。

(二) 指参与书办

其次,在论述当时广东吏员人事上的不正行为这一问题前,要首先介绍一下当时

---

1 一刻·公移“谕指参吏纳书办顶首”,“昨本厅有书办顶首之议,以重责成,亦所以轻吏之权而淡其味也”。

广东地方衙门中吏员人事的概要，以此作为前提。

当时，获得吏员资格的主要手段是捐纳，通过捐纳获得资格的人要经过巡按御史的考试，从而决定所分派的具体衙门。这一过程被称作"定拨"。随后在定拨的衙门，按照纳银额的数量来确定其就职所对应的吏典缺。将吏员派到吏典缺的过程，被称作"参充"。不过，在明末广东，定拨阶段的就役缺也是未定的。在定拨衙门中先登录在被称为"参吏簿"的等候名单中，进行"侯缺"。只有当前任者任期结束，缺被空出来（称为"出缺"）之后，候补者才能够根据参吏簿上记载的顺序进行参充。参吏簿中记载的顺序被称为"行柱"（行头），受吏员的职业、属性所形成的分类影响。例如第二次考试的人被称为"转考行柱"，服丧结束之后再次起复的人被称为"起复行柱"，而第一次考试的人被称为"农民行柱"。在参充簿中是按照转考→起复→农民这一顺序来排列的。因此，一旦有出缺的话，首先是在上位的行柱者参充，当在上位行柱者的侯缺吏全部都参充了之后，才开始下位者的参充。而且，通过所属衙门的申请，非正规胥吏的书办也可以进行参充。[1]

一旦定拨了衙门之后，无论吏典或者候缺吏，所有吏员都成为"考察"（每三个月要进行一次的勤务评定）的对象。吏典的任期是三年"一考"，"役满"（任期结束）后，要接受巡按御史的"考课"。若没有犯罪的话，则要再次进行定拨、参充，第二届任期（二考）也是要在地方就役。但是在二考结束后，则会将吏员与考课的结果一起送往中央。第三届任期（三考）则是在北京就役，原则上经过役满之后的诸手续就可以获得官位。加之，在第三届任期开始之前，如果希望从北京定拨到原籍等地方衙门去，按规定也可以得到许可。这个措施被称为"京拨"，但是在《盟水斋存牍》中并没有看到这类事例。[2]

在上述的方式中，到底能够参充到什么样的缺，这一点在定拨阶段是不清楚的。只有出缺之后才能决定参充缺是什么。正如先行研究已经指出的那样，这种方式助长了追求良缺的不正行为。这种不法行为被总称为"指参"，是"指缺参究"的缩略，指不经过正规的人事手续而获得吏典缺的不正行为，其中有被称为"效劳""捏劳""移恩"的三种手段。一刻·谳略卷五"指参吏高遇明等〈杖革〉"中有如下叙述：

> 审得，吏农指参，粤东第一大弊。……而指参之中，有效劳、有捏劳、有移恩。

1 戴璟修、张岳纂：嘉靖《广东通志初稿》卷10公署（吏员附）"定先后挨参"，"书办遇各属申报缺吏，查照前项挨参事例拨补"。

2 要了解详情，可参见前揭缪全吉书；刘涛：《明代吏员的候参与指参》，载《史学月刊》2012年第1期；《明代吏员的参充及指参——以〈盟水斋存牍〉为考察中心》，载《西南大学学报》（社会科学版）2012年第3期；以及"拙文a"。

> 效劳者,实有其劳而指参之。情罪犹轻。揑劳者,未尝有劳而托之于劳,情罪更重。至于移恩,则挂名吏籍,并非其人。甚至为书为门,一身而充几役,不可方物。

一方面,效劳虽然原本有"尽力,取得显著功绩"这一意思,但在此处则是作为不正行为的一种,指称以有功绩为理由来进行指参的行为。以下为避免繁冗,除掉史料原文中的"效劳"外,专用"效劳"来指称此种不正行为。而其原意的用法,则用"功绩"一词来表示。

另一方面,揑劳是指揑造功绩进指参的行为,而移恩是指让他人就役的行为。并且,不仅是候缺吏员,据称甚至书办、门子等人都可以根据此种不正行为而获得吏典缺。

此外,对于移恩,一刻·谳略卷五"指参吏叶肇元等〈杖革〉"之中有如下的叙述:

> 审看得,……而指参之中,又最可恨者,为移恩一项。移恩之说,起于两院效劳破格优赏。然亦以书办效劳而赏之吏已耳,不谓其移之他人也。移之他人,大非法矣。而两院以下司道各衙门之乞怜望幸者,尤而效之。自此滥觞无极,又下而府厅县等衙门亦各昵其私人,指缺详参。而正参者什不得二三。此何可为训也?夫本身效劳,乞恩本身,犹其法非,其人是也。而移之子侄,移之亲戚,甚则移之不可知之人。复有门役混揑名色,无劳称劳,倩人代办,买人顶参。

据此,移恩原来是对于充当两院(督抚、巡按御史衙门)书办之人的功绩进行"破格优赏",但很快就被用作了将自己的功绩所获之恩典移于他人,让他人就役的借口。移恩这种不正行为便开始了。而且,据称移恩由两院蔓延到司道,再往下蔓延到了府州县衙门的吏典缺。

在此,先暂时从广东离开,对于作为指参借口的两院"破格优赏",以辽东镇的档案史料为基础,来试着探究其中的实例。辽宁省档案馆所藏的辽东都指挥使司档案中,包含有涉及吏员人事问题的档案史料,其中在名为"辽东都司定辽右卫及东宁仓等处两考役满吏董怀宝等送考文册"的吏员名册中,[1]记载有名为江凤的吏典履历。

---

1 该档案收入辽宁省档案馆、辽宁社会科学院历史研究所编:《明代辽东档案汇编》,辽沈书社 1985 年版;以及中国第一历史档案馆、辽宁省档案馆编:《中国明代档案总汇》,广西师范大学出版社 2001 年版的第 89 册以下,大部分史料都可利用。条文的名称据前书所定。前者是标点本,后者是影印本。本来是应该依据后者进行引用的,但正如"拙文 b"的第 63 页中所述,两书中脱落、错简的问题都很多。虽然后者是影印本,但也不能完全依赖。就本条而言,前者记录的排列是正确的,而后者的排列则很混乱。因此,后文注中的原文引用,字句是依据后者的影印本,但记录的排列则是依据前者。

据该史料,江凤是在嘉靖三十九年(1560)七月十五日参充为广宁中卫的中千户所的司吏,随后立刻被指命为巡抚的"写本书办"。"写本"是"书写本章"的省略,是指伴随着督抚等人承担写作奏章工作的人员,原本并不是正规的吏典缺。[1] 其后,嘉靖四十二年(1563)六月十四日,他作为司吏的任期结束,接受考课后进入了下一个缺的"定拨—参充"手续。此时,对于这一写本书办的功绩应该如何在人事中得以反映,发生了一个讨论。

讨论的过程略述如下。江凤所属的广宁中卫,在上申中称"比照各省两院写本吏役升参卫令"。而接到这一文移并被命令去调查前例的都司经历司则在答申中称,在辽东地区,虽然有因长时间负责制作文书的理由而从千户所的司吏升参为卫典吏的前例,但是写本书办所选用的是"各卫写字人役",这些人原本就没有能充当吏典的前例存在。对此,巡抚认为由千户所的司吏晋升为卫的令史是有些过分,且在辽东没有对担当写本工作之吏典进行升参的规定,因此认为应该让他充任卫的典吏。

接到这一命令的巡按御史,最终将江凤定拨为广宁中卫的吏礼房典吏。[2] 附带一说,令史、典吏是各房的正、副吏典缺,令史的地位要高一些。

从这一史料来看,在各省的督抚、察院(巡按御史衙门)中有由吏员来充任写本书办的情况,而另一方面也可以见到正如辽东的前例那样,也有由"人役"即并非正

1 前揭缪全吉书,第184页。

2 广宁中卫吏礼房典吏一名。江凤。年二十七岁,中身材,面团,无须。系广宁中卫人。于嘉靖三十八年三月内,遇蒙钦奉(圣)谕事例,状赴巡抚侯都老爷处,批行本卫,结查明白,照例纳银一十五两,送广宁库收贮,取获库收,缴报讫,呈送都司,咨送分守道,案行都经历司,造册类送,本……转送(巡)按史老爷处,考拨本卫中所司吏,于嘉靖三十九年七月十五日(参)充着役,当蒙巡抚侯都老爷取赴本院写本书办。扣至嘉靖四十二年六月十四日止,三年一考役满,具呈本所,转申本卫送考间,蒙巡抚王都老爷批,据本卫呈,"比照各省两院写本吏役升参卫令"等情,蒙批,"分巡道查例呈夺。缴"。本道转行都经历司,查得,"宁远卫左所司吏阎仁、定辽右卫后所司吏张化,俱一考役满,送赴巡按老爷,考得各役行移颇知写字,亦可,案行分守道,将阎仁升参本□吏礼房典吏,张化升参都司断事司典吏讫。及照在京。……[吏]典,俱准注缺升参,但本镇……俱系各卫写字人役选用,原无吏典效劳……在院写本劳绩有年。但在京、在外本院写本吏典,委有破格升参成规,今本役比照呈讨升参,似应俯从"。缘由呈详巡抚王都老爷处,蒙批,"以所吏而升参卫令,不巳太乎。况本镇原无此规,难以轻允升参。本卫六房典吏,亦足偿其劳矣。仍呈巡按衙门定夺。缴"。本道备呈巡按黄老爷处,蒙批,"查照抚院批允施行。缴"。案行本卫,"查得六房额设,令史二名,典吏四名,一向空缺,无人拨补。欲将今升典吏江凤,拨参原未考注房分,未敢擅专"。缘由具呈巡按黄老爷处,蒙批,"江凤本当送考,方许拨参。但既称(本)院写本效劳,姑量免考,仰卫收参吏礼房典吏。缴"。遵依,于嘉靖四十(二年)十月初三日升参本卫吏礼房典吏着役外,扣至嘉靖四十五年九月(初)二日止,连闰实历役三十六个月,通前两考役满,具呈本卫。查无违碍,遵例备由,转呈巡按李老爷处,批行分巡道,转行本卫,行查明白,具呈照详,蒙批,"江凤既查无碍,准给由。缴"。蒙此。遵依,起送都司,驳查无碍,例应考试。

□指缺一字,……指欠缺多字且不明字数,[]是指字有缺损但根据字形文意可以补足,()是指根据文意或其他部分推测所得。

规的吏员来充任写本的事例。前者的情况,便是拥有正规资格的吏员却从事吏典缺之外业务的例子;而另一方面,后者的情况,大概就会变成像前述广东那样,没有正规资格的书办、门子等为了得到吏员资格而采取各种手段。

如上所述,所谓书办是设置在各衙门房科之中的非正规胥吏的总称。在明末广东,吏典之间存在着"雇佣—被雇佣"的关系,也确实存在着经过指参而不正当地获得正规吏典缺的情况。而且基于辽东的具体案例,可以知道指参的借口之一"效劳",本来是对于在两院担当书办之人的恩典。从辽东的史料中也明确可以看到有由书办充任吏员的案例。

在"序言"以及本节的开始,暂且设定了"吏员=正规/书办=非正规"这一特意有些单纯化的区分。但是,据此所见,吏员与书办之间,也存在着单纯靠资格的有无而无法截然分开的部分。那么,让我们再回到广东,在下一节中引证与书办和指参相关的诸多事例,来进一步探讨吏员与书办之间的关系。

二、书办的实质

首先来看对于实施了指参行为的书办进行审断的判牍。案件的概要如下所述。

> **案例一:**一刻·谳略五"指参吏廖俊陞、区泰〈二杖〉"
>
> 审得,指参之禁,已搜剔殆尽。不谓尚有廖俊陞、区泰。其人一以门子捏劳而参,一以书办捏劳而参。应从褫革之条,姑念其正身非移恩比,列回行柱,仍各罚银十两,解司充饷,并杖以惩。其缺听该县照参规详参。……布政司批,依拟廖俊陞、区泰各赎杖罚饷发落,列回农民行柱挨参。户典、承发、照序详参,行县知照,径详按院。缴。察院批,门子充吏,业犯法禁。与司书不详院而擅自捏劳指参,皆总约所不载。乃纷纷乱指,何怪吏途壅塞也?廖俊陞、区泰依拟杖罚,余如照。库收缴。

在这例子中,书办通过捏造功绩而获得吏员资格,参充吏典缺。这原本是不正行为,但是在此却免于褫革(剥夺资格),而被采取了"列回行柱"的措施。所谓列回行柱,是指再次在参吏簿中列名候缺,按顺序等待之后再参充的措施,而没有给予剥夺资格的处分。[1]

1 参见"拙文a",第168—169页。

这并不是仅限于该案件才采取的温情处置,而是考虑到了与其他判决的整合性之后的处理。在前节(二)中也论及的一刻·谳略卷五"指参吏叶肇元等",是由三个连续的拟案构成。这是对于实施指参的吏典进行一网打尽式处罚的判语,成为了当时处理指参的标准。这一判语的第一个拟案包含了此前列举的内容,其中对效劳指参的处分是列回行柱,而对捏劳、移恩则处以更为严重的褫革处分。不过在第二个拟案中,在遭到因捏劳而受处分的人的抗议之后,主审官吏开始讨论要在捏劳和移恩之间再设置一个处分差异。而在第三个拟案中,捏劳指参的处分最终被确定为是列回行柱。[1] 此处的案例一大概也是采用了这一措施的例证。

如上所述,确实存在书办采用捏劳这一不正当手段来获得吏员资格,以参充吏典缺的情况,而且可以清楚看到,这一情况即使被发现,虽然缺会被收回,但并不会剥夺其资格。[2]

下面我们要看的,则是吏员承担书办职务的例子。如前所述,拨派到衙门里的吏员,不管是现役还是候缺,都必须接受三个月一次的考核。不过由于也有人不接受考核,所以由颜俊彦来负责决定对他们处罚的拟案。这一拟案的一部分概述如下:

案例二:一刻·谳略卷三"违玩吏书刘辅等〈十五杖〉"

审得,考察吏书,法綦严也。乃敢玩法不到,奉宪提究,一体重创,何说之辞?……其刘辅、汤昭祚、邓世成、刘继玄、黄居中、黄绍俊、邓仕显、郭一中、廖超、李万成、区应昌、韩擢伟、卞凤翔、欧承液,虽各有辩说,不可为据,姑拟杖惩,免其褫革。若顺德县工吏徐赓,挂名本县,现在岭东道书办。宪令森严,尚余漏网,应杖革追札,永不许朦胧辩复,以肃吏规。具招呈详。察院批,刘辅等玩违考察,各杖何辞。依拟赎发。库收缴。

察院的批文虽然没有言及徐赓,但是因为其中也没有记载特别的不同意见,所以大概可以认为对其也是与拟案相同的处分。总之,从这个案件来看,确实存在虽然在文书上参充了吏典缺,但实际上则作为书办在其他衙门工作的情况。

同样的情况,还有一刻·谳略卷五"违禁王翼等〈杖〉"中列举的王翼的例子。他

---

1 "卑职复集诸吏于庭,与原呈诸吏公同开报如左。其称随朝赍册者什之二,称远差效劳者什之八。然总之效劳前招已另列一款,今所乞恩者,皆捏劳也。特与移恩有间焉耳。内除梁超、麦兆龙、梁缙、刘昌、张元顺、徐国琏、黄凤俱系各衙门门子不准辩复,其余俱得援例准列行柱候参。"

2 不过,作为门子的廖俊陞同样列回行柱的理由不明。在前注所引史料中,虽然同样是捏劳,但对门子是有特殊处理的("内除梁超……列行柱候参"),而在案例一中,对门子廖俊陞的处理则与此相反。这是否是为了与对区泰的处理相统一的温情措施呢?俟后考。

通过捏劳而谋求超参,[1]并因此与梁元吉发生争执。据记载,他的名字虽然列在吏籍中,但实际上则是在别道承担书办的职务。[2] 从围绕着缺而产生的纷争可以看出,将王翼看作候补吏应该是没错的。这就是候补吏从事书办工作的例子。这样,其虽然有正规的吏员资格,但实际上却在充任书办的工作,换言之,依据资格上的区分是吏员,但基于分工的区分则是书办(虽然可视为违法)。在明末的广东,可以见到拥有此种实质的情况。

下面要看的则是与之前相反的情况,即在资格区分上是书办,但却从事着吏典工作之人。以下是其概述。

> **案例三:**二刻·谳略卷二"详罗国珍顶办〈繇详〉"
>
> 看得,各厅之设有书办吏,原以实参有限,事繁人少,故佐之以书办一途。岂为赏劳地哉?若言赏劳,则应革之已久矣。况吏胥以劳为分,何赏之足云。今据罗国珍所乞,念其随府入覲,与别劳不同,应破格准从。至于淮扬汀浙之差,又何问焉。伏候宪裁。具详。布政司批,禁革效劳乞恩,即院司道莫敢开其端。罗国珍以府吏而移恩厅办,恐将来之渐不可长也。查覲吏有无盘费,其劳应否当恤,仰厅覆确,另详。

判决的关键在于罗国珍的功绩是否为褒赏对象这一问题,但还有另一个问题,即罗国珍宁愿并非由他本人,而是移恩"厅办"来让他充任"书办吏"这一点。所谓书办吏,是由于典吏不足而设置的以书办来补充的制度。对于这一点,要更细致来看。在一刻·公移"议革书办吏名色"中,有如下的叙述:

> 看得,吏农指参,粤中第一大弊,屡奉宪檄,彻底清查,勒碑竖榜,已垂永禁。乃各衙门尚有匿指参之名,而居指参之实者。则所称书办吏,其弊百有倍于指参者也。夫吏自吏,书办自书办。混而一之,不繇院详,不作实参,年月长短,官可以意行,吏可以情乞。今见指参有禁,钻营无路,推书而入于吏,援吏而附于书,

---

1 所谓"超参",是指让有特别行为以及追加交纳了银两的吏员优先参充的情况。一刻·谳略卷五"争参梁祚隆〈杖〉"中有:"审得,清远户缺,序该超参行柱顶补,次该升纳,再次及农民。若孙俊先以效劳指参不果,而后即纳饷,奉劄超参行柱。"由此可知,超参是行柱的名称,是可以经过纳饷而获得的行柱,而且比纳升(指长期候缺者通过纳银让上级衙门改拨的特别措施。参见"拙文 a",第 172—173 页)行柱可以更优先地参充。在同卷"指参吏高遇明等〈杖革〉"之中,有"超参必繇考定,不繇考定而以超参称,仍指参之别径也",从中可见原本要经过考课才能认可的超参,却被作为指参的手段而遭到了恶用。

2 "翼则以捏劳遁之超参。身现充别道书办。而挂虚名于吏籍,起而与元吉为蛮触之争,何为乎?"

泾渭相杂，作奸犯科，莫此为甚。

文中所称“吏农指参，……勒碑竖榜，已垂永禁”一段，即此前引用的“指参吏叶肇元等”中所记载的在指参受到全面揭露之后，当事人所进行的立碑、立榜行为。[1]据说在这一揭露之后，由于指参受到了严厉取缔，滥用书办吏的名目在衙门中赖着不走的大有人在。

不过，由于取缔指参而带来了滥用书办吏情况的增加，这种理论不能看作是基于实际而得出的。如前所列举的“指参吏高遇明等”一例，便指出有赖在衙门中五到十年的书办吏。[2] 颜俊彦就任广州府推官是在崇祯元年（1628），[3]而《盟水斋存牍》中则附有崇祯四年的“自序”。至少到这一时间点为止，颜俊彦一直在推官的任上，因此“指参吏高遇明等”也应该是此前所写。这就是说，在衙门中赖了五年、十年的书办吏，是在颜俊彦到任以前就一直存在的。可以认为，书办吏的问题在很早以前便已经存在了。

以与书办相关的判语、公移为线索，上文探究了书办的实质，以及其与吏员之间的关系。在明末的广东，存在着虽然资格上的身份是非正规书办，但通过指参而获得了吏员身份、吏典缺的人。另一方面，也存在虽然拥有吏员身份，但却在从事书办工作的人。此外，还可见得到习惯认可的书办吏这种名目，即以书办身份而代行吏典事务的人，其中还有长时间赖在衙门中不走的书办吏。也就是说，现实情况是，以资格为契机的身份区分与以分工为基础的身份区分之间存在着错位或者重合。

基于以上论述，下一节将会探讨广东当局是如何来管理书办的。

三、书办政策及其演变

（一）顶首银的征收与书办吏的废止

在第一节中列举的一刻・公移“书役顶首议”中，颜俊彦举出的一个问题是，书办会随着吏典的役满而同时离开房科。为了应对这一问题，他提出的对策正如标题所示，要征收顶首银（即保证金），且这一提案得到了认可。以下，我们看一下提案的

---

1 “看得，指参之案，分别究拟，至竖榜院内，立碑司前。后有起而营谋翻局，以蜻蜓摇石柱，多见其不知量也。”

2 “至于书办吏叶大倬灯十七人，或以五年，或以七年，或以十年，滥觞已极。”

3 康熙《广东通志》卷十三，藩省志，职官上，广州府，明“推官”。

内容:

> 合请照各省、直例,大小各衙门该用书手若干名,择有身家,忠笃勤敏者充役。布政司给一印帖,批定每名顶首若干,给帖之日,即解顶首银到司充饷。其一应申请文移纸尾,俱要署承行吏某,承行书某。吏书不得偏□(瞒?)行□。其有作奸犯科之事,一体问罪,并追顶首、□(即?)□□□□既重,谁不自惜?而职掌既明,无可诿咎。[1]

该提案规定了各衙门书办的定员,规定在布政司支给印帖的时候,要从书办那里征收顶首银,以充当军饷。而在印帖上署名的承行吏(吏典)和书(书办),则作为连带保证人。发给书办身份证明要伴随着保证金的征收,可以说其目的是防止其随意离任与疏忽职责。

在此种征收书办顶首银的制度中,还有一个重要的意图:

> 且近奉宪禁吏典指参甚严。而冒禁钻营,甘蹈汤火,正以吏之途羶耳。今以书手分之,则滋味淡薄,竟心自息。于清衙门而肃吏治,又不无少补云。

这一理论认为,之所以指参猖獗,是因为吏典缺会带来巨大的利益;如果把吏典和书办之间的关系切断,其利益就会削弱,从而能够达到防止指参的目的。将两者的关系切断导致所谓变淡的"滋味",大概是指将自己手下的书办带入房科中,让他作为吏典就役,以及前节案例三中如罗国珍那般移恩于书办的情况。也就是说,通过对书办进行严格的身份确认,他们被固定在房科之中,以此来切断吏典和书办之间的关系。据此,削弱吏典的利力,并与取缔指参的措施相配合,提案者希望能够达到叠加相乘的效果。

在接到了察院和两广军门(即两广总督)的批文之后,这一提案似乎进入了实行的阶段。附带一说,从批文发出者为"巡按御史吴"(吴尚默)来看,可以推测这一公移的提出时间是崇祯元年到二年间。[2]

紧接着书办顶首银的征收,随后实施的是书办吏的废止。前节所列举的"议革书办吏名色"所述正是此点。在前文引用过的部分之后,颜俊彦对自己所执掌的广

---

1 □代表缺一字。

2 如前所述,颜俊彦于崇祯元年到任广州府推官。据康熙《广东通志》卷十三,藩省志,职官上,明"巡按监察御史"可知,吴尚默是天启七年任职,其后任的高钦舜是崇祯二年任职,再其后的梁天奇是崇祯四年任职。

州府推官厅的现状作了如下的叙述：

今后请酌量衙门事体之烦简，以定吏缺之多寡，画一详参，不许另设书办吏名色。如职厅，省下理刑诸务猬集，原额设六科，另查盘书办为一科，不设有吏。其六科则应有六科之吏，而独两科实参，虚四科以待书办吏之指缺。已满者三回四转，恋恋不肯去。后至者千蹊万径，眈眈于一来。精神专用之钻营，宁复用之办事。所以吏有备员而不得吏之用也。粤中吏之权太重，吏之味太浓。而刑厅事多吏少，则趋之者愈众，钻之者愈纷。职一厅如此，余可例而推矣。

虽然在推官厅的六科中都设置有吏典缺，但是根据正规的手续所能参充的只有两科而已。剩余的四科是专为书办吏而保持空缺状态。据说这一情况更加剧了对缺的争夺。之后应该采取的措施则如下述：

合无衙门应有几吏，俱改正实参。请自卑职衙门始，候详允之日，即照参簿、厅典、行柱□定四吏详参，并乞宪檄行查通省大小衙门一一改正。书办自书办，吏自吏。尽除书办吏名色，与指参之禁并刊板榜，庶狡吏无所借径，而狐兔之盘踞一清，诸事之责成有属。所关于吏治不小也。详。[1]

这一措施是首先从推官厅的四科开始，要求大小各衙门的吏典缺必须全部经过正规手续才能参充，并且废止了书办吏的名目。毫无疑问，其目的在于令吏员人事正常化。再加上文中不断强调"吏自吏"、"书办自书办"，可见其目的还在于辨别吏员和书办。这一目的可以说与禁止书办获得吏员资格和吏典缺的指参对策是相通的。附带一说，在这一公移之中还附有"察院高"（高钦舜）的批文，因此可以认为其时间为崇祯二年到崇祯四年间，是在施行顶首银征收政策之后发出的公文。

由上文可以看出，征收顶首银和废止书办吏，都是作为针对书办的政策而实施的。虽然其直接目的是解决由书办所引发的诸多问题，但其目的也包含切断吏典和书办之间的关系，并希望这一点能与取缔指参的措施相联动，从而产生出叠加相乘的效果。

不过，这一连串的措施并没有产生充分效果，官方很快就不得不对其采取修正措施。下面我们来看这一措施的演变过程。

1 此处□是无法判读的一个字。

(二) 政策的推移

首先,我们看一下“吏自吏”“书办自书办”这一原则的相关内容。在一刻·公移“谕指参吏纳书办顶首”之中,有如下的叙述:

> 昨本厅有书办顶首之议,以重责成,亦所以轻吏之权而淡其味也。权轻味淡,则指参之途不禁而自渐清矣。今诸候缺之吏,纷纷上控,院台主持其事,必欲尽锄而去之,且将行之通省。本厅虽念从来积习一朝痛割,诸吏亦有所不堪,然既奉宪檄,不敢庇也。尔辈亦无所用其怨尤。其有愿纳书办顶首在科办事者听。既纳顶首,与吏一体行事,则去其指参之名而仍有参缺之实,诸吏之所失未多也。若犹恋恋于故物,则虽有大力,其能挽既逝之波而使之返乎?其深思之。

在实施了书办顶首之议以后,由于候缺吏们不断地提起上诉,“本厅”便认可了候缺吏只要缴纳顶首银的话就可以作为书办来工作这一点。那么,为何其向书办征收顶首银却引起了候缺吏的抗议呢?想来直接原因是其为自己雇佣的书办的利益代言。另外,大概也是由于吏员自身在候补时不能再从事书办的工作。正因如此,“本厅”才采取了许可候缺吏承担书办工作的措施。这一措施,可以认为是由于实施了取缔指参以及征收书办顶首银,从而导致不正行为无法顺利实施,继而引发候缺吏的不满,而因此采取的一种救济措施。另一方面,可以说,将吏员当做书办采用,这一点使得禁止书办吏的时候所提出的“吏自吏”、“书办自书办”这一原则成为一纸空文。这样,一连串政策原则,由于候缺吏的抗议而无可避免地遭到修正。

那么,书办顶首银的征收又是何种情况呢?在此,看一下二刻·谳略卷二“院书吏顶首详”。据推测,这是与察院之下的“写本”(写本书办)的顶首银相关的判语。

潘昌期、颜用球、谢天贶三人,共同出资三百余两顶首银,继承了本院的“写本行柱”,并且立下了契约。此前应该说明的是,此处的行柱与前述参充簿中吏员的“类别”不同,是指写本书办的权力,是类似于股份那样的含义。在明末广东,正规的吏员在被定拨之际,会被要求交纳“行头银”这种银两。行头银的数量根据被分拨的衙门等级而各有不同,县的吏典缺是 20 两,府的则需要 40 两。[1] 这里,“行头”一词有着“类别”和“权利金,或者据此而得到的权力、地位”这两种用法。若认为同样有“类别”意义的“行柱”一词也有相同的第二种用法,大概没有问题。

---

1 参见拙稿 a,第 172—174 页。

而在上述三人之中，谢天觊和潘昌期之间所发生的争夺，便是本案：

审得，潘昌期与颜用球、谢天觊三人，共用顶首银叁百有奇，承顶本院写本行柱，立有合同。用球已故，其子颜起龙、颜应泰现在。天觊丁忧，已经起复，则昌期出院之后，应天觊充役，不容置一词也。昨昌期以病辞出，暂禀唤其兄元炯代事。当日合同，原无元炯名字，顶首之议，元炯何与焉？今唤昌期、天觊及颜起龙、颜应泰面质，昌期已不愿复入，欲以其行柱归之天觊。昌期原用银伍拾两，天觊应清还之，才可入院办事。据天觊等称，昌期所领衣资廪赏，未经分给，与原议有违。欲扭算伍拾之数。然昌期既愿以行柱归之，则亦不必问矣。元炯见在本院执役，不便数易。俟宪台复命后，令其清楚交割，乃为妥便。伏候宪裁。具繇呈详。察院批，阅详。潘昌期、谢天觊皆呶呶有词，所称廪赏听各自行对质，独吏书公役，不听官府取用，而欲执私约以自操予夺，何无法也？写本一役，亦甚关系。潘元炯力禀辞出，名缺候本院另唤数人，与谢天觊、颜起龙、颜应泰等考定一人顶役。缴。

在本案之中，颜俊彦与察院的见解有着若干不同。首先，从颜俊彦的逻辑来看，最初他称“天觊丁忧，已经起复，则昌期出院之后，应天觊充役”，其后又称“昌期原用银五十两，天觊应清还之，才可入院办事”，这两者之间没有一贯性。无论如何，颜俊彦认为此问题是共同出资者相互之间的权利关系的纠纷，对于应该让谁就役的问题，仅仅说“元炯见在本院执役，不便数易”。对此，察院则明示了要在自己的主导之下确定人选的宗旨。不过，察院也是一面说“而欲自执私约以自操予夺，何无法也”，一面却把订立契约的颜用球的两个儿子也纳入了候补者之中，显示其在一定程度上认可了基于私约的权利。而且，从确定了包括引起纠纷的谢天觊在内的人选这一点来看，宛如从一开始就不存在想对当事人进行处罚的意思一般。这样看来，根据共同出资而持有书办行柱的行为，仿佛本来就未被看作是不当行为。

原本，察院这一上级衙门的书办，在其保有行柱时所需要的银两就要远远超过府、县的吏典缺的行头银的数额，不能不说这是稍微有些特殊的事例。在此，我们要看一看下级衙门的一个例子，即一刻・谳略卷二“衙役黄朝栋等一徒七杖”。其概要如下所述：

审看得，盐课司擅窟也。吏胥之见金不见人者，俱狐兔其中焉。诛之则不胜诛也。所可讶者，武举印臂，此中有何搜求？重以宪台临之，而蚁聚蝇逐，以营一饱。岂平时吸商客之膏血,犹鼠腹未满,而复须借此足之乎? 亦大不可解矣。据黄朝栋、方信所报,十八人强半诡名及候缺者。职一一细审,当日在场止六人,吏书黄朝栋、方信、何奇珍、徐荣,门子黎光、何贵。……至内有书办欧芳一犯,则实非欧芳也。司吏欧顺所包买书办,而倩此蚩蚩者出官也。欧顺在盐司罪恶,罄竹难书,通国之人恨不食肉寝皮。今据其正身解送宪台,其所谓欧芳者不足问也。……解详。察院批,黄朝栋等擅利羶场而不足,又欲借武场而饱之。良可恨也。仰究罪招详。欧顺从重另究结。

该覆审得,盐司吏黄朝栋、何奇珍、方信、徐荣,门子黎光、何贵随本官在教场印臂关防。上以宪台临之,乃敢于嘈杂哗闹,罪不胜讨矣。念已痛责,姑各杖惩。其欧芳,审的名冯兆杨。据称,盐司吏区(欧)顺,包纳书办顶首,转卖充役。夫书办之议顶首,正须遴选得人,以重责成。岂可包纳转卖? 尤而效之,不又开一弊窦乎? 据兆杨称,顺得银五十两。各衙门顶首亦无如是之贵者。区(欧)顺在盐司依草附木,指诈非一。面质之本官,亦云人人咋舌。但卒未能尽举其事以对耳。然即此一事,以诈欺取财配,不尽辜矣。赃银五十两应追入官充饷。冯兆杨念系乡愚受骗,姑从杖惩。详。蒙察院批,欧顺羶窟之蠹,吏而窜名于书。此盖以衙门为市者。何奇珍、冯兆杨等,逐臭玩法。依拟分别追赃,徒杖革役。库收缴。

在这一案例中,据称欧顺用了"欧芳"这一他人的名字向官缴纳了顶首银,然后又将其转卖给了冯兆杨。也就是说,此处发生的是吏典代纳顶首银,再让其他人使用假名充任书办的情况。虽然没有明确记录其向官府交纳的正规顶首银的金额,但毫无疑问,欧顺通过"转卖"形式应该可以获利,因此,正规顶首银的数量大概低于五十两。颜俊彦所称"各衙门顶首亦无如是之贵者"一句,也可以证明这点。五十两与正规顶首银之间的差额,便是欧顺所赚的套利。由上文可见,"吏典—书办"之间的"雇佣—被雇佣"关系依然存在,而征收顶首银政策所希望达成的身份保证这一目标,却并非必然实现。

下面,我们来看一下二刻・谳略卷二"盐司书役谢纯等杖",这是书办离任的情况。案件的梗概如下:

审得,书役定顶首,以重责成。革其人而不革其顶首,法始可久。谢纯之奉院革,以武场盐提举随役之哗而革之。非有不逭之罪。职曾为详复本司,以有碍转详故已之。今潘智能欲顶其役,当如原札之银给还纯,始准充办。智能不得求减于札内,纯无容求多于札外,法之正也。此缺颇羶,或纯另欲私相授受,则三尺所不许矣。潘志[智]能顶首之不清,谢纯相持而观望,各杖无辞。招详。布政司批,谢纯缘事褫革,而私相授受。潘智能吝交顶首,而故意捱延。均杖不枉。据议依札还银,情法允协。智能既已得役,须令守法奉公,毋蹈前辙。余如照赎发。库收、领状缴。

虽然“原札”的具体内容并不清楚,但从记录的内容来看,可以明确知道其中记载的银两数额所指的便是顶首银的数额。从这一事例可以知道,后任者只有向前任者支付与他应交纳给官府的顶首银数额相同的银两后,才能继承这一职位。另一方面,这一金额实际上似乎是经过双方交涉之后才决定的。而且,从“或纯另欲私相授受,则三尺所不许矣”这一句来看,其述说的正是在背后实际存在着书办职位私相授受的事实。

在这个具体例子之上,若再加上二刻・公移“覆议书办顶首详”的例子,我们便可以窥见广东的全面情况。

看得,书役顶首之议条陈,自职已奉前院详行,纳银给帖者已及其半。乃通省吏典虑设有书办,以分吏之权,百计营嘱,谋寝前议。卑职与院司力持之后,乘前院出境,复布置阻挠,倡言书办有顶首则盘踞衙门,不便轻革。谓盘踞衙门,而目前白役不盘踞乎?谓不便轻革,而官吏不罢斥乎?支离之词,不足与折。唯是事在若行若止,不便遵行。宪台以为宜行,应严檄下司速催未纳银解库给帖。以为宜止,应檄司将前已纳过者还银追帖。两言而决耳。不然朝可夕否,在上人可以转圜,而出银者与不出银者,混淆办事,无所分别。而卑职之条陈,似多此一番议论,亦何以对已纳银之书役乎。卑职总从地方起见,不敢断以为可行可止,唯上听宪裁。具详。察院批,此议原经两院批行,仍候新军门至日通详。

据此记载,在接到“前院”的命令而开始征收书办顶首银之后,交纳了银子并收到给帖的人占到了一半。但是,吏典们由于担忧设置书办会分割原本属于自己的利力,便开始进行各种各样的活动,以图谋撤回命令。然后,以“前院”退任为契机,吏典们抗议的声音越发高涨。他们主张,征收顶首银反而招致了书办在衙门中赖着不走的情况。颜俊彦一面斥责这一主张,一面担忧政策实施会半途而废,因此请求察院来决定,到底要彻底实施还是全面撤回。对此,察院下发的批文称,要等“新军门”到任后再行报告。

在这一连串的文书中,“前院”与“新军门”大概各指前任总督与新任总督。“书役顶首议”中可见“两广军门王”的批文,这指的是王业浩。可以认为,这一“覆议书办顶首详”的作成时间,是在王退任而后任总督熊文灿尚未到任的期间。[1] 也就是说,当时的情况是,征收顶首银的政策还没有充分实施,而借着总督退任的契机,抗议的声音变得高涨起来。借着政策推进者退任为机会而试图改变政策,这一点清楚地显示出该政策还没有得到真正落实。与书办吏的废止相同,征收顶首银的政策也处于维持困难的局面中。附带一说,在《盟水斋存牍》中未能见到对此后进程的记录。

以上,我们探讨了官府方面所采用的书办政策及其演变过程。首先采取的政策是从书办处征收顶首银,相应地授予印帖,并要设置连带保证人。除此之外,另一个目的则是通过切断吏典和书办之间的关系来削减与吏典缺相连的利权。也就是在实施书办身份保证制度的同时,官府希望这能够与指参取缔的政策相配合,从而产生叠加相乘的效果。其后实施的则是书办吏的禁止政策。这一政策的着眼点是将长年赖在衙门不走的人扫地出门,并且在“吏自吏”、“书办自书办”这一方针的指导下,这一政策企图改变吏典与书办之间界限含糊的现状。不过,很难说这一连串的政策起到了真正的效果,因为出现了共有书办权利、私下买卖书办权利,以及由吏典包买书办地位等行为。而且,征收顶首银的政策也难以彻底进行,政策的继续施行陷入了困境。

结　语

以上,根据有限的史料,针对明末广东的书办,本文探讨了书办的实质以及官府的管理政策等相关问题。研究的结果可以概括为如下内容:

在明末的广东,各衙门的房科中存在着非正规胥吏即书办,其大多数都与吏典之间有着“雇佣—被雇佣”的关系,而且大多数也都会随着吏典的役满而从房科中离开。这一情况对文书工作的持续性造成了妨害。此外,经由指参这一不正行为,现实中出现了虽然是书办身份但却获得了吏典缺的人。另一方面,也存在虽然有吏员身份,但实际上却从事书办工作的人。并且,在历来的习惯中,都使用书办吏这一名目。

1 康熙《广东通志》卷十三,藩省志,职官上,明“总督两广”中虽然记载,“王业浩(浙江山阴人,进士,天启五年任)。李逢节(南京长洲人,进士,天启七年任)。熊文灿(贵州泸江人,进士,崇祯四年任)”,但李逢节是否真的任过两广总督,尚存疑问。雍正《广东通志》卷六,编年志一“明纪”中有“怀宗崇正四年辛未秋八月,命总督王业浩会江西、福建两省官兵剿山寇,平之”的记载。而且,《盟水斋存牍》中也未见有“军门李”所写的批文。虽然记录为“军门批”的文书也有可能是李逢节的批文,但本文还是认为王业浩任总督直至崇祯四年,其后任是熊文灿。

这样，就出现了基于资格的身份区分与基于分工的身份区分之间不一致的情况。也就是说，虽然个别的“吏员、吏典—书办”之间的关系是“雇佣—被雇佣”的单系关系，而作为集团的胥吏以这一关系作为基础，但应该说，只有由位于吏员、吏典和书办中间位置的人才能真正构成这一集团。

为了修正这种状况，官府实施了征收书办顶首银和禁止书办吏的政策。这些措施的两个主要着眼点在于，一是严格地推行书办的身份确认并将他们固定在房科中，二是排除长期占据房科内吏典缺的人员。还有两个次级目标，一是与取缔指参相配合而形成相乘效果，二是使“吏”与“书”之间的区分得以明确。

不过，这一连串的对策并没有真正奏效。究其原因，可以认为与当时的财政状况有关，在此稍予附论。笔者认为取缔指参与书办政策，都与当时明朝所面临的军事费用问题密切相关。众所周知，明朝因为与后金国（清朝）之间的战争等原因，需要大量的军事费用。为了满足这一需要，在本文所论述的时期及其后，政府不断重复增税，直至崇祯十二年为止，“三饷”（辽饷、剿饷、练饷）的名目都齐全了。并且，此时在广东还有地方事务，即随着海洋贸易经济的发展，其背后产生了与贸易相关的大量不法行为，对此，明朝政府有必要强化沿海的警备。

另一方面，正如第三节所述，有明确记载自书办处征收来的顶首银被充作军饷。而且，在第二节中也论述了，对于指参之中效劳、捏劳的处罚是在罚谷与援例（捐纳）之后，再列回行柱中，而免除了剥夺吏员资格的处罚。这也就是说，即使对于通过不正的指参而获得吏典缺的人，也开启了通过银两便可以恢复地位的道路。此外，虽然本文没有论述以正规吏员为对象的措施，但是在二刻·公移“吏农改拨辩复详”中也讨论了对于因各种不正行为而被革役的吏典的辩复措施。其议论的着眼点在于，如何设定在辩复之时要交纳的军饷的数额。我们可以认为，包括对作为正规胥吏的吏员的指参禁止措施在内，这一连串的胥吏对策，其背景都是要确保军饷这一财政上的目标。因此，书办政策之所以不能取得充分效果，可以认为原因正是要优先确保充当军饷的银两收入，而对政策的理念则采取了忽视态度。至此，本文的论述全部结束。

明清法律中的死伤赔偿*

［法］梅凌寒（Frédéric Constant）** 著　尹子玉*** 译

前　言

在许多法系中，对受害者的人身或经济等方面的损失予以评估和赔偿是法庭的一项主要职责。在西方法内，它是侵权法的核心目的之一，而侵权法本身是法的基本分支之一。中国传统法律中，是否存在解决受害者的赔偿问题并区别于其他法系的特定措施？从成文法和司法实践这两个视角出发，笔者主要关心的问题在于考察明清法律是否对死伤案件中的受害者加以赔偿。

这类研究必然引发相对于西方法传统中的法律分类，中国法律类别的性质如何的思考。中国传统法律是否已经蕴含了现代侵权法的萌芽？相关法律规定更倾向于私法规范还是刑事法规？遗憾的是，上述疑问非常难回答，大概是无解的。解决这一问题有两大难题。第一个难题牵涉到了中国法与西方法分类的相通性问题，这超越了本文的研究范围。第二个难题针对本项研究，那就是西方法律分类本身具有不确定性。尽管不难分辨何为侵权法，但侵权法的实际性质及其与刑法之间的关系，学界向来争论不休。[1] 同样值得注意的是，普通法内关于独立的民事赔偿范围的界定是近来发展的结果。在英美法中，有关过失致死之诉的规定被载入制定法的时间不早于19世纪中叶。[2] 虽然中国和西方法律的系统性对比似乎难以达成，但这并不意味着任何形式的比较均无关紧要。将中国传统法律与西方法律进行对比，可使我们了解前者的独特性。然而，从中国法范畴内的制定法、法理和司法官员的法律推理入手

---

* 本文原题为"Compensation of Injuries and Homicide in Ming and Qing Law"，载于Law and History Review，2017，Vol.35(4)，pp.977－1016.

** 梅凌寒，尼斯大学法学院教授。

*** 尹子玉，清华大学法律史专业2018级博士研究生。

1 Jerome Hall，Interrelations of Criminal Law and Torts：I（43－6），*Columbia Law Review*，1943，pp.753－779；和Interrelations of Criminal Law and Torts：II（43－7），*Columbia Law Review*，1943，pp.967－1001.

2 Wex S. Malone，The Genesis of Wrongful Death（17－6），*Stanford Law Review*，1965，pp.1043－1076.

去研究这一问题是复杂的，因为中国传统法律术语中相当于“赔偿”的概念并不存在。“赔偿”一词虽然存在于传统中国法内，但主要指对经济损失的补救，尤其用于财物被窃取的情况。如无特殊说明，本文使用的“赔偿”一词专门指代要求罪犯为自己造成的人身伤亡支付费用的各项法律机制，尽管其含义并不等同于现代法律意义上的“赔偿”。虽然“赔偿”仅仅近似于中国法中的既有术语，但其将成为研究中国法律性质的良好起点。笔者将在文章的末尾讨论参照侵权法来研究这一概念是否切题。

乍看之下，人身损害的赔偿问题似乎并不是传统中国法的关注重点，即使明代（1368—1644）与清代（1644—1911）的律典内已经包含若干有关加害者在重大死伤案件中需对受害者或其家属给付赔偿的条文。笔者将于本文阐述，鉴于中国的法制传统，中华帝国后期有关赔偿的法规可以被粗略地描述为对自元代（1271—1368）移植而来的相关制度的重释。明清律典中涉及赔偿的核心规定，即埋葬银制度，起源于蒙古法，但在被纳入明代法律体系后丧失了原有的特征。尽管借用了异域的法律制度，但中国法仍建构在从唐代（618—907）继承而来的法律原则的基础上。明清时期，官员的主要职责（即使并非唯一的职责）是对罪犯施与公正的处罚。命案内，只有在罪犯未被处以死刑的情况下，法律才要求官员考虑赔偿问题。在案犯并未以丧失自己的性命作为受害者死亡的代价之时，向受害者给付赔偿不被视为不公。该原则在中国法内处于中心地位，而赔偿义务显然仅为这种命犯惩罚规则的衍生品。即使“保辜”这一最为常见的人身伤害案件的法律处理机制，实际上也是命案判决过程的一个阶段。依据保辜制度，斗殴案内的犯人被要求承担起照顾受害者的责任，受害者痊愈对其更为有利，因为一旦受害者所受的人身伤害直接致其死亡，犯人便须被处以死刑。赔偿规则在中国传统法律中似乎并不重要，究其原因，可谓是连同赔偿在内的更具综合性和复杂性的命案裁判制度的直接结果。

研究中国传统法内的赔偿制度这一问题，亦因官府和个人之间可能存在的对立性追求的交缠而变得尤为复杂，与此同时，司法行为也具有矛盾性。尽管许多判决相当重视减轻受害者及丧亲之家的怨愤，并以公正惩处罪犯的方式来实现这一目的，但死刑的适用范围仍被限制在故杀案及暴力凶杀案中以矜恤民命，即使是罪犯的性命。官方通常将赔偿用作一种促使两家之间的位置恢复平衡的手段，并非只考虑在各个命案的审判中无差别地执行死刑。此外，当裁断命案时，官府有时表现得更像是两方之间的仲裁人，而非严酷的国家正义的无情象征。在讨论赔偿问题时，官府着意于安抚命案引发的纠纷这一点不应被忽视。此类案件不仅仅是单纯的法律执行问题，还涉及若干互相矛盾的利益，这要求官员在综合考虑这些利益的情况下执行法律。在一定程度上，其模糊了中国传统程序法中包含田土、户婚、钱债、斗殴等纠纷在内的细事与重大案件之间的基本区别。在单案中,地方官员需在中央朝廷的监督下对罪犯施与处罚,亦可能会判拟赔偿,并且后者的决定可能被视为细事,以致官员享有更大的自主权。最后应当指出,各方不时诉诸法外程序来解决这些问题,这种做法违背了成文法禁止命案私和的规定。研究赔偿问题时,命案的审判过程很好地说明了不同层级规范之间的相互作用,以及国家法定程序和替代性争端解决程序之间可能存在的交织(如果不是相互冲突的话)的关系。如此一来,探究明清两代死伤案件的赔偿问题需对包含了国家成文法、地方官员的批语、判语乃至其与庭外纠纷解决之间的互动关系等多项内容的整体法律范畴进行全面考察。

为从事此项研究,笔者将首先介绍由成文法规定并经中国律学解读的相关法律制度(第一部分)。尽管在许多情况下,原告诉诸法外程序而非向官府提出诉讼(第二部分),但这一法律框架使官员得以处理具体问题。

一、成文法中的人身伤害和死亡赔偿：中国律学描绘的框架

明清律典内法律框架的构成主要仰赖于唐律中已然规定的原则,这些原则又于元代略有修订。继承自元代的法律制度的持续性影响不应被误解：蒙古法的影响微乎其微,其并未从根本上改变传统中国法的赔偿观念。被纳入中国律典的蒙古法律制度(如埋葬银)经中国法律文化重释,失去了原本在蒙古法中的功能。然而,成文法中赔偿机制的制度化使官员不断援引这些规则以遵从法制。因此,在法律规定的情况下给付赔偿成为了行政惯例的一部分,官员有义务监督罪犯向受害者提供有效的支付。相较于唐律,尽管立法精神未曾改变,但明清律中赔偿制度的地位更加突出。为呈现该制度的综合面貌,在论述明清律中的相关制度框架之前,笔者将简要回顾这一制度的来源,即其于唐律内的规定以及在元代发生的变化。

(一) 唐律内的有关规定

唐律所反映的中国法律传统建立在若干法律机制和原则的基础上。首先需注意,唐律中已经成形的原则具有更长的历史,至少可追溯至秦代(公元前 221—前 206)和汉代(公元前 206—220)。秦汉律对赔偿的规定甚至比唐律更少,且大多与私人或公共财物的赔付有关。[1]

---

1 参见徐世虹:《张家山二年律令简中的损害赔偿之规定》,载《华学》(第六辑),2003 年版。

一条律文说明了处刑排除赔偿的事实。当船只沉没以致乘客溺亡,渡船的管理官员被处以耐刑(此为秦律内的一种身体刑)。若乘客仅受伤或仅溺死牛只,官员被允许实行赎罪。若有财物损毁,船长和船员将被追究损失赔偿。一旦人员和财物均有损伤,责任者因被处刑而无需赔偿。[1]

同样,在唐律内,当家庭中的一员被他人杀死的情况下,有关给付赔偿的法规十分鲜见。另外,一般而言,命案中的行凶者会被判处死刑,除非某些客观因素减轻了他的罪责。以下若干情形被视为杀人者得以免死的减刑情节,例如为自卫而杀人或者其他类似情形,如杀死夜间无故入人家者(律 269)、杀死拒捕罪人(律 452)等,此时加害者均被免于处死。[2] 亦有一些对一般规则的排除规定建立在杀人者的社会身份的基础上,如殴打卑幼致死的尊长可能会被免除死刑。[3] 在涉案双方仅为凡人的一般情况下,杀人者需偿命以彰显公平,但相当于自卫的情形除外。这是由于此种情况下受害者亦存在过错,不应寻求报偿。中国法在受害者的损伤程度和罪犯的惩罚之间确定了相当复杂全面的等价原则。在受害者身亡的情况下,这种分级原则可能会令加害者被判处死刑。因此,必须确定死亡是受伤的直接结果,特别是在受害人没有当场死亡的情况下。中国法实行保辜制度以确定凶手是否应当依律对死者的身亡负有责任。若受害者在一定期限内死亡,则加害者需承担杀人之罪(根据造成伤害的手段的区别,这段时间从十日至五十日不等)。[4] 否则,罪犯仅对其实际造成的人身伤害负责。该制度被认为具有鼓励加害人照顾伤者的作用,因为伤者的恢复程度直接影响到加害人所受的最终刑罚。因此,其通常被视为一种赔偿机制。[5]

中国法中的刑事责任亦具有主观性,尤其在命案中。因此,故杀[6]和谋杀[7]者将

---

1 参见《二年律令》简 6 - 8,张家山二四七号汉墓竹简整理小组主编:《张家山汉墓竹简〔二四七号墓〕》,文物出版社 2001 年版,第 134 页。关于此条律文的英文翻译,见 Anthony J. Barbieri-Low 和 Robin D. S. Yates, *Law, State and Society in Early Imperial China: a Study with Critical Edition and translation of the Legal Texts from Zhangjiashan Tomb no. 247*, Brill, 2015, pp.392 - 393。

2 所引唐律内律条的排序遵照此书:Johnson Wallace, *The T'ang Code. I - II General principles, Specific Articles*, Princeton University Press, 1979 - 1997. Wallace, *The T'ang Code II*, p.276, p.513。

3 例如唐律第 327 条和第 328 条,Wallace, *The T'ang Code II*, pp.364 - 366. 免死不是绝对的,取决于凶手和受害人之间关系的性质。二者之间的关系越不对等,尊长所受的刑罚越轻。因此,殴杀弟弟者被判处徒三年之刑,而殴杀大功以下卑亲属者则被处以死刑。

4 参见律 307,Wallace, *The T'ang Code II*, p.333。

5 参见田振洪:《中国传统法律的损害赔偿制度研究》,法律出版社 2014 年版,第 139—146 页。

6 参见律 306, *The T'ang Code II*, p.331.有关中国法内"故杀"概念的介绍,参见 Marinus Johan Meijer, 'The Concept of 'Ku-sha' in the Ch'ing Code', in Lionello Lanciotti eds., *Il diritto in Cina: teoria e applicazioni durante le dinastie imperiali e problematica del diritto cinese contemporaneo*, L.S. Olschki, 1978, pp.85 - 114。

7 参见律 256,Wallace, *The T'ang Code II*, p.252。

被处以斩刑。由于罪犯在斗殴杀案件中不存在杀心,所以其会被判处较斩刑轻一等的绞刑。[1] 最后,其他三类杀人罪,即误杀、[2]戏杀、[3]过失杀,[4]并不导致罪犯被处死,这是由于案犯不存在致死他人的意图。合理量刑是律典的主要关切对象,受害者的赔偿问题则很少被关注。在某些法定情形下,罪犯有权以铜赎罪。根据一项起源于唐代、后被引入宋律的法规,所赎之铜被给予受害者之家:[5]

> 诸伤损于人及诬告得罪,其人应合赎者,铜入被告及伤损之家。及两人相犯俱得罪及同居相犯者,铜入官。

律典未曾提供任何可赎之罪的清单,确定何种情况下罪行可赎需要耗费大量精力。最明确的规则体现于唐律第339条:"诸过失杀伤人者,各依其状以赎论。"该条法规存在若干例外,所以,依据唐律并非所有过失杀人者均可赎罪。除涉及等级或亲属关系的命案之外,因盗过失杀人和营造工程时不谨慎而导致的过失杀人也不享有赎罪的权益。两罪中的犯人会被分别处以加役流和徒一年半之刑。[6] 唐律中的其他几项规定将某些具体情形视为过失杀人。在下列五个罪名中——诸畜产及噬犬有觗蹹啮人而标帜羁绊不如法,以故杀伤人(见律207"畜产觗蹹啮人")、[7]脯肉有毒,人自食致死(见律263"以毒药药人")、[8]于城内街巷及人众中有公私要速而走车马,以故杀伤人(见律392"街巷人众中走车马")、[9]在市及人众中误惊杀伤人(见律423"在市人众中惊动扰乱")、[10]监临之官因公事以杖捶人致死(见律483"监临自以杖捶人")[11]——法律允许罪犯依据过失杀人罪论赎。在后四项规定中,律疏明确表示赎金会被付与受害者之家("铜入被伤杀之家")。

某类人亦因其身份或年龄而得以赎罪。首先,在"八议"之列的人(如皇亲贵族)或九品以上之官,犯流罪以下听赎。[12] 依此规定,这些被授予法律特权的人在犯下某

1 参见律306, Wallace, *The T'ang Code II*, p.331。
2 参见律336, Wallace, *The T'ang Code II*, p.378。
3 参见律338, Wallace, *The T'ang Code II*, p.382。
4 参见律339, Wallace, *The T'ang Code II*, p.383。
5 该规定载于《狱官令》,见仁井田陞:《唐令拾遗》,东方文化学院东京研究所1933年版,第792页。
6 参见律289, Wallace, *The T'ang Code II*, p.303;律244, Wallace, *The T'ang Code II*, p.235。
7 参见律207, Wallace, *The T'ang Code II*, p.193。
8 参见律263, Wallace, *The T'ang Code II*, p.266。
9 参见律392, Wallace, *The T'ang Code II*, p.459。
10 参见律423, Wallace, *The T'ang Code II*, p.486。
11 参见律483, Wallace, *The T'ang Code II*, p.553。
12 参见律11, *Wallace*, *The T'ang Code I*, p.93。

些命案时会被处以死刑以下的刑罚(如戏杀案或尊长杀害卑幼之案),人身伤害也包括在内。其次,年七十以上、十五以下及废疾者因受矜恤亦被允许在触犯流罪以下的罪名时赎铜。[1]

上述对唐律的概述使我们能够得出以下结论。有关人身伤亡的赔偿规定在唐代法律中并不重要,也远未系统化。除了在保辜期限内得到的照顾,伤者或失亲之家只能在罪犯论赎时获得赔付。从受害者的视角来看,这种赔偿方式存在很多漏洞。首先,在罪犯被处以身体刑时,受害者无法获得任何赔偿。即使罪犯被免于处刑,他也不一定被要求向受害一方提供赔偿。例如,在大赦或涉案人因享有法律特权而被免刑的情况下,法律对赔偿问题并无任何记载。此外,受害者或其家庭收到的赔偿金从未被依照他们遭受的实际损失来确定,而是取决于罪犯所赎之刑的严重程度。[2] 如果不考虑因大赦或特别法令而得以免刑的情形(这些是由君主慎重做出的临时性决议),作为朝廷的一项仁政,每次罪犯避免了应受的身体刑后均被要求给付赔偿。

(二)元代法律中的赔偿规则

元代统治者所施行的律法与自身的法律传统有关,同时延续了中国法律制度的一般框架。法制创新在家族法及人身死伤的法律规制领域较为突出。[3] 过去,蒙古法重视赔偿,在身体刑的实施方面则相对节制。此种境况有别于传统中国法文化,后者建立在复杂的刑罚体系的基础之上,将刑罚视为抑制犯罪的最佳手段。赔偿被看作一种置换施之于凶手家人的复仇权的手段,由于死者之家获得了钱财,因此,复仇权也相应丧失。通过强制联姻来重建两个家庭之间的积极联系也是赔偿的一种方式:[4]

> 臣等议:依蒙古人例,犯者没一女入仇家,无女者征钞四锭。

其中某些法律机制在元代被纳入了中国法之中,并对明清法律的发展产生了长远影响。首先,元律内虽然不存在要求犯罪者对其造成的每项人身伤害均予赔偿的一般规则,但我们可以发现针对重伤案的特定赔偿条文。当殴斗过程中伤人一目时,

---

1 参见律 30,*Wallace*, *The T'ang Code I*, p.169。

2 唐律内分别记载法定五刑的前五条律文均指明了相应刑罚的赎铜数额。

3 参见柏清韵:《辽金元法律及其对中国法律传统的影响》,蔡京玉译,收入柳立言主编:《中国史新论:法制史分册》,联经出版公司 2008 年版,第 443—503 页。

4 《元史》卷十二《世纪本纪》。

凶犯需给受害者赔偿钱财以充医药之赀。[1] 若伤害致人废疾、残废或造成其他重症，罪犯有义务给付养济之资或养赡之资。[2] 钱财数目均由法规固定而未考量伤害程度。

五十两之数的烧埋银是元代创制的最重要的法律制度,考虑到其对中国法律的后续影响则更是如此。[3] 罪犯的法律责任虽然不完全客观，但在很大程度上独立于其犯罪意图。若干条文或判决说明,犯人即使在没有杀人意图甚至没有任何违法行为的情况下仍有给付赔偿的义务。因此，犯罪者可能在免除一切刑事责任的同时仍需赔偿，如杀人者为精神疾病患者或十五岁以下小儿。[4] 当受害人被认定存在不当行为时，罪犯会被免于赔偿,如杀死妻子奸夫的丈夫。[5] 即使凶犯被处死，其家人仍被要求代表其进行赔偿。该规则体现了元代法律中蒙古和中国法律传统交相影响的复杂进程。借助同时判处凶犯死刑和给付赔偿，元代合并了两项目的不同的法律制度。显然,身体刑和赔偿的叠加被视为一种将发挥刑罚的威慑作用和维护受害者家庭的经济利益相结合的手段。这种叠加最终导致双方失去平衡，因为它给罪犯之家带来了过重的负担。正如本文将讨论的那样，明清律学家们不赞成任何将身体刑和赔偿相结合的做法。最后，元代法律内的一项规则确定了使身体刑与赔偿相对等的条件,该规则为此后中国法律的演变奠定了基础。在命犯因大赦而免死的情况下，他必须支付两倍于原定赔偿金的钱财。[6] 这条规则反映了中国法律传统的影响(大赦实际上与蒙古法传统格格不入),因为此项规则指出赔偿是由国家施与的惩罚，而不是由两个家庭之间的经济和社会关系来确定。

毫无疑问,蒙古法影响了中国法内赔偿制度的建构。尽管如此,元代相关规则的施行同时亦体现了中国传统法原则的普遍影响。虽然蒙古法强化了赔偿制度在中国成文法中的地位,但其特征早已来源于两种法律文化的交融。这表现在主观责任要素不时决定罪犯是否赔偿,而在真正的蒙古赔偿制度中,裁判者很少考虑损害制造者的不当行为。此外，在中国法的影响下，原来的赔偿制度失去了几项基本特征，从而仅仅成为了身体刑的替代刑。

---

1 参见《元史》卷一百零五《刑法志四》。

2 同上。

3 有关该术语,参见 Françoise Aubin, “Some Characteristics of Penal Legislation among the Mongols (13th - 21st centuries)”, in Wallace Johnson and Irina A. Popova eds., *Central Asian Law: An Historical Overview: A Festschrift for the Ninetieth Birthday of Herbert Franke*, The University of Kansas, 2004, p.133。

4 参见《元史》卷一百零五《刑法志四》。

5 一些判决证明了该法规的实际执行,参见《大元圣政国朝典章》,上海古籍出版社 1996 年版,第 1631 页。

6 参见《大元圣政国朝典章》,第 1623 页。

（三）明清赔偿规则

简要对比唐律及明清律内的赔偿规则可知，该制度在明清时期更为发达。这一趋势主要源自于元代立法的植入。某些制度，如埋葬银等，显然来自蒙古的相关法规。尽管如此，新纳入的法律机制与中国法所固有的一些原则互相矛盾。从根本上讲，中国律学家将赔偿理解为一项刑罚，并根据其相对于其他刑罚的严重程度来衡量其在律典中的位置。因此，由于承继自蒙古法的补偿性损害赔偿被视为加重了已然存在的身体刑，其中的某些条文引发了罪刑不均的问题。同时，律学家几乎不将其看作一个整体，我们在律学文献中无法找到他们将赔偿视为一个独立的法律范畴来探讨的记载。该种境况及知识框架导致人身死伤赔偿法规在明初乃至这个帝制中国晚期的修改。依据中国法律文化来看，尽管相关法规演化的整体趋势是逐步摆脱元代法律的影响，但中国的律学家们并未从事彻底改革。虽然屡遭非议，但没有任何损害赔偿制度被废除或弃用。相反，针对来自元律的法律机制，律学家试图赋予其中一些规定以与律典内的其他原则相协调的位置，从而重建一种新的法律一致性。而遗留下的部分造成了更为严峻的问题，直至清末。正如下文将讨论的那样，尽管许多人批评以赔偿补充死刑的规定过于严厉，但中国立法者并未完全解决这一问题。

就人身损害赔偿而言，明清律主要依据唐代遗留的保辜制度来确定。在这一点上，法律未曾发生重大变革。蒙古法的明显影响体现在有关受害人遭受重伤时的法规方面（如伤人一目或伤及性器官），一旦斗殴导致该类重伤，犯人财产的一半将被判付给受害人作为赡养费用。此项规定在唐律中并不存在，可能来自于元律内要求重伤他人的罪犯给付养赡之资的规定。[1] 确定赔偿数额的新方式仍未考虑受害人的实际损失。依据中国标准，律典中为数不多的相关规则并未过度加重罪犯的惩罚。据明律第325条，罪犯除被没收半数财产之外，还被处以流三千里之刑。[2] 在清律内，尊长殴卑幼至笃疾亦需赔付一半财产作为养赡之资。[3] 相反，殴尊长致笃疾的卑幼不需赔偿，因为其被拟以绞刑。[4] 中国律学家强调，财产的罚没只适用于罪犯不抵

1 该规定的来源尚有疑问。元代立法中，罪犯给付的钱财数目固定，一般为十至二十锭银，并无依据犯人财产确定赔偿数额的规则。

2 明律条文的编号依据姜永琳的译著：*The Great Ming Code: Da Ming lü*, University of Washington Press, 2005.

3 薛允升：《读例存疑》，律318－4，薛允升著，黄静嘉编校：《读例存疑重刊本》第四册，成文出版社1970年版，第945页。

4 薛允升：《读例存疑》，律317－1，《读例存疑重刊本》第四册，第931页。

命的情况。[1]

在受害者身死的命案中,赔偿变得更为复杂。其主要由三项制度构成,以"烧埋银"(明律改称"埋葬银")制度最为重要。此外,赎刑于明代被继续适用,其目的及在明律内的地位自唐代演化而来。在特定情形下,赎金被给予受害者或其家属。明律还创制了一项法规,规定在极其严重的伤害案或特殊案件中,罪犯的所有财产均被判付与死者之家。下文笔者将进一步论述,对命案内死者之家的赔偿涉及一系列极具复杂性和连贯性的规则,其理论基础迥异于西方法制。尽管受蒙古法影响,赔偿制度在成文法内的地位被重估,但该制度已逐步重新调整以适应中国法制。虽然与合理量刑的必要性相比,赔偿是次要考虑因素,但受害者的情况并未被完全忽视。中国法站在偿命的角度强调两个家庭之间位置的平衡,而非仅仅从经济损失的视角看待赔偿问题。在命案中,国家有责任代替丧亲之家惩治凶犯,并且为了公共秩序,审判不能忽视受害者亲属遭受的痛苦。被双方或一方当事人视作不公的裁断可能引起无休无止的诉讼。

断付财产并不完全符合这种制度框架,因为当其附加于死刑时,刑罚间的平衡被打破。在此我们需区分若干情形。在明清律内,于处死之外并处财产没收一般发生在侵犯皇帝或国家安全的重案中,尤其是那些属于十恶重罪的案件。[2] 同样,触犯十恶重罪之一的"不道"罪者的财产亦被断付与受害人。[3] 当暴行并未致人死亡,如罪犯造畜蛊毒却并未以之杀人时,其财产被罚入官。[4] 值得注意的是,一条新例于乾隆二十八年(1763)被纂入律典,它规定将杀一家非死罪二人者的财产之半给被杀之家养赡。[5] 断付财产确实加重了惩罚,也因此与罪行的严重程度相称。这与律典的其他构想具有一致性。还需指出,在一家非死罪两人或更多人被杀的情形下,断付财产也是一种重塑公平的手段。尽管如此,该规定并非没有遭到任何批评。首先,唐律内并无此条,这必然引发就中国法律秩序内增入该规则的质疑。[6] 此外,若干条文明显与追求两造之间地位平衡的意旨相悖。《大明律》第359条"诬告"律规定,若所诬之人被判死刑且已经处决,或者随行有服亲属一人在罪犯流放途中死亡,则诬告者拟

---

1 除薛允升在律例下的按语外,还可见吴坛:《大清律例通考》,吴坛著,马建石、杨育棠主编:《大清律例通考校注》,中国政法大学出版社1992年版,第849页。

2 参见律148, Jiang, *The Great Ming Code*, p.99。

3 《大明律》内的两条律文规定了罪犯将财产付与受害者的法律义务,分别为"杀一家三人"(律310, Jiang, *The Great Ming Code*, p.171)及"采生折割人"(律311, Jiang, *The Great Ming Code*, p.172)。

4 参见律312, Jiang, *The Great Ming Code*, p.172。

5 薛允升:《读例存疑》,律287-8,《读例存疑重刊本》第四册,第820页。

6 薛允升:《读例存疑》,律287-1,《读例存疑重刊本》第四册,第815—816页。

绞,其财产之半被断付与被诬之人。[1] 断付财产与死刑的并处被认为过于严苛,因而饱受中国律学家非议。甚至连沈之奇(通常他不像薛允升那般倾向于指责律典的差异)都意识到诬告者的惩处严厉至极。[2]

然而,这仅是例外,断付财产之外的其他赔偿制度均以一种更具一致性的方式被逐步改革,以符合中国法的基本原则。为理解这种演变,我们需从吴元年(1367)开始制订的《大明令》,及初版《大明律》中的法规谈起。上述法典为重建植根于中国传统的法律秩序及抹除蒙古法的不利影响展开了首次探索。[3] 尽管朱元璋(1368—1398 年在位)宣布了这一雄心勃勃的政治计划,但实际改革幅度远未达到要求,洪武朝的立法仍以前朝律法为基础,一则有关命案赔偿的令文可以为证:

> 凡杀人偿命者,征烧埋银一十两。不偿者,征银二十两。应偿命而遇赦原者,亦追二十两。[4]

这些规则酷似元代法律,即使罪犯偿命亦需支付赔偿。变化的仅是赔偿金的数额。朱元璋于统治末期颁布了新律典,在此之前中国法经历了一些重大调整。修成于洪武三十年(1397)的《大明律》反映了明代成文法的逐步演变,因为继承自元朝的若干法律制度被以更符合中国法律传统的方式重释。有关赔偿的法规正是此种趋势的明证。相较于吴元年肇始之《大明令》的规定,洪武三十年的律典所划定的赔偿范围大大缩减,赔偿不似先前那样普遍。该法只有针对七项具体罪行的四项条文涉及赔偿。朱元璋统治期间制定的令文除非被废除,否则仍然有效。实际上,令文要么被纳入后来版本的《大明律》内,要么被逐渐废弃。[5] 很难确定有关埋葬银的令文是否被正式废除;然而,这样的一般规则很可能失去了法律效力,因为洪武三十年颁行了新的律典。如果在一般规则仍然有效的前提下再制定给付埋葬银的具体规则,那么立法便会在某种程度上是自相矛盾的。一项更有力的证据说明该规则已经过时,至少从明代中期开始是这样。薛允升(1820—1901)在其《唐明律合编》中完整引用

---

1 参见律 359. Jiang, *The Great Ming Code*, p.195。

2 参见沈之奇:《大清律辑注》,哈佛燕京图书馆中文善本特藏康熙五十四年版,第 14 页 a。薛允升就此律的看法,见薛允升:《唐明律合编》,怀效锋、李鸣点校,法律出版社 1999 年版,第 644 页。

3 Jiang Yonglin(姜永琳), *The Mandate of Heaven and the Great Ming Code*, University of Washington press, 2011, pp.132 - 141.

4 《大明令》,见怀效锋点校:《大明律》,法律出版社 1999 年版,第 265 页。亦可见张卤辑:《皇明制书》,明万历七年张卤刻本,第 47 页。

5 Shiga Shūzō (滋贺秀三), "A basic History of T'ang Legislative Forms", *Asia Major*, Third series, Vol.5 part 2, 1992, p.110.

了一条其后被纳入16世纪《问刑条例》的令文。这条新令文修订了最一般的条款,仅规定在命犯因大赦而免死的情形下需要赔偿:[1]

> 应该偿命罪囚,遇蒙赦宥,俱追银二十两,给付被杀家属。如果十分贫难者,量追一半。

新令不再规定在所有命案中罪犯均需赔偿,而将赔偿主体限定在被赦免的命犯内。薛允升还提及了此令的注解,该条注释可追溯至十六世纪初,注文引用了此令的初始版本。他还确信,最初的令文在当时已经失效。[2]

明律的法律精神从蒙古法下脱离而出,但与此同时至少在名义上保留了关于埋葬银的法规。法律的主要变化在于放宽了赔偿义务和受害者死亡之间的严格关系,这种严格关系本来是元代法律具有的特点。此外,罪犯所施行的不法行为的性质以及应受的惩罚也决定了其是否应当赔偿。同时,明律造成了与唐律间的一个重要缺口。前文已述,依据唐律,赔偿仅发生在罪犯得以赎罪的状况下,无论所赎之罪为何。从明代开始,此规则可改写如下:一旦致死他人之罪犯依法被免于处死,便应给付赔偿。该规定的适用情境不包含犯人与受害人之间存在亲属或等级关系的情况。在一些资料中,我们可以发现有关该规则被清代司法机关所普遍承认的证据。笔者在清代史料中找到的最明确的阐述出自《刑案汇览》内的一则说帖:[3]

> 律例内应该偿命人犯,或蒙赦宥减等,或例内不应抵命即减为军流徒杖等罪者,均应勒追埋银。[4]

通常,如果某人对他人的不公平死亡负有任何形式上的责任(不论其直接程度如何),那么他们必须赔偿,要么因恶行严重而偿命,要么因具体案件的减轻情节而被判处较轻处罚的同时并处赔偿,或者单处赔偿。对他人之死是否负有责任的分界很小,有时还很模糊,但在明清时期该问题是中国律学的基石。两个摘录自《刑案汇览》的案例为说明清代司法官员的法律推理提供了依据。其一,王恩长以木棒取檐

---

1 《唐明律合编》,第491页。亦可见黄彰健:《明代律例汇编》,"中研院"历史语言研究所1979年版,第812—813页。

2 薛允升参照之书为《集解》,该书被薛氏认为出自杨简之手,现已不存,其实际内容也无从知晓。陈省刊刻于隆庆元年(1567)的《大明律例附解》的后序亦提及此书。

3 薛允升亦做出了类似但不甚简洁的说明。见薛允升:《唐明律合编》,第490页。

4 参见祝庆琪:《刑案汇览》,棠樾慎思堂道光十四年刊本,第37页a—b。

下挂衣时,绳结散开以致衣服脱落,恰好击中何云所乘之马。何云失去了对马的控制,马疾驰而下撞倒郑象,郑象当场死亡。尽管王恩长和何云二人并未直接造成郑象之死,但两者均因过失杀人而被追责。[1] 其二,刑部重申,若受害者于保辜期限外身死,则罪犯无需赔偿,因其并未导致他人死亡。然而,当命犯因减等情节而不需抵命时,情况有所不同,该犯仍需赔偿。[2]

还需注意的是,尽管明律对命犯的处置较唐律为重(例如戏杀罪于唐律内被判处徒刑,而在明律内被处以绞刑),但许多死刑只是名义上的判决,在司法程序中未被实际执行,这种情况在清代进一步增加。明清时期,国家发展出了一些用以缓和成文法的严厉程度的制度,该趋势顺应了一个仁德的朝廷应当矜恤民命的观念。[3] 因而,尽管律典本应确保杀人偿命的原则,但整个法律体系却设立了若干机制以阻止实际处决罪犯。两项制度集中体现了这一趋势:秋审和留养。秋审制度创建于明朝,发展于清代,该制度以审议所有被宣判为斩、绞监候而非立决的罪犯为内容。秋审期间朝廷审查的许多案件与杀人案有关,其中的案犯均被科以斩、绞监候之刑。清末的律学文献指出,戏杀案及不存在激烈暴力的斗杀案内的罪犯通常会被减至流刑。[4] 由于斗杀案在官府裁断的杀人案中占多数,由此可知似乎许多杀人犯并未被实际处死。

虽然第 18 条律文授权的可以存留养亲之罪犯的范围比秋审狭窄,但这是朝廷用以减免命犯死刑的常用渠道。依据唐明法律,犯人从中受益的条件相当严格,而清律扩展了该制度可以适用的情境。通常,在男性罪犯的长辈年老(七十岁或以上)、病情严重或需要照顾,且家中没有其他成年男丁的情形下,犯人被允许留在家中赡养亲人,除非其触犯了常赦所不原的重罪。[5]

所有因皇帝仁恕而免于死刑的罪犯都需对受害者家属进行赔偿。[6] 判决证实,该规定被严格遵守,一旦凶手因朝廷宽宥而被免死,司法官员便要求其给付死者的埋葬银。

律典中的其他几则条文也与埋葬银有关,主要涉及罪犯因并无杀人意图而免死的情况。这些律条为“车马杀伤人”、[7]“窝弓杀伤人”、[8]“威逼人致死”[9] 以及“决罚

1 参见祝庆琪:《刑案汇览》,第 39 页 b—第 41 页 b。

2 参见祝庆琪:《刑案汇览》,第 37 页 b—第 38 页 a。

3 Jérôme Bourgon(巩涛),“‘Sauver la vie’. De la fraude judiciaire en Chine à la fin de l’empire”, *Actes de la Recherche en Sciences Sociales* 133, 2000, pp.32 - 39.

4 参见刚毅辑:《秋谳辑要》,清光绪十五年江苏书局刊本,第 18 页 a—b。

5 参见律 18. Jiang, The Great Ming Code, 28 - 29。

6 参见乾隆五年版《大清律例》第 292 条“戏杀误杀失杀伤人”律下所附第一则条例。

7 参见律 319, Jiang, *The Great Ming Code*, p.175。

8 参见律 321, Jiang, *The Great Ming Code*, p.176。

9 参见律 322, Jiang, *The Great Ming Code*, p.176。

不如法”。[1] 在某人故意向城市及有人居住的宅舍放弹、射箭、投掷砖石以致他人死亡的情形下,法律并未要求罪犯给付埋葬银,尽管这与前文提及的四种情况非常接近。[2] 对此,明代最著名的律学家之一——王肯堂(1549—1613)作了简要解释:[3]

> 此不追埋葬银,以人隔别非在眼前杀之,非驰骤车马之比故也。

数十载后,沈之奇对“车马杀伤人”律的注解阐明了王肯堂的观点:[4]

> 此条至死,比前加断埋葬者,以驰骤之际,眼见其人,全无控御之术,致杀其命,与放弹、射箭于不见之地者不同也,故重之。

在驾驶车马致人死亡的情况下,驾驶者的责任更重,因其应当具备控制车马的技能;而投射者可能站在离受害人过远的位置,以致无法避免事故的发生。一旦行为没有造成人身伤害,律条对于责任条件的规定则正好相反。驾驶者无须受罚,因为没有任何实质事件证明他没有能力控制自己的车马。而投射者故意向城市或人们居住的宅舍放弹、射箭的行为却能够证实他的轻率,这类罪犯因而被杖一百。因为上述原因,并且考虑到这两种责任之间的微小差异,明代法律没有要求投射者给付赔偿。沈氏的注解说明,埋葬银的赔付与否是依据犯罪者的主观责任来评估的,而且其被视为身体刑的加重处罚。乾隆朝(1736—1795)以后,立法者放弃了这些拜占庭式的区别,并在律典第 295 条律文(原为明律的第 318 条“弓箭伤人”)的末尾增入小字律注,明确规定如果受害者死亡,则罪犯需给付埋葬银。随后,嘉庆时期(1796—1820)的一则条例载明,若某人意图以毒药毒杀动物,却将毒药置放于他人经常经过处从而致人死亡,在此种情况下,罪犯将依照第 295 条律文的规定追给埋葬银。[5] 这表明,清律内有关埋葬银的法规被简化并推广至所有不法者过失杀人的情况。

明律第 322 条“威逼人致死”的小注亦明显体现了埋葬银被视为一种加重处罚的观点。中国律学家一致批评这项条款,认为其没有必要,也有失公平。在薛允升看来,唐律未将该类行为视为犯罪,因为死者的死因是自杀。他还认为当律典无法涵盖

---

1 参见律 437, Jiang, *The Great Ming Code*, p.237。

2 参见律 318, Jiang, *The Great Ming Code*, p.175。

3 王肯堂:《大明律附例笺释》,康熙三十年顾鼎刻本,第 32 页 a。

4 沈之奇:《大清律辑注》,第 33 页 b。

5 薛允升:《读例存疑》,律 289-2,《读例存疑重刊本》第四册,第 829 页。

潜在的犯罪行为时,朝廷依据第410条"不应为"律科处罪犯笞杖之刑足矣。[1] 最关键的是,律学家指出,赔偿义务的附加致使处罚过分严厉。王肯堂批评加罚埋葬银之举过重,因其相当于三年之徒工。[2] 之所以律学家不断批判埋葬银,是因为其乃杖一百之刑上附加的又一种刑罚。借由这些批评,我们可以发现,赔偿和身体刑被视作性质相同的处罚,遵循共同的刑事制裁标准。

最后,我们需把继承自唐代、发展变化于明清的赎刑纳入考量范围。[3] 明初,律赎的适用被限定在几类特定的人群当中,如职官、老小废疾者、工匠以及触犯流罪以下罪名的乐户,也适用于过失杀人者。逐渐地,例赎使可赎的范围扩展至更多群体(只要他们有能力支付大量钱财)及新的罪名,即使如此,除过失杀以外的杀人罪仍被排除在赎罪范围之外。[4] 该条规则在清律内依然有效。[5] 依据唐律,过失杀伤人罪的赎金应当付与受害者或其家人("给付其家")。[6] 同时,明清律对以过失杀人罪处置的罪行范围进行了小幅调整。只有两种状况保持不变:未标记和拴系畜产致人死亡;[7] 因紧急公务而于街市骤驰车马致人死亡。[8] 此外,明代废除了因脯肉有毒且未加销毁以致他人自食而死,以及在市场误相惊动扰乱秩序致人死亡这两项罪名,在唐律内,二者原本须从过失杀人法赎罪。[9] 稍作改变的是,官员因公事殴人致死自此被判处给付埋葬银而非赎罪。另一方面,明律将新罪行纳入了过失杀人的范畴,从而扩展了可赎的范围,如庸医杀人(见律320"庸医杀伤人")和营造工程时备虑不谨而误杀人(见律449"虚费工力采取不堪用")。清律主要借助在律条后增加小注[10]和新增条例的方式[11]又扩展了一些可赎的罪名。

因此,赎刑和埋葬银这两项制度的功能非常相似,均为给死者之家提供赔偿。需指出的是,赎刑的适用范围广于埋葬银,因为前者亦用于人身伤害之罪。如前文所

1 参见《唐明律合编》,卷十八,第499页。

2 参见王肯堂:《大明律附例笺释》,第36页b。

3 就该问题的讨论,见张光辉:《明代的"律赎"》,收入《아시아研究》第五辑,韩国庆北大学亚洲研究所2009年版,第269—294页。

4 此规定记载于《明史·刑法志》内。发布于洪武二十三年十二月的一道上谕禁止犯十恶及杀人罪者收赎。参见《明史》卷九十四《刑法志二》。

5 参见沈之奇:《大清律辑注》卷一,图后注。

6 参见律315, Jiang, *The Great Ming Code*, p.174。

7 参见律255, Jiang, *The Great Ming Code*, p.145。

8 参见律319, Jiang, *The Great Ming Code*, p.175。

9 art.263, Johnson, p.266 and art. 423, Johnson, p.486.

10 薛允升:《读例存疑》,律222,《读例存疑重刊本》第三册,第496页。

11 薛允升:《读例存疑》,律379-5,《读例存疑重刊本》第五册,第1108页,律289-2,《读例存疑重刊本》第四册,第829页。

示,除保辜期限内给付的钱财外,罪犯因过失伤人被判处之刑亦可赎。笔者认为,鉴于明代法律体系的形成受多重因素影响,这两项制度的叠加在某种程度上是这些因素的结果。尽管埋葬银与中国法律传统中的某些原则互相抵牾,律学家仍然试图利用这一不确定的法律遗产重塑规则之间的一致性。薛允升在"窝弓杀伤人"律的注解中将埋葬银与赎刑并列,概述了其中的矛盾之处。他指出,自唐律继承而来并在明代继续适用的赎刑实际上免除了罪犯的身体刑。他进而质疑,为何窝弓致死案内的罪犯在被处流徒、已足蔽辜的情况下仍需给付埋葬银。[1] 事实上,薛氏过分强调了埋葬银与中国传统司法标准的不相通性。《大清律例刑案新纂集成》中的一则位于"窝弓杀伤人"律[2]后的注释解决了薛允升提出的问题。[3] 注文对比了该罪与过失杀,在过失杀人案内,致死是不可预见的;而在该案中,受害者之死是罪犯故意向有人居住的宅舍进行投射的轻率之举造成的。如果罪犯射向无人处,则以过失杀人论处。所以,此罪的肇事者因自身的疏忽被并处身体刑与埋葬银是正当的。[4] 在制度演变进程的最后,赔偿又于清代被简化以适应中国的刑罚体系。

因此,赔偿可谓与受害者的实际损失关系不大。这便引发了赔付金额的标准如何确定的问题。前文已述,免于偿命的罪犯需给付二十两埋葬银,若犯人十分贫难、无力负担,或被并处赔偿与身体刑,则只需赔付一半。这些标准确定于明初,直至十九世纪末仍保持不变,但在此期间物价却一直处于变动之中。下文笔者将探讨此问题对法律实践的影响。赎价略高于埋葬银,共计银十二两四钱二分。[5] 造成这种差异的影响因素更多是历史条件的制约和明朝不稳定的货币政策,而非对受害者损失的评估。洪武三十年《大明律》规定的赎价较高(四十二贯钞相当于四十二两银),但尽管朝廷实行钞法,宝钞在十五世纪期间的持续贬值还是导致实际支付的赎金价值急速下跌。由于赎刑最初是彰显皇帝对特定人群的宽仁之心的制度,老幼给付的赎价过低的状况并不被官员视作实际问题,但在过失杀人案中,由于赎金被付与死者之家,问题则凸现出来。[6] 明成化元年(1465)的一则史料表明,此种情形对受害者而言显失公平。由于纸钞的贬值,人命赎金甚至不如一驴之价的十分之一。[7] 由于这是皇朝创建者所确定的、被视作不可变更的价额,刑部议请今后收赎时宝钞、铜钱兼用,

---

1 参见《唐明律合编》,第 498 页。

2 实为"弓箭伤人"律。——译者注

3 参见姚润:《大清律例刑案新纂集成》,同治十年版,第 111 页 b。

4 沈之奇亦认可这一解释。见《大清律辑注》,第 27 页 b—第 28 页 a。

5 薛允升:《读例存疑》,律 292 - 2,《读例存疑重刊本》第四册,第 850 页。

6 参见姚润:《大清律例刑案新纂集成》,"过失杀伤收赎图"后注。

7 参见戴金:《皇明条法事类纂》,收入杨一凡、刘海年主编:《中国珍稀法律典籍集成》(乙编第四册),科学出版社 1994 年版,第 9 页。

根据宝钞和白银之间、铜钱和白银之间的汇率,四十二贯钞折合成钞三十三贯六百文及铜钱八贯四百文,此金额相当于银十二两四钱二分,该规定随后被载入《大明令》[1]及《大清律例》[2]内。过失伤人的赎金被编成收赎图,并被增入律典之中,价额范围低至轻伤对应的银三钱五分四厘,高达重伤致受害者废疾笃疾对应的银十两六钱五分五厘。法律从此具备了衡量赔偿金额的明确标准,但仅限于过失杀伤案件。

尽管如此,若干有关赔偿的问题在成文法中仍不明确,因而需要在司法中加以解决。问题之一产生于罪犯或受害者为多人的情况下。《刑案汇览》内的一则富有指导性的说帖详细记载了当一人过失伤害数人时的处理办法。针对该案,初审官员引据了万维翰著于乾隆三十一年(1766)的《大清律例集注》。万氏倡议罪犯给付的赎金应当由两名伤者均分。刑部官员则认为,集注所载未为平允,因为伤者无法足额获得法律规定的赔偿银两。由于罪犯并未被实际科以身体刑,其有理由被征以两倍赎金。[3] 这一解决方案再次表明,在罪犯和受害者之间找到平衡位置的需求至关重要。

最后,我们应当注意到受整体法律框架影响而形成的一个重要结果。由于赔偿可能加重身体刑,官员们认为,在评估所判之刑的严厉程度时应当同时考量赔偿及身体刑。考虑到在罪犯和丧亲之家间取得平衡的需要,被判死刑者不应附加赔偿。并处死刑和赔偿被认为是不合比例的。

二、日常司法中的人身死伤赔偿:官员、国法与地方秩序

赔偿在中国法律秩序中的地位以及在地方官执法时必须履行的广泛职责中的位置是复杂的。很难将赔偿视为一个独立的法律概念。和给付赔偿有关的几项制度并不构成解决受害者赔付问题的全面尝试。因此,这些机制在既有法律类别中相互重叠,例如在细事和重情之中。这一更倾向于程序性而非实质性的区分在传统中国法中十分重要,因为其划定了自理案件和报送上级官府复审案件的界限。[4] 由于细事范围内的斗殴案件的伤者并未遭受重伤,罪犯在保辜期限内赔偿的医药之资亦属于细事。

另一方面,支付埋葬银和赎金属于刑事诉讼程序的一个环节,因此相关案件由更高层的官府复审。对有关命案的刑科题本所做的研究揭示,所有官员都注意到了赔

---

1 该说法见于万历《问刑条例》中收入的一则令文。见黄彰健:《明代律例汇编》,第813页。

2 此项规定被重新引入清代立法的时间不早于康熙十年(1671)。此前,可能受满洲法影响,过失杀人者被处鞭一百、赔人一口之刑。见李珍辑:《定例全编》,康熙五十四年京都荣锦堂刊本,第37页b。

3 参见《刑案汇览》,第38页b—第39页b。

4 参见郑秦:《中国法制史》,中国政法大学出版社1999年版,第90—96页。

偿实效问题。就赔偿进行监督是行政惯例的一部分,每份题本都提及了命犯免死时的赔偿义务。制定于乾隆二十八年(1763)的一则条例特别规定了赔付进程中地方官的职责。[1] “给没赃物”律条下所附的第一则条例亦载明,官员可以用收监的方式向罪犯追回赃物或取得赔偿。犯人被押进监狱直至其能够支付所需的钱财。然而,若罪犯实在贫难,他们得以在一年后被释放并被免除赔偿义务。在一份奏折中,时任江苏按察使的胡文伯(1696—1778)认为该规定过于宽大,致使罪犯不公平地逃避法律义务。[2] 因此他奏请由地方官核查罪犯的财产多寡及赔偿能力。当地牌头、地保及罪犯的邻佑、亲族必须出具甘结,为罪犯的经济状况提供担保, 并对任何的隐匿行为负责。地方档案表明,这些法规被严格执行。《宝坻档案》证实,地方官在追征罪犯的埋葬银时对甘结进行了系统记录。这些记录随后被送往省级衙门,并在呈给刑部的文书中被提及。同时,笔者查阅过的很多档案显示,罪犯往往十分贫苦,无力赔付。[3] 官员在追征埋葬银方面有相当大的回旋余地。在另一起案件内,犯人的兄弟不顾自己的穷困,最终以筹集的五两银作为赔偿。[4] 这些档案除了能反映当时大部分中国人的经济能力外,亦表明赔偿责任的负担者不限于罪犯本人,而延及他们的亲属。考虑到中国宗族内部错综复杂的经济和社会关系,我们必须意识到地方官对其裁决的影响有着全面的认识。

在这一由成文法界定的相当明确的赔偿范围之外,鉴于某些亲属伤亡案件的疑难性,中国传统制度还为地方官就赔偿的审理留出了空间。该问题属于地方官的自理事项,其有权自主决定是否给予受害者赔偿。这种自主能力并不必然引发判决的武断,因为地方官受制于法律,且不公允的裁断会引发双方当事人之间无休无止的争端这一观念也限制了地方官的恣意妄为。借助对地方档案及地方官做出的批语及判词的综合研究,笔者将阐述司法的指导原则。笔者所见的判决均具有一致性,这表明官员很少仅仅诉诸主观的正义感来裁判这类争端。他们在审案时要么遵守法律的文字或教义,要么依循法律的精神。成文法中使赔偿得以简化的原则仍然影响着地方官对其所谓自理范围内事务的裁断。

首先,就针对人身伤害案件中的损害赔偿请求的批语而言,法律为其提供了总体框架,而地方官则根据具体案情进行了调整。当原告提出伤害索赔时,通常情况下官

1　薛允升刊:《读例存疑》,律 24－2,《读例存疑重刊本》第二册,第 98 页。

2　参见中国第一历史档案馆藏:《宫中档朱批奏折》,档案号: 04－01－01－0258－047,乾隆二十七年十二月初二日。

3　例如一份禀文记载,据地保称,罪犯倪文玉无力支付埋葬银,其妻为乞丐,本人亦无任何亲族支援。参见中国第一历史档案馆藏:《顺天府全宗》,档案号: 28－4－197－047。

4　参见中国第一历史档案馆藏:《顺天府全宗》,档案号: 28－4－191－96。

员会命令犯人照料伤者。我们可以借助发生在咸丰五年(1855)的一个寻常争端来说明地方官通常如何处理这类问题。此案中,张万魁刺伤杨成环,以致杨成环负重伤。张万魁在一份保辜文件中确认,如果杨氏在保辜期限内死亡,则自己情甘抵命。[1] 给付医药之资的义务来自于第303条"保辜限期"律内"责令犯人医治"的规定。由于杨成环伤情严重,张万魁一直被收监至杨氏康复为止,此后又被判处徒刑。但是杨成环并未因受伤带来的苦痛或损失而获得赔偿。在轻伤案内,罪犯有时会被训诫并被要求保证今后不再犯。[2] 然而,在大多数伤害轻微且伤口已经愈合的人身侵犯案中,官员会指令有关当事人在亲属或地保的管控下进行调解。[3] 尽管地方档案经常提及总体性的争端解决方案以息讼,但其并未提供任何有关乡一级的调解结果的信息。在受害人伤势较轻、罪犯不应受到严厉惩罚的情况下,地方官会毫不犹豫地诉诸法外调解来解决争端。在此类案件中,斗殴仅属于"细事"的范畴。诉诸调解并不意味着官员完全忽视了这些问题,他们之所以未亲自审断,是由于这类案件并未对公共秩序造成严重侵扰。

许多刑事案件发端于未能妥善处理的细故。关于此类重案的发生缘由,史料中记载较多的是财产纠纷,但其他形式的冲突同样引发了这类后果。[4] 杀人案如果未能在司法程序中得以恰当审断,则可能引发进一步的纠纷乃至世仇。尽管中国法律内存在若干制度使命犯得以免死,但从受害者的视角来看,杀人犯应当偿命。赔偿正是在凶犯免死的境况下减轻受害者及其亲属伤痛的一种手段。

依据现有档案可知,地方官相当注意赔偿的实际支付和针对受害者的损害赔偿判决的执行。顺天府档案显示,在罪犯被判拟赔偿后,官府会派遣衙役凭票收取赔偿金。[5] 罪犯被期望呈缴钱财,否则官员将采取更具强制性的措施以执行判决。一则与赔偿无关的案例表明,官府在责令一方当事人清偿债务方面可谓不遗余力。此案内,债务人李静峰先是于甘结中承认欠债,但拒绝偿还。一个月后,地方官责令李氏戴枷,于是他又保证将支付欠款。然而,李静峰只偿还了部分债务,纠纷持续了数月之久。最终,地方官命令李静峰的兄弟在保人的监督下清偿了债款。[6] 此案表明,地方官有包括人身强制措施在内的大量手段迫使犯人给付钱财。其他档案亦可间接证

1 参见中国第一历史档案馆藏:《顺天府全宗》,档案号:28－4－190－92。

2 参见中国第一历史档案馆藏:《顺天府全宗》,档案号:28－4－193－065,"甘结"。

3 相关案例可见中国第一历史档案馆藏:《顺天府全宗》,档案号:28－4－201－154或28－4－197－107。

4 Thomas Buoye(步德茂), *Manslaughter, Markets, and Moral Economy: Violent Disputes Over Property Rights in Eighteenth-Century China*, Cambridge University Press, 2000.

5 参见中国第一历史档案馆藏:《顺天府全宗》,档案号:28－4－197－043及28－4－197－080。

6 参见中国第一历史档案馆藏:《顺天府全宗》,档案号:28－04－187－066－28－04－187－099。

明官员尽心尽力地履行了这方面的职责。一份刑科题本记载,一名衙役死于被派往催债的过程中。[1] 笔者还发现了一些因不支付官府裁断的赔偿金而引发的命案。虽然难以完全肯定,但这些资料可以表明,当时有关责令罪犯给付赔偿的判决得到了相当有力的执行,未曾引起重大纠纷。

尽管如此,法律仍忽视了大量情形且在罪犯及受害者的位置平衡方面仍存在问题,尤其是在受害者遭受重要经济损失的状况下。官员不得不面对原告诉称某人造成其亲属死亡而该人依法不承担任何责任的情况。同时,官员也需面对极其贫苦、难以谋生之人。官府往往对原告的动机表示质疑,怀疑他们试图利用案件牟利。在此,笔者将考察官员是如何审理这些索赔请求的,以及他们的判决在多大程度上符合成文法。正如已经讨论过的,在命案中判处赔偿的限制在于法律禁止同时将死刑和赔偿并罚。从而,亲属被杀者几乎无法获赔,因为罪犯已被处死。相关意见有时出现在地方官的判决中。例如,樊增祥(1846—1931)于渭南任职期间,驳回了妇人刘杨氏因夫刘元甲被杀而提出的索赔请求。他认为,罪犯刘全得被判抵命且已经处决;其子年仅十二,也并无任何责任。他还以夸张的口吻问道,刘杨氏是否必将尽诛犯人之九族而后已。在樊增祥看来,死刑已经足以平复死者亲属的痛苦。[2] 实际上,我们在故杀案中很少看到涉及赔偿请求的案例,诉求的焦点主要集中于死刑上。然而,官员有时也会面临死刑和赔偿不可并罚的原则与矜悯穷苦百姓的义务相抵触的情形,虽然这类问题很少(如果有的话)在司法中审理。因此,樊增祥审判的下述案件对我们了解官员如何处理此类问题颇为重要。[3]

该案中,关孙氏是一位四十九岁的寡妇,经媒人说合,与二十五岁的男子王心宽达成合意。王心宽同意娶关孙氏之女——时年九岁的关翠儿为妻,俟翠儿成年后与之成婚,并上门为婿。这种被称为"入赘"的做法,是无子之家以女儿的婚姻为承诺换取健壮男子养赡的手段。但几日后,王心宽突然欲与关孙氏同宿,关孙氏叫喊抵抗,在厮打过程中王心宽杀死了他的准新娘关翠儿,关孙氏也受了轻伤。王心宽在意识到自己造成的恶果后畏罪自杀。樊增祥在批语中先认定王心宽乃罪有应得,随后指责关孙氏与媒人达成了愚蠢的协议,同时又因关孙氏无力支付女儿的丧葬费用而对她表示同情。由于王心宽的罪行,她被剥夺了任何形式的扶助,也无从获得任何人的养赡,可谓不平至极。樊增祥认为一切都是王心宽缺乏教育的结果,因此其尊长应当承担责任。最后,樊增祥责令王心宽的叔舅二人各出钱十串,令媒人除戴枷外再出钱二十串,并将钱财均

1　参见中国第一历史档案馆藏:《刑科题本》,档案号:02-01-07-09624-013。

2　参见樊增祥:《樊山批判》,收入杨一凡、徐立志主编:《历代判例判牍》第十一册,中国社会科学出版社 2005 年版,第 454 页。

3　参见樊增祥:《樊山政书》,那思陆、孙家红点校,中华书局 2007 年版,第 41—42 页。

付与关孙氏。他还命令查核王心宽是否存有家产，将其家产之一半亦断付给关孙氏。

通过对案情的简要梳理，我们可以发现，樊增祥的判决并未违背法规蕴含的原则。尽管王心宽已死，但其死于自杀而非司法裁判。樊增祥不仅考虑到了关翠儿之死造成的损失，还为关孙氏这位无任何经济来源且女儿新丧的寡妇的处境而忧虑。最具有效性和实质性的赔偿来自于媒人和王心宽亲属。樊氏的裁决是明清地方官面对被告并未直接造成受害人死亡的暴力杀人案时所做的法律推理的代表。本案中，媒人和王心宽的叔舅并未对关翠儿施加暴力，但他们的行为被认为在一定程度上造成了危害结果，因此有义务赔偿。有人可能认为，鉴于这样的判决缺乏法律依据，樊增祥的裁判不过是他个人道德正义感的表达，与真正的司法审判没有什么共同之处。换言之，此判决可能是"卡迪审判"或滋贺秀三创造的术语"教谕式审判"[1]的常见例证。尽管笔者并不否认，正如滋贺秀三颇具说服力地阐明的那样，中国地方官通常寻求双方均能接受的判决，但笔者想强调，给付赔偿的判决与律典中确立的法律原则高度一致。即是说，地方官做出的大多数判决并非出自任意的裁判，而是来源于就法规未曾直接规定的情况对法律规范进行的调整。

依据明清律，在因胁迫造成他人死亡或自杀（见律322"威逼人致死"）或若干无意杀人却因过误致人死亡的案件中，赔偿金至少为十两银。在因过失而致人死亡的案件中，罪犯可通过支付银十二两四钱二分给受害者以赎罪。前文已述，这两种价额之间的微小差异源自明代的立法过程。除赔偿外，罪犯还因刑事责任而被科以身体刑，但过失致死案除外，因为此类案件中犯罪人无法预见自己行为的后果。在这一系列法规中，明律内的第322条律文在定义上缺乏坚实的基础。此规定可追溯至明初，当时王朝的建立者创设了若干新规以严惩利用自身地位欺侮平民的人，如官员、士绅或地主。第322条律文专门以那些骚扰受害者之人为规制对象，他们通常强迫受害者还债或达成非自愿协议，以致被强迫者自杀身亡。在中国律学家看来，这些人的法律责任似乎是微不足道的，因为依据中国法律传统，自杀并非是应受惩罚的致死原因。[2]依据该律被指控之人并非以积极的行为直接造成他人死亡，而是用强力或胁迫（"威"）手段来激发受害者的恐惧或愤恨心理，以致受害者自尽。[3] 受威逼之人难忍难受，无可奈何。[4] 这些法律要件的定义高度主观，难以确认。此外，官员还面临着原告将其亲属的自杀或意外死亡归咎于他人以索赔的问题（"图赖"）。[5] 然而，由于

1 参见滋贺秀三：《清代中国の法と裁判》，创文社1984年版，第263—304页。

2 参见《唐明律合编》卷十八，第499页。

3 参见王肯堂：《大明律附例笺释》，第36页a。

4 参见沈之奇：《大清律辑注》，第36页a。

5 参见丁若镛：《钦钦新书》，景仁文化社1989年版，第10页b—第11页b。丁若镛（1762—1836）是一位杰出的朝鲜学者，他撰写的研究中国法的著作颇有见地。

该制度已被纳入明清法律秩序，官员无视了其近来的特性并努力确保该规则与律典中的其他原则保持一致。随后，该规定与成文法中的其他规则相结合，并产生出新的法律后果。这使官员能够在律典虽未涵盖但仍符合法律精神的情况下给予受害者赔偿。这类赔偿判决的一些特征表明，其具备根植于律典的法律依据，这种赔偿不过是律典规定的埋葬银制度的延伸。在这类判决中，官员认定他们的审判符合律意。[1]此种赔偿的刑事性也很明显，其特征很少与西方民事诉讼中的救济措施相似。必须指出，在笔者考察的绝大多数案例中，与犯人依据律典本可被判的刑罚相比，这些判决中罪犯所受之刑是从轻的。具体而言，赔偿不超过十两银和身体刑，其中身体刑也不重于杖一百。此类判决与笔者论述过的赔偿的一般原则非常一致。综合来看，被告的责任并不明显到足以依据第322条律文判刑的程度。当某人的行为与他人之死的产生之间具有非常微妙的联系时，中国官员运用了类似的法律推理。[2] 法律依据虽不足以对某人治以过失杀人之罪，但由于微小过失的存在，赔偿得以被判决。因此，法律责任是依据律典的刑事规则来考量的。

现在笔者将论述几个案例以说明地方官如何处理这些问题。首先值得注意的是，即使某些原则在明代官员的判决中得到明确肯定，其在清代也会发生微小变化，不像在明代时那样简明。下文笔者将阐释若干支撑明代官员裁判的原则，并描述其在清代如何运作。

明代司法官员的法律推理和收录入判例集的判语具有惊人的相似之处。其整体构成了裁断是否应当赔偿的具有连贯性的法律框架。当地方官认定案情不符合第322条律文的要件时，他们一致考虑受害者的处境是否值得同情。官员可能首先想到受害者因突然死亡而萌生的精神上的冤屈。在某案的判语中，赔付埋葬银的目的在于“以恤冤魂”。[3] 在另一案内，同一名官员下令当事人给付银一两作为奠仪之资，招回因沉船而溺亡者的魂灵。[4] 中华帝国晚期的许多官员普遍存在一种对冤魂命运的关怀。死者家属的经济状况以及减轻他们对致使父母丧命之人的怨恨的必要性通常是案件关注的第二个问题。例如，张肯堂（？—1651）曾因一名父亲遭受的丧女之痛而判给赔偿。[5] 通常，若死者仍在世的父母生活贫苦、无从谋生，明代官员往往判决被告给付赔偿，即使控诉显然是不实的。祁彪佳（1602—1645）在福建兴化府推官任内审理一

1　参见张肯堂：《晉辞》，辛三秋案，收入《历代判例判牍》第四册，第406—407页。

2　Geoffrey MacCormack, “Cause, Status and Fault in the Traditional Chinese Law of Homicide”, in John W. Cairns and Olivia F. Robinson eds., *Critical Studies in Ancient Law, Comparative Law and Legal History*, Hart, 2004, pp.173 - 182. 作者探讨了刑案内当肇事者未直接造成他人死亡时的法律责任。

3　参见苏茂相：《大明律例临民宝镜》，收入《历代判例判牍》第四册，第174页。

4　同上，第175页。

5　参见张肯堂：《晉辞》，收入《历代判例判牍》第四册，第415页。

案时,便指出原告指控为虚,动机在于获利。[1] 前一张肯堂审断之案内,尽管父亲因屡次向不同层级的官府控告,被视作刁顽之徒而遭杖惩,但终因丧女获得了赔偿。在任何情况下,穷困的孤儿寡母均有可能受益于官员的矜恤。同时,官员也认可各种各样可以证明赔偿具备正当性的间接原因。如果有更直接的原因,犯罪者将以过失杀人或威逼人致死的罪名被指控。这类责任的事实因果关系往往很不明确,而且被告仅违反一般道德义务就足以被判决给付赔偿,甚至在有的案件中,犯人根本不存在过错。一些事例为我们了解审判如何进行提供了帮助。在大多数案件内,受害者之死源自一场争端,争端中可能存在造成他人受伤的打斗,尽管这并不必要。死亡可能是愤怒的产物和受害者自尽的结果,有时也仅仅出自意外。由于被告既未威逼他人,也不具有权威,官府很难援引第 322 条律文对被告加以处罚。[2] 还有一些被判决给付赔偿的情况,即地位较高者违背了由自身社会地位所赋予的道德义务。在首先介绍的案例中,孙守节雇佣姚之望为其女的婚宴奏乐,而姚之望醉后坠车,被碾而死。孙守节因此被姚之望的弟弟控告,并被判罚三两埋葬银,因为孙氏被认为负有阻止其雇工饮酒过量的义务。[3] 毛一鹭(? —1629)在审理另一桩案件时表述了类似的观点。该案中,姜珊曾于王喜家的酒厂做工,因年老被王喜遣去,流落为丐。后姜珊求乞于王喜,遭到王喜的拒绝。毛一鹭指责王喜贪财、不讲人性并对其施以处罚。[4] 此外,在前面已经提到的案件内,被判给付赔偿之人并无任何过错。两名商人同船运货,不料船只倾覆,只有一人登陆上岸,另一人殒身洪涛。官员认为二人有同船共难之义,并以此为判决赔偿的理由。[5]

在清代,司法仍受诬告所扰,而诬告主要源自原告的贪欲。地方官更倾向于拒绝毫无根据的赔偿请求。案例集中充斥着官员对使用各种巧技以欺瞒正义的百姓的抱怨。清初,徐士林(1684—1741)审断的一桩案件证明了官员就此类问题的态度转变。[6] 经考察可知,这种态度贯穿于清朝始终,与樊增祥做于 19 世纪末的判词亦相呼应。[7] 同时,清代官员继续在与明朝有关案件情节相似的情况下判给赔偿。在嘉庆十八年(1813)的一份顺天府档案中,周王氏令其子周四聪毁坏周良的茅屋以迫其还债,随后周良自尽。审理官员认为案情不符合清律第 299 条“威逼人致死”律的要件,遂依据第 386 条“不应为”律将犯者杖八十。[8] 周王氏还被要求支付十两银作为

1 参见祁彪佳:《莆阳谳牍》,收入《历代判例判牍》第五册,第 84 页。

2 参见苏茂相:《大明律例临民宝镜》,收入《历代判例判牍》第四册,第 172 页。

3 参见张肯堂:《𥲅辞》,收入《历代判例判牍》第四册,第 435 页。

4 参见毛一鹭:《云间谳略》,收入《历代判例判牍》第三册,第 412 页。

5 参见苏茂相:《大明律例临民宝镜》,收入《历代判例判牍》第四册,第 175 页。

6 徐士林:《徐雨峰中丞勘语》,收入国家图书馆出版社影印室编:《明清法制史料辑刊》第一编第十一册,国家图书馆出版社 2008 年版,第 337—343 页。

7 参见樊增祥:《樊山批判》,第 170—171 页,第 210—211 页。

8 参见《顺天府全宗》,档案号:28 - 4 - 185 - 051。

埋葬银,后因过于贫苦而免罚。[1] 在另一份嘉庆二十三年(1818)的判词内,宝坻县官令王起祥支付银四两,作为对由他间接致死的孙福的赔偿。该案中,孙福在驾小车卖锅的途中与王起祥相撞。王起祥的车停在路边,阻挡了孙福前行,随后王起祥的骡子受惊跑动,恰好踏过孙福的腹部,致其死亡。王起祥依不应为律笞四十,且被责令支付埋葬银。[2]

明清物质基础的主要区别在于清代面临的货币问题。清朝未能保证铜钱和白银之间的汇率固定。尽管官方规定银一两合钱千文,但在不同的时间和地点,一两银折合的钱数实际上在七百和两千文之间波动。[3] 同时,在私人交易中使用铜钱的状况于十八世纪末期持续蔓延,取代了白银在平民之间的使用。[4] 案例集收录的判词也体现了这一趋势:虽然直至清代中期,物价均以白银衡量,但在清代晚期,大多数地方官以铜钱作为衡量标准。同一时期,中国历经了剧烈的通货膨胀,三百年间,白银的实际购买力削减为原本的三分之一,以铜钱计算的物价涨为原来的六七倍。[5] 尽管律典中的埋葬银数保持不变,但案例集内的案件一致反映,葬礼可能实际花费几十串钱。[6] 死者家人需要花钱请专人来举行仪式。[7]

清末,地方官倾向于依照原告的实际情况而非法定标准来调整赔偿金。由于官员并未参照白银标准,此举被认为不违背法律。法定的埋葬银数额,即使最高达三十两银,也可能低于较轻案件的实际赔偿金额。尽管如此,成文法的僵化仍然导致原告的期望无从满足。给付埋葬银是在致死他人者未获重惩的情况下减轻受害者悲痛的措施,由于法定赔偿标准在一定程度上是虚构的,受害者亲属往往被煽动去诉诸其他手段以解决这类纠纷。下文笔者将探讨其他通过庭外协商来确定赔偿的情境。

调解是中国地方司法的一项核心机制,争端各方可以自愿或在地方官的要求下诉诸调解。[8] 在斗殴伤人案中,官员会责令犯人向伤者给付医药之资,但假如伤者痊

1 参见《顺天府全宗》,档案号:28-4-185-006。

2 参见《顺天府全宗》,档案号:28-4-197-166。

3 参见彭信威:《中国货币史》,上海人民出版社1988年版,第566—571页。

4 Mio Kishimoto(岸本美绪), The "Seventy-percent Cash (Ch'i-che Ch'ien)" Custom of the Mid-Ch'ing Period, *Memoirs of the Research Department of the Toyo Bunko* 49, 1991, pp.1-25.

5 参见彭信威:《中国货币史》,上海人民出版社1988年版,第566页。

6 例如,光绪五年(1879年)的一则记载表明葬礼花费了一百余串钱,参见樊增祥:《樊山批判》,第200页;二十世纪初,安葬之资为50串钱,参见熊宾:《三邑治略》,收入《历代判例判牍》第十二册,第28页。

7 James L. Watson & Evelyn S. Rawski eds., *Death Ritual in Late Imperial and Modern China*, University of California Press, 1988, p.14, pp.114-115.

8 有关清代中国调解制度的整体研究,参见春杨:《晚清乡土社会民事纠纷调解制度研究》,北京大学出版社2009年版。

愈,官员则要求当事人通过调解来解决纠纷。[1] 在某人造成他人死亡却被认定无罪的情况下,调解也是一个达成协议的常见程序。四川巴县档案中的一份判决证明,地方官专门为调解留出了特别空间,以解决赔偿争端。在乾隆四十一年(1776)的一桩案件中,严正朝与堂弟严维绍为烟袋起衅争闹,争执过程中,严正朝跑入严维绍父亲的厨房,恰好跌倒且扑于刀上,从而因伤毙命。该案被报与地方官,官员下令验尸。即使如此,两方亲属还是发起了调解。最终,地方官准予免验,且批准了调解结果。依据合议,严维绍之父严荣升需赔付五千文钱。[2] 被责令赔偿者既未杀害他人,也未直接造成他人死亡。该案与明代的某些案情十分相似,即地方官常常因这类间接责任而断给赔偿。这种调解结果与官员经常就这类案件作出的判决是一致的。

此外,其他类型的档案表明,诉诸庭外程序以解决赔偿争端对各方当事人而言是可供选择的替代性措施。有关中国人之间的法律联系的近期研究突出了私下合意的重要性。[3] 这些协定有时可能被用以确认和证明调解结果。近年来,上千份相关档案被整理出版,为研究庭外协议提供了一手资料。其中,官方文件和非官方文件兼备的徽州诉讼文书以其多样性和综合性而格外引人注目。[4] 一项协议表明,方灶玄与族叔方时院争执时,不慎将方时院之子误伤致死。两方亲族调解后决定,方灶玄出银四百五十两作为赔偿。然而,由于方灶玄家境贫寒,无力单独支付所需银两,其他族人同意分担其无法拿出的部分。[5] 该协议未提及任何本应在调解之前向官府提出的请求,似乎主管官员并未被报知方时院之子的横死。

这种情况最终侵犯了国家对命案审判权的垄断。《大清律例》的第 300 条律文"尊长为人杀私和"严惩某人在亲属被杀的案件中与人私和。然而,不同资料显示,这种处理方式在百姓中很常见,而且也很难禁绝。首先,《刑科题本》内有很多关于不报官而私和之人的记载,这些档案表明,此类协定经常是在另一争端发生时才被偶然发现的,在协定未能忠实履行的情况下更是如此。多数私和达成于斗杀之后,斗杀罪的处刑通常于秋审中被由死刑减至流刑。如前文所述,这些免死的罪犯需赔偿丧

1　从地方档案中可以找到许多相关事例,如《顺天府全宗》第 28 - 4 - 197 - 107、28 - 4 - 199 - 36 或 28 - 4 - 200 - 126 号档案。在黄岩诉讼档案中亦可发现类似的判决。一桩斗殴案中原告提出的五项请求均被拒绝裁判的地方官驳回。参见田涛:《黄岩诉讼档案及调查报告:传统与现实之间:寻法下乡》,法律出版社 2004 年版,第 60 页。

2　参见四川省档案馆编:《清代巴县档案汇编:乾隆卷》,档案出版社 1991 年版,第 124—125 页。

3　Madeleine Zelin(曾小萍), Jonathan K. Ocko, Robert Gardella eds., *Contract and Property in Early Modern China*, Stanford University Press, 2004.

4　参见阿风:《明清徽州诉讼文书的分类》,收入《徽学》第五卷,安徽大学出版社 2008 年版,第 252—280 页。

5　参见春杨:《晚清乡土社会民事纠纷调解制度研究》,第 92 页。

葬费用。人们之间可能普遍存在一种共识,即斗杀案中的罪犯不一定需要偿命,这类案件有别于故杀案,特别是出于仇恨的故杀案。假如行凶者所犯之案并非罪大恶极,那么他或许可以在当地社会得到支持,有机会与受害方家属谈判。私和不只牵涉两个个体,亦需多位中间人参与。成功隐瞒杀人案的实际性质可能还涉及贿赂权威人士,例如地保或曰保长,[1]因为这类人的职责之一便是向官府报告可疑的死亡案件。有别于地方官的判决,罪犯的赔偿金并未标准化。平均数额虽然确实随着通货膨胀而增长,但受地点和当事双方财产水平的影响,赔偿金之间的差异仍然存在。例如,乾隆五十三年(1788),发生于山西省的一桩案件中,经协议罪犯需向死者家属赔偿五十两银,[2]而在二十年后的贵州省,赔偿数额仅为十五两银。[3] 这些协议最终被发现和起诉。除了《刑科题本》外,其他资料也证明,官员坚决惩治那些进行调解且侵犯了法律管辖权的人。发生于黄岩县的一则案件显示,地方官驳回了经私和得来的死亡赔偿请求。他提醒原告私和之举违背律法,进而威胁,若其所述为真,便依据第300条律文加以惩治;若其所述为假,则处以第336条规定的"诬告"之罪。地方官驳回了这一控诉,并且似乎未进一步调查这桩命案。[4]樊增祥的判词中也有类似表述。[5] 无论地方官对私和持何种态度,各方当事者似乎都倾向于不时地诉诸调解以解决命案纠纷,而不是向官府提出控告。尽管难以确定这种做法是否盛行,因其性质可疑且隐秘,但若干史料表明,许多命案并未提交审判而是私下和解。清末,全国范围内的司法实践调查如《广东省调查诉讼事习惯第一次报告书》便指出了私和在命案处理中的重要性。[6] 其他史料亦可印证该制度在当时社会已然根深蒂固。[7] 笔者认为,其盛行源于中国传统法律对私人利益的漠视。鉴于国家对命案的唯一回应是刑事性质的,而且法定的埋葬银两远远不能满足死者之家的实际需求,这便为私和的蔓延创造了空间。

结　语

笔者在此篇文章中已经阐明,中国法律传统不倾向于以给付赔偿的方式弥补受

---

1 参见中国第一历史档案馆藏:《刑科题本》,档案号:02-01-07-11892-016及02-01-07-04766-004。

2 参见中国第一历史档案馆藏:《刑科题本》,档案号:02-01-07-07928-010。

3 参见中国第一历史档案馆藏:《刑科题本》,档案号:02-01-07-09273-009。

4 参见田涛:《黄岩诉讼档案及调查报告:传统与现实之间—寻法下乡》,法律出版社2004年版,第277—278页。

5 参见樊增祥:《樊山批判》,第133、193页。

6 参见《广东省调查诉讼事习惯第一次报告书》,转引自赵娓娓:《国家与习惯的"交错":晚清广东州县地方对命案的处理》,《中外法学》2004年第4期。

7 参见茆巍:《清代命案私和中的法律与权力》,《社会科学研究》2016年第4期。

害者的损失。在人身伤害案中,违法之人只需向伤者提供照料。然而,该规定能大大增强犯人照顾伤者的意愿,因为刑罚的严重程度取决于伤者在法律载明的保辜期限结束时的身体恢复状况。同样,除罪犯得以用财物赎罪的情形外,中国法也并未向命案内的死者家属给予民事救济。其中的一项既定原则声明,被处身体刑者不应给付赔偿。元代以降,在蒙古法的影响下,中国法逐步整合了烧埋银等赔偿机制,但并未打破前述的一般原则。清代法律体系依据中国传统法律思想重释了自元代继承而来的制度,如果我们将目光投向此时,可以发现下列几点值得重视。其一,与唐律相比,赔偿制度在清律中得以进一步发展。其二,给付赔偿的义务主要发生于命案内,但故杀、谋杀、斗杀及因情节较重无法减轻处罚的戏杀案除外。这意味着若干情形被排除在赔偿范围之外。其三,刑事事项远远比民事事项受重视。地方官的主要职责(如果不是唯一的话)是公正处刑,依据法规,只有在命犯未被判处死刑的情况下官员才要求他们赔偿。由于罪犯并未偿命,所以向受害者给付赔偿不被认为不公。

中国法内的赔偿制度牢牢建立在法规基础之上,从而受到律典所确立之原则的极大影响。因此,中国律学家将赔偿视为一种加重身体刑的处罚。所以,很难将帝制中国的赔偿与侵权法中的损害赔偿相等同。受害人所得的赔偿金并不取决于其实际遭受的损失,而是固定的法律标准。此外,支付给受害者或其家属的赔偿也并不系统化,尤其当罪犯被处死时。传统中国法未在刑民之间做出区分,只存在一套法律,其目的是惩治犯罪行为和维护社会稳定,这是善政的先决条件。谈及中国的民法问题时,不应忽视中国法律文化的这些基本特征。虽然成文法不太关注赔偿问题,地方官却面临着迫切希望罪犯为他们的所作所为做出赔偿的原告。官员主要依据他们从律典中寻得的一般原则进行裁判。因此,他们的判决高度一致,追求的目标也与律典的规定相同。这些判决受多方因素影响,其中一些与就实际损失给予合理赔偿的要求相去甚远。在帝制中国的法律中,赔偿损失远比单纯的弥补经济缺损要复杂得多。与此同时,受害方和罪犯可能试图私和,因为前者可以得到比官府判定的更多的钱财,后者也可以免于处罚。虽然若干材料证明这类协定在当地实践中颇为普遍,但仍然难以确定其盛行程度。然而,私和是非法的,当事人一经发现便会遭受处罚。尽管其存在揭示了成文法追求的目标与普通百姓的期望之间的鸿沟,尽管其在日常生活中非常重要,我们也不应认为此举隶属于法律的范畴。

大清会典的初创*

[美]克　礼(Macabe Keliher)** 著　李建江*** 译

前　言

1690年秋,经过数十年的发展和酝酿后,清廷颁布了第一部王朝成文法汇编。这部皇皇百数十卷的汇编,囊括了政府人事组织规定,以及行政程序、行政行为方面的制度性条例与法典。它整合了与包括皇帝在内的政治和行政主体有关的规则,概述了各个国家机关的组织和运作,以及清朝的政治局势。总而言之,这些汇编的条例是清代的行政法。[1] 此即《大清会典》,它奠定了此后220年间清朝政府及其统治下的多民族帝国运转的基础。

---

* 本文原题为"Administrative Law and the Making of the First *Da Qing Huidian*",载《Late Imperial China》Vol.37, 2016, pp.55–107。

** 克礼,美国达拉斯南卫理公会大学(SMU)历史系助理教授。本文观点源于克礼与其论文指导老师欧立德(Mark Elliott)的一次交谈;欧立德教授对本文写作中的数稿提出了极有价值的建议和评论。在亚洲研究协会东北亚委员会2014年会议上,出席小组讨论的Michael Chang阅读并评议了本文的一个早期草稿;之后,作为本刊的编辑,他又对本文的修改提出重要的反馈意见。克礼感谢Michael Szonyi和Ian M. Miller两位详尽的评议;向John Greggory, Nancy Park, David Porter, Teemu Ruskola以及两位匿名评审者致以诚挚谢意。后续研究以及最后的修改,完成于克礼以Jerome Hall博士后研究人员身份在印第安纳大学摩利尔法学院工作期间。

*** 李建江,河南理工大学文法学院讲师。

1 笔者在这里使用的是广义行政法的概念,即制度性的国家组织,以及行政程序的规则和条例,包括行政人员的职责。参见Cane, Peter, *Administrative Law*, 5th ed., Oxford: Oxford University Press, 2011, p.14; Laubadére, Andréde, Jean-Claude Venezia, and Yves Gaudemet, *Traité de Droit Administratif*, 14th ed., Paris: L.G.D.J, 1996, pp.13–25。狭义的行政法概念见于美国法律研究,它强调司法在保护私权免受公权力侵害中的作用。对此概念的经典表述,参见Stewart, Richard B., The Reformation of American Administrative Law, *Harvard Law Review* 88, no. 8(1975), pp.1667–1813。也可参见Head, Michael, *Administrative Law: Context and Critique*, 3rd ed., Annandale, NSW: The Federation Press, 2012。关于将这些概念应用于中国的简略讨论,参见Ohnesorge, John(欧志强), Administrative Law in East Asia: A Comparative-Historical Analysis, In *Comparative Administrative Law*, edited by Susan Rose-Ackerman and Peter L. Lindseth, pp.79–82。

下文主要探讨第一部《大清会典》(也称《康熙会典》,因为它的制定源于康熙皇帝钦命)的编纂。[1] 笔者认为,清代行政规则和条例的建构始于1631年六部的初创,完成于1690年《康熙会典》的颁布。文中描述了这样一幅图景:清朝初期,面对层出不穷的行政问题,清朝的创立者试图从《大明会典》中寻求答案,却不断地发现它无法为清朝背景下出现的新问题提供解决方案。这就产生了编纂一部能够反映本朝代行政结构和国家机关变革的会典的需求。《大清会典》不是明代会典的复制,而是对清初六十年间在回应政治和行政挑战的过程中产生的法令的汇编,它的编纂与国家的发展进程相一致。[2] 换言之,可以说这部会典是清朝国家建构的产物,也可以说清朝是这部会典塑造的结果。

第二个同样重要的结论是,清朝存在行政法。有观点认为,前现代中国的行政法规不过是"一系列专门用于规范官僚机构履行职责的刑事法律而已",[3] 这种观点把它们变成了由世袭统治者颁布的一系列惩罚措施的同义词。但是,正如下文所述,会典例条的目的在于制定规范行政活动的可执行(enforceable)程序要求,并就国家组织结构以及行政人员与内部机构之间的关系设立具有约束力的规则。这正是行政法的内涵与功能所在。[4]

---

1 史学界对《崇德会典》是否存在聚讼纷纭。简而言之,中国学者主张清太宗在1636年制定了一部会典,但日本学者不同意这一观点。这场论争源于张晋藩、郭成康1983年发表的一篇论文,文中两位作者指出顺治年间纂修的《太宗实录》稿本中记述有"会典"二字以及相关的五十二条谕令。岛田正郎和神田信夫各自独立地考察了上述观点,分别得出结论认为,没有充分或令人信服的证据表明这样一部会典曾编纂过或出现过。神田氏推断,清初期凡涉及"会典"者,均指《大明会典》而言。参与此次论争的公开发表的文章以及一篇张晋藩先生对质疑的回应文章收录在朱勇主编的《〈崇德会典〉·〈户部则例〉及其他》一书中。有关这场论争的总结概括,参见李留文:《大清会典研究》,河南大学2003年硕士学位论文。我同意岛田和神田不存在《崇德会典》的观点。张晋藩与郭成康所提及的谕令在崇德年间并非来自一部正式汇编文本,而是后来才被编入《康熙会典》之中。

2 此处以及下文中的"国家",意指这样一种组织,它不仅仅垄断了合法使用现实的强制力(韦伯)和象征性的暴力(布迪厄),而且拥有制定具有约束力的规则并以前述强制力保障实施的权力(曼)。参见Bourdieu, Pierre, and Samar Farage, Rethinking the state: Genesis and structure of the bureaucratic field, *Sociological theory* 12.1(1994), pp.1 – 18; Mann, Michael, *The Sources of Social Power: A History of Power from the Beginning to AD 1760*, New York: Cambridge University Press, 2012, p.37; Weber, Max, The Profession and Vocation of Politics, In *Weber: Political Writings*, edited by Peter Lassman and Ronald Speirs, pp.309 – 370。

3 此处引自欧志强关于前现代中国行政法的讨论,参见前引"Administrative Law in East Asia", p.81.(应当说明的是,这并非欧志强本人的观点。)

4 尽管其他优秀的分析非常引人注目,但多数关于当代中国的研究均以中国晚清行政法的缺失为前提。如范思深写道:行政法是在二十世纪初引入中国的。Finder, "Like Throwing an Egg against a Stone," 1。同样,John Ohnesorge在承认中国法律传统的同时,进而通过分析中国"现代行政法体系"的不同之处,指出它区别于过去的任何法律关系,参见Ohnesorge, John, Chinese Administrative Law in the Northeast Asian Mirror, *Transnational and Contemporary Problems* 16(2006), p.137。

研究者很早就已经认识到《大清会典》的重要性。早在十九世纪时，已经有学者从探究中国宪法的角度致力于会典研究。[1] 二十世纪初，布鲁纳特（H.S.Brunnert）和哈盖尔斯特洛姆（V.V.Haglestrom）以《会典》为基础，开展了对清朝政府的全部研究。[2] 与之类似，墨子刻（Thomas Metzger）在其关于清朝官僚制度的极富洞察力的研究中，也主要使用《会典》来讨论清朝的行政程序和立法过程。[3] 当代中、日两国的学者，从结构和本质两方面对明清两代的《会典》作了深入细致的研究。在他们的努力下，产生了一批有价值的研究成果，例如不同版本会典的概述，编纂时所用材料的种类以及编纂者人数的分析，和对每一部《会典》所涵盖年份的详细记录。[4]

尽管成果颇丰，人们对《大清会典》初次编纂的情况以及它与清朝政府之间的关系却知之甚少。多数关于《会典》的研究认为，它所制定的法规与清初形成的社会、政治秩序是分开的，是预先存在的。此类研究通常假设法律是已经形成并包含在法条中的事物，然后再应用于新的社会秩序。持有这种观点的研究者，或者将会典本身作为研究对象，割裂了它产生和试图调节的社会现实；或者认为会典先于现实而存在，然后成为规范社会行动者行为的文件。[5]

史学界通常视《大清会典》为《大明会典》的修订本，认为清朝的建国者只是将《大明会典》以一个新的国号重新命名而已。[6] 事实上，时至今日，学者们仍然认为清朝的国家机构及其运作或照搬或转借于明朝——该观点与清朝定鼎后采用了前明行

1　Preston, C.F, Constitutional Law of the Chinese Empire, *China Review* 6(1877), pp.13－29.

2　Brunnert, H.S., and V.V. Hagelstrom, *Present Day Political Organization of China*, Shanghai: Kelly & Walsh, Limited, 1912.

3　Metzger, Thomas A, *The Internal Organization of Ch'ing Bureaucracy: Legal, Normative, and Communication Aspects*, Cambridge, Mass: Harvard University Press, 1973.

4　关于各时期会典的概述，参见 Yamane Yukio, Min Shin no *kaiten* (The Ming and Qing *Huidian*), In *Chugoku hoseishi: Kihon shiryo no kenkyu*(Chinese legal history: Research on the fundamental materials), edited by Shiga Shuzo, 473－508, Tokyo: Tokyo Daigaku shuppankai, 1993。关于明代各会典之间的比较，参见原瑞琴：《大明会典研究》，中国社会科学出版社2009版。关于清会典的两篇代表性作品是郭松义：《清朝的会典和则例》，载《清史研究通讯》1985年第4期；林乾：《〈清会典〉的历次纂修与清朝行政法制》，载《西南师范大学学报（人文社会科学版）》2005年第2期。

5　后一种观点在以法律为主题的研究成果中最为显著，前引各种文献中，尤可参见林乾：《〈清会典〉的历次纂修与清朝行政法制》。卜德和莫里斯在谈及清代的律典时，也对此作了明确充分的论述。Bodde, Derk, and Clarence Morris, *Law in Imperial China: Exemplified by 190 Ch'ing Dynasty Cases*, Cambridge, Mass: Harvard University Press, 1967, p.60。关于将历史上的法律以此种方式来看待的概括性的讨论，参见 Alford, William, Law, Law, What Law? Why Western Scholars of Chinese History and Society Have Not Had More to Say about Its Law, *Modern China* 23, no. 4 (October 1, 1997), pp.398－419。

6　该观点的一个实例，参见 Van der Sprenkel, Sybille, *Legal institutions in Manchu China: a sociological analysis*. Athlone; New York: Humanities P, 1966, p.56。

政管理体系的看法一致[1]——并且继续执行明朝的法律,除将法典的名称改换国号外,几乎没有变化。[2] 基于这样的分析,研究者几乎没有动机去追问清朝法律区别于明朝或任何其他王朝的本质,更遑论探究《大清会典》的形成了。

但是,最近有学者提出,清朝统治者创设了新的机构,吸纳了新的行为主体,建立了一个多民族的帝国。清朝的机构改革,既调整了原有的行政机构,又创建了新的机构,以此来处理新的政治背景下所产生的问题。[3] 例如,清朝统治者所特有的组织和机构,如八旗,促进了征服和扩张。[4] 又如,辽阔的边疆地区和有着异质文化及政治实践的不同族群,需要创建新的行政管理方法和策略。[5]

对清王朝的性质及其发展的这种理解,引导出对清朝政府的结构,以及对法律的内容及其与行政的关系等问题的重新思考:这个多民族的国家是如何建立的?王朝更迭之际,哪些事物发生了变化,哪些事物保持原样?旧有的组织机构,如六部,是如何调整的?法典内容有多少是转借自明朝,又有多少是新创立的?的确,考虑到最新的研究中所显示的清朝不同于其他朝代的进步和发展,满洲人不太可能仅仅照搬明朝的制度和法律。[6]

本文通过研究《大清会典》的编纂来探讨这些问题。由此,我们可以把关于清朝

---

1 如,史景迁和卫思韩强调行政结构是能够显示明清易代之际的连续性的一个方面。Spence, Jonathan D., and John Elliot Wills, eds. *From Ming to Ch'ing: conquest, region, and continuity in seventeenth-century China*, Yale University Press, 1979, pp. XI-XXI。近期,从清代政府方面对该观点的表述,参见 Hang, Henry Choi Sze, China, Imperial: Qing or Manchu Dynasty Period, 1636 - 1911, In *The Encyclopedia of Empire*, John Wiley & Sons, Ltd, 2016; Huang, Pei, *Reorienting the Manchus: A Study of Sinicization, 1583 - 1795*, East Asia Program, Cornell University, 2011。

2 早期研究的共同倾向是将清朝的法律与清朝之前所有中国的法律合并,以便对前现代中国的法律作出概括性结论。为了这个目的,学者们利用中国史上的法律文本和法典——从先秦直至清朝——阐释植根于等级制、大一统,注重权威、调和以及严刑峻法的法律概念。这种研究辩称,中国缺乏理性的法律体系,并因而成为进步的障碍。作为这一研究进路的两篇杰出的代表,参见瞿同祖,*Law and Society in Traditional China*, Paris: Mouton, 1961; Bodde, Derk, and Clarence Morris, Basic Concepts of Chinese Law, In *Traditional China*, edited by Weiming Tu and James T. C. Liu, Englewood Cliffs, N.J.: Prentice-Hall, 1970。

3 巡抚的设置即是一例。Guy, R. Kent, *Qing Governors and Their Provinces: The Evolution of Territorial Administration in China, 1644 - 1796*, Seattle: University of Washington Press, 2010。

4 参见 Elliott, Mark C., *The Manchu Way: The Eight Banners and Ethnic Identity in Late Imperial China*, Stanford: Stanford University Press, 2001。

5 关于该领域的一篇概述性文献,参见 Waley-Cohen, Joanna, The New Qing History, *Radical History Review* 88.1(2004)。

6 无疑,最近的研究成果表明了清朝法律与法律体系的进步和发展。但是,这类研究多以十八、十九世纪为考察对象,对清代法律最初的形成却鲜有论及。参见胡祥雨, Reinstating the Authority of the Five Punishments: A New Perspective on Legal Privilege for Bannermen, *Late Imperial China* 34, no. 2(2013)。此外,迄今为止关于行政法的研究也不多见。关于中国法律史新近研究成果的一部论集,参见陈利、曾小萍合编: *Chinese Law: Knowledge, Practice and Transformation, 1530s to 1950s*, Leiden: Brill, 2015。

政府的组织和运作的法规、条例的理解,与我们所知的清朝的机构改革和发展协调起来。本文着眼于早期建国者明确阐述的重要问题,以及官员如何在法律和实践中予以回应。编入《大清会典》的法规和条例并非是预设或转借而来的,而是源于清初的行政人员和建国者就相关问题进行的讨论,即如何治理国家,以及《大明会典》作为清代行政组织的框架所产生的缺陷。据此,本文指出,清代行政组织和法规的形成不可能与国家建构相分离;相反,它们应是协同发展的。[1] 为了理解清朝政权,我们必须理解它的行政法规的建构过程。

本文由四个部分组成,通过分析尝试说明,清代的政权建构者编纂《康熙会典》是出于对《大明会典》无法解决的特殊问题的回应;并进一步指出,清代的行政官员在面对这些问题时所发展出的法规和条例构成了清代的行政法。第一部分简要解释了《会典》这种文献的性质和历史。第二部分考察了清代官员是如何利用《大明会典》的。这一部分的分析主要依据官员的奏疏,证明了明代的法令是设立行政组织和程序的便捷参考,同时是指导朝廷祭祀和朝贡等领域事务的规则来源之一。第三部分探讨了在清朝官员眼中《大明会典》的不足,并且概述了许多将新的条例和谕令编纂成一部清代《会典》的倡议。依据档案材料,该部分强调了《大明会典》的三个主要问题:它与清朝的政治组织结构不相适应,它无法为不同的政治参与者和族群提供法规,以及它无法处理与中亚国家的关系。康熙帝最终同意了编纂新《会典》的请求,正如本文最后部分所讨论的,他于 1684 年敕命汇编清代条例并将其法典化。此即 1690 年所颁《大清会典》。

本文分析立基于对档案材料的调查。除明清两朝各种会典之外,笔者查阅了现存的、收藏在中国第一历史档案馆和台北内阁大库档案中的天聪、崇德、顺治和康熙年间的奏疏。本文通过所征引的百余种均出自档案和公开出版资料的文献,描绘出清初的官员和建国者们在行政领域关切的问题,并阐明清初的行政活动和条例。

笔者带着理解会典的形成和清代行政法的根本原则的目的阅读文献。虽然这一时期不同的政治主体和集团之间存在诸多冲突,[2] 但本文集中讨论清朝的国家结构

---

1 盖博坚称其为“小修改”。Guy, R. Kent, Who Were the Manchus? A Review Essay, *The Journal of Asian Studies* 61, no. 1 (February 2002), 162 - 63; Guy, R. Kent, *Qing Governors and Their Provinces: The Evolution of Territorial Administration in China, 1644 - 1796*, Seattle: University of Washington Press, 2010, p.8。

2 笔者在博士论文中讨论了清朝初期的冲突、冲突的结果以及它们的影响。Keliher, Macabe, The Manchu Transformation of Li: Ritual, Politics, and Law in the Making of Qing China, 1631 - 1690, PhD diss., Harvard University, 2015。关于康熙朝及其派系政治的有重要影响的英文研究成果有:*Kessler, Lawrence D, K'ang-Hsi and the Consolidation of Ch'ing Rule: 1661 - 1684, University of Chicago Press, 1976*; Miller, Harold Lyman, Factional Conflict and the Integration of Ch'ing Politics, 1661 - 1690, PhD diss., George Washington University, 1974。最近的概述性研究,参见 Spence, Jonathan, The K'ang-hsi Reign, *The Cambridge History of China* 9.pt 1 (2002), pp.120 - 182。

和政府运转方式的法典化。对于清朝国家愿景(vision)的其他版本,在这过程中因失势而未能收入《会典》。对这些会典未予表达的愿景、观点和立场以及它们对最终解决问题所产生的影响等问题,只能留待另文研究了。

本文揭示了当时的政治主体在努力将新的王朝建设成合法的立法权威的过程中,如何进行制度革新。清朝的政治活动参与者发展并描述了一种全新的政治秩序,并通过制定法规、条例、法典和准则来定义这种秩序。正如下文所述,清代早期的建国者和行政主体不仅认为他们的条例与以往的政治组织——如明朝——不同,并且认为它们以《大清会典》的形式构成一个整体。这里,当时的参与者构想了一个清王朝,并且创设了一系列独特的行政法律去组织和规范国家这个概念。[1]

本研究分析发现,清朝拥有一套精巧、复杂的法律体系,有助于征服和统治一个庞大的多民族帝国。正如最近的研究不断发现的那样,[2] 与过去的理解相反,清朝的法律并不是某些特定刑事法典的恶性集合,这些法典具有实施和维持社会控制的权力工具功能。清朝的法律也不是一系列简陋、随机的惩罚措施,作用于镇压民众、妨碍政治和技术进步、阻止中国进入现代世界。[3] 毋宁说,新出现的清代法律,尤其是《大清会典》中的行政法,为现代早期帝国的军事动员和行政管理等国家能力奠定了基础。

一、会典的性质

所谓《会典》——英文中一般译为成文法合集[4]——是调整行政程序和行为的制

1 "国家正是这样一种理由充足的想象。"皮埃尔·布迪厄曾说道:"(但是)这个地方本质上存在,因为人们相信它存在。"(Bourdieu, Pierre, *On the State: Lectures at the College de France, 1989 - 1992*, Cambridge, U.K.: Polity, 2014, p.10。)那么,本研究关注的正是政治参与者关于清王朝的想象,以及该王朝如何、为什么在它的法典中表现自己。

2 关于中国法律史研究方面最新发展的概述,参见 Sommer, Matthew H, The Field of Qing Legal History, In *A Scholarly Review of Chinese Studies in North America*, edited by Haihui Zhang, Zhaohui Xue, Shuyong Jiang, and Gary Lance Lugar, pp.113 - 32, Ann Arbor, Mich.: Association for Asian Studies, 2013。

3 对这些流行观点的讨论,参见 Jiang, Yonglin, *The Mandate of Heaven and the Great Ming Code*, Seattle: University of Washington Press, 2011, pp.5 - 8。

4 Metzger, Thomas A, *The Internal Organization of Ch'ing Bureaucracy: Legal, Normative, and Communication Aspects*, Cambridge, Mass: Harvard University Press, 1973, p.211; Wilkinson, Endymion Porter, *Chinese History: A New Manual*, Cambridge: Harvard University Asia Center, 2013, p.843。历史上,它也曾被视为宪法。Preston, C.F, Constitutional Law of the Chinese Empire, *China Review* 6(1877)。然而,梁启超反对这种对应,因为《会典》不包含对公民权利的宣告。梁氏对《会典》作狭义理解,认为它仅包含官僚式规则。梁启超:《梁启超全集》第三卷,北京出版社 1999 年版,第 1312 页。

度性法规和条例的汇编。尽管学者们经常把《会典》看作是清政府的一套官僚准则，但它亦明确规范可惩罚性违法行为，由此可知，它并非仅仅是一部提供公务准则的行政手册而已。[1] 吕丽认为，《大清会典》既是行政法文件，又是根本法或宪法。她论述道，会典包含了规范所有政府行为的法律，展现了行政事务的规则。因此，它有别于提供定罪量刑准则的刑法典。与此同时，她论辩称，与其说《会典》是规范政府行为的手册，毋宁说它是组织所有政治、社会和经济生活的法典。[2]

这部帝国法律合集按照六部和其他政府部门编排，帮助指导官员和行政人员的日常事务。正如乾隆帝在钦命编纂四库全书的诏书中所写："我国家文武内外官职品级，载在《大清会典》。"[3]会典体例对应于行政部门，各部分分别记载相应部门的业务。每一部分都对该部门的职责作了概述，通常以一系列按年代顺序排列的、在本朝历史上为了调整某一行为而发布的条例、敕令、诏书、法令的形式呈现。以礼部"元旦朝贺仪"条为例，该条详细记述了这一仪式的演化过程：天聪六年首次举行朝贺仪，既而崇德元年、顺治八年、康熙八年的仪式又先后被定为仪礼。最后，该条列举了这一时期其他细小修订和颁发的谕旨。[4]《会典》以这样的方式描述了则例和惯例的发展历程，并总结出一条规则。

自唐朝开始，规定赏罚分明的行政程序成为每一个王朝的常规做法。唐代的行政法《唐六典》，在古代文献《周礼》和《尚书》的基础上，将其中的理想社会组织提取为一部行政法典，为国家统治提供准则和规范。[5] 宋朝编纂了一部类似文献，称为《会要》，元朝则有《元典章》。这些文本通常只是法律的说明，其自身并非成文法和法典；并且它们以主题——而不是行政事务的类型——为体例编纂。[6] 与后世的会

---

1 Metzger, Thomas A, *The Internal Organization of Ch'ing Bureaucracy: Legal, Normative, and Communication Aspects*, Cambridge, Mass: Harvard University Press, 1973；郭松义：《清朝的会典和则例》，载《清史研究通讯》1985年第4期。

2 吕丽：《论〈清会典〉的根本法与行政法的合一性》，载《吉林大学社会科学学报》1998年第2期；吕丽：《〈清会典〉辨析》，载《法制与社会发展》2001年第6期。魏丕信在讨论《明会典》时对此观点表示认同，他称《明会典》是一部"行政性宪法"，既是对国家结构的描述，也是政府组成人员的行为规范。参见 Will, Pierre-Etienne, Virtual Constitutionalism in Late Ming Dynasty, In *Building Constitutionalism in China*, edited by Stephanie Balme and Michael W. Dowdle, New York: Palgrave Macmillan, 2009, p.264。

3 《四库全书总目》，乾隆四十五年九月十七日上谕。

4 《康熙会典》，文海出版社1992年10月版，第1916—1931页。

5 吕丽：《论中国古代的礼仪法》，载《法制与社会发展》2000年第2期；吕丽：《〈清会典〉辨析》，载《法制与社会发展》2001年第6期。

6 Wilkinson, Endymion Porter, *Chinese History: A New Manual*, Cambridge: Harvard University Asia Center, 2013, pp.645-646, 757; Shiga Shuzo, Shindai no hosei, In *Kindai Chugoku kenkyu nyumon*, edited by Banno Masataka, Tanaka Masatoshi, and Eto Shinkichi, Tokyo Daigaku Shuppankai, 1974.

典记载现任政府的法律相反，这些早期文献着眼于前朝的历史先例。[1] 明朝编制了第一部包括本朝所有条例、谕旨、敕令和诏书的法律文件。这几乎是在明朝定鼎之初，由开国皇帝通过《大明律》《大明令》《大诰》完成的。[2] 一百年后，这些法律被重新编排成行政法，重新命名为《大明会典》。此后百年间，先后有四部《大明会典》问世，其中两部得以传世。[3] 最后一部会典于1587年颁布，称为《万历会典》，因编纂于万历年间而得名。正是这部《会典》为17世纪的行政行为提供了参考依据，第一部《大清会典》的编纂者也使用了它。[4]

二、清朝官员如何使用《大明会典》

《大明会典》在行政和人事两方面均为清朝官员提供了标准。在政权组织、政府运转、维护等级秩序礼仪和处理朝贡事务方面，《大明会典》为行政人员提供参考依据。《大明会典》并不一定包含行政人员所需的所有解决办法，但是它能够为日常业务中产生的各种问题提供准则。并且，它也是官员们可以查阅的标准。一个部门配备多少书吏？官员何时给假侍亲？宗庙祭祀时官员如何作为？特定的朝贡使团该如何接待？所有这些问题的答案都可以在《大明会典》中找到。

清代官员主要在四个领域向《大明会典》寻求指引：行政组织、行政运行、礼仪和祭祀、朝贡关系。通过参阅和讨论《大明会典》，很明显在寻求治理国家的实用性建议的过程中，这些官员开始针对作为一个等级行政组织的清王朝的更高利益和理想化的特定愿景提出主张。

（一）行政组织

《大明会典》为清朝的行政结构和组织提供了准则和模板。天聪三年（1629）皇

1 郭松义：《清朝的会典和则例》，载《清史研究通讯》1985年第4期；Metzger，Thomas A，*The Internal Organization of Ch'ing Bureaucracy: Legal, Normative, and Communication Aspects*，Cambridge，Mass：Harvard University Press，1973，p.217。

2 参见 Farmer，Edward L.，ed. *Zhu Yuanzhang and Early Ming Legislation: The Reordering of Chinese Society Following the Era of Mongol Rule*，Vol. 34，Brill，1995；Yonglin，Jiang，The Great Ming Code：Da Ming Lü，2005，pp. XXXIX-XI。

3 Wilkinson，Endymion Porter，*Chinese History: A New Manual*，Cambridge：Harvard University Asia Center，2013，p.797.

4 关于清早期文献中“会典”一词表示《大明会典》的论述，参见 Kanda Nobuo，Shincho no *Kaiten* ni tsuite，In *Shi ncho shi ronko*，Tokyo：Yamakawa Shuppansha，1961，pp.99－110。

太极命达海翻译《大明会典》,三年后译成,恰在六部设立前夕。[1] 虽然在早期行政行为中清代官员使用《大明会典》的直接证据并不多见,但皇太极于天聪五年(1631)所创立的六部体制,显然是参酌明制而定;而《大明会典》对六部之制记述甚详。尽管清代部院的形式在某些主要方面与明朝不同,如各部院设满、汉尚书各一人,但《大明会典》仍然提供了参考,尤其是在顺治时期政府规模开始不断扩大之时。

大量案例显示,清代行政人员在为各衙门配备人员时曾在《大明会典》中寻找依据。试举一例。清代官员在《大明会典》中发现一条则例,规定各衙门均配备六名皂吏,清代户部即据此派定。[2] 《大明会典》也为人事安排中产生的纠纷或问题提供标准,顺治初年内院制敕房人事问题的处理即是一例。顺治元年(1644)八月,内院制敕房掌房事中书舍人吴赞元发现他的部门人员配备不足,官员们超负荷工作。他查阅《大明会典》中关于每个衙门人员数目的定额,为申请增派人员提供理据。他在奏疏中提到,他查阅了《会典》,发现他的部门有两个缺额。"明朝会典开载,"吴写道,"各衙门皂吏六名,"他接着指出,"户部启本内俱照会典数目,不加增损,"但是,他继续写道,"独将臣衙门遗去二名。"他请求敕令该部查阅《会典》并另外派给两人,以便可以独立衙门的身份开展工作。皇帝的诏书批准了他的申请,下令"准照旧例增正,行户部知道"。[3] 这里,皇帝和大臣都循《大明会典》为据,以其中记载的规定作为解决分歧和纠纷的办法。

随着行政结构的扩张,很多官职都需要解释澄清,因而这种情况在整个顺治初期都存在。顺治二年(1645),吏科给事中梁维本奏言,六科处于混乱之中,因为"职掌未明,诸臣不无瞻顾。"他"乞敕下吏科察照会典,将六垣职掌详列奏明"。[4] 类似地,顺治十一年(1654)銮仪卫人手不足,在如何重新组织该部门的问题上,上奏者搬出了《大明会典》。管銮仪卫事内大臣会同兵部议奏,《大明会典》记载,锦衣卫衙门由左右中前后五所构成,每所各有十司,但"我朝定鼎以来,每所止存一司"。他们请旨,依会典,仿明制,每所增设一司;所增各司,列明职衔。[5] 本案中,《大明会典》再次在机构和人事的安排方面发挥了参照标准的作用。

在组建新的行政部门方面,《大明会典》也为清朝的建国者们提供准则。试举一

---

1 祖伟:《略论清初崇德会典的议定》,载《社会科学辑刊》2003 年第 6 期。

2 内院制敕房掌房事中书舍人吴赞元在一份奏疏中讨论了(皂吏的)数目、职责以及其他与户部相关的内容,参见台北"中研院"内阁大库档案数据库,登录号 185048-023,顺治元年八月二十八日。(下文引用台北"中研院"内阁大库档案数据库,仅注明数据库、登录号和责任时间。——译者注)

3 内阁大库档案,185048-023,顺治元年八月二十八日。

4 《清实录》,"世祖章皇帝实录",中华书局 1985 年影印本,顺治二年八月庚辰。(下文引用《清实录》仅注明条目,恕不再赘述其他信息。——编者注)

5 《清实录》,顺治十一年六月十四日壬申。

例。在设立宗人府处理皇族关系时，官员们仿照《大明会典》的规定。1652年，礼部满尚书朗球为设立专门机构负责皇族事务一事上奏，他援引《大明会典》中该部门的行政结构，翻阅《会典》旧例，查找明朝何时设立宗人府。他根据《明会典》的内容写道，为了管理皇室成员事务，明朝设置了宗人令、左右宗正、左右宗人。他接着说，请令吏部依据《明会典》所载之例设官授职。[1]

（二）行政运作

正如作为设置行政系统的参考标准一样，《大明会典》也为这个系统该如何运转提供模板。阅读这一时期的史料可知，十七世纪清代三种主要仰赖《大明会典》的行政活动是：一般行政程序，如文书工作和补授官缺；封赠；终养。

行政程序。《大明会典》为政府运行的最高层级提供标准程序。最早提及在行政实践中使用《大明会典》的清代早期记载之一，是在皇太极在位时期。崇德五年（1640），皇太极依据《大明会典》颁下谕旨，肆赦罪犯以庆贺他的诞辰。在这里，皇太极说道，在遵循皇帝诞辰大赦天下的先例中，他是以皇帝的身份提出“仿会典”的。[2]朝鲜国王迅速回应，就皇太极释放朝鲜俘虏一事，照《大明会典》规定上表称谢。[3]

《大明会典》也影响清朝官员的日常行政行为——比如如何撰写正式的文书。顺治十三年（1656），礼部审议一份来自浙江提督总兵官（田雄）反映地方官员之间使用文书不合礼法的奏议。他指出有上行文书误用称谓，并且使用仅适用于平行文书的名称的现象。礼部查阅《大明会典》后指出，提督总兵官行州县应用牒文，州县行提督总兵官用申文。[4] 自此，这成为礼部认可、施行的惯例。[5] 后来康熙二年（1663）发生的关于谁应该在奏疏之后贴黄，以及何时贴黄为宜的问题与此类似。吏科认为应遵照《大明会典》所载旧例执行。据此，三品及以上官员，如果不是奏报贪墨案件或“本内字数不多”，无需贴黄。[6]

这些案例显示出清初统治者规范行政程序的努力。这一时期，《大明会典》成为

---

1 中国第一历史档案馆“北大移送题本”，02-01-02-2033-020，顺治九年四月二十四日。关于设置宗人府的详细论述，参见 Keliher, Macabe, The Manchu Transformation of Li: Ritual, Politics, and Law in the Making of Qing China, 1631-1690, PhD diss., Harvard University, 2015, pp.165-174。

2 《清实录》，崇德五年十一月二十二日戊寅。

3 《清实录》，崇德六年正月四日庚辰。

4 费正清和邓嗣禹认为，“牒”是上行下之命令，而“申”是下行上之汇报。Fairbank, J.K., and S.Y. Teng, On The Types and Uses of Ch'ing Documents, Harvard Journal of Asiatic Studies 5, no. 1 (January 1940), p.59, p.65。

5 《清实录》，顺治十三年十二月戊戌。

6 内阁大库档案，167265-017，康熙元年五月二十七日。谕旨将该议着相关部门审核。

权威象征,借以实现这样一幅国家愿景,即行政活动是可预期的和正式的。在这一愿景中,政治和行政活动遵循特定的程序,服从自上而下的命令,恪守明确的分工,依层级授与不同的主体或多或少的资源;进而,把所有政治主体融合成一个有凝聚力的"一体"[1]化组织,并赋予他们共同的征服和统治的使命。这一新兴愿景与八旗中盛行的一些古老的制度相冲突。依照这些制度,拥有超凡魅力的领导及其部属被赋予特权,皇帝的金口玉言即是法律,并且权贵的一己规范即是标准程序。

京城未结案件的调查可以作为新兴的行政型政府愿景的进一步例证。顺治十一年(1654),京畿道满人理事官阿都里奉命调查京城未结之案。阿都里题报,根据《会典》,在京各衙门有印信者,收转案件时皆须用印。[2] 往年,各衙门尚恪守例条,但当年八月各衙门对各案件没有用印。"司官不照成规,"阿都里说,"伏祈严饬一体尊奉施行"。[3] 该规定出自《大明会典》。统一程序的价值在这次讨论中不言自明。(事实上,阿都里在题本中某处提到,作为"一体"需要所有人保持一致。)在统一程序以使行政行为标准化的问题上,《大明会典》是消除争论的依据。

官员们也以《大明会典》作为处理程序性行政纠纷的权威。顺治十年(1653),刑科都给事中陈调元题参吏科都给事中魏象枢违犯会典规定的程序。陈调元认为,根据《会典》,两名官员离任后,须依行政程序之规定开缺另补。避免员缺久悬正是吏科给事中魏象枢之职责。但是,在原任官员离任一周后仍未见派员补缺。陈调元指参魏象枢疏忽,欲治其玩忽职守之罪。《会典》正是他据以认定魏象枢应承担责任的根据。[4] 魏象枢辩称,他确实遵循了《会典》规定的程序,提出了补授员缺的要求。他说,作为都给事中,他已经将一份备忘录发交吏部,后者明确表示将会补授相关员缺。员缺未补的事实超出了他的部门的职责范围。魏象枢强调,他严格遵循了《会典》规定的程序,他仅仅是信息传递者,而非具体执行者。[5]

恩恤。另一项需要依靠《大明会典》的行政活动,是恩恤的条件和程序,尤其是在顺治年间打江山的过程中。对在任死亡的品官施以恩恤的请求不断出现,并渐成一类讨论的主题。是否给予恩恤并不是问题——授予恩恤似乎是理所当然和必要的做法——重点在于确定授予恩恤的标准以及授予的方式。顺治十二年(1655)礼部满尚书恩国泰上题,顺治皇帝"仿古圣帝明王",昭告死难官员的功绩,并授予他们荣

1 该"一体"观念至少在此处引用的两份奏疏中都得到强调。

2 1654,原文误作1655。——译者注

3 内阁大库档案,089592,顺治十一年八月四日。

4 内阁大库档案,039012,顺治十年八月二十三日。

5 内阁大库档案,038901,顺治十年八月二十三日。

誉，刻石勒碑以纪念他们。[1] 他说，汉族官员查阅《会典》中关于授予此类荣誉的规定后认为，巡抚、巡按及科道官阵亡应授予荣誉。[2] 顺治十二年（1655）秋，恩国泰上奏了另外一系列题本，为已故官员请授恩恤，称在任病故和阵亡理应授予荣誉。“本年陆月题外任乌金超哈各官恤典与汉官一体照《会典》例行，钦遵在案。”他借此支持自己的主张。[3] 他也从《明会典》中摘引了一个案例，明末二十三名官员遭强盗杀害后，被授予恩恤，建牌坊、庙坛，每年遣官祭奠。[4]

恩恤伴随一系列特权，包括政府出资的葬礼和祭祀。一块刻着功绩的墓碑会给墓主的后代带来荣耀、地位和影响力。如果能够得到礼部一年一次或两次遣官致祭，对提升家族地位会产生更为深远的影响。为了这些利益，官员及其后代四处游说以期获得此等特权，并以《会典》作为其主张的依据。顺治十三年（1656），刑部尚书请求为其刚刚去世的父亲举行官方祭葬。他在揭文中写道，根据《会典》，应照尚书职衔给予祭葬。[5] 几年后，吏部议覆山西巡抚上疏布政使王显祚提出的类似请求。[6] 王显祚因考满获得封赠诰命，他想将其移封本生祖父母，获允。[7]

到1660年，授予此等礼仪性特权的标准已经在《大明会典》的基础上形成了。当年四月，礼部颁布了一项关于职衔与祭葬标准之间关系的法例。该例共有九条，每一条均对应一系列职衔。试举一例。第一条规定，公、侯、伯[8]病故，“照会典例造坟”，并照品级给与纸张、羊酒，遣官致祭一次；较公、侯、伯低一级的都统有职掌、大学士、尚书、左右都御史或精奇尼哈番[9]，根据品级依《会典》例造葬；但祭品与遣祭官员依其世职品级。法例依照品级递减的顺序排列，每一条都是根据官员的职衔，依照《会典》确定其等级地位，进而确定其死后可以享受的合式的造葬、祭奠规格。[10]

孝道。官员们发现，他们既需要尽忠，也需要尽孝；当两者出现冲突时，他们会诉诸于《会典》以求解决之道。根据儒家纲常的要求，人应该照顾生病或年老的父母，这使得官员必须告假。顺治九年（1652），兵科右给事中李人龙告请离职，以照顾85

---

1 1655，原文误作1653。——译者注

2 内阁大库档案，005578（原文误作05578），顺治十二年七月二十四日。顺治十年（1653）官员应授予荣誉，均包含在这份题本的主体部分之中。

3 内阁大库档案，005889（原文误作05889），顺治十二年七月十三日。

4 恩国泰引用之《明会典》内容以及死难官员均见于这题本之中，内阁大库档案005578（原文误作05568），顺治十二年七月二十四日；北大移送题本02-01-02-2135-009，顺治十二年十月二十四日。

5 内阁大库档案，036535，顺治十三年四月。

6 山西，原文误作“山东”。——译者注

7 《清实录》，康熙元年正月丁亥。

8 *gong*, *hou* or *bo*.

9 *Jingkini hafan*.

10 《清实录》，顺治十七年四月戊子。

岁的母亲。他在揭报中说,他父亲早丧,母亲孀居衰迈,无人侍养在侧。“请照会典,”他写道,“亲老无人侍养者,许放回终养。”谕旨责成该部查阅则例,准其依例离职侍亲。[1] 类似地,顺治十年(1653),福建道监察御史冯右京以父亲年已七十五岁,衰老多病,请求离职侍亲。[2] “侍奉无人,援《会典》例,请准归养。”他在揭文中如此写道。[3]

由于官员们不断提出请求,加之此类事务的实践模糊不清,使得顺治十一年(1654)山东巡抚耿焞提出了一份长达十六页的揭文,指出有必要对此予以澄清。这次讨论源于刑部员外郎张万选因母登八十,年迈多病,呈请终养一案。耿焞援引一条允许官员离职照料父母的《会典》规定指出,凡官员父母年七十以上,皆应获准侍养。但问题是,《会典》规定仅适用于“户内别无以次人丁”的官员。因此,耿焞派员调查张万选的家庭情况,查明他有无兄弟可以照顾其母。如果有,即可免除张万选归养之责。经过数月调查,耿焞得知,张万选确有兄弟,但俱在别处为官。在这种情况下,耿焞认为,“援《会典》之例,似应允从。”[4]

这三个方面的行政行为——行政程序、恩恤和崇孝道——是现存材料中经常被提及的运用《会典》的代表。它们构成官僚体制运行的关键部分,也是官员切身相关的问题,显示出行政规范在指引这些行为方面的重要性。对清朝官员而言,《大明会典》就是处理重要行政问题的标准。官缺如何补授,何时应当开缺?查阅《会典》。何时需要贴黄?查阅《会典》。官员父母老疾或亡故该如何处理?如何恩恤死难官员?《会典》便是权威的参考依据。

这些做法并非仅仅出于如何运作政府的现实考虑——它们反映了官阶、职位以及等级秩序等社会政治结构的核心。通过恰当的文件从事公务活动,不仅只是日常工作的程序,也是在维护等级制和政治组织内的尊卑关系。同样地,根据其贡献和成就而授予新的职位、权利和特权,恩恤进一步确认了死者的等级身份。政府出资的造坟和祭奠的标准是根据体现等级制的官阶而确定的。由此,死者的后代可获得提升社会地位的利益。

(三)祭祀

朝廷祭祀是清朝统治者和官员需要参阅《大明会典》的第三个活动领域。在清

1 内阁大库档案,085742,顺治九年九月。

2 1653,原文误作1657。——译者注

3 内阁大库档案,085433-001,顺治十年四月。

4 内阁大库档案,085442,顺治十一年九月。

朝入关之前实施的国家礼制，有一部分是仿效明朝而来——主要是在崇德初年。1636年清政权建立后不久，皇太极就建起了郊坛，并规定国家向诸神献祭。此类仪式的本质以及祭祀的神灵，均遵循前朝的历史先例；祝文和所用祭品的种类，很可能从《大明会典》中演变发展而来。顺治初年，前明官员谈迁根据自己的见闻写道："清朝礼制，悉仿先朝。"[1]尽管如此，在礼制创制过程中并未提及《会典》。在祭祀形成和举行的早期，官员参阅《大明会典》的相关内容，这并非不可能。但是记载关于这类事务的讨论的文书证据，是在顺治晚期才出现的。

与清代祭祀体制有关的材料中最早提及《会典》是在1659年，而且这些材料主要是关于使祭祀活动系统化的讨论。1659年七月，《实录》记载，"礼部议覆宪臣袁懋功疏奏，请照《会典》举行祫祭礼"。[2] 经覆准，定例于每年岁暮日祭祀四祖、太祖、太宗。[3] 几年后，类似的每年春秋二仲的历代帝王祀典也参照《会典》。此仪式始于顺治二年(1645)，祀历代开创之主，包括辽太祖、金太祖、元太祖和明太祖；顺治十八年(1661)，崇祀对象扩大到上至商朝的各朝各代的守成皇帝，但祀典"应照《会典》，在各陵庙致祭。"[4]

文献明确地显示，清朝官员以《大明会典》为准，统一某些一年一度的祭祀仪式。1660年，有官员指出，禋祀大典，历代不一其制，建议每年孟春合祭天地日月及诸神，以取代不定时的分祭。上谕批准了该奏议，并要求遵照《会典》开载每年春秋郊祀应行事宜进行。[5] 两个月后，礼部等衙门遵旨会议奏言："《会典》开载合祀之制，分为二十四坛，原属每年只祭一次之例。自分四郊之后，合祭遂止……今合祭，应照例共为十二坛……"[6]

关于各衙门在祀典中的职分，《大明会典》也为清朝官员提供了准则。其中记载的关于合祭的准备和具体实施的先例，可供他们参考。就在谕准实施合祭的次月，礼部议定，依照《会典》记载布置大享殿，敕工部改造神坛台面，并遵照《会典》所载先例确定祭祀的对象。[7] 1673年，有关哪些官员可以侍立坛上的问题出现了困惑，《会典》的记载澄清了这个问题。礼部写道：查《会典》，祭祀时只有监察御史侍立之例，其礼部汉堂官应各按班次行礼。[8] 这段对《会典》的引用，既有助于祀典活动的进一

1 谈迁：《北游录》，中华书局1960年版，第412—413页。

2 《清实录》，丙戌。

3 前引《康熙会典》，第3064—3065页。

4 《清实录》，顺治十八年二月乙巳。也可参见前引《康熙会典》，第3241页。

5 《清实录》，顺治十七年二月壬寅。

6 《清实录》，顺治十七年四月乙酉。

7 《清实录》，顺治十七年三月辛酉。

8 《清实录》，康熙十二年十二月甲寅。

步标准化,也对政治管理和赋予祀典等级形式有益。

(四) 朝贡关系

《大明会典》也是清朝统治者处理与非藩属国家之间的朝贡关系的依据。对于这一问题,《会典》为如何接待东亚和东南亚国家的使者,以及确定应进贡品和赐礼提供参考。1653年,琉球王世子派贡使入京,提出缴回明朝所颁敕印,重发新印。[1] 这给朝廷带来了一些礼仪问题:应赐予该使团哪些礼物?如何接待?甚至连这些人以及他们的国君是谁这样起码的问题都不清楚。[2] 《大明会典》中记载有关于琉球国以及此前该国派来中国的使团的信息,[3] 因此清朝官员在其中寻求处理上述问题的方案。借助这些记载,新建立的清朝和琉球国之间的关系得以成功发展,这才有了之后两国交往中的换印,纳贡,赐礼,礼部设宴等一系列活动。[4]

《会典》提供了处理朝贡关系的可供援引的先例以及藩属国(和宗主国各自)应当承担的责任的标准。它确认并帮助执行国际关系中的等级制度。以康熙初年安南和暹罗朝贡使团为例。一个由安南派遣的朝贡使团于1664年初抵达京师,但清朝官员指出他们所贡方物与《会典》要求不符。礼部官员题请皇帝命令安南贡使嗣后入贡"遵照会典",得旨允准,虽然本次不符合要求的贡品仍然被接受了。[5] 但是,三年后安南使团所贡方物仍然少于《会典》要求,足见命令安南遵照会典进贡的谕旨并未得到重视。礼部奏请赦免其疏忽之责,因为他们已"照会典定例,三年朝贡"。与此前对贡品短少的不认可相反,这份奏疏认为,安南国道路悠远,朝贡之路险阻重重,但该国王仍然按要求派遣贡使,上奏者据此得出结论,安南"遵奉教化,抒诚可嘉"。[6] 安南贡使被赦免。几年后,一个暹罗朝贡使团出现了同样的问题。该使团抵达广东后,广东巡抚提前奏报"暹罗国贡使所进方物仍与《会典》不符,较前更少其一"。考虑到之前安南被免于议罚,且没有更多先例可循,他请示,是应该接受他们的贡品递解上京,还是应该留在广东就地贸易。[7]

---

1 《清实录》,顺治十年闰六月戊子。关于琉球国与明朝和清朝的关系的简要分析,参见 Smits, Gregory, *Visions of Ryukyu: Identity and Ideology in Early-Modern Thought and Politics*, Honolulu: University of Hawaii Press, 1999, pp.35-42。

2 关于这些问题的记述,见于《清实录》,顺治四年六月丁丑。

3 北大题本,02-02-022182-002,顺治十一年三月二十八日。

4 关于琉球贡使的记载,除上述内容外,还可参见《清实录》,顺治十一年三月,丁酉;《清实录》,顺治十一年四月丁丑;《清实录》,顺治十一年六月甲申;《清实录》,顺治十一年七月戊子。

5 《清实录》,康熙三年正月戊寅。

6 《清实录》,康熙七年五月甲子。

7 《清实录》,康熙十一年三月戊申。

《大明会典》被运用于这四个方面——行政组织、行政运作、祭祀和朝贡关系——有助于早期清帝国开创独特的组织和运作方式。《会典》为人事组织和活动提供标准，它体现了国家的等级结构以及各级官员在这个结构中如何活动，为小到每个政府部门应配备多少名书吏等所有事务提供详细信息。因此，清朝官员将《大明会典》作为可靠的标准来参考，借以明确日常工作，制定程式和标准。简而言之，《会典》提供了一个范式，借以实现对行政主体的等级化组织，并指导他们的行为以及彼此之间的相处。[1]

通过《会典》建构的行政型国家，肯定对制度具有某些偏好。通过提高奏事处和翰林院的地位，凸显了内廷至上的格局；通过推行某些制度，诸如公文程式和用印等，确立了官僚等级制度和行政程序。然而，最重要的是，它通过设立宗人府，把皇族成员整合为一个政治实体。作为管理皇族成员的行政机构，宗人府仿自明制，用以将这些政治主体转化为政府系统内的行政主体，而不再是在封地和军队中行使权力的领主。

三、编纂一部《清会典》的必要性

虽然清朝官员长期不断地引用《大明会典》，但他们也发现明朝的法律存在严重的缺陷。例如，它们陈旧落后。编纂于近百年前的《大明会典》，反映了特定的时代关切和当时的政府所面临的具体问题，而清朝统治下的社会和政治状况都已经发生

---

1 从这个角度看，现存的大部分运用《大明会典》的材料是在多尔衮去世、摄政统治结束之后，就不足为奇了。在个人政治时期，规则和一致性会因个人关系和利益而遭践踏；而随着个人政治时期的结束，无论是那些组织肃清多尔衮集团势力的官员，还是那些致力于缔造一个行政化国家的官员，都迫切需要一个标准以便规范程序、官阶和奖赏。以利用《大明会典》使恩恤标准化的礼部尚书恩国泰为例，他是正蓝旗人，在皇太极统治时期求学并于 1634 年考取举人，由此开启了漫长的官宦生涯。在顺治和康熙年间，他身居高位，并获得很多荣誉（参见《清史稿》，第 10343 页，列传“诺岷”；《明清人名权威资料库》，“恩国泰”）。类似地，建立宗人府的郎丘，也是正蓝旗人，旁系皇亲，在皇太极统治时期和顺治年间长期担任文武高官（《明清人名权威资料库》，“郎丘”）。此二人的仕途在多尔衮摄政时期并未受到影响，但他们所传递出的对《会典》重要性的认知，如上所述，以及他们长期的官僚工作均表明，他们的忠诚和利益更多的在于构建一个行政化国家，而非在于某个领导人物或小团体。并且，由于旗籍的原因，他们无法参与到发生在多尔衮的镶白旗、纪尔哈朗的镶蓝旗以及皇帝的正黄旗之间争夺权力的暗斗之中。这似乎导致他们视官僚职级和程序为最大的机会。随着八旗政治的结束和他们意识到自己没有一位具有超凡人格的首领以及获得权力的途径，上述观念开始形成。进而，他们在顺治中后期所表现出的观念和政策，正是这种官僚行政意识的发展和强化的结果。同样地，魏象枢积极推进国事和立法的进一步合理化，以规范后多尔衮时期的官员权力（Arthur Hummel, ed. *Eminent Chinese of the Ch'ing Period* Washington: U.S. Government Printing Office, 1943, pp.848－849）。

了变化。正如下文所述,清朝在国家构成和组织两个方面均异于明朝:它的官员来自多个民族,包括满族、蒙古族和汉族;它有一个按照永久固定兵员组织起来的军事系统;它和不同的国家之间保持不同的外交关系。最近的研究成果强调清朝多民族国家的本质,并称其为一个扩张性帝国。[1] 在这一观点的基础之上,下文将分析构建多民族国家的考量和挑战。简而言之,下文研究表明,清朝官员意识到《大明会典》无法应对新兴的政治秩序所产生的问题。在努力处理公共组织如八旗、不同的政治和民族主体,以及与新的政治实体的外交关系等问题中,官员们要求对行政法律作出修正。其中最为急迫的当属规定清朝自己的官阶、官衔和官职系统,并借此表达满族精英阶层的利益和理想。这通过四个方面的文献证据得以体现,即:普遍需求一部反映清朝的新会典、行政组织、行政运作及对外关系。

四、新的政治秩序和编纂《清会典》的需求

编纂新会典的倡议出现很早。[2] 天聪中期,就在 1631 年刚刚设立六部之后,爆发了一场关于是否应当对《大明会典》作出修订的论争。一方是建议皇太极和他的大臣建立行政机构的原明朝属臣。他们宣称,会典是由"圣人所作的法律和诰谕组成的。"对他们而言,这些规则不可更改。他们辩称,国家的结构和运作,取决于标准化的规则和实践。毕竟,六部是遵照《会典》设立的,而这些被招徕帮助管理和提供咨询的汉族官员奉其为行为标准。以修订的方式削弱《会典》的权威,会对行政统一和行政运行造成危害。[3]

另一方则不认为《会典》具有不可更改性,主张规则需要随着社会政治秩序的改变而相应地调整。具体而言,他们认为明朝法律对于满族的行政实践和组织而言并不充分。这些官员看到了修改明朝法律以形成全新的、适合新兴的满族国家的法律

---

1 近期此类研究成果的代表,如 Crossley, Pamela Kyle, Helen F. Siu, and Donald S. Sutton, eds. *Empire at the Margins: Culture, Ethnicity, and Frontier in Early Modern China*, Berkeley: University of California Press, 2006。

2 提出修订和编纂会典的官员既有满族也有汉族。主张修订和编纂会典的汉族官员来自东北,与明朝控制的南方的官员相比,他们的世界观与半游牧民族的习俗和边疆地区的生活关系更为密切。这些汉族官员的代表人物是宁完我、范文程和魏象枢。关于他们的背景的分析,参见 Wakeman, Frederic E., *The Great Enterprise: The Manchu Reconstruction of Imperial Order in Seventeenth-Century China*, Berkeley: University of California Press, 1985, pp.37–49。

3 宁完我在一份意在对他进行攻击的奏议中提到这种观点(罗振玉编:《天朝臣工奏议》卷中,艺文印书馆 1970 年版,第 35 页上栏转下栏)。如前所述,该观点也在后续的一些官员讨论《大明会典》价值的奏议中被提及。

的需要——他们需要制定一部属于清朝自己的《会典》，正如皇太极的心腹汉臣宁完我所言。在一份上呈皇太极的奏议中，宁完我极力主张这一观点，反对那些认为《大明会典》不可改易且清政权国家和社会应以其为基础的教条主义者。“我国六部之名，原是照蛮子家立的，”宁完我写道，“其部中当举事宜，金官原来不知，汉官承政当看《会典》上事体。”他继续指出，事实上清朝对《会典》的应用是零零星星的。“某一宗我国行得，某一宗我国且行不得，某一宗可增，某一宗可减。”宁完我将这种选择性地使用《大明会典》的方式概括为“参汉酌金”。[1] 宁完我认为，清政权的全面构建，有赖于采用满、汉两方面的法律制度，并逐渐在实践中完成。“每日教率金官到汗面前，担当讲说，各使去因循之习，渐就中国之制。”他认为，完全有必要“就今日规模立个金典出来”，“庶日后得了蛮子地方，不至手忙脚乱”，且有行政管理和运行的清晰的规则。

依宁完我的看法，《大明会典》的问题在于过于陈旧，某些内容不适合于当时国家的具体情况。“《大明会典》虽是好书，我国今日全照他行不得，他家天下两三百年，他家疆域，横亘万里，他家财赋不可计数。”在17世纪30年代，上述这些都和仅仅控制了东北地区的很小区域并且面临着饥荒的年轻清政权形成了鲜明对比。因而，对于像宁完我这样的大臣而言，变法改制以应对现实局面是当然之举。宁完我进一步论证：“况《会典》一书，自洪武到今，不知增减改易了几番，何我今日不敢把《会典》打动他一字。”面对已经变化了的世界却不修改《会典》以作回应，这在宁完我和他的同道看来是很荒谬的。“有一代君臣，必有一代制作。”[2]

虽然六十年后宁完我关于制定《大清会典》的主张才付诸实践，但这并不意味着这中间对《会典》的需求停止了。事实上正好相反，这种需求越发强烈了：在顺治和康熙年间，自始至终不断有官员提出编纂一部《大清会典》的请求。自1633年宁完我开始，已知编纂新《会典》的请求至少有九次。如1648年，当时任职于工部的魏象枢写了一篇很长的奏议，力主编制一部新的、清朝自己的《会典》。[3] 接下来的一次发生在1657年，是由一位兵部官员提出的。[4] 随后，在1658年年中和岁末，掌河南道御史和掌福建道御史又分别提出一次。[5] 1668年，王熙疏请纂集新例，编成一部新的《大清会典》；[6]

---

1 这一说法从皇太极早期开始在各种文献开始零星出现。官员们在有关早期国家构建和政治实践塑造的讨论中使用它。参见蔡松颖：《皇太极时期的汉官(1627—1643)》，台湾师范大学2011年硕士论文，尤其是其中的第四章。

2 宁完我的奏稿见于罗振玉编：《天朝臣工奏议》卷中，艺文印书馆1970年版，第35页上栏转下栏。

3 内阁大库档案006603－001，顺治五年十一月。

4 《清实录》，顺治十四年一月戊辰。

5 《清实录》，顺治十五年五月乙丑、顺治十五年十一月丁酉。

6 “中研院”数据库《清史稿》列传三十七《王熙》。

1670 年,江南道御史认为会典阙如于理不合,疏请编辑。[1]

在这些奏请之中,官员们强调这样一个事实,即清朝的政治组织与明朝不同,并且现行事例需要由清朝的立法者规定在清朝而非明朝的法律之中。"参酌时宜,"1658 年掌河南道御史在一份讨论会典的条奏中写道,"订正成书,刊刻颁行。"吏部、都察院议覆从之。[2] 问题是,如何协调每朝每代应该拥有自己的法律体系和法典化的惯例——正如宁完我所述——这样一种观念和实务中不断形成事例且官员们皆主张将它们汇编颁发这样一种事实之间的关系。

这些观点在 1648 年工科右给事中魏象枢的一份奏议中总结得很到位。他详细地论证了编纂一部新的《会典》是革故鼎新的应有之义。通过更定《会典》,他说,"以明职掌,以悬国制"。接着,魏象枢提出了立足清朝实际以修订《明会典》的论据:

> 古帝王创制立法,代有因革,亦代有损益。自唐虞以迄宋元,典要具存。即明朝之会典亦不过法古而定制也。我国家定鼎五年,礼乐大备,法度维新,庙谟煌煌,足垂万祀。乃有次第修举、万不可缺者,莫如会典一书……今各衙门亦既仿而行之矣,第参同酌异,岂可尽凭因时制宜?不无更变,未经圣明之新裁,终非昭代之令甲。

在魏象枢看来,《会典》是一种不断发展变化的文件,它涵括某一朝代的法律和条例,而这些律例又会被后起的王朝所修改。随着新的政治秩序的形成,相应的新制度也会产生以便进行管理。魏象枢坚称,为了实现国家的正常运作,这些新制度需要标准化和法典化。他指出,法律需要反映新的社会环境,以保持与统治和社会秩序之间的密切关联。"我朝创业,无画一之程,非所以示臣工而重金石也,"他写道。他认为,接下来应该"令各该衙门折衷前代,参酌满汉,确议详明,汇送内院裁定,然后删繁就简,编辑成书。"此即《大清会典》。[3]

尽管魏象枢的奏疏颇有说服力,但没能让汇编一部清代法律法规这样一项事业立即启动。虽如此,它却强调了对新的法律和条例的强烈需求,即使立法工作尚不具备协调统一的组织。资料显示,自顺治后期开始,就不断有官员详细地讨论新条例的数量不断增长的问题,并认为应把这些条例汇编为《大清会典》。[4] 1657 年,"大清会

---

1 《清实录》,康熙九年五月丙子。

2 《清实录》,顺治十五年五月乙丑。

3 内阁大库档案 006603,顺治五年十一月。

4 除此处讨论的材料之外,还可参见《清实录》,顺治十五年五月乙丑;《清实录》,顺治十五年十一月丁酉;《清实录》,康熙九年五月丙子。

典"之名第一次出现在兵科给事中金汉鼎的一封奏疏中。金汉鼎在奏疏中指出,新的法规和事例不断产生,却在《大明会典》的名义下施行。"然以新宪而沿旧号,"关于《大明会典》他这样写,"非所以一王章、定民志也。今宜斟酌重订,名曰《大清会典》。"[1]

这里所说的法规和事例是随着新情势的出现而颁布和发展出来的。此时的官员意识到,在明朝的法规无法提供准则时,就需要创建新的法律。这些法律是针对手边的事务发布的,并被送交相关部门归档以生效、执行。[2] 正是出于搜集、整理和编辑各部门事例并汇编成一部名为《大清会典》的则例大全的需要,官员们才提出这项请求。一部统一的包含所有相关行政法规的法律汇编的缺位,造成了混乱和效率低下。工部尚书王熙在一篇奏稿中对这种状况概括如下:

> 世祖章皇帝精勤图治,诸曹政务皆经详定。数年来,有因言官条奏改易者,有因各部院题请更张者,有会议兴革者,则例繁多,官吏奉行,任意轻重。请敕部院诸司详查现行事例,有因变法而滋弊者,悉遵旧制更正;其有从新例便者,亦条晰不得不然之故,裁定画一。[3]

(一)行政组织

《大明会典》的主要缺陷之一在于,它是以明朝的行政结构为基础,因而不适合于清朝的统治。其中最明显的,是《大明会典》无法提供清朝作为多民族国家所需要的规则。与单一民族构成的明朝政府不同,清朝政府的官员除一般汉人外,还有满州、蒙古和汉军的。这后三个群体享有特殊待遇和关照,因而需要新的法律说明他们的工作和特权。

1652年前后,吏部在具体问题上表达了这一点。他们指出《大明会典》在政府的人事配备问题上不敷使用。《会典》没有满族官衔的规定,吏部官员写道,并强调各部院都有一定数量的大小满、蒙和笔帖式官缺。虽然这些官缺已经补授,但仍然需要法律予以明确,并且一份奏疏已经上达内翰林院,[4] 而此时大学士范文程正在为将清

---

1 《清实录》,顺治十四年一月戊辰。

2 关于这一过程的讨论,参见谷井阳子:《清代省例则例考》,载杨一凡、寺田浩明编:《日本学者中国法制史论著选:明清卷》,中华书局2016年版。

3 "中研院"数据库《清史稿》列传三十七《王熙传》。

4 范文程在1652年的一份奏疏中开篇即提出了这个问题。参见内阁大库档案006609,顺治九年七月二十日。

朝官制改定汉衔而费神。在一份改定汉衔的奏议中,范文程列出了八项满洲官缺及其对应的汉衔,他说,“如此不特《会典》汉字便于编纂,而上本行文皆便矣”。[1]

此时,清朝官员面对一个非常现实的行政问题:缺多人少。为所有新的官缺找到合适的人选并不容易,清早期的一些行政人员很急迫地想要实现员缺平衡。除了努力填补这些新的缺额外,他们还尝试找到一些对应的汉语词汇来表述它们。很多清早期的官位、官衔和官阶使用满语的音译。除了非汉族官缺外,原明朝官员谈迁在1656年也指出会典对很多翰林院官衔没有规定。不仅如此,他还说:“《大明会典》不载内臣职掌。”[2] 简而言之,对于清代的行政组织而言,《大明会典》所提供的样板不足以应对所有的问题。

(二)行政运作

正如《大明会典》无法充分解决清朝的行政组织问题一样,在为行政运作提供支持方面其也无法完全胜任。对于某些领域的行政运作,清朝官员向《大明会典》寻求指导,但在一些类似的问题上,《会典》却没有做出明确的规定,正如前述清朝官员使用《大明会典》中分析的那样。在就每一个具体行政问题向《大明会典》寻求解决方案时,都会发现其存在这样或那样的不足,无法应对当下的问题。《会典》对实践中如何处理与官员有关的具体问题以及惩治腐败等并未涉及。[3] 如官员的恩恤,《会典》规定的标准无法完全适用于清朝的官职和品级体系。类似的,《会典》中关于孝道的事例,要么过于陈旧而不实用,要么完全不适合于满族的习俗。

1. 行政程序。清初的官员需要标准化的程序处理《大明会典》中没有明确提出的人事问题,包括从官员选任到腐败治理的各个方面。1654年,时任内翰林秘书院掌院事大学士的范文程发现了不同衙门在官员升补方面存在差异的问题。翰林院官员的升补由本衙门负责,而所有其他衙门的官员则由吏部负责。“事未画一,”他在题本中暗示,停止《会典》旧例、统一移归吏部是更为妥当的做法。范文程主张将吏部所有的升补和选任程序标准化。[4] 但即使由一个部门专门负责官员任命,《大明会典》仍然与清代的行政实践存在冲突。1660年,兵部想要照《会典》例推补銮仪使,但发现遵照《会典》所载内容会造成与满官品职的冲突,銮仪使的品级要低于满官品级

---

1 内阁大库档案006609,顺治九年七月二十日。

2 谈迁:《北游录》,中华书局1960年版,第312页。

3 还有一个发生在1654年的案例,要求把原设给兵钱粮通给八旗。吏部奏议,从垂念八旗旧兵的立场出发修订会典的规定。

4 内阁大库档案163987,顺治十一年三月一日。

系统对该职位的要求。顺治皇帝下旨:"銮仪使供职内廷,责任重大,满官用内大臣公、侯、伯。"考虑到《会典》的权威性,这个问题暂时悬置,交由九卿科道会议。[1]

因缺少明确的标准和行政程序而造成的腐败和行政违法案件,也引发了制定新《会典》的需求。"三载计吏,黜幽陟明,唐虞以来未之有改。然法虽代衍,道以人行。严则贤否立判,宽则好恶易淆。我皇上亲政之初,首举计典。"1652 年山西道试监察御史邵士标揭报。虽然皇太极和顺治两朝不断有新的则例颁布,但《会典》造成了混淆。邵士标奏请颁布新的法令和程序,以为澄清。"据会典之所载,酌时政之所宜,"他写道,"恭列肆款,为我皇上陈之。"这些建议涉及处置和禁止官员的某些行为,包括禁搪塞,禁请托,禁更换,禁反噬。邵士标认为,实行这些办法有助于约束官僚系统,而颁布新的规定取代《会典》则对行政程序的标准化大有裨益。[2]

但是,过了十四年,行政程序不明晰的问题仍然困扰着整个官僚系统。1666 年,内翰林弘文院侍读熊赐履奏称,直省官员贪酷乃因法制游移不定。他乞求皇帝,对现任督抚大加甄别,贤能者加衔久任,贪污不肖者,立赐罢斥。然后"参以古制,酌以时宜,勒成会典。"[3] 他又强调说:"乞敕议政王等详议制度,参酌古今,勒为会典,则上有道揆、下有法守矣。"[4]

2. 恩恤。早期的清代官员也发现了《大明会典》中恩恤制度存在缺陷。虽然《大明会典》为恩恤的授予和与此相关的葬礼、致祭提供了标准,但清朝官员很快就在其中发现了不少重要的矛盾之处。墓碑,即是其中之一。《会典》虽然规定了不同的品级和官职对应尺寸各不相同的墓碑,但对碑文的规定却语焉不详。一名内三院官员奏言,明朝恩恤官员,墓碑称诰赠某官某人之墓,亦有自将诰命之文刊刻碑文者,亦有不刊刻者。[5] 更重要的是,逐字逐句地照搬《大明会典》会带来这样的问题,即明代的品级和官衔与清朝并不完全一致。或许更糟糕的是,清代的官品和官衔自创立时就缺乏标准性。正如一位兵部官员在奏稿中所言:"阵亡武官应与优恤,查《会典》开载事例不一。"他继续列举了实践中的一些习惯做法,包括阵亡武官葬礼根据官职分别给银。例如守备恤银一百两,千总恤银八十两,把总恤银六十两,至于兵丁则恤银三十两……虽俱经请旨遵行,但未有画一定规。查阵亡情形各有不同,则优恤典例自应参酌至当。此时兵部面临的问题是澄清不同官阶官员的优恤典例并将其确定为法律。[6]

---

1 《清实录》,顺治十七年五月庚辰。

2 内阁大库档案 088932,顺治九年九月。

3 《清实录》,康熙六年六月甲戌。

4 "中研院"数据库《清史稿》列传四十九《熊赐履》。

5 《清实录》,顺治十三年一月乙酉。

6 内阁大库档案 163883,顺治九年十二月十一日。

1660年,由礼部起草颁布的《谕祭造葬例》采取措施处理上述问题。虽然不是专门针对阵亡而设,但规定了不同职衔官员造葬和祭祀的规格。这部则例的九个条文虽然以《会典》为基本参照,但在很多地方偏离它的规定。第一条规定,高级官员如照《会典》例造坟,仍照品级给与纸张、羊酒,遣官致祭一次。此外,则例规定了例外情形,指出承袭世职、效有勤劳者,题请祭葬,候旨举行。一些条款的内容以相同的方式引用会典的规定,即"各按品照《会典》例造葬";但其他条款则完全绕开了《大明会典》。例如,那些规定有阿达哈哈番世职的参领、协领、侍卫以及有拜他喇布勒哈番世职的郎中、员外郎和佐领的条款显然是新创制的,因为这些都是八旗世职。则例规定,这类官员阵亡,遣官致祭、造葬。[1]

3. 孝道。顺康年间,与《会典》不符的移封荣亲请求非常之多,令吏部官员应接不暇。在一些案件中,吏部坚持遵照《会典》的规定,如上所述;但是在某些案件中,他们选择创制新的事例。试举一例。1654年,江西南瑞道佥事安世鼎奏请移封生母。吏部查核旧例后发现,嫡母在,应不准移封。基于《会典》之规定,吏部建议对该奏请不予批准。然而,顺治帝并未接受吏部的建议,他下旨:尔部所引,虽系职掌,但会典乃前朝万历初年纂辑,中间开载亦多未备。今属我朝礼制,人子至情,宜加矜体。应将从前事例再行详酌以闻。[2] 随即,关于此类事务的规定便被修订,明代的则例被废弃。[3] 若干年后,类似的情况再次出现。山西布政使王显祚请将本身封诰移赠本生祖父母。吏部查核《会典》相关规定后发现,移封移赠限于京官,"但覃恩内外自应一体"。吏部经深思熟虑后认为:"王显祚应准移赠。"这一裁断引起了则例的变化:"内外官遇诏有奏请移封移赠者,俱准一体遵行。"[4]

关于守制之礼的变更同样是必要的,尤其是对于那些非汉族官员而言。由于《大明会典》中没有满官应如何守制的规定,创制相关标准就成为一项必要事务。1661年,吏部遵旨详查太祖、太宗满洲守制旧例,吏、礼二部并无旧册可考,惟有两个案例。一是顺治十年(1653)三月,礼部覆原任广东道御史,奉有三年丧礼,著照《会典》定例遵行之旨;另一个是同年六月,吏部题满洲、蒙古、汉军各官不便离任丁忧,自顺治十年(1653)起的八年里,这一非正式的做法已渐渐演变为可供遵循的先例。

---

1 《清实录》,顺治十七年四月戊子。

2 《清实录》,顺治十一年二月癸酉。这个案例的结果不得而知,《康熙会典》中的相关规定仍然很模糊。一方面,相关条文承袭明代,规定"凡嫡母在,所生之母不得并封"。然而接下来的条文又规定"凡封赠母,止封嫡母一人,生母一人,继嫡母不得概封"。前引《康熙会典》,第540页。这一问题最终在《雍正会典》中得以澄清。《雍正会典》中的相关条文认同此处引文中顺治帝流露出的情感,嫡母、生母、继母皆准给与封赠。台北"中研院"数据库《光绪会典则例》,第834页。

3 前引《康熙会典》,第535—548页。

4 《清实录》,康熙元年正月丁亥。

有鉴于此种情形，又恰逢创设守制之礼旨下，吏部议得："在京部院满洲、蒙古、汉军大小文官，仍应照定例守制一月，服满即出理事，私居持服尽三年丧礼；……至各省驻防及在外出仕汉军文官，伊父母在任病故者，仍应照例遵行；父母在京病故者，准其解任回京，以到日为始守制半年。"这一通行做法最终成为正式则例，后被纳入则例汇编之中。[1]

拒绝适用《大明会典》以及新的行政运作规则的形成，不仅仅是对正面临的、已经发展了的情势的应对，对重塑政治秩序也颇有助益。尽管很多场合清朝官员视《大明会典》为强化等级制度的权威来源，但当两朝的官品和职衔不一致时，或当互相矛盾的法规会引发官员渎职行为时，他们也发现《大明会典》存在很多不足。在诸如行政程序、封赠、守制等各方面，清朝的官员都觉察到《大明会典》的相关规定难以适用，并相应地做出修订。这些修订均致力于将满族行政体系正式化、法律化，将不同族群、八旗制度和新的官衔整合到一个统一的行政体系之中；1690 年《大清会典》颁布之时，它们获得了法律效力。

（三）朝贡关系

即使在对外关系方面，《大明会典》也存在不足之处。至康熙初年，清政权已然稳固，吸引了番邦使团前来朝贡。对此，《大明会典》中却无先例可循。试举一例。1663 年，陕西总督疏报，当哈尔佛僧进贡。[2] 礼部查《会典》并无当哈尔佛僧进贡之例，但礼部认为，他"倾心向化，应准其进贡"。[3] 1668 年，即当哈尔进贡数年之后，兵部题报称，一些来历不明的外国人出现在沿海地区，请求进贡和开展边境贸易。由于没有先例，该案发交礼部。礼部查阅《会典》后没有发现关于这些新来者的朝贡制度的记载，因而援引 1663 年与荷兰、1664 年与暹罗贸易之例。因与该两国的贸易关系自 1666 年起永行停止，因而礼部奏请不接受这些身份存疑的外国人的贡品，也不准其贸易。[4] 这个决定并非根据《大明会典》做出，因为其中并未记载任何类似的先例，因而无法对此提供准则。非但如此，礼部援引更为晚近的案例处理对外关系的做法，表明清朝官员已经开始形成和建立自己的事例体系。

---

1 《清实录》，顺治十八年九月庚寅。关于守制时间以及满汉之间标准的差异的更深入的分析，参见 Elliott, Mark C, *The Manchu Way: The Eight Banners and Ethnic Identity in Late Imperial China*, Stanford: Stanford University Press, 2001, pp.206 - 207。

2 该佛僧的身份、国籍不详。

3 《清实录》，康熙二年十月甲子。

4 《清实录》，康熙七年三月丁卯。

在现存的对外关系中,也存在创制新的事例的做法,其代价是《大明会典》中的相关规定被放弃。试举一例。1668年末,礼部题报,暹罗国进贡方物与《会典》不符。两国之间的贸易和外交关系应该遵循《大明会典》开载之先例,因而礼部题请"责其后次补贡"。考虑到"暹罗小国,贡物有产自他国者,"康熙皇帝说,"与《会典》难以相符,"免其补贡;并且修订则例,规定他们以后不必按照以往的数量进贡那么多。[1] 1673年,类似的待遇也授予吐鲁番——位于今天新疆东部,当时是清朝的一个藩属国。[2] 吐鲁番国王疏言,进贡方物,或仍照旧制,或作何定夺?礼部查得,1656年吐鲁番贡马324匹,奉旨减去,止令贡西马4匹,蒙古马10匹。其别项贡物,仍令遵照《会典》,包括单峰驼、匕首、葡萄和马鞍等。[3] 然而,1673年康熙皇帝下旨,吐鲁番距北京路途遥远,进贡殊难,以后只进贡马匹、玉石,其余各物免进。[4] 自此,这成为吐鲁番进贡的标准,在约二十年后《大清会典》最终编纂完成时,这一标准也被收录其中。[5]

《大明会典》的缺陷引致新则例的生成,而官员们也不断建议将这些则例编入一部全新的《大清会典》之中。他们认为,政府之中的非汉族官员以及新的职衔需要新的则例进行规定。类似地,他们也发现,要维持新政府的正常运行,必须在行政程序、恩恤和孝道等领域引入新的则例,而这些新的则例应当根据已经在各族群中执行的临时做法来制定。在朝贡关系领域,清朝官员也需要修订明朝的规则,以便应对变更的情势,并发展与新朝贡国之间的藩属关系。这每一个方面都反映出清朝作为一个多民族国家的独特愿景。在创建新规则和规范政府行为两方面,立法和政府结构的发展是相互影响、相互作用的。

五、《康熙会典》与秩序问题

1684年,康熙皇帝谕令编纂《大清会典》。此前五十年间,官员们曾向三位先后在位的皇帝请求编纂《会典》,均未获允准;结果,则例的数量越来越多。但1680年代早期发生的事情让当权者认识到,编纂《会典》的时机终于来临了。关于这个时机

1　《清实录》,康熙七年十一月己亥。

2　Tu-lu-fan. 有关吐鲁番的方位,参见前引《康熙会典》,第3716页。关于18世纪吐鲁番穆斯林的研究,参见Kwangmin Kim, Saintly Brokers, es pp.25－26。关于元、明两朝和吐鲁番的关系,参见Allsen, Thomas T., The Yuan Dynasty and the Uighurs of Turfan in the 13th Century, In *China Among Equals: The Middle Kingdom and Its Neighbors, 10th－14th Centuries*, edited by Morris Rossabi, pp.243－280, Berkeley: University of California Press, 1983, 243; Rossabi, Morris, Ming China and Turfan, 1406－1517, *Central Asiatic Journal* 16(1972), pp.206－225。

3　关于吐鲁番原贡物清单,参见前引《康熙会典》,第3718页。

4　《清实录》,康熙十二年六月辛丑。

5　前引《康熙会典》,第3716—3718页。

背后的逻辑的分析,没有档案或记录留存;因此,为了能充分地理解编纂一部清朝专属的《会典》的决定,需要更进一步的研究。但可以确定的是,在这段时间中出现的很多因素,共同促成了这样一种共识,即巩固新生的政治秩序需要一部系统的法律。

最重要的是,军事对抗的结束为合法性和规范化创造了新的契机。1681 年,清朝镇压了三藩叛乱,两年后盘踞在台湾的最后一支反清力量投降。这让清朝在这一年成为无可争议的统治者。这样的地位可以通过将政府的结构和运作制定为成文法规和法律汇编,获得进一步的合法性。此外,由于文职机构和人员不再需要参与战事,有足够的人力可以用于编纂会典。[1] 要进一步论证这些观点,需要做更多的工作;但上述两个观点是站得住脚的,特别是考虑到新生的清政府大规模的资料保存和立法趋势。[2]

17 世纪 80 年代早期也开启了清代政治的新纪元。平定三藩和台湾郑氏政权,导致主张在这些领土上实施封建和宗藩体制的老一代满族人政治的终结。[3] 他们被由年轻一代的满族人和中国南方人所组成的新一代官员所取代。这一新的群体并非如此前的政治集团那样按照旗籍形成圈子,而是按照地缘分为南北两派。如此一来,他们对维持八旗政治和满族中心式权力结构缺乏兴趣,而更在意在一个行政国家的等级中确保己方之人占据要职。这个时期的政治重心不再是关于国家愿景的争议,而是如何在现有的政治体制下积累政治和物质资源。[4] 这种情形让康熙皇帝可以把各派系玩弄于股掌之间,并借此确立最高权威;它也为推行一系列规范品级以及行政组织和运行的制度创造了有利的环境。[5]

在第一部《大清会典》的前页,康熙皇帝自己提到,政府需要一套统一的规则体

---

1 超过 70 名官员直接参与了编纂工作,并且提出编纂会典的奏疏经常会提及编纂的程序,其中包括在各衙门中选任搜集则例的官员。关于官员名单,参见李留文:《〈大清会典〉研究》,河南大学 2003 年硕士论文,第 12—13 页。

2 关于立法的趋势,见上文所述;同时,1672 年关于军事事务管理的专书(《中枢政考》)的出版,也可作为立法趋势的一个注脚。1670 年开始记录《起居注》和 1686 年《实录》的编纂,可资说明档案保存工作的扩大。

3 关于老一代满族政治家在三藩叛乱中的立场,可参见 Miller, Harold Lyman, Factional Conflict and the Integration of Ch'ing Politics, 1661 - 1690, PhD diss., George Washington University, 1974, pp.100 - 132。有关郑氏政权和台湾问题,参见克礼:《施琅的故事》,载《台湾文献》第五十三卷第四期,2002 年。

4 Spence, Jonathan D, The K'ang-Hsi Reign, In *The Cambridge History of China: Vol. 9, The Ch'ing Empire to 1800*, edited by Willard J Peterson, Cambridge: Cambridge University Press, 2002, pp.160 - 165.

5 有人认为,南方派推动了带有明代特色的会典的出版,并在这件事情上获得了皇帝的关注,但这并非事实。如两位总裁伊桑阿和王熙都是北方人。伊桑阿,满洲正黄旗人,旁系宗亲,在其供职于文官系统的漫长生涯中,曾于 1670 年代担任内阁侍读学士、经筵讲官等职。王熙也同样长期在清代的学术机关中履职,包括翰林院掌院学士、加尚书衔及太子太傅等。如上所注,他从康熙帝登基时就开始主张编纂一部具有清代特色的会典。

系。[1] 在纂修敕谕中,皇帝重提了在过去五十年中论证《会典》的必要性的理据:各朝各代都有自己的法令,且因时制宜,代有损益;条例事宜散见于卷牍,百司难以考稽。但是,他用了很大的篇幅说明清朝建立以来,法规的增长和将这些法规纂辑为一部成文法汇编的必要性。他说,这样可以使得法令清晰,政事规范:

> 太祖高皇帝大业开基,规模肇造;太宗文皇帝肤功耆定,轨物聿兴;暨我世祖章皇帝,统一寰区,创垂兼裕。诸凡命官定制,靡不准今酌古,纲举目张,郁郁彬彬,无以尚矣。逮朕御极以来,恪遵成宪,率由弗渝,间有损益,亦皆因时制宜,期臻尽善,俾中外臣工,知所禀承,勿致陨越。原其条例事宜多散见于卷牍,在百司既艰于考稽,而兆姓亦无由通晓。

由此,康熙帝认为有必要编纂一部《会典》。他命部院大小等衙门,各委属员,对本衙门则例详加察辑,汇编成书。[2]

自启动至告成,整个编修过程持续了六年。虽然正文前所列纂修官员职名仅有七十余人,但参与其事者显然不止于此。各部院、内阁以及政府各部门都抽调人员搜集过去六十年间形成的则例和颁下的敕令,并按照能够赋予其意义和内部自洽性的标准进行筛选和整理,以形成一个规范行政程序的成文法体系。乾隆朝《大清会典》对这个过程如是描述:

> 在京大小各衙门,令各该堂官选委贤能司官,专管清厘案卷,协同各本司官员,务将该衙门所隶应入会典事件分类编年,备细造送。[3]

编纂会典所依据的材料有各衙门内部档册,也有实录、题奏本和其他已经刊刻的书籍和办事指南等。[4] 其目的是搜集过去六十年间所产生的全部事例和法规,并提

1 此处关于《康熙会典》的讨论,乃是基于汉语版本。笔者最近发现五部现存的满语版康熙《会典》,它们都收藏在中国北京的国家图书馆珍稀图书阅览室,由于修复、搬迁等原因,直到本文发表前的最后阶段笔者始终无法得见。一份满语前言的扫描稿件显示,它是汉语版的对译;但是,强调的重心有所不同——满语版更加突出政治主体相对于官方行为的从属地位,后者逐渐规范化并演变为法律。满语会典所突出的这一点,与本文的结论不谋而合,并且将成为笔者后续研究的主题。

2 该敕谕《康熙会典》书首和《清实录》均有记载。

3 《乾隆会典则例》,来保奏稿。

4 关于编纂的过程和所依据的材料的研究,可参见郭松义:《清朝的会典和则例》,载《清史研究通讯》1985 年第 4 期;丁华东:《清代会典和则例的编纂及其制度》,载《档案学通讯》1994 年第 4 期。朱金甫:《略论〈大清会典〉的纂修》,载《故宫博物院院刊》1995 年第 1 期;李留文:《〈大清会典〉研究》,河南大学 2003 年硕士论文。

取其中与特定的社会和政治组织愿景最为相关和最为重要的材料。由此可见,《大清会典》是一部根据清代的事例和实践而精心创制的文献,它是有意识地设计的成果,与发展中的新生国家组织保持一致,因此并非简单照抄明代。

《大清会典》中康熙帝的御制序言提到了三个不同主题。第一,强调会典在国家组织和管理中的重要性;第二,阐明了会典的本质和它们的功能;第三,需要把一般的组织原则适用于具体情况,并相应地重新创制规则和法律。[1]

明朝的皇帝在御制序言中,试图将会典和普遍秩序观念相联系,进而论证其法典化。[2] 但康熙皇帝强调对秩序的需求,而此需求要通过积极的立法和将其转化为法律条文来达成。他开篇写道:"自古帝王,宪天出治,经世宜民,莫不立之章程。"他认为秩序和管理,正是通过建章立制实现的。"大中之轨立,则易而可循;画一之法行,则简而可守",所有的规则都应转化为法律,以确立普遍的行为标准。"制治保邦之道,"他说,"惟成宪是稽。"他补充道,上古帝王与各朝开国者皆如此行事。这确保了和谐和繁荣。对于康熙帝而言,统一的法律是被证实了的正当而有效的统治手段。因而,对于统治者而言创制法律并依法统治就是必要的了。

第二个主题,康熙帝强调法律背后隐藏的原理,以及它们如何在实践中发挥作用。他首先以古代典籍《尚书》和《周礼》为例,然后强调尧、舜创制的九官体系和周朝设立的"六卿分职,各率其属"的制度,实现了"责有攸归,斯事胥就理"。在康熙帝看来,这些关于行政组织和规则的内容正是法律之核心,它们被之后的各朝代所沿用,并奠定了《明会典》的基础。国家之本在于等级秩序,而此需众官依循朝廷法度,各司其职,各担其责。

在康熙帝看来,与其说会典中的大经大法是圣贤之作而为各代遵循,不如说是由人创立并不断发展的,正如他在第三个主题中所言。整篇序言以历史发展的视角,展开合法性论证。全文以古时帝王建章立制开篇,通过论述经世宜民之法在各朝代之间的递嬗,最终说明了清朝是这些规则的合法继承者。康熙指出,《唐六典》《宋会要》仿自《周礼》,但都根据各自朝代的需要作出了调整。类似地,《大明会典》具有同样的特质,因为它反映了明代的现实情况。"虽三代制作不能尽同,要皆举弘纲、详细目,变通因革,亦各其宜也。"清朝自然也有一部创规立制史,这些规制均被吸收为法律以支持新的秩序。康熙称努尔哈赤"肇造区宇,戡乱救民,当草昧缔构之初,而法制惟新,规模大定";皇太极"式廓丕基,聿纬以武,聿经以文,典则科条,次第厘

1 这个划分是我个人对康熙《会典》御制序言的理解。序言文本见于会典开首页。前引《康熙会典》,第1—8页。

2 明朝编纂的四部会典皆有御制序言。尽管明会典现存只有两部,但所有四篇序言《万历会典》都有收录。参见《万历会典》,台北国风出版社1963年版,第1—8页。

举”;顺治帝“同风六合”。康熙帝接着说,多年来形成的各种规制和惯例纂辑成《会典》,“纲维条格,甄录无遗”;并夸耀道,会典告成,使“国家典章弘备,视前代加详”,且并非仿自前朝典籍,而是“本之实心,以相推准,而非缘饰虚文,铺张治具”。

皇帝在会典序言中的论述表达了某种国家构想,而这种国家构想在会典的法条中具体地被表征出来。它概述了对在政治组织中创立规则和法律的重要性的理解,而这个组织的本质在于一种等级化的品级和职衔体系,且每一个朝代都会对这些内容进行重构,以适应各自的社会和历史情境。事实上,在政治秩序重组过程中,同步形成的清代惯例和规则的汇编《大清会典》的内容正是如此。

可以肯定的是,《康熙会典》所表述的国家结构和实践仅是国家愿景的一种可能。其他在政治斗争中失利的各方的愿景,随着康熙帝的掌权和对党争的控制而被抛弃。例如鳌拜主张旗人政治而非任人唯才的官僚政治,这使得诸如内务府、理藩院、议政王大臣会议等机构在政治决策中发挥更大的影响,与此同时,那些在顺治年间设立的内阁、都察院和翰林院等则被取代。顺治及康熙初年,鳌拜及其同党想要以八旗的组织和权力结构——而非官僚体制——为中心建构政权。这一愿景最终在1680年代遭遇失败,取而代之的是在1690年告成的第一部《大清会典》中详尽描述的方案。

结　语

康熙《会典》的颁布开启了一个规则的制定和规范化阶段。[1] 这部规模宏大的法典和则例汇编,在结构和内容两个方面为此后的则例和行政行为的法典化提供了范本。这第一部《会典》颁布约40年后,雍正皇帝对《会典》进行修订后予以颁布,扩充了法规和事例的规模,但承袭了由第一部《会典》所确立的结构和形式。乾隆、嘉庆、光绪皇帝都予以仿效,颁布了这部行政法典的修订和扩充版本。清代总共编纂了五部会典,虽然之后的每一部都以《康熙会典》作为其法规制定和规定内容的蓝本,但立法者渐渐发现,会典中的规定太过具体,事例过于繁复,因而难以继续将其置于同

1　清朝前期的行政标准化和法典化进程,不仅在中国历史上,而且在早期现代世界中,都标志着政府规范化和法律发展的一个重要时期。在中国,这个进程似乎始于明中叶: Langlois, John D., The Code and Ad Hoc Legislation in Ming Law, *Asia Major* 6, no. 2(1993): pp.85-112。类似的发展在奥斯曼帝国大致上始于同一时间: Burak, Guy, *The Second Formation of Islamic Law: The Hanafi Schoolin the Early Modern Ottoman Empire*, Cambridge Studies in Islamic Civilization, New York, NY: Cambridge University Press, 2015; Buzov, Snjezana, The Lawgiver and His Lawmakers: The Role of Legal Discourse in the Change of Ottoman Imperial Culture, PhD diss., The University of Chicago, 2005。

一文本之中。自《乾隆会典》开始，他们将原则性规定和事例分开，将后者以《会典事例》的形式颁布。这样安排既方便对法规及关联案例的检索，同时又通过一个详尽的附件形式保留了它的发展和实践的轨迹。[1]（此后的《嘉庆会典》《光绪会典》虽然在规模和表达上有所增长，但是延续了《乾隆会典》确立的分立模式。）除《会典》外，一部律典在1740年颁布。这部律典，亦即《大清律例》，仿效会典体例，按照六部和主要行政机构编排法条，并规定了违反《会典》所应受的惩罚。[2]

作为清朝行政组织和运作的基础，《康熙会典》是国家制度的法律表达。《会典》所载的法律和规定，是伴随着清朝政治秩序的形成而发展起来的，发挥着统治和管理基础的作用。这些法律把多元化的民族和阶层紧密结合在一起，形成一个统一的政治实体，并在军事和行政事务中赋予他们以共同的利益和目标。正如上文所述，这个目标的核心要素是行政组织和程序。清代官员沿用明代的规定作为准则，处理行政组织和日常工作中的紧急事务，但不断发现明代的规定对于新的情况没有涉及或不适合。所以，他们提出修订前朝规定，并制作一部新的法律汇编。在行政组织方面，在政府中除汉人外，满洲、蒙古和汉军的存在，产生了一个明代法规中没有涉及的问题，宗亲参与政事问题也是如此。这与清代特有的组织制度直接相关，如八旗，因此对于诸如京城旗人和外省旗人之间的差异之类的事务，《大明会典》并未规定。随着政治关系不断理顺和明晰，反映新兴的权力和阶层关系的法案开始出现。这些新出现的法案随后被编纂成行政法，在1690年《康熙会典》中颁布。

17世纪的这种行政法形成和表达的方式，使得很多18世纪的发展成为可能。一支有着明确办事程序的、组织化的行政官员队伍，可以有效地应对紧迫和长期的挑战以及帝国的发展。如，领土扩张，必须具有高效的动员和信息传递的能力；[3]应对诸如灾荒和叛乱之类的危机，需要有效地调配资源以恢复地方秩序。[4] 这套行政体制也为行政改革奠定了基础，如军机处，它有赖于明确官员在面对皇帝时以及在政府

1 朴兰诗致力于乾隆会典发展的研究，她的一项前期研究成果在我组织的2014亚洲研究年会东北分会上宣读。Park, Nancy, The Evolution of the *Huidian* and the Creation of the *Huidian Shili*, 1724 - 1764, University of Connecticut, Unpublished conference paper, presented at the 2014 NEAAS conference, Cited with permission, 2014。

2 有关清朝律典演变的分析，参见郑秦：《康熙〈现行则例〉：从判例法到法典法的回归》，载《现代法学》1995年第2期。

3 濮德培在其China Marches West一书中分析了政府（行政人员）在领土扩张中所起的作用。Perdue, Peter C., *China Marches West: The Qing Conquest of Central Eurasia*, Cambridge, Mass.: Belknap Press of Harvard University Press, 2005。

4 Will, Pierre-Etienne, *Bureaucracy and Famine in Eighteenth-Century China*, Stanford: Stanford University Press, 1980.

中扮演的角色、承担的任务和惯常的工作方法。[1] 职权明确的组织化官职系统,形成了一支有凝聚力的官员队伍,致力于维护统治的共同目标。这部体现清朝独特性的《会典》,就是这样的政府及其运作的成文化表达。

1 Bartlett, Beatrice S., *Monarchs and Ministers: The Grand Council in Mid-Ch'ing China, 1723 - 1820*, Berkeley: University of California Press, 1991.

清代充军的“流刑化”及内地军流犯的过剩问题*

[韩] Kim Hanbark** 著 赵 崧*** 译

前 言

以流刑、充军、发遣为主的清代流放刑，是降死一等的重刑。反过来说，它在非死刑中占据最高刑的重要地位。如此重要却不能有效发挥功能的话，除了会损害死刑和非死刑间的差等，也无法满足前近代中国刑罚中预防相应犯罪的主要目的。因此，在前近代中国，人们围绕降死一等之重刑的恰当性展开了积极的讨论。关于明清时期降死一等之重刑的流放刑的形成，必须结合当时的历史背景来考虑。

追溯清代以前降死一等之重刑的源流，到汉代为止，执行的是永久毁伤犯人身体的一部分，使其无法逃跑，再强制其劳动。汉文帝时肉刑被废止，此后取而代之的是不毁伤身体而判处以强制劳动为内容的耐刑和将犯人迁往边境的迁徙。[1] 耐刑和迁徙在唐代确立五刑时，分别以徒刑和流刑的形式出现。特别是流刑，在五刑的刑法体系中，作为降死一等的刑罚被使用，在深受唐律影响的明代和清代的刑法中，以流刑为代表的流放刑，其地位也不可动摇。可以说，降死一等的刑罚是按照“肉刑→劳役刑→流放刑”的顺序演变下来的。

以往对清代流放刑的研究，多从法制史和边疆研究两个方向进行。法制史的研究主要侧重于清代流放刑的性质和执行过程，[2] 考证清代流放刑中充军、发遣等各刑

---

* 本文原题为《清代充軍の“流刑化”と内地軍流犯の過剰問題》，载《東洋史研究》第76卷第4号，2018年3月。

** Kim Hanbark，日本京都大学文学研究科博士研究生。

*** 赵崧，日本京都大学法学研究科博士研究生。

1 滋贺秀三：《中国法制史論集法典と刑罰》，创文社2003年，第314—319页。

2 尤韶华对照来明代和清代的充军，强调了两者的性质完全不同，清代充军犯人并不充当军役（《明清充军同异考》，杨一凡总主编、苏亦工本卷主编：《中国法制史考证》甲编第七卷，中国社会科学（转下页）

罚的实体。另一方面,关于清代边疆地方的研究,是通过对边疆社会与屯田的发展来理解流放刑的,[1]其考察边疆政策以及送往边境的流放犯的作用,边疆流放地的变化等,以期深化对清代史的理解。

但是,这些先行研究尚有不足。法制史方面对流放刑与政治、社会的关系说明得并不充分。特别是关于充军的研究,虽然言及充军与流刑同等化的现象,但未明确说明其影响和意义。而边疆研究方面,对把犯人送往边疆的"发遣"以外的流放刑则少有注目。总之,关于内地的配所以及内地流犯问题的研究尚不全面。

把犯人送往内地配所的充军和流刑,作为降死一等的重刑被广泛使用,对判处充军和流刑而往内地迁移的军流犯进行管理。这对清朝来说,不仅是司法上的问题,也是与配所治安有关的重要课题。笔者曾论述过清朝为管理内地军流犯而将犯人送往新疆的可能性。[2] 那么,内地军流犯的管理问题在清代之所以凸显的原因是什么,具体带有怎样的形态?本文将探究从明代的理想蜕变而来的清代充军,并由此诞生的内地军流犯的实态——特别是军流犯的过剩收容,以及这一过程中所见的清朝立法精神和对现实的应对,和其所受传统刑罚体系的影响。

(接上页)出版社,2003年)。张铁网分析了官员、旗人、少数民族、民人、奴婢等不同犯罪主体所适用的流放刑的形态(《清代流放制度初探》,《历史档案》1989年第3期)。王云红在中国传统刑罚体系上考察清代的流放刑罚,高度评价了基于道里表的清代配所选定。特别称考虑时间、场所、犯人性格等执行流放刑罚的发遣,是"流放刑罚在封建法律体系中发展的最高峰"(《论清代军流〈道里表〉》,《历史档案》2012年第2期;《清代发遣刑论略》,《兰台世界》2012年第22期)。此外,在法制史概说中提到清代流放刑的有 Derk Bodde and Clarence Morris, *Law in Imperial China*(Harvard University Press,1967)以及滋贺秀三:《中国法制史論集法典と刑罰》,创文社 2003 年。

1 JoannaWaley-Cohen 分析了清代中期的流放刑,指出发遣新疆是清朝边疆开发政策的一环。(JoannaWaley-Cohen, *Exile in Mid-Qing China*, Yale University Press,1991)。川久保悌郎认为,清代的配所是为应对边疆地带的扩大和新地区的经营必要而变化(《清代に於ける邊疆への罪徒配流について:清朝の流刑政策と邊疆　その一》,《弘前大学人文社会》15,1958年。《清代満州の邊疆社会:清朝の流刑政策と邊疆　その二》,《弘前大学人文社会》27,1962年)。濮德培的见解与之相似,清朝意图通过在新疆屯田而使帝国对该地区的统治趋于稳定。判处发遣的犯人正是迁往边疆的最适合对象("The Agrarian Basis of Qing Expansion into Central Asia", *China Marches West: The Qing Conquest of Central Eurasia*(Belknap Press of Harvard University Press,2005)。杨合义和任树民研究了送往边疆的犯人们对边疆社会带来的影响(杨合义:《清代東三省開発の先駆者:流人》,《東洋史研究》第32卷第3号,1973年。任树民:《清代西部另类移民——军犯》,《青海师专学报》2006年第6期)。王希隆认为汉唐以来历代王朝尝试的西北屯田,至清代最为成功的原因是通过动员士兵、移民、遣犯(处以发遣而送往的犯人)以及当地的回民,确保了劳动力(《清代西北屯田研究》,兰州大学出版社,1990年)。

2 拙稿:《18세기清朝의軍流犯관리와新疆으로의發遣》,《明清史研究》第45卷,2016年。

一、充军的“流刑化”

（一）明代充军的立法意图

充军是将犯人充作军役的刑罚，在清代基于配所的距离和状况分出五个等级。[1] 据沈家本考证，从秦汉时期开始，充军就作为特别刑罚存在，到了魏晋时期开始作为通常的刑罚发挥作用，而到了宋代与流刑则完全分离成为独立的刑罚。[2] 进入明代后被制度性地固定下来了，并在明清时期的法制内占有很大的比重。

明代的充军是基于军户制而设置的刑罚。军户制将军籍和民籍分离，军籍以通过屯田实现军队的自给自足、稳定补充军役为目标。但是军户的役要比民户的更重，从明初开始，脱逃就已让人担忧。[3] 洪武三十年颁布的《大明律》中，有 28 个条文规定了充军的处罚。其中多数是对军人的违法所进行处罚的充军。此外，关于军的分工和充军的执行也有很多条目。[4] 从充军的条目来看，可见补充军户的流失和对军人的处罚是充军的本来目的。举前者的例子，有对隐匿逃亡军人者或杀害军人者处充军的情况。举后者的例子，有军人不履行职务、私卖兵器或收受贿赂的被规定为违法行为。而且，如军人偷盗一定额度以上的财物、物资时，根据“军官军人犯罪免徒流”律，所犯徒罪或流罪替换为充军的情况也有。

对军人的徒罪、流罪，替换为执行充军，反映出了维持军户的意图。如果对军人执行徒罪，那么相应期间内军役就会不足。因为流刑是将犯人送往配所，编成民籍的刑罚。对军人执行流刑的话，军户就会缺员。所以执行充军来替代徒刑和流刑，就同时实现处罚和维持军户的目的。另一方面，从军人的角度来看，充军无非是调到其他

---

1 清代的充军有“附近充军”、“近边充军”、“边远充军”、“极边充军”、“烟瘴充军”五个等级，分别送往距离原籍地二千里、二千五百里、三千里、四千里的地方以及烟瘴地区。

2 沈家本反驳了王明德《读律佩觿》的充军从明代开始说，论述了充军的更早起源（《充军考》，充军考上）。

3 于志嘉认为军人的缺员补充和逃军的抓捕是明初兵部的两大工作（《明代军户世袭制度》，台湾学生书局 1987 年，第 50 页）。

4 洪武三十年与充军有关的 28 个条目是：名例律“文武官犯私罪”“军官军人犯罪免徒流”“杀害军人”“在京犯罪军民”，吏律“选用军职”“官员袭荫”，户律“人户以籍为定”“私刱庵院及私度僧道”“隐蔽差役”，兵律“宫殿门擅入”“从驾稽违”“关防内使出入”“门禁锁钥”“擅调官军”“军人替役”“主将不固守”“纵军掳掠”“不操练军士”“私卖战马”“私卖军器”“纵放军人歇役”“公侯私役军官”“从征守御官军逃”“诈冒给路引”“递送逃军妻女出城”，刑律“诬告充军及迁徙”“私收公侯财物”“稽留囚徒”。其中，只有“私刱庵院及私度僧道”和“隐蔽差役”律的犯罪内容和军人无关。

的卫所。如“军官军人犯罪免徒流”律的“免”字所示,免于徒刑和流刑可以说是一种特惠。[1] 但是,在重罪的场合,明示以边卫为充军之配所则在调动中加入了流放刑的惩罚要素。

进入明代后期,对于和军无关的犯罪行为,也广泛适用充军,这是依据万历十三年(1585)随《问刑条例》同时公布的“附真犯死罪充军为民例”。它对万历《问刑条例》所收入的条例,根据处罚的刑罚名而进行了分类。如果将充军罪目以下的条目以律为别进行合计的话,与充军的量的增加(全部249条,是洪武的九倍)相配合,内容上也有所变化。《大明律》时,因为大部分的充军罪是与军人有关的条目,属于兵律中充军的比重(28条中就有16条之多)较大。但是,万历年间,刑律(87条)所占比重变为最大超过了兵律(55条),可见充军在和军无关的罪中也被广泛采用。[2]

这样的变化和明代几乎不执行流刑有关。原因之一是存在大范围的赎刑行为。从继承嘉靖、万历的问刑条例,事实上完成定例化的弘治《问刑条例》的相关条例[3]来看,除真犯死罪和充军外,笞杖徒流及杂犯死罪都是赎的对象。无法缴纳赎物而判定为“无力”的人和革职的官人,徒流罪也通过有期工役来替代。此处的充军非赎刑的对象,有关于此,滋贺秀三推断是因为充军正是作为死刑的赎刑而产生的。[4] 不过考虑到面对普通犯罪的扩大倾向,明代的充军可以说是不带有流刑作为实刑的较强惩罚效果,同时具有实罚的意义。明代中期以后,新的充军罪目,大多数是相当于原来徒流的罪,如果量刑不变为充军,则应该是会成为赎刑的对象。

如上,明代中期以后的充军有两个目的。首先,作为降死一等的重刑,是为了抑制严重犯罪——从现代刑法的观点来看,相当于一般预防。在这一点上,充军具有和流刑不同的作为实刑的功能。当然,对犯人的改造也被考虑进去。另外一个目的,则是将军籍外的犯人编入军户来驱使。

1　吴艳红认为洪武时的充军是对军人来说轻,对民人来说重的刑罚(《明代流刑考》,《历史研究》2011年第22期)。

2　即使分析条例的内容,处罚和军人无关的行为的情况也多数存在。例如,“王府人役假借威势,侵占民田,攘夺财物,致伤人命,除真犯死罪外,徒以上,俱发边卫”、“文职官吏、监生、知印、承差,受财枉法,至满贯绞罪者,发附近卫所充军”、“卑幼殴期亲尊长,执有刀刃赶杀,情状凶恶者,虽未成伤,依律问罪发边卫”、“威逼人致死,……一家三命以上者,永远充军”等。

3　弘治《问刑条例》(杨一凡、曲英杰主编:《中国珍稀法律典籍集成》乙编第二册,科学出版社,1994年)“凡军民诸色人役、及舍余审有力者,与文武官吏、监生、生员、冠带官、知印、承差、阴阳生、医生、老人、舍人,不分笞杖徒流、杂犯死罪,俱令运炭、运灰、运砖、纳米、纳料等项赎罪。若官吏人等,例该革去职役、与军民人等审无力者,笞杖罪,的决;徒流、杂犯死罪,各做工、摆站、哨瞭。情重者,煎盐、炒铁。死罪,五年;流罪,四年;徒罪,照徒年限。其在京军丁人等无差占者,与例难的决之人,笞杖亦令做工”。

4　滋贺秀三:《中国法制史論集　法典と刑罰》,创文社2003年,第234页。

（二）清代充军的变质——配所、差役

乾隆五年《大清律例》卷四十至卷四十七的“总类”中有2364条量刑和执行的规定。[1] 其中和流放刑有关的规定有484条，占全部的约20%。详细来说，流刑相关的有208条，充军相关的有228条，发遣相关的有28条，其他口外为民、迁徙、烟瘴为民等相关的有20条。由此可见，尚残留有口外为民、烟瘴为民，[2]以及发遣在流放刑中只不过占少数。充军在法制中占很大比重是延续了明代刑罚体系的原因。

但是在清代，刑罚的内容已经大为变质。沈家本举出了清代的充军和明代的四个不同点：① 明代的充军是把犯人全部送往卫所，清代已经没有卫所，军犯和流犯一样没有应归属的地方；[3]② 明代使军人免于徒刑和流刑而充军，而清代的军人和一般人同等受徒刑和流刑；③ 清代军人和一般人的处罚未有区分（明代针对犯罪主体是军人、还是一般人的区别在条例内有明示）；④ 清代制定了“五军”体系，“充军地方”律被加入《大清律例》。[4]

除了④以外，其他是因为明清两代的兵制不同。作为清代兵制基础的八旗和绿营，和明初的军户制有着本质的差异。对于旗人，因为担心其战斗力丧失，即使犯了徒罪、流罪、充军，也只作为相应刑罚的代替以枷号（戴重二十五斤、长二尺五寸的枷的刑罚）处罚。[5] 此外，旗人享有特定条件免除死刑、刑事案件发生时在旗内审理等司法上的特权[6]。另一方面，绿营兵在明代中叶以后，开始由募集的士兵编成，[7]因为清代也同样通过募兵来维持，[8]军户那样的成员脱逃已非致命问题。因此，将犯罪的绿营兵作为军人留置的必要性才相对降低。

---

1 乾隆五年《大清律例》中有436条律和1043条条例。但是，因为一条律或条例中包含了多种情况和量刑，所以按照刑罚分类罗列相关规定的“总类”的条数超过了律和条例的条数。

2 口外为民是把犯人送往口外地区，编入该地民籍的刑罚，始于明代天顺年间。明代时将北直隶境内长城外的隆庆、保安二州作为配所。这些区域生活环境恶劣而作为受重刑犯人的配所。烟瘴为民是把犯人送往有热带水土病（烟瘴）的地区，编入该地民籍的刑罚。一般刑法上将两广和云贵四省的部分地区指定为烟瘴地区。

3 清代的军犯，取卫所而代之，送往州县，在该地入籍，沈家本认为这偏离了充军的本质，“明代充军皆发卫所，今卫所裁矣，军无所归与流等耳”。

4 《充军考》，充军考下。

5 乾隆五年《大清律例》卷四“犯罪免发遣”；《清史稿》卷一四三《刑法二》。

6 林乾：《清代旗、民法律关系的调整——以“犯罪免发遣”律为核心》，《清史研究》2004年第1期。

7 楢木野宣：《清代緑旗兵制の研究》，《清代重要職官の研究：満漢併用の全貌》，风间书房1975年，第350—351页。

8 大谷敏夫：《雍正期を中心とした清代緑營軍制に關する一考察：特に營制・財政問題を中心として》，《東洋史研究》第34卷第3号，1975年，第406—420页。

在四个不同点中,充军的变质对流放刑的变迁产生了最大的影响。这是因为作为军犯应归属场所的卫所消失了。但是雍正年间以前,仍将军犯送往卫所役使。康熙五十四年(1715)刊行的《大清律辑注》[1]中对流刑和充军有以下注释。[2]

流之上即死罪矣。其充军一法,乃是后起之例。以所犯情重,流不足以尽其罪,又不可即坐以死,故今充军。流止远地为民,终身不返,军则入衙当差,且有永远、极边、烟瘴地方者。多见于条例,而律内亦间有之,不在五刑之列也。

《大清律辑注》刊行时,充军依然带有降死一等重刑的存在意义。充军的惩罚要素主要是将犯人编入卫所差役。但是,雍正年间进行了卫所的缩减。先后把没有屯丁、完全失去自给自足功能的卫所,和与漕运无关的卫所撤废改并入州县。[3] 其结果是,到了雍正四年(1726)绝大部分卫所被撤废,改并后的州县官负责管理军犯。[4] 关于发送军犯的管理,雍正九年规定超过六十岁不能自谋生计的军犯送入养济院支给食粮,年轻有力的军犯则自食其力。[5]

这一动向在以卫所在籍者为对象的"军籍有犯"律中也有反映。雍正三年(1725)的律文和乾隆五年(1740)的律文相比,删去了"佥差"字样。有关这一点,《大清律例根原》解释为"今军籍与民籍无别,并非另有差役,应删"。[6] 充军至此变为没有差役的刑罚。

乾隆七年(1742),所有军犯改为送往州县。从引发这一变化的漕运总督常安的奏折中可以推测其原因:[7]

臣查,各省充军人犯,每一解到院、司,即发各卫查收,卫守备传集各伍旗丁公阄。阄着某丁,即令收管。一具收管之后,为之经营衣食,稍不当意,遂致逃亡,则主守之丁难辞疏纵之罪。初则勒限追拿,继则解审问拟,倾家荡业,受累无

1　该书是清初著名幕友沈之奇结合三十余年幕友生活积累的法律经验和既存注律成果,作为清代律学辑注的代表作而闻名(《大清律辑注》,法律出版社 2000 年,怀效锋、李俊"点校说明")。

2　《大清律辑注》卷一,"五刑"。

3　楢木野宣:《清代綠旗兵制の研究》,《清代重要職官の研究:滿漢併用の全貌》,风间书房 1975 年,第 369—373 页。

4　光绪《钦定大清会典事例》卷七二一,"军流",雍正四年。

5　《清实录》,乾隆二年七月丙午。

6　《大清律例根原》卷三,"军籍有犯","臣等谨按,本朝卫所,改隶州县者甚多,应增注。又'附籍'下'佥差'二字,查系前代事例。今军籍与民籍无别,并非另有差役,应删"。

7　常安"漕运总督常安为请停运丁收养军流事奏折"(《乾隆朝管理军流遣犯史料(上)》,哈恩中编选,《历史档案》2003 年 4 期),乾隆六年。

穷。臣莅任后，据江南、扬州等卫旗丁，纷纷控诉前来……至于现运旗丁，既已身当运差，岂可复责他事。

据此可知，改由州县管理军犯的原因是卫所的旗丁有负担。他们因管理军犯而陷入贫困的原因在于军犯已不是劳动力、而仅仅是管理的对象。因为军犯有自谋生计的需要，[1]除了不能离开配所外，保有一定程度的自由。但是这同时也意味着逃跑的可能性变得更高。与以军犯为卫所劳动力的明代相比，清代的管理负担应该会更重。

由于将军犯留在配所事关所谓充军的惩罚实质，所以在清朝，军犯逃跑后会把管理官严格问责。军犯单身逃跑时，该管官“罚俸六个月”，兼辖官“罚俸三个月”。一年内未能抓获，罪责加重，分别“罚俸一年”及“罚俸六个月”。而军犯和妻儿一起逃出配所时，分别处“罚俸一年”和“罚俸六个月”。[2] 显然这样的惩戒也给了在他们底下管事的旗丁以压力。

清代卫所的作用局限于漕运，军犯至此也不会被使役。[3] 其结果，充军也事实上变得与流刑一样，只是将犯人送往遥远处使其不得返回的刑罚。并且因为卫所被废止，州县不得不担负起管理军犯的新任务。

（三）清代充军的变质——佥妻、赎罪

充军的变质，不仅是其使役的目的消失，而是明代充军所带有的减死一等重刑的性质也被弱化了。作为充军特殊性消失的明显表现，可以举出佥妻和赎罪规定的变化来论证。

佥妻是将军犯的妻子一起发送的意思。明代的充军附加佥妻，会根据情况，执行将犯人一族代代作为军户服务的“永远充军”。但是，清朝在乾隆年间废止了佥妻的规定。乾隆四年，除强盗减等情况和罪情重大的情况外，对请求将妻子留于家中侍奉父母者，免除佥妻；从乾隆九年开始，对因减刑而处充军和流刑者中不希望佥妻者，同样免除佥妻。[4] 乾隆二十四年(1759)后，对连坐以外的军流遣犯，全部

1 拙稿：《18 세기清朝의軍流犯관리와新疆으로의發遣》，《明清史研究》第 45 卷，2016 年，第 250 页。

2 光绪《钦定大清会典事例》卷七二一“军流”，康熙十一年。

3 安西总兵官张嘉翰提议将安西所属卫所的军流犯充入军伍，雍正帝以此等重犯人难于管理为由拒绝了(《清实录》，雍正十年十月丙子)。

4 《清实录》，乾隆四年五月辛亥、乾隆九年三月甲子。

废止佥妻。[1] 与明初的“永远充军”相比，这一变化可以说是显著的。

到了清代，一部分充军会被允许赎罪。在明代，虽然杂犯死罪以下的大部分刑种都是赎罪的对象，但充军例外，带有不可赎罪的特殊性。然而，康熙十九年（1680）以后，有允许赎罪的情况：[2]

> 革职处分等官、及各项人犯，有愿认修葺京都城楼、公署，及仓库、牌楼赎罪者，除十恶等实犯死罪[3]、奸细、光棍、诬告、叛逆、防火等罪不准认赎外，其余斩、绞重罪，并充军、流、徒人犯，具呈工部。查核情罪轻重与例相符，具题定限修理，完日免罪。

由此可知，并非仅限特定犯罪，充军也可以通过从事工役进行赎罪。但是，与明代不同，清朝关于徒刑以上的罪，坚持仅限由例规定的情况允许赎罪的原则。相对于明代除充军和实犯死罪外几乎所有情况都承认赎罪，[4]清代则根据犯罪状况，在例中明示是否适用赎罪，在严格执行赎罪的同时，把充军也纳入了赎罪的范围。

此外，即使是因原则上不允许赎罪的特定重罪充军，也有可以采用赎罪的方法。在清代，除律所规定的三种赎罪方法[5]以外，还有所谓捐赎制度。即便是不允许赎罪的案件，督抚也可以酌量情状奏请赎罪。[6] 因为不允许纳赎的罪名也是其对象，所以高额的赎银必不可少，如此经过督抚的判断就有可能赎罪。

这样的变化大大改变了充军的性质。明代的充军在充军是实刑、充军是从事被逃避的军役、永远充军时除自身外家人也被发送等方面与流刑相区别。而清代则除去了以上要素。

1　光绪《钦定大清会典事例》卷七二一“军流”，乾隆二十四年。

2　也称为真犯死罪。死刑的实际执行仅限犯了重罪的情况，杂犯死罪实际不执行死刑，而是减等到死刑以下的刑罚或是赎罪。真犯死罪和杂犯死罪在量刑阶段就已区分，根据滋贺秀三的说法，这样的区分最早确立于明代的《诸司职掌》（滋贺秀三：《中国法制史論集　法典と刑罰》，创文社 2003 年，第 230—232 页）。

3　光绪《钦定大清会典事例》卷七二四“赎刑”，康熙十九年。

4　根据陶安的说法，明代的赎罪是根据所赎之罪来赎刑的一种换刑（《中國刑罰史における明代贖法：唐律的“贖刑”概念との比較》，《東洋史研究》第 57 卷第 4 号，1999 年，第 125—127 页）。

5　乾隆五年《大清律例》卷四“五刑”，“赎刑（五刑中俱有应赎之款，附列于此，以便引用）；纳赎（无力依律决配，有力照律纳赎）；收赎（老幼、废疾、天文生及妇人折杖，照律收赎）；赎罪（官员正妻及例难的决，并妇人有力者，照律赎罪）”。

6　捐赎在制度上的完成，据光绪《钦定大清会典事例》卷七二四“赎刑”条是在雍正十二年。详细的手续可见该“赎刑”条乾隆二十七年的记录。

充军的变质在实务上也能看到。对于充军,原本兵部的分工较多。不单京师籍犯人的配所由兵部决定,地方犯人的配所也必须在巡抚决定后向兵部报告。[1] 乾隆二十四年,署理北城巡城御史范弘宾上奏要求简化执行充军的复杂手续。根据他的说法,京师的军犯由刑部定罪后送往兵部登记,直到送往配所之日为止。该军犯的收监地,可能是刑部的南所或北所以及五城的司坊。然后将军犯押往兵部,在兵部指挥下送往配所。也就是说,有"刑部→兵部→刑部的两所(或者五城的司坊)→兵部"的复杂手续。范弘宾上奏,省略定罪之后马上送往兵部登记的环节,将收监场所统一为刑部的两所,减少繁杂之外,还能清除吏役的舞弊。[2]

充军刑罚此时正在渐渐失去其本质。将军犯收监在刑部或五城的司坊是因为兵部没有合适的收监设施。范弘宾上奏之后,由兵部登记军犯的手续取消,兵部的分工仅限于将军犯送往配所的实务。从充军本来的意义来看,已变得本末倒置。

(四) 流放刑的上下问题

前述变化表明充军失去了与流刑的区别,可称为充军的"流刑化"。在18世纪,这种变动迅速进行。并且为清代流放刑整体的结构与关联法案都带来了影响。

首先,刑罚的上下关系变得错综复杂。原本充军是作为比流刑更重的刑罚。从"应议者犯罪"的条例来看,二次犯流罪与各犯一次徒罪和充军,二次犯充军与三次犯流罪同样处理。[3] 另外,"犯罪免发遣"对于旗人将流刑及充军换为执行枷号,流刑的三个等级换算为五十日到六十日,充军的五个等级换算为七十日到九十日。特别需要注意的是,充军中最轻的"附近充军"——送往二千里距离的配所充军——的换算是七十日,比流刑最重的"流三千里"(六十日)要多。[4]

---

1 乾隆五年《大清律例》卷五"充军地方"。

2 范弘宾"署理北城巡城御史范弘宾为请除军遣重犯兵部挂号事奏折"(《乾隆朝管理军流遣犯史料(上)》),乾隆二十四年,"伏查,军、遣重犯,刑部定拟之后,咨送兵部,兵部挂号之后,仍将军犯带回刑部寄监,俟起程之日,兵部提取发遣,此定例也。……臣请敕下刑部,嗣后军、遣重犯,刑部定拟之后,毋庸咨送兵部,只将应遣军犯名姓,开单知照兵部,兵部亦毋庸点名挂号,徒滋弊窦,只按刑部原单名目登记钤印号簿,以备查核"。

3 道光《大清律例》卷四"应议者犯罪"条例"如有二次犯流,或一次犯徒、一次犯军,或三次犯徒者,均拟实发盛京。如二次犯徒、一次犯流,或一次犯流、一次犯军者,均拟实发吉林。如二次犯军,或三次犯流,或犯至遣戍之罪者,均拟实发黑龙江"。

4 乾隆五年《大清律例》卷五"犯罪免发遣"。

但是,随着充军"流刑化"的进行,二千里的"附近充军"或二千五百里的"边卫充军",与"流三千里"相比,实质上变成了更轻的处罚。沈家本也指出充军只是名目上比流刑重,事实上要轻,[1]薛允升则主张四千里"极边充军"以外的充军应该削除。[2]这样的矛盾意味着在量刑基准的刑罚间上下关系中会产生偏差,而无法忽视。然而乾隆三十三年采取的还是权宜之计。[3]

> 流犯脱逃,照军犯脱逃之例,递行改发。至流三千里者,发附近充军,免死减等流犯,改发边卫充军。至是,广西按察使图桑阿奏言,附近充军计程止二千里,边卫充军止二千五百里。以流三千里之犯,因逃加等充军,乃按道里较近,未免欲重反轻。寻经部议,凡此等脱逃流犯,改发附近及边卫充军者,俱就其现配地方,计程发配。若现配地方应配之所,即系原籍相近之处,而又地处边境再无别处可以改发者,仍从其原籍改发。倘原籍改发之所,又较原配相近,则视其拿获地方改发,均各照例枷责。

清代刑法对逃跑的流犯加等处以充军,但因为充军中已经没有了所谓差役的惩罚要素,会产生在原流放地的基础上加等的充军配所、反而会离原籍地更近的问题。但是,刑部在解决这一问题时没有做量刑的调整或强化充军的惩罚要素,而是以现在的配所而非原籍地为基准决定新的配所。清朝的方式是承认充军和流刑没有差别,但在不对主体框架进行修正的情况下维持法秩序。

清朝的方式在宏观上也能得到确认。下表是乾隆五年处以充军项目数和道光六年处以充军项目数的对照比较。

充军中将犯人送外三千里以上距离的"边远充军"、"极边充军"、"烟瘴充军"的类别与其他相比有了大幅的增加。暗示了乾隆年以后,作为与流刑相区别的惩罚要素,充军的配流距离被强调。清朝的立法者们为了解决充军和流刑的上下关系偏差,积极适用拥有比流刑的最高刑"流三千里"更强流放级别的充军。乾隆年以后在条例中新规定的充军,大部分是流放三千里以上,这是清朝针对充军"流刑化"而做出的改变。

---

1 《充军考》充军考下,"至其窒碍难通者,约有数端。明不以军为流罪之加等,随事编发,故不计道里之远近。今既以军为流之加等,而流三千里者加为附近,转近千里,是名为加重,实则从轻矣"。

2 薛允升《读例存疑》卷六,"充军地方","若以外满流之上罪无可加,不得不示以等差,似应专留极边足四千里安置一层,其余附近、近边,及边远、极边,均行删去"。

3 《皇朝文献通考》卷二〇五,"徒流",乾隆三十三年。

表 1 乾隆五年和道光六年的充军项目数比较

	乾隆五年(1740)《大清律例》"总类"						
	充军	附近充军	边卫充军	边远充军	极边充军	烟瘴充军及极边烟瘴充军	计
项目数	4	36	98	48	7	35	228
	道光六年(1826)《大清律例》"总类"						
	充军	附近充军	近边充军	边远充军	极边充军	烟瘴充军及极边烟瘴充军	计
项目数	6	50	114	100	65	122	457

充军的"流刑化"无疑失去了明代充军的立法意图。在清代的充军中,犯人作为军户充作使役的目的自不必说,其降死一等的重刑功能也已然失去。至此,充军也能赎罪,即使被处充军也不会强制差役,所有家人也必须一起迁往他乡的刑罚也不见了。这样的充军"流刑化",意味着充军区别于流刑的,以重刑来预防相应犯罪的目的也丧失了。

二、内地军流犯的过剩问题

(一)军流犯的过剩和管理的困难

本节论述送往内地的军流犯在州县会受到怎样的管理。因为在明代流刑并未作为实刑执行,所以流犯的管理是清代的地方官面临的前所未有的问题。雍正九年(1731),从西安按察使杨馝的上奏可窥见当时地方上管理流犯的困难:[1]

窃照问流人犯,原系罪邻于死,不忍刑杀,流之远方,以昭矜恤。我皇上痌瘝为怀,每施法外之恩,免死问流案件,全活甚众。伏查此等罪人,虽犯案不同,大约穷苦者居多,一经问罪发遣,离乡背井,庐舍俱无,襟肘万状。到配之后,该里甲出具收管,不得不给以饮食,援以房屋,而其中奸恶之辈,辄向里民横行勒索,甚至于集镇交易处所,恃强取讨,里民恐其脱逃受责,不敢与争,只得隐忍凑给,久之习惯成俗,流民竟视为分所应得,毫无顾忌,更不别谋资生,是以有罪流民养

1 杨馝"为敬陈一得之患仰祈睿监事"(《宫中档雍正朝奏折》,台北故宫博物院 1978 年),雍正九年。

成游惰,反令无辜赤子受累无穷。

虽然送往州县的流犯由里甲管理,但并不容易,可知一般民众颇受其害。可以联想到“倾家荡业,受累无穷”卫所旗丁的样子。但问题不止于此。如上所述,乾隆七年(1742)规定所有军犯送往州县,州县在流犯之外还要管理军犯。其结果是第一次军犯与流犯的合称“军流犯”,后被广为使用。这反映了十八世纪中叶,充军和流刑无差别地由州县管理的实情。

乾隆七年,兵部制定了在州县管理军犯的规定,这是当时已被撤职的乾隆二年时任福建巡抚卢焯的提案。[1] 其要点是,可谋生计的军流犯由地保管理,为年轻有力但不能谋生计的军犯设一年的缓冲期,这期间包含家人在内的人丁口粮由官府配给。[2]

此时,九卿认为把军犯送入养济院支给口粮有风险,未设卫所的福建的情况并不适用于他省,因而提出反对。[3] 但是,乾隆七年已经规定所有军犯送往州县,至此反对的理由便没有了。结果,卢焯的提案变成了军犯管理的定例。[4]

然而由养济院提供一时的援助并不能使军犯的管理问题马上得到解决。翌年,山东巡抚喀尔吉善的奏折论述了军犯管理的困难:[5]

伊等迁徙异乡,一无依倚。举目颠连,且各卫已裁改州县,军无专管。军犯到配,无伍可入,惟恃求乞度日,实无以安其身心。故该犯等因谋生无路,每易脱逃。臣虽严饬地方官,加意体察,岁寒量给衣粮,而人犯既多,势难长养。况如登属州县,地处边海,安插军流,多属不逞匪徒,既不便,纵令远出觅食,致滋兔脱,而一城烟户无多,求乞又难度活。兼以外省不时佥发军流,岁有加增,群聚于孤城、海角,既无执业,又迫饥寒,不无乘衅生端之虑。

据此,军犯管理的困难程度显而易见。失去使役目的的军犯不过是棘手的管理

1 《清实录》,乾隆七年十一月丁巳。

2 拙稿:《18 세기淸朝의軍流犯관리와新疆으로의發遣》,《明清史研究》第 45 卷,第 252 页。

3 《清实录》,乾隆二年七月丙午,“又据福建巡抚卢焯条陈,各省安插军流人犯,多贫穷无赖之徒,不论老少,俱拨入养济院,给与口粮,等语。……今若概行拨院养给,伊辈游手聚处,必致更生事端,甚属非宜。现查闽省各州县,有驿递之处,自有一切应用人夫,应派此等少壮军犯充,给应得工食。其无驿递州县,令充公用役夫,逐日给工价,地方官并易稽查。再闽省系沿海之区,安插六省军流,卫所久经裁汰,因稍为通变。其他省风俗悬殊,不可执一而论,应照现行定例办理,毋庸更张”。

4 道光《大清律例》卷八“收养孤老”条例。

5 喀尔吉善“山东巡抚喀尔吉善为请照成例均派军流等犯事奏折”(《乾隆朝管理军流遣犯史料(上)》),乾隆八年。

对象,最本质的问题是只能任由"外省不时佥发军流,岁有加增"。流放犯的过剩收容,是原则上无期的流放刑的根本缺点。

并且,军流犯并不单纯只是军犯和流犯。清代的死罪,实际执行并没那么多,可以减为充军、流刑、发遣。[1] 复杂的秋审手续是为了展示朝廷的宽大,一旦做出减刑处置,[2] 当然就会增加军流犯。不调节流放犯的数量的话,问题将会变得更大。

乾隆十一年(1746),陕西巡抚陈宏谋报告军流犯结交奸邪之徒,良民苦之,盗窃三犯者由顺天府送往榆林府和绥德府所属九州县的充军犯人现在已有百余名,表示数年后会达到一千余名的忧虑。[3] 数年后,转任福建巡抚的他著文督促属下地方官们要有担负民政的自觉,将军流犯的管理列举为地方官的课题之一。[4]

陈宏谋之所以言及军流犯的管理,很有可能是基于长期以来的经验。他出生于广西临桂,雍正元年(1723)由进士入仕,任陕西、福建巡抚前,历任浙江都御史、云南布政使、直隶天津道道台、甘肃巡抚。[5] 乾隆初期,其他地方关于军流犯管理的报告也存在不少。乾隆六年(1728)云南总督庆复报告遣犯们为乱苗民,[6] 乾隆十年(1745)浙江道监察御史薛澄报告无辜平民苦于流犯。[7] 此外,还留有乾隆十二年(1747),将贵州的军犯和苗族往来视为问题的记录。[8] 陈宏谋治下按察使马金门也

---

1 根据滋贺秀三的说法,一经秋审暂缓死刑执行(缓决)的案件,以后的秋审中也会反复暂缓,其中减等为发遣、充军、流刑是惯例(滋贺前揭注 1 书,第 327—332 页)。

2 清朝的皇帝常言及"好生之德"。雍正帝在被曾静批判为"好杀"时,对死刑减刑是自己宽大政治的证据(《大义觉迷录》卷一)。另外,乾隆帝在乾隆五十年七月,将李克成等"免死减等",强调遵奉上天的"好生之德"而施法外之仁(《清实录》,乾隆五十年七月辛酉)。

3 陈宏谋"陕西巡抚陈宏谋为酌改发军流罪犯事奏折"(《乾隆朝管理军流遣犯史料(上)》),乾隆十一年,"窃查军流人犯,俱系素不安分之人,安置远方良民之中,杂以奸匪,日积月累。遣犯益多,实足贻累良民。陕省各属从前发到军流人犯,不免有分派里甲轮养之事,平时则为匪肆窃,引诱良民,一有脱逃,则主守里民更为受累,民间深以为苦。……而内中顺天府三犯窃盗一项人犯,计自定例以后甫及一载,而榆、绥两府州之犯,已及一百余名之多。此后日益加增,数年之后二府州所属九州县,即顺天府之三犯窃盗一项,必致有千余人之多,况尚有别项军流人犯乎"。

4 陈宏谋"咨询民情土俗谕"(贺长龄编:《皇朝经世文编》,世界书局 1964 年,卷二十),乾隆十九年,"民生之休戚、风俗之美恶,固由积渐使然,非一朝一夕之故,而因俗立教,随地制宜,去其太甚,防于未然,则皆官斯土者所有事也。……曰田赋、曰地丁、曰粮米、曰田功……曰命盗、曰词讼、曰军流、曰匪类、曰邪教,以上三十条,皆地方所必要之事,即地方官所必应办理之事"。

5 《清史稿》卷三〇七《陈宏谋列传》。

6 庆复"云南总督庆复为请严管遣犯及酌给口粮等事奏折"(《乾隆朝管理军流遣犯史料(上)》),乾隆六年。

7 薛澄"浙江道监察御史薛澄为请除流犯到配按户轮养之弊事奏折"(《乾隆朝管理军流遣犯史料(上)》),乾隆十年。

8 光绪《钦定大清会典事例》卷七二一"军流",乾隆十二年。

上奏军流犯们无视法纪。[1] 陈宏谋意识到的问题,乃是当时各地方所共有的。

流放刑的目的之一是通过流放犯人来寻求当地社会的安定。然而,如果被移往别处的犯人们在此地再次犯罪,那无异于把引发社会问题的种子移植到了所谓别处而已。

(二) 道里表构造的界限

内地军流犯的过剩收容的一个原因,是道里表构造的界限。道里表是在犯人原籍地以外的地区,确定犯人配所的依据,原本使用的是明代《邦政纪略》[2] 的道里表。雍正三年(1725)"充军地方"律制定后,该律就成为了基准。但是,律只规定了省一级的配所。因此,雍正八年制作了《军卫道里表》,乾隆八年(1743)被钦定。以后,除了随卫所废止,改名为《钦定五军道里表》外,直至清末也没有太大的变化。[3]

《大清律例》"徒流迁徙地方"的条例,规定了军流犯的流放执行手续:[4]

> 各省佥发军流人犯,除广西土司所属地方,不得拨发安置,并广东琼、连二属及四川、湖南有苗民州县,令解巡抚衙门,就地方情形通融派拨,不得与苗民聚处外,余俱按照军流道里表内应发省分,毋庸指定府州。悉听该省督抚,按其所犯罪名,查照军流道里表,酌量州县大小远近,在配军流多寡,均匀拨发。起解省分,预行咨明应发省分督抚。先期定地,饬知入境首站州县,随到随发。其解犯兵牌内,填明解赴某省,入境首站某州县。遵照定地转解配所,投收申缴字样。

巡抚(京师的情况则由兵部)[5] 决定送往的省份,向该省的巡抚发送咨文。后者在道里表中记载的府州中选择适合安置的府州。然后,起解省在入境应发省时,于首站州县通知配所位置,不经巡抚衙门将犯人送往配所。

道里表的应用可参考江苏省太仓州的军犯发送情况来了解。从嘉庆《钦定五军道里表》卷二中该州有关内容来看,"附近"、"近边"、"边远"、"极边"等不同情况,根据距离记载有东西南北的(多个)州县名(因为"烟瘴"所对应的广东、广西、云南、贵

1　马金门"陕西按察使马金门为严定在配不法军流遣犯处分事奏折"(《乾隆朝管理军流遣犯史料(上)》),乾隆十一年。

2　关于《邦政纪略》,参照王云红《清代流放政策之变迁：以流放地的选择为例的考察》(《社会转型与法律变革国际学术研讨会文集》,2008 年,第 393—394 页)。

3　王云红:《论清代军流〈道里表〉》,《历史档案》2012 年第 2 期。

4　道光《大清律例》卷五"徒流迁徙地方"条例。

5　乾隆五年《大清律例》卷五"充军地方"。

州四省位于西南，所以并没有以方位来分类）。之所以记载多个地方，是因为预想到其中可能有与犯人有关联的某些地方。[1]

太仓州的情况，“附近”的东为“抵海不足二千里”，南为福建（一处），西为河南（五处），北为山东（五处）。而“近边”，南也是距离不足。向北两千五百里即为直隶，但因为此处禁止军流犯的配置，只剩下西（陕西省）。至于“极边”，西为甘肃省。

军流犯的配置并不由各省任意决定，而是根据“道里表”，或许如王云红所指出的那样，可以说是合理的。但是，这仅止于处罚的均等性，从司法一线的立场来说，也存在阻碍了灵活应对的一面。从乾隆十八年（1753）四川按察使周琬的上奏来看，可知犯人在一部分地区的集中成为了问题：[2]

> 如宁远府会理州、茂州及松潘卫、打箭炉等处在苗疆，而广西之梧州，贵州之石阡、铜仁、都匀、平越、遵义等府属之流犯，俱应发宁远一府。广东之肇庆，湖南之永顺，云南之澄江等府属流犯，俱应发茂州一州。至应发烟瘴之军犯，因四川通省并无烟瘴，旧例相沿，俱以极边之松潘卫、会理州、保县、打箭炉为烟瘴。各省解到军犯，凡应发极边及烟瘴地方者，俱止发此四处安插，年增岁积，人犯渐多。

这不仅仅是四川的问题。乾隆五十二年，福建九府二州安置的军流遣犯 1 823 名中，福州府一府就集中了 475 名，而某些州县则很少，显得很不均衡。因此，署按察使戚蓼生主张流放时根据各州县的状况，将犯人均等发送之外，使其居住于州县内易于管理的市街或人家较多的地区。[3] 因为无法将犯人安置于道里表指定的配所以

1 道光《大清律例》卷五“徒流迁徙地方”条例，规定了在可能将犯人送往其过去呆过的地方的情况下，可以参照道里表送往其他地方。（“各省民人流寓在京、在外，犯该军、流、徒罪并免死减等之犯，其有应追银两，讯明本犯，原籍有产可赔者，移查明确，将该犯解回原籍，追银完交后，照应配地方发配。将所完银两，移交犯事地方，分别给主。如无应追银两，或赃项已经追完，及移查原籍并无产业者，徒犯，即在犯事地方，定地充徒，军、流人犯，于犯事地方，按本犯原籍，应配地方，起解发配。若计原籍应配之地即系该犯流寓之所，令各该督抚按所犯应流、应充军道里远近，分别改发。仍回避原籍相近之地”。）

2 周琬“四川按察使周琬为酌按贵州例由总督衙门分拨军流遣犯事奏折”（《乾隆朝管理军流遣犯史料（上）》），乾隆十八年。

3 《福建省例》“各属安置军流都图章程”，乾隆五十二年，“查得外省解闽军流人犯，类皆生性强悍，不安本分之徒。倘安置失宜，势必群聚滋事，或致疏脱频闻。自应按照地方情形，均匀酌发，以免偏枯。兼使各犯易于谋生，而无逃亡之虑。兹奉宪台檄司，查明各州县现配军流各犯数目，并城乡市镇都图大小远近，及今昔地方情形有无不同，饬令因时制宜，明立章程，酌量通变，造册详覆核夺，等因。遵经先后转行遵照去后，兹据福州、兴化、泉州、漳州、延平、建宁、邵武、汀州、福宁等府，永春、龙岩二州各属县陆续造册详覆前来。本署司查闽省内地九府二州，共安置军流遣犯一千八百二十三名。（转下页）

外,所以想送往州县中易于管理的地方来解决问题。

对一部分州县来说,军流犯的收容负担偏重的原因之一可以说在于道里表的构造界限。前述直隶之外,还存在东北、新疆以及西南的苗疆等免遣地域。[1] 另外,根据原籍地等布局,时不时会有东南西北里面只能将犯人送往一两个方向的情况存在。而且,尽管准备了多个配所,以作为接收方的省来说,可能没有选择的余地。再举上文太仓州的事例,"附近充军"的情况,西、南、北各自规定了配所,其中决定送往哪一省是江苏巡抚的权限,如果决定送往福建省,而福建的备选地只有古田县一县,则福建巡抚只能送往古田县。即使该县的军流犯过剩收容,也别无他法。

这样的问题,很可能并不仅限于四川和福建两省。道里表虽说是反映地方实际状况,更新了配所,但要顺应地方状况的变化而立即修订则是不可能的。[2] 对地方来说,必须在规则的范围内改善军流犯的管理。

(三) 通过赦免来解决过剩的努力

如上所见,因为所有的军流犯都由州县负责,管理、过剩收容的问题变得严重。要解决这样的问题,清朝采取的最为有意思的措施,是赦免流放犯来控制地方军流犯的数量。这样的方法,类似于汉代废止肉刑以后,为了消除刑罚执行的负担常常进行赦免[3]。

赦免的意义之一,是用以确认天下秩序支配者的皇帝的权威。前近代中国的刑法中罪目或刑罚的构成,是由皇帝的命令积聚而成的,皇帝保留有最终判决者的权限。皇帝除了可以规定某种行为是犯罪外,也可以取消对某个犯人的犯罪行为的处罚(罪)。在前近代的中国刑法的观念上,赦免犯人的权利是由皇帝独占的。针对皇帝的纪念日或气象变异、祥瑞等下达的赦免,象征着宇宙秩序的主宰者——皇帝的

(接上页)内福州一府现配军流已有四百七十五名,除闽县仅止二十四名外,其余各县俱在三十名以上至五六十名不等,人犯众多,应请暂行停发。此外如建宁府属之松溪县……龙岩、永春二州并所属各县,现配人犯最少。嗣后如有陆续解闽军流各犯,应请先尽最少之仙游等州县,按照县分大小,饬发安置,俟在配犯数相等,再各均匀配发,庶各属安置人犯,不致多寡悬殊……并请嗣后解闽军流各犯,奉宪台定地饬发配所有州县,务须先尽附近城厢及人烟稠密之市镇都图处所,均匀饬发安置,责令该地保小心管束,毋使滋事。仍按月朔望查点。如此立定章程,则各属配犯适均,不致偏枯,而该犯等谋生较易,亦可无逃亡之虑矣。是否有当,理合核议详覆,伏候宪台察夺批示等由"。

1 拙稿:《18 세기清朝의軍流犯관리와新疆으로의發遣》,《明清史研究》第 45 卷,第 261—264 页。

2 乾隆四十四年,题目改为《钦定五军道里表》后,在嘉庆十四年改订。

3 Brian E. McKnight, *The Quality of Mercy: Amnesties and Traditional Chinese Justice*, University Press of Hawaii, 1981, pp.119 - 121.

权威。

但是,频繁的赦免会破坏法的严肃性。法家的经典著作也强调应该照实执行刑罚[1],而唐太宗还发布了阐明不赦的上谕。[2] 如果认为明清时期赦免的频度大幅减少,[3]那么从只针对军流犯的赦免来看,可以说是一种例外。这是因为清朝认识到了内地军流犯过剩收容的严重性,为了解决它而采取的手段。

原本对军流犯而言,赦免是尤其严格的事情。宣布赦免时,虽然赦免经过反复秋审而长期未决的囚犯较为频繁,但军流犯的情况,到达配所后就不再是赦免的对象。[4] 另外,为了防止知道到达配所后不能赦免的军流犯在前往配所途中拖延,一旦超过规定的期限便不再纳入赦免对象。[5] 考虑到这样的状况,乾隆十年湖北巡抚晏斯盛的提案是相当特别的:[6]

> 请于分发之例,除应入养济院者归原配各州县外,一切少壮军犯……于通省府、厅、州、县佐杂各衙门,均匀分发各一二名,使充水草夫役,日捐给口粮银二分,虽非入伍之旧,亦不失当差之意。五年、十年果能安静改过自新,即题明准其还籍,再配即加等治罪。如此,则军犯所在常不过一二人而止,不致扰累地方,而若辈亦可保全,且易改为良善矣。

---

1 《韩非子》"爱臣","明君之蓄其臣也,尽之以法,质之以备。故不赦死,不宥刑,赦死宥刑,是谓威淫",《商君书》"赏刑","所谓一刑者,刑无等级。自卿相将军以至大夫庶人,有不从王令,犯国禁,乱上制者,罪死不赦。有功于前,有败于后,不为损刑。有善于前,有过于后,不为亏法"。

2 《贞观政要》"赦令","凡赦宥之恩,惟及不轨之辈。古语云,小人之幸,君子之不幸,一岁再赦,善人瘖哑。……夫谋小仁者,大仁之贼,故我有天下已来,绝不放赦。今四海安宁,礼义兴行,非常之恩,弥不可数。将恐愚人常冀侥倖,惟欲犯法,不能改过"。

3 Brian E. McKnight, *The Quality of Mercy: Amnesties and Traditional Chinese Justice* (University Press of Hawaii, 1981), pp.97 – 98.

4 乾隆元年行大赦。据云南按察使徐嘉宾,当时的赦免措施,其宽大程度是死罪中"常赦所不原"以下各罪赦免。因此,他觉得罪应斩绞的死罪犯人都能赦免,军流犯不被赦免甚为可怜,奏请到达配所者也纳入赦免的对象。但是乾隆帝以"国家自有定制,岂得屡为更张?且汝为臬司,何可作此市恩之奏乎?"斥责徐嘉宾。(徐嘉宾"云南按察使徐嘉宾为请酌释军流人犯事奏折",《乾隆朝管理军流遣犯史料(上)》。)

5 乾隆五年《大清律例》卷四"流犯在道会赦","凡流犯在道会赦(赦以奉旨之日为期,必于程限内未至配所会赦者,方准赦回。若虽未至配所),计行程过限者,不得以赦放(恐奸徒有意迁延。谓如流三千里,日行五十里,合该六十日程,未满六十日会赦,不问已行远近,并从赦放。若从起程日至奉旨日,总计有违限者,不在赦限。若在道),有故者,不用此律(有故,谓如沿途患病或阻风被盗,有所在官司保勘文凭者。皆听除去事故日数,不入程限,故云不用此律)。若(于途中)会在逃,虽在程限内(遇赦),亦不放免。其逃者身死,所随家口愿还者,听。迁徙安置人,准此(军罪亦同)"。(下划线为笔者所加。)

6 晏斯盛"湖北巡抚晏斯盛为酌拨军流人犯充役当差事奏折"(《乾隆朝管理军流遣犯史料(上)》),乾隆十年。

提案的要旨有两点。首先,将军犯同清初时一样用于差役。另外,一定期限后,犯人如改过,允许归还原籍。

乾隆帝对晏斯盛的提案修正后,乾隆十一年、四十三年赦免了配所的军流犯,两次都以于配所十年以上"安分守法"者为对象。[1] 其中,四十三年的上谕说道"自乾隆十一年查办之后,历时已久,各省到配人犯,所积渐多",可见其赦免的真正意图。也就是说,涉及两次军流犯的赦免,解决过剩收容是其实务目的。[2]

乾隆五十五年时逢乾隆帝八十岁,乾隆帝不仅赏赐臣下及长寿老人,还命令赦免满足上述条件的军流犯。[3] 在庆祝八十大寿之际采取特别的措施,表明当时朝廷相当程度地意识到内地的军流犯问题。

这样,赦免军流犯在之后的大赦中也作为一项定例被收入。嘉庆元年(1796)在庆祝即位的大赦时,命令"在配所三年以上安分守法的军流犯"释放回籍。[4] 此后,道光帝、咸丰帝即位时自不必说,就是宣统帝即位大赦时也使用了同样的语句。[5] 将曾经是赦免例外的配所军流犯纳入到赦免的事例中虽然有意义,但从将条件缩短为三年来看,可知为了抑制内地军流犯的过剩收容的目的性很强。

将军流犯在一定期间后赦免,是清朝为了解决他们的过剩收容而实施的一项策略。其始于过剩收容正式成为问题的乾隆年间,嘉庆元年赦免在配所三年以上安分守法的军流犯后,事实上成为清朝的定例。清朝为了维持充军和流刑作为实刑,在其惩罚要素(送往远方和无期刑,以及从中国传统流放刑来看的使役部分)中,只能部分放弃无期刑和使役的惩罚要素。

---

1 《大清会典则例》卷一二三"兵部",乾隆十一年,"谕。……朕今岁特沛恩纶,将斩绞人犯,量加酌减。夫大辟人犯,情罪较重,尚已从宽,而军流所犯罪轻,转使之远离故土,殊堪悯恻,其令直省督抚,各就所在地方,将从前军流人犯内,已过十年安分守法,别无过犯者,分别咨部核议,该部奏请省释",《清高宗实录》卷一〇四八,乾隆四十三年正月癸亥,"又谕。前经降旨,直省军流人犯内已过十年者,查明省释回籍。今自乾隆十一年查办之后,历时已久,各省到配人犯,所积渐多,自应再沛恩施,用昭矜恤。近年以来,屡命将朝谳缓决至三次各犯,概豫减等,而此项军流人犯,其从前情罪,本属稍轻,转未得仰邀旷典,亦殊可悯。着交各省督抚,查明各该地方,从前军流人犯内,已过十年,安分守法,别无过犯者,分别咨部,照十一年之例核拟,奏请省释"。

2 拙稿:《18 세기清朝의軍流犯관리와新疆으로의發遣》,《明清史研究》第 45 卷,2016 年,第 257—261 页。

3 《清实录》,乾隆五十五年正月壬午,"以八旬万寿,颁诏天下……所有应行事宜,开列于后……一,各省现犯军流以下人犯,俱着减等发落。其在配军流人犯,已过十年,安分守法,别无过犯者,着各省督抚,分别咨部,查照向例核议,奏请省释"。

4 《清实录》,嘉庆元年正月戊申,"……所有合行事宜。条列于左……一,各省军流人犯,查明到配三年,实在安静守法,及年逾七十者,释放回籍"。

5 《清实录》,嘉庆二十五年八月庚戌,《清实录》,道光三十年正月己未,《清实录》,咸丰十一年十月甲子,《清实录》,光绪元年正月己未,《宣统政纪》卷二,光绪三十四年十一月辛卯。

结　语

清代在把流刑作为实刑执行，充军“流刑化”之外，军犯和流犯都由州县管理。因此内地军流犯的管理出现问题，特别是过剩收容成为问题。整个清代，面对军流犯的妥善管理，朝廷和地方虽然付出了各种努力，本质的问题却没有得到解决。这与避免流刑作为实刑而重视充军的明代不同，清朝在贯彻唐律的五刑制度外，也继受了明代的充军。

明代确立的充军虽然不符合清代的实际情况，在法制上维持的结果，明代充军的目的——作为军役来使役，作为降死一等的重刑有助于犯罪预防——并未达到。但是，清朝在充军的改革上很消极，为了维持制度只做了最小限度的修正。沈家本对清朝看待流放刑，特别是充军的态度有如下的批判：[1]

> 夫充军之法，其异于明者，如此，已大失立法之初意。而其窒碍也，又如此，更有乖用法之常经。失其初意，谓之无法，乖乎常经，谓之非法。无法非法，而二百数十年来沿袭焉，而奉以为法，不思通其变而救其弊，此事之不可解者也。

清朝为什么不改革“无法”且“非法”的充军呢？这是因为充军不是独立存在的，它是与流放刑相结合的刑罚。充军是将犯人送往较远地方的流刑演变而来的，与流刑、发遣一起作为降死一等的重刑，在法制中占据根深蒂固的位置。换言之，要解决充军带来的矛盾，必须改革流放刑。结果，清代流放刑的本质难题——惩罚要素的弱化、无期刑的特性、持续管理的必要——在1911年新刑法制定时，以废除整个流放刑的形式终于得到了解决。

带有这种界限的流放刑，正是清朝所继承的中国的历史经验与矛盾之一。清朝在继承完善的刑法、行政制度、地方组织的同时，以往的难题也继承了下来。因为有像“十恶”这样的道德法律中刑法所渗透的古代法治观念[2]和无法适应人口的增加及社会的变化而停滞的地方通知结构，大概清朝可以选择的道路只能是进行最小限度的修正。

一般来说，清代的刑制是对明代的继受和完善。对此，可以举出清代独有的以旗

1　《充军考》，充军考下。

2　十恶中的不孝、不睦等，虽然是近乎违反伦理纲领的行为，但唐代以后不再居于律外而是取得刑法的形式取得地位。

人为对象的条例和异民族法案的存在来反驳的倾向也有。但是,致力于解决十八世纪的军流犯过剩问题的清朝的姿态,无疑是一副中国传统刑法的守护者形象。在清朝的司法政策中,作为前提的是明代的刑制,然后是对中国传统刑制的维持。

冒籍与行政诉讼
——以咸丰元年顺天府冒籍案为中心*

伍 跃**

前 言

前近代中国社会的特征之一是“资格社会”。因为在前近代中国的社会移动中，以进士、举人等为代表的资格是重要的政治、社会、经济、文化等方面的身份标志，也是当时社会中最主要的政治权利之一。[1] 获得上述资格的方法首推参加科举考试。参加各种科举考试本身的前提条件是必须具有相关的资格，国家为此制定了一系列的规定，户籍就是其中之一。例如，参加取得童生身份的童试时，考生必须“当堂填报年貌、籍贯、三代、经书”。[2] 这里所说的“籍贯”之“籍”是指户籍的类别。明清律例中均有“人户以籍为定”的条文。如《大清律》规定：[3]

> 凡军、民、驿、灶、医、卜、工、乐诸色人户，并以(原报册)籍为定。若诈(军作民)冒(民)脱(匠)免，避(己)重就(人)轻者，杖八十。其官司妄准脱免，及变乱(改军为民，改民为匠)版籍者，罪同。(军民人等，各改正当差。)

此外，《大清律》中还针对“娼优隶卒及其子孙”的报捐应试有如下规定：

> 娼优隶卒及其子孙概不准入考捐监，如有变易姓名，朦混应试报捐者，除斥

* 本文是日本学术振兴会(JSPS)资助研究17K03153的一部分。

** 伍跃，大阪经济法科大学国际学部教授。

1 胡平：《清代科举考试的考务管理制度研究》，中国社会科学出版社2012年版，第28—33、202—203页。

2 昆岗等奉敕编：《(光绪)钦定大清会典事例》，卷三百八十六，礼部，学校，童试事宜。

3 薛允升著、胡星桥等校注：《读例存疑点注》，户律，户役，人户以籍为定，例文第18条，中国人民公安大学出版社1994年版，第169页。

革外,照违制律杖一百。

这就是说,参加考试者首先必须是户籍清楚、身家清白的男性“俊秀”。

其次,“籍贯”之“贯”指“乡贯”,即上述各类户籍的所在地。如永乐十年(1412)《登科录》中对杨荣的记载:

杨荣:贯云南大理府太和县保和乡塔桥里,民籍,国子生。

这些“籍”与“贯”就是资格。这些资格属于由国家认定并加以管理的重要资源,个人不得随意更改,否则会被问以“变乱版籍”之罪。王毓铨在介绍上述史料后指出,“籍”与“贯”虽为二事,但有关联。一人必隶一籍,籍之所在必有其乡贯。古人明此理,故言及“籍贯”时往往“合并省写”为“籍”,如通常将“发回原贯原籍当差”省称为“发回原籍当差”。[1]

前近代中国的庶民为了提升自身的社会地位,常常会试图采用合法或非合法的手段谋得某种身份资格。以科举制度为例,所谓的“合法手段”,主要就是根据制度的规定,在籍贯所在地参加相关的考试,获得相关的资格。至于“非合法手段”,主要指那些在户籍分类方面没有报考资格(例,属于娼优隶卒之人),或者本应在籍贯所在地报考者违规前往其他地区报考的行为。这种行为被称为“冒考”或“冒籍”。这里所说的“冒”就是指那些违规利用国家制度以求谋得提升自身社会地位的行为。

到目前为止,学界从制度史和社会史两个角度出发研究了冒籍问题,取得了很多成就。这些研究主要集中于对发生冒籍问题的制度原因和社会原因的分析。其中,刘希伟的《清代科举冒籍研究》是关于清代科举冒籍问题研究的综合性论著,该书在分类的基础上,分析了清代科举考试中冒籍问题发生的原因和清朝政府的对策。[2] 但是,对于围绕着冒籍问题而展开的诉讼纠纷,似乎尚有进一步检讨的空间。

科举的冒籍问题与涉及身份制度、阶级构造乃至“国家理念”的冒捐冒考问题,

1 王毓铨:《籍·贯·籍贯》,载《文史知识》1988 年第 2 期。本文中的“原籍地”即指乡贯所在地。另请参看高寿仙:“关于明朝的籍贯与户籍问题”,原载《北京联合大学学报》2013 年第 1 期;后收入高寿仙:《变与乱:明代社会与思想史论》,人民出版社 2019 年版,第 55—79 页。

2 刘希伟:《清代科举冒籍研究》,华中师范大学出版社 2012 年版。

在违规利用国家制度以求谋得提升自身社会地位这一点上有相近之处。[1] 但科举的冒籍问题就其本质来说是庶民通过考试进入士人阶层的问题，就其表象而言则是关系到参加国家考试的资格问题和出仕任官的资格问题。由于判定是否具有某种身份和资格是衙门（即行政当局）的专权事项，故涉及冒籍问题的诉讼有别于婚姻田土和强盗人命的诉讼，在现代社会中似乎可以归入行政诉讼之中。例如，我国的《行政诉讼法》规定的"受案范围"之第三项为：[2]

> （三）申请行政许可，行政机关拒绝或者在法定期限内不予答复，或者对行政机关作出的有关行政许可的其他决定不服的。

同样，在日本的《行政诉讼法》中也有关于判定行政机关履行义务，即要求司法当局命令行政机关"采取某项措施或作出某种判断"的诉讼。[3]

在前近代中国，当然不可能存在上述由法律规定的、具有近代法意义的行政诉讼。但是，涉及考试资格认证的诉讼确曾存在。笔者在此问题上的关注点是，民间人通过诉讼要求承认自身的考试资格时，以何种方式向行政当局提出何种诉求，行政当局又是如何回应这一诉求的。中国第一历史档案馆恰好在 2017 年公布了《咸丰元年直隶贡监生呈控京官把持印结案档案》。[4] 与目前已知的冒籍史料相比，本史料涵括了从起诉到裁决的整个过程，又是涉及京官的行政诉讼案，故十分珍贵。本文以该史料为中心，结合同时代的其他史料，探讨行政诉讼的样态和两造围绕着冒籍问题的争论，同时还将分析作为该诉讼调停者和裁定者的国子监、顺天府和礼部的对策。

本文的研究对象是涉及违反原籍地和寄籍地应试原则的冒籍行为。以下，首先将概述在科举考试中防止出现冒籍的法律规定，然后介绍并分析咸丰元年（1851）士子与官僚之间围绕冒籍与否问题所发生的诉讼和官僚内部就这一问题的议论。为了更好地理解冒籍的问题，文中还将涉及一些相关事例。

---

1 岸本美绪：《清代における"賤"の観念——冒捐冒考問題を中心に》，载《東洋文化研究所紀要》第 144 册，2003 年，第 81—183 页。

2 《中华人民共和国行政诉讼法》，中华人民共和国司法部・中国政府法制信息网 http://www.moj.gov.cn/news/content/2017-07/05/671_115399.html，2019 年 1 月 11 日确认。

3 《行政事件訴訟法》第 3 条 6 项。日本电子政府综合窗口 e-Gov（http://elaws.e-gov.go.jp/search/elawsSearch/elaws_search/lsg0500/detail?lawId=337AC0000000139&openerCode=1，2017 年 12 月 9 日确认）。

4 参见中国第一历史档案馆：《咸丰元年直隶贡监生呈控京官把持印结案档案》，载《历史档案》2017 年第 1 期。

一、本案的背景

(一) 原籍地应试原则

从根本上来说,本着原籍地应试原则的学校制度和科举制度是导致出现冒籍问题的重要原因。这里所说的原籍地应试原则是指士子必须在户籍所在地参加包括入学考试在内的乡试以下的各种考试。明代以后,国家将学校制度、科举制度和官僚人事制度结合在一起,造成了"科举必由学校"的局面,致使某人如要参加科举考试就必须拥有儒学的在学资格。这里所说的儒学,首先就是分布于全国各地的府州县儒学。有意出仕的士子首先应该参加在原籍府州县举行的童试,及格后进入府州县儒学,成为童生。然后参加在原籍地省城举办的乡试,获得举人资格。最后,举人前往京师参加会试和殿试。由此可见,原籍地应试原则主要适用于童试和乡试。[1]

原籍地应试原则与乡试的解额、会试的分卷录取制和分省定额录取制等制度对于维护国家的统一有着重要的作用,[2] 可预防因各地教育水平之间的差异而可能导致的特定地区出身者独占举人进士的情况,防止国家政权在事实上变成某种意义上的"地方政权"。

原籍地应试原则在实施过程中,始终要面对地区之间教育水平不均衡的问题。以童试为例,教育比较发达的"福建、江西、江南、浙江,则一州县儒童常至盈万,少亦数千。照应取名额,则得应学政试者,才十之一二,不能与试者,且十之八九"。[3] 教育发达地区的科举竞争率通常较高。而在北方的一些地区,甚至有赴考者甚少的情况。例如,山西省阳曲县的学额为"额进二十名"。[4] 康熙十五年(1676)就任该县知县的戴梦熊曾经报告过如下的考试光景:[5]

> 自蒙学道行牌科举,卑职遵即出示考试。因儒童投到寥寥,随即牒行儒学,唤集保结廪生,传谕乡城童生赴考。及点名造册,仅止二十五人。

---

1 《明史》卷六十九《选举志》。

2 刘希伟前揭书,第65—69页。

3 《清高宗实录》卷二百三十,乾隆九年十二月丁巳。

4 恭阿拉等前揭书,卷七十六,山西学额,第1a页。

5 戴梦熊修:《(康熙)阳曲县志》,卷七,申详,举行义学详,清康熙二十一年刊本,第6b—8b页。

由此可见，由于竞争率过低，考试的选拔意义几乎不复存在，与上述江南地区“得应学政试者，才十之一二”的情况形成鲜明的对照。乡试也是同样，与详细制定的“解额”相比，报考士子人数的多寡直接影响到竞争率。所以，对于在考试时志在必得的士子们来说，与其在教育水平相对较高、竞争率也相对较高的地区应试，不如去那些教育水平相对较低、“解额”相对较多、竞争率相对较低的地区应试。因为两者相比，在后者应试的取中概率相对较高。从另一个角度来看，冒籍就是教育水平相对较高地区的应试者挤占其他地区合格名额的行为。

（二）寄籍地应试原则

国家在制定上述原籍地应试原则的同时，也考虑到因学校制度在京师国子监就读的各类生员（如“五贡”，即岁贡、恩贡、拔贡、优贡和附贡，以及恩监、荫监、优监和通过捐纳取得生员资格的例贡生和例监生），还有随宦、入幕、经商等造成的人口流动的实际情况，即“寄籍”的问题。[1] 早在北宋，国家对寄籍之人应试已经有了相关规定，如在某府州居住七年以上、取得当地的户籍，方准应试。明代将寄籍应试的年限规定为祖、父“入籍二十年以上”，并且附加北宋时所没有的必须在当地有坟墓和田宅等条件。[2]

进入清代之后，国家在重开科举时对寄籍应试的问题做出了规定。[3]

> 顺治二年(1645)定，生童有籍贯假冒者，尽行斥革，仍将廪保惩黜。若有中式者，核实题参，革去举人，发回原籍。如祖、父入籍在二十年以上，坟墓田宅俱有的据，方许应乡试。

由此可见，清朝初年的规定基本上是对明代制度的承袭。这一规定以后又被多次重申，[4]最后在乾隆五十九年(1794)形成了包括有具体执行手续在内的“二十年例

1 “寄籍”即“他省人于寄居地方置有坟庐已逾二十年，准其入籍”，即在现居住地入籍。吴荣光：《吾学录初编》，续修四库全书第815册影印清道光十二年吴氏筠清馆刊本，上海古籍出版社1996—2003年版，第19页。

2 朱瑞熙：《宋代的贡举“移民”及政府对策》，载《科举文化与科举学（上）》，海风出版社2007年版，第207—217页。转引自刘希伟前揭书，第38、53页。

3 奎润等奉敕编：《（光绪）钦定科场条例》，卷三十五，冒籍，冒占民籍例案，清光绪十三年礼部刊本，第6a页。

4 陆海：《本朝则例类编》，礼部，卷上，冒籍举贡生监改归并处分例，康熙三十九年六月，清康熙四十三年刊本，第73b—74b页；汤居业：《本朝续增则例类编》，礼部，卷下，科场，寄籍童生逾二十年方准考试又教职老少优劣令学臣会同督抚藩臬考核，康熙五十年二月，康熙五十二年刊本，第15a—b页。

限"和"六十年定例"。[1]

"二十年例限"的基本规定如下:

> 士子寄籍地方,室庐以税契之日为始,田亩以纳粮之日为始,扣足二十年以上,准予十日内移会原籍。原籍地方官据文立案,并将应试本生及子孙,自改籍后不许复回跨考之处,亦限十日内移覆寄籍地方官。由寄籍申详督抚。督抚咨明学政,准其入籍考试。立案之后,倘有挟仇诬告者,从重治罪。若入籍之始,不行呈明,即寄籍已满二十年例限,除照冒考例黜革、不准应试外,并咨明原籍地方官,亦不准其复回考试。其不行详查之该管官,一并议处。

根据这一规定,在现居住地拥有家屋田土二十年以上,并且纳粮缴税是取得当地户籍的首要条件。符合这一条件之人必须自行以文书形式,向原籍地方官申明有意脱离原籍,改入现居住地户籍。原籍地方官据此立案之后,以文书形式向该人现居住地的地方官说明日后不允许该人及其子孙回原籍报考。最后,现居住地的地方官将此案上报督抚定夺。如在寄籍地拥有家屋田土已满二十年以上且纳粮缴税,但本人并未以文书形式履行上述手续的话,依然按照冒籍者惩处。

"六十年定例"的基本规定如下:

> 迁居寄籍已满六十年,确有田粮庐舍可据者,即与土著无异,不必补行呈明,准其在寄籍捐考。惟令其于捐考时,取具邻里亲族甘结,声明原籍地方,其本身暨子孙不得复回跨考。仍由寄籍地方官行文知照原籍存案。有跨考者,除照例斥革外,两籍均不准其应试。其借端攻讦者,照诬告例治罪。

在这一规定之下,已经在现居住地拥有家屋田土六十年以上且纳粮缴税之人及其子孙,视同土著,无须履行上述"二十年例限"的申明手续。但仍要在取具邻里亲族的甘结之后,以文书形式向现居住地的地方官声明原籍所在,保证今后本人及子孙不会回籍应试。现居住地地方官据此知会该人原籍地地方官存案备查。

由此可见,无论是"二十年例限",还是"六十年定例",两者的共同点都是一致的。这就是,本人必须作出"呈明"或"声明",而且要知会原籍地的地方官。

对于上述人员有意在京师参加顺天乡试者的,官府为他们准备了专门的取中名

---

1 奎润等前揭书,卷三十五,冒籍,现行事例,第2a—3a页;王又槐:《治政集要》,六部例限图,卷三,礼部例限图,入籍考试限图,清乾隆五十九年刊本,第3a页。

额。光绪年间的情况是：[1]

> 分编满、合、夹、承、旦、贝、南皿、北皿、中皿字号。满字号（满洲、蒙古）取中二十七名，合字号（汉军）取中十二名，共加五经遗额二名；夹字号（奉天）取中四名，承字号（承德）取中三名，旦字号（宣化）取中四名、贝字号（直隶生员）取中九十七名，加五经遗额五名，共一百二名；南皿（江南、浙江、江西、福建、湖广、湖南贡监生）取中三十六名，北皿（奉天、直隶、山东、山西、河南、陕西、甘肃贡监生……）取中三十六名、共加五经遗额四名；中皿（四川、广东、广西、云南、贵州贡监生）无定额，每二十名取中一名，如零数过半，准其加中一名。

这样，在顺天乡试的中额里，除去没有定额的中皿之外，其余的中额约230名中，用于直隶原籍以外的各类生员的名额大约在半数左右。这种作法实际上是对原籍地应试原则的补充。

需要说明的是，上述南皿、北皿和中皿字号对象的各省贡监生员必须在履行相关手续，确认了资格之后，才能参加顺天乡试。通常，国子监在顺天乡试之前会以咨文形式重申这一点。例如，同治六年（1867），为举行丁卯科乡试，国子监向各省发出咨文，在重申了历年的"正科定例"之后说：[2]

> 兹届明岁丁卯正科之期，各省俊秀贡监生除在监肄业报满、告假在三年以内者，上科取有本籍文结、应过顺天乡试者，在督抚、学政、府尹、府丞衙门游幕者、随任读书者、各馆誊录、钦天监肄业者、在部候补候选者、及乡试年新捐贡监者，可以不必由原籍起文外，其余原赴顺天乡试诸生，务取本籍地方官文结，备造年貌、履历、三代，其应编入官卷者，注明伊祖、父、胞伯叔、胞兄弟何项官职，其曾经拣选就职、捐纳议叙者，文内一并声明。该州县查验部、监二照，取具邻里甘结，加具印结，付本生亲赍到投监。本监验明文、照，方准收考。二照不合者，例不收考。

由此可见，除去"不必由原籍起文"的各类考生之外，其余考生"务取本籍地方官文结"，经国子监验明之后方能参加顺天乡试。由此也可以看出国家对各类资格的管理。

1　奎润等前揭书，卷二十，乡会试定额，第1a—b页。

2　天津教育招生考试院：《同治年间福建汀州府童试文书》，载《历史档案》2016年第1期。

这样,在那些为了提升社会地位,有意通过科举谋得出身资格的社会成员中,有些人注意到地区间竞争率的不同给入学、应试带来的影响,于是视此为终南捷径。他们也关注到在原籍地应试原则之外,存在着关于寄籍者的应试规定。

(三) 罚则

原籍地应试原则和寄籍地应试原则的形成从另外一个角度说明,地区之间存在着竞争率方面的差异。这种差异就是造成冒籍问题的制度原因之一。这样,为了维护原籍地应试原则和寄籍地应试原则,国家制定了相应的罚则。

天顺六年(1462)以后,明朝政府规定对冒籍实施“拿问”或“革罢”的严格处罚。[1] 清代在继承明朝的上述规定的基础上,乾隆十一年(1746)决定对科举资格审查时发现的冒籍者及为其作保的廪生问以“变乱版籍”之罪,处以“杖八十”的刑罚:

> 顺天府考试审音之时,究出冒籍情弊,将本生及廪保俱照变乱版籍律,杖八十,廪保仍革去衣顶。知县教官如审音不实,滥行申送,俱照徇庇例,交部议处。受财者,计赃从重论。

同时将这一规定纂入《大清律》中,作为“人户以籍为定”的例文。[2]

对于那些为冒籍者出具印结的相关官员,国家甚至祭出了革职的重罚。例如,康熙三十五年(1696)顺天乡试的中举者中被查出有相当数量的冒籍之人。除去将确属冒籍者革去举人之外,主考官员被处以降一级留任,为冒籍者出具印结的京官也受到革职的处分。[3] 此后,康熙三十九年(1700),金志学和刘子赘被查出冒籍中举。当时,该二人的父亲刘翔和茅运昌在四川担任守备。此案被交予负责武官人事的兵部议处,最后由皇帝勒令二人“休致”,实际上被免去了官职。[4]

礼部和国子监负责管理学校制度和科举制度,在这两个官署的相关规定,即《钦定礼部则例》《钦定国子监则例》《钦定学政全书》和《钦定科场条例》中对禁止冒籍都有详细的规定。其中一些还被收入了《钦定大清会典》和《钦定大清会典事例》。[5] 以清代而论,确实存在着一组以《大清律》的规定为基础的防止和取缔冒籍的制度规

1　郭培贵:《明史选举志考证》,中华书局 2006 年版,第 136 页。

2　薛允升著、胡星桥等前揭书,户律,户役,人户以籍为定,例文第 23 条,第 171 页。

3　刘希伟前揭书,第 99—101 页。

4　陆海前揭书,礼部,卷上,第 72b—74b 页。

5　岸本美绪前揭论文,表 2。

定。不过,从性质上说,这些措施基本上属于对症下药型的具体措施,规定本身也存在着暧昧不清之处。

例如,前述顺治二年对寄籍应试有如下规定:

如祖、父入籍在二十年以上,坟墓田宅俱有的据,方许应乡试。

这里包括了3个条件,即①祖、父办理过入籍手续,且已经经过了二十年以上;②确实有坟墓;[1]③确实有田宅等不动产。但是,规定中没有说明,上述3个条件是必须同时具备,还是具备其中之一即可。从目前掌握的史料来看,直到本文讨论的咸丰元年诉讼案发生为止,似乎无人提起过这一问题。

制度规定的应试条件和罚则不可能根治冒籍应试的问题。其中,京师地区的冒籍问题尤其严重,是自科举制度在隋唐肇始以来始终存在的老大难问题。[2] 甚至有官员子弟公然冒籍应试者。如,明朝成化元年(1464),南京礼部右侍郎章纶之子章元应以"留守左卫军余"的身份在应天(南京)乡试考中第87名。成化四年(1468),南京科道官上章弹劾章纶,指斥他"纵子元应冒籍京闱军余,侥幸京闱中式",结果他本人虽然被免于处罚,但其子章元应被"革斥","令再入试"。以后,章元应在成化七年(1471)浙江乡试中举,成化十一年(1475)会试后成为进士,官至广东右布政使。[3]此外,有些冒籍则直接免于处罚。嘉靖二十二年(1543),工部侍郎陆杰的从子陆光祚被揭发冒籍中式,科道官同时弹劾陆杰"欺罔不忠"。阁议认为,陆光祚"虽称随任,终属冒籍",建议"一体发回"即革斥。嘉靖皇帝没有接受这一建议,决定"存留"陆光祚,仅处以"不许对制"的轻罚,同时决定不追究陆杰的责任。[4]

进入清代以后,京师顺天府的冒籍问题有增无减。例如,上面曾经介绍过的康熙三十五年(1696)顺天乡试冒籍案,御史张泰交上章奏称其中有如下行为:

乃竟有非生非俊之徒,明系白丁,混行入场。其中有租赁空白实收,填为俊秀,假冒籍贯者;有实收亦真,张冠李戴,顶替姓名者。中则补捐偿值,不中则租费无几。终南捷径,群相效尤。

---

1 在乡土意识的影响下,落叶归根是传统中国人在考虑死后问题时的首选,即将死者灵柩送回故乡,即便浮厝也是为了日后送回故乡。故利用坟墓所在可以判断该人对故乡的归属观念。请参看拙稿:《清代地方官の病死・病気休養について一人事管理に関する一考察》,载《東洋史研究》第59卷第2号,2000年,第31—67页。

2 刘希伟前揭书,第34—46页、第97—109页。

3 沈德符:《万历野获编》卷十四,中华书局1957年版,第374页。

4 《明实录》,嘉靖二十二年十月辛巳。

此案经过调查,发现仅在北皿字号下就有10人属于冒籍,最后决定将其革去举人,发回原籍,并将主考官降一级留任,违例出结的京官被处以革职。[1] 乾隆六年(1741),顺天府府丞郑其储上奏称,府下大兴、宛平两县"向来冒籍丛集",且"本地绅衿人户"勾结冒籍之人,前者将后者"认为子侄",甚至有尚无婚娶之人将冒籍者认作"亲子"的荒唐事情。据他说,他在大、宛两县查出冒籍者80余名,但因"耳目有限,尚有不能周知者"。[2] 以后,终清之世,顺天地区乡试冒籍的问题始终是令各级官员感到困扰的问题。以下将介绍的咸丰元年顺天府乡试案就发生在这样的制度和社会背景之下。

二、本案的发生[3]

《咸丰元年直隶贡监生呈控京官把持印结案档案》中收录有12件文献,其中包括了军机处录副奏折和上谕档。如前所述,顺天府在明清两代以冒籍多发而闻名。但是,到目前为止,几乎很少相对完整地公开过记录了发生在北京、将中央官僚牵涉在内的行政诉讼的档案史料。因此,这部分史料值得重视。当时担任署顺天府府尹的王庆云在日记中也有相关记录。这样,我们可以参照这两种史料进行研究。

本案的起因是参加顺天府乡试的贡监生员向直隶同乡京官要求发行办理应试手续所需要的印结,但后者以前者涉嫌冒籍,拒绝出结。前者为此不服,以后者"把持印结"为由,向国子监提起诉讼,要求承认自身的应试资格。此后,经过国子监、顺天府和礼部的审理,并经过皇帝的裁可,最终决定承认9名原告中6名有资格参加顺天府乡试,同时罚停乡试1科。以下,根据档案史料和王庆云的日记介绍一下本案的经过。

(一)贡监生员的提诉

咸丰元年,新帝即位,清朝政府决定举办恩科乡试。[4] 按照前朝惯例,恩科乡试

1 张泰交:《受祜堂集》,四库禁毁书丛刊集部第53册影印清康熙年间高熊徵刊本,卷十,题为直纠顺天乡试冒籍之弊以肃法纪以杜幸进事,北京出版社1998年版,第542—543页;礼部为直纠顺天乡闱等事,第544—545页;刘希伟前揭书,第97—101页。

2 张伟仁:《明清档案》,第103册,顺天府府丞纪录十四次臣郑其储谨奏为参奏事,"中研院"历史语言研究所1987年版,第B58268页。转引自刘希伟前揭书,第102—103页。

3 本章与次章引用的档案资料,除标示资料来源者之外,均引自中国第一历史档案馆编:《咸丰元年直隶贡监生呈控京官把持印结案档案》,载《历史档案》2017年第1期。

4 《清实录》,道光三十年二月丙子。

举行时会在既有“解额”之外临时增加合格名额，直隶属于大省，应该增加30名。当年七月初四日，署顺天府府尹的王庆云被任命为负责总司顺天乡试相关事务的“监临”。[1] 七月二十三日，王庆云听说顺天府所属大兴县和宛平县有关于冒籍的议论，“人言汹汹，昨有代诉者。拟与部请示”。但大学士兼管顺天府府尹事务的卓秉恬表现得有些消极，“以为不必行，亦是不犯手作之法”。[2]

当时，孙启盛等9名贡监生员认为直隶出结京官把持印结发行，拒不为他们出具乡试应试所须的“识认官印结”，[3]结果导致他们的应试资格不被承认。为此，他们将刘岱骏等12名直隶出结京官诉至国子监。孙启盛的“呈词”如下：

> 具呈。顺天府大兴县监生孙启盛，为把持印结，阻扰考试，沥情恳求转奏请旨谨遵事。
>
> 窃照本年皇上御极初元，钦奉圣旨，特开辛亥恩科乡试，嘉惠艺林，且又广学多名，圣恩优渥。凡在应试诸生罔不同声相庆，踊跃观光，是以各直省贡监俱已云集。京师为首善之区，其籍隶大宛两县者，尤思渥霑恩泽，洵盛事也。因上年御史赵东昕奏改寄籍旧章，经礼部分别准驳在案。讵料直隶同乡京官又复私立印结局，拟出刑部捐职员外郎刘岱骏等十二人单出考试印结，并另立用戳记一人以为查结官，复刊刻条例，罗列十二人及查结一人姓名于后，实贴直隶会馆大门。此外同乡京官不下七十余人，概不准其出结。窃意考试之用印结，原为临场识认。乃十二人中，大兴京官只有一人，生与伊素不相识。近因场期在即，向伊等恳求印结，俱各耽延推卸。伏思生父亦堂于嘉庆二十四年考送国史馆供事，取具地方官印甘各结在案，于道光十一年拣发奉天，以吏目补用，即于是年补授复州吏目，至道光二十八年遵例捐升府经历，仍留奉天候补。是生祖父以来住居京师，历有年所；生于己亥年捐纳北监，业经取具印结，历应以上六科乡试，并无别项情弊。况庐墓具有，籍贯无差。苦志多年，幸逢逾格盛典，志切观光。不意出结官把持考试，不克入场，未免向隅，不得已沥情上诉。伏乞恩准代奏。敬谨候旨遵行，实为德便。生不胜悚惶翘望之至。

孙启盛的提诉包括了以下几个内容。

首先，感谢新帝登基后准许举办恩科乡试，并且扩大合格名额。有志参加考试的

---

1 王庆云：《荆花馆日记》，咸丰元年七月初四日，商务印书馆2015年版，第270页。

2 王庆云前揭书，咸丰元年七月二十三日，第277页。

3 关于顺天乡试与识认官印结，请参看奎润等前揭书，卷三十，关防，入闱点名，现行事例，第1a—4b页。

士子们为此同声相庆。但去年御史赵东昕奏请改正有关寄籍士子参加考试的相关规定,[1]经过礼部研议之后奏准实施。不想直隶同乡京官组织了印结局,[2]该局仅允许刘岱骏等12人发行考试所需的"识认官印结",[3]另以1人负责管理出结所需的戳记。直隶印结局用上述各人的名义刊发条例,并将其张贴在直隶会馆大门之上。在上述13人之外,其他的直隶京官70余人均不得发行考试所需的"识认官印结"。孙启盛说,这一印结乃考试所必须,但上述12名可以出具该项印结的直隶同乡京官之中,大兴籍京官仅有1人,且并非相识之人。为了参加恩科乡试,其向上述12人请求发行印结,均被耽延推诿。

孙启盛说,他家自从祖父起一直居住在北京。父亲在嘉庆二十四年(1819)考职后成为国史馆供事,当时地方官为他出具了印结。道光十一年(1831),父亲就任奉天府复州吏目,二十八年(1848)捐升府经历,现在候补。[4] 他本人于道光十九年(1839)捐监时也拿到了地方官的印结。到目前为止曾经参加过6次顺天乡试,[5]没有任何违规不法行为。而且住所和先人坟墓均在北京,故绝无诈称籍贯的问题。

最后,孙启盛说,参加乡试是士子的夙愿,如今幸逢旷世盛典,正在全力以赴。但由于直隶出结京官们把持印结,以致无法下场应试。包括他在内的贡监生员对直隶出结京官作出的决定表示不服,在万般无奈之下,恳请国子监代向皇帝求情,希望被准予参加考试。

(二)直隶出结京官的反论

面对孙启盛等贡监生员控诉直隶出结京官"把持"印结,该12名直隶出结京官也提出反诉状,指斥孙启盛等人涉嫌"冒籍跨考"。这里所说的"冒籍"和"跨考"都是指在本籍地以外违规应试。他们的反诉状如下:

具呈。吏部候补主事李书宝、户部候补主事马晋如、户部候补主事阎廷珮、

---

1 奎润等前揭书,卷三十五,冒籍,冒占民籍例案,第33b—36b页。

2 关于印结局,请参看拙著:《中国的捐纳制度与社会》,江苏人民出版社2013年版,第147—160页。

3 据履历档记载,此时的刘岱骏是刑部督捕司郎中。《中国第一历史档案馆藏清代官员履历档案全编》,第3册,华东师范大学出版社1997年版,第379—380页。

4 据缙绅录记载,孙启盛之父孙亦堂为"顺天大兴人",经"议叙"于道光十一年九月"补"奉天府复州吏目。《大清搢绅全书》,第1册,清道光十七年北京本立堂刊本,第84b页。

5 据王家相的《清秘述闻续》卷四和卷五记载,孙启盛称其参加过的六科顺天乡试应该是道光十九年己亥科、二十年庚子恩科、二十三年癸卯科、二十四年甲辰恩科、二十六年丙午科和二十九年己酉科。法式善等:《清秘述闻三种》,中册,中华书局1982年版,第642、649、655、661、667、673页。

吏部候补主事周连仲、刑部郎中刘岱骏、刑部员外郎陈鹤年、刑部员外郎武汝清、刑部主事刘步驷、刑部候补主事边葆淳、工部主事王兆松、光禄寺署正王觐墀、光禄寺署正耿清堃等为遵例呈明事。

窃冒籍跨考，例禁綦严。顺天五方杂处，稽查尤为不易。查《户部则例》内载，准令出结官酌举一二人专司稽查。现值举行辛亥恩科乡试，踊跃观光者固多，违例冒滥希图侥幸者正复不少。自道光三十年经直隶合省同乡公同议定，每年公举十二人出结，一人稽查，以便考核。本年轮应职等十三人，曾经呈明礼部、顺天府、国子监在案。所有录科投卷应出印结，谨遵《科场条例》及列圣谕旨认真办理。如系曾经呈明入籍，或有坟墓庐舍与寄籍年限合例及口音相符者，方敢给予印结。其有未经呈明入籍及寄籍不合例限、年貌三代不符、口操土音者，概不敢给予印结。现闻有贡监钱以恕、刘德绥在贵监呈控。查该贡监等于例均有违碍，是以未曾给结。为此具呈声明，伏乞台察，实为德便。

直隶出结京官们的反诉状中主要指出了以下几点：

第一，国家对取缔冒籍有着十分严格的规定。北京因聚集了来自全国许多地区的士子，故稽查冒籍的任务十分繁重。《户部则例》规定了出结官推举 1 或 2 人专门负责稽查冒籍。现在恭逢举办恩科，固然不乏踊跃应试之人，但是也有不少希望借冒籍手段蒙混过关取得下场资格者。

第二，直隶京官在道光三十年(1850)议准，每年公举 12 人负责出结，1 人负责稽查。今年，轮到我等 13 人负责出结与稽查，已经将名单报呈礼部、顺天府和国子监。[1]

第三，我们遵照《科场条例》和皇上谕旨，办理了乡试前的“录科”和“投卷”所需的印结。[2] 对于那些业已声明在顺天府入籍之人、拥有坟墓庐舍且符合寄籍规定之人，以及审音后确定是北京土著之人均已发给印结。对于那些并未声明入籍、年龄容貌与三代的记载不实、口操京外乡音之人一律没有发给印结。

第四，向国子监提诉这一问题的贡监生钱以恕、刘德绥等人均违反了相关规定，因此没有发给印结。

（三）贡监生们的申辩

贡监生员们得知直隶出结京官们提出反诉之后，也立即向国子监作出了进一步

1 实际上，该项规定是关于报捐手续的规定，与科举应试所需的印结无关。详见前揭拙著，第 129—147 页。

2 胡平前揭书，第 34—35 页。

的申辩。其中,孙启盛的呈文如下:

> 具呈人大兴监生孙启盛,为把持印结,阻扰考试、沥情再恳转奏请旨谨遵事。窃生因刑部捐职员外郎刘岱骏等十二人连名植党出结居奇,有志观光,无由赴试,业经沥情呈蒙批示在案。讵刘岱骏等以生父亦堂虽于嘉庆二十四年考送国史馆供事,核计至今尚未满六十年,与例未符,碍难出结。殊不知生父入籍报考系因生曾祖于乾隆初年流寓京师,置有田庐,早符六十年定例,同乡官方肯出结送考,及考取后又有本县印甘各结送馆。岂有祖、父既已入籍,子孙逾数十年后反与例限不符之理。况生捐纳监生既有同乡官及顺天府大兴县各处出结,以上六科乡试又均有本县文书送考,同乡官印结投卷。果有不符之处,以上七次同乡官出结之人及本县送考之官岂皆不知有《科场条例》者耶? 抑当时尚无《科场条例》耶? 情理昭然,不待智者而决。此实刘岱骏等饰词阻扰,同恶相济,如其愿者虽不合例亦肯出结,违其愿者虽合例亦不出结,以致大兴宛平两县贡监生不得入场者二百余人。生等业经考到录科、又复不能入场,未免向隅。不得不沥情再渎。伏乞恩转奏,俾多士苦衷上邀天听,实为德便。

孙启盛在上述呈文中几乎是逐条反驳了直隶出结京官们的指控。

首先,刘岱骏等12人拒绝发行印结的理由之一是,以孙启盛之父孙亦堂于嘉庆二十四年任国史馆供事为起点,由此推算其家在顺天府居住的时间未满60年,故违反了"六十年定例"。孙启盛在此提出了原"呈词"中未曾言及的"新证据",即其父以大兴县籍报考国史馆供事是因曾祖父于乾隆初年在北京定居,并且购买了田地房屋。因此,其父报考时已经符合"六十年定例",故同乡京官出具了印结,以后进入国史馆时大兴县也出具了印结。他质问说,难道有祖父早年已经入籍,而到数十年之后的子孙却不符合入籍规定的道理吗?

其次,孙启盛举出了自己的经历。他说当年报捐监生时,同乡京官和大兴县均出具了印结,前后6次参加乡试也拿到了同乡京官的印结和大兴县的文书。他就此质问说,如果确有违规情事,那些出结的官员是不是不知道有《科场条例》? 还是当时尚无《科场条例》呢?

最后,孙启盛直指刘岱骏等以权谋私。他说,刘岱骏等对于那些能够满足他们要求的考生,即便违规也为他们出具印结。相反,对于那些未能满足他们私欲的考生,虽然符合规定也不出具印结。为此,拿不到印结无法参加顺天乡试的大兴县和宛平县两县的考生有200余人。我们已经通过了录科考试,现在却无缘参加乡试,实在深感失望。他再一次要求国子监向皇帝转奏他们的要求。

以上有一点值得注意。这就是孙启盛虽声称其曾祖父于乾隆初年已经入京且"置有田庐",故"早符六十年定例",但却没有明言其生父"入籍报考"时是否依照该定例办理过"声明"手续。实际上,从时间上看,这时他们已经难以参加咸丰元年的恩科乡试了。孙启盛等人向国子监提诉的目的之一,应该是设法保住日后应试报捐的资格。

三、本案的审理

(一)王庆云的回应

国子监在收到贡监生员们的诉状和直隶出结京官的反诉状之后,感到十分棘手。国子监以该贡监生员自称籍隶大兴宛平两县,故咨请顺天府查核他们是否属于土著居民,以及直隶出结京官有无把持印结。但顺天府表示人数较多难以查办,且无法干预。八月初二日,管理国子监事务兵部尚书特登额朝参之前在直庐见到王庆云,对他说明了原被告双方的立场观点,"殊觉无措",坦承难以处理。当时"坐中有劝令具奏者,几至攘臂"。王庆云认为,"固属有激使然,然亦何必如是。事理至平易者,尚瞻顾无人担当,其他又何冀焉"。他和同僚商议,决定"早办一明白回奏"。[1]

特登额于八月初九日将此事上奏。在说明了原被告双方的主张之后,他作了如下申明:

> 臣等伏思,乡试为抡才大典,该生等有志观光,如果并非冒籍,该同乡官自应照例出结,以免阻其登进之途。如果并非土著,该地方官不当滥行起文,致令开其幸进之渐。臣监例无讯办之责,孰是孰非殊难悬断,是否京官违例把持,抑或贡监饰辞逞刁,虚实均应秉公核办。……伏乞皇上圣鉴训示。谨奏。

这一上奏的关键是,由于国子监没有"讯办之责",故难以调查贡监生员等是否确有冒籍情事,更无法调查这些贡监生员的祖先昔日赴考授职时拿到的印结是否是违规发行。特登额认为应该秉公查明此事的虚实,请求皇帝给予具体的指示。咸丰皇帝对特登额的上奏作出了如下指示,即"著顺天府会同直隶总督查明核议,据实具

1 王庆云前揭书,咸丰元年八月初二日,第279页。

奏”。[1]

在收到了皇帝谕旨之后,卓秉恬与直隶总督讷尔经额各自派出负责审理此案的委员。十一日和十四日,卓秉恬与王庆云就本案进行了商议。王庆云在十一日的日记中写到:

华阳言顺天籍贯事,欲不先问礼部取案,势恐不能,盖有案而后可依以断制,既已饬查,虽欲依违,胡可得也。

由此可见,卓秉恬不主张立即从礼部调取成案。[2] 结合上述卓秉恬的“不犯手作之法”,可知他在这一阶段显得有些消极。但是王庆云认为,应该按照成案“断制”。以后,他在“续增条例”中发现有相关成案。

乡试出闱当天的八月十八日,王庆云接见了将被委派审理此案的顺天府南路同知丁希陶,“谈大宛贯籍事”。二十日,王庆云和卓秉恬二人再次协商,确定了“以核实为先,若示以通融,则事几未定而谤议纷起矣”,决定在当下首先应该弄清事实的真相。王庆云在这一期间不仅与负责审理的委员见面协商,还征询了礼部右侍郎曾国藩与詹事府少詹事朱兰的意见。曾国藩在交谈时向王庆云表示,“不应随俗推诿”,王庆云认为,“有祖、父筮仕或入学二十年者,便当以入籍论,终恐孤掌难鸣耳”。他的根据是,“契串二十年便可为据,岂学册仕版反不足为据耶”。[3]

八月二十四日,霸昌道文煜和南路同知丁希陶开始正式审理此案,他们调取了原告贡监生员的亲供。王庆云在八月二十四日的日记中,整理了自己对处理这一案件的思考。

余谓报官入籍一节,恐属具文,代匮半年余,见有归原籍者矣,未见有报明入籍者也。以例而言,凡未经报明入籍,即有地契粮串,而未阅六十年者,皆不得与考。第思六十年则两世矣。流寓之人本非得已,祖孙限内不许读书应试,其攻苦而获一襟者,以法绳之而皆当废锢,此情不可也。其祖、父已经寄籍,或仕宦,或胶庠,为子孙不以祖、父之籍为籍,将使父子异籍耶?抑将为证父攘羊之举而后得改归原籍,此理不可也。考子孙之冒籍并及祖、父,昔何其宽,今何其隘,不特本人坐废,而数十年前出结收考之人皆当追议。为一身而累及一家,为一人而波及众人,万万无此政体。天日在上,岂有瓜蔓连抄之理哉?且如同乡官所言,京

1 王庆云前揭书,咸丰元年八月初十日,第281页。

2 卓秉恬原籍四川华阳县,即今成都市。

3 王庆云前揭书,咸丰元年八月十一、十四日,第281—284页。

官中有冒籍者，廪保中有冒籍者，将并京官及廪保之冒籍者而攻去之耶？抑明知其人众不可胜攻，俟其子孙应试而后锢之耶？宽以待及违犯之祖、父，而刻以绳不能异籍之子孙，忍孰甚焉！

他认为，只要有"地契粮串"即不动产的产权证明和纳税的证明，即便未能满足"六十年定例"的要求，也应该支持原告即孙启盛等贡监生员一方的主张，承认他们拥有应试资格。他以"情"和"理"为根据分析了这一问题。首先，他认为从祖父到子孙的三代60年不许参加科举考试实属不近人情。其次，他认为，当年寄籍的祖父曾经任官、入学，但是子孙却不能承袭祖父之籍，以致出现祖孙异籍的情况是有悖常理的。[1] 可见，王庆云是从"情"和"理"的角度考虑这一问题的。

王庆云在八月二十五日与卓秉恬就上奏的方针交换了意见。他们一致决定，以"将来复奏籍贯事，但说情理而不引用例文"的原则处理此案。即便如此，王庆云还是研究了制度上的相关规定。当天，王庆云阅读了《钦定科场条例》的"冒籍门"，结果发现，"祖、父寄籍，漏未报明，其子孙作何办理，向无明文，似有一线生机，然无例已有案矣"。[2] 这就是说，他发现则例中没有关于祖、父漏报入籍后子孙应试手续的规定，但是现在已经有"案"即"成案"，可以为解决这一问题提供参考。

二十六日，王庆云会晤了刑部尚书周祖培，两人"谈籍贯事"。周祖培认为，"例不可行，当置之不问"。王庆云觉得，"此言甚有意，当熟思之。乱丝不可理，理则愈纷，直当斩却，所谓我行我法也"。当天，他还回到户部查找了"联衔具呈方准出结定例"，发现属于"收捐事例，与考试不同"。[3]

二十七日，王庆云认为直隶京官仅仅允许12人出具用于考试的印结十分不妥，并且预感今后复试"必有争端"，决定利用乡试监临官的身份单衔上奏，请求撤销顺天府印结局的这一规定。同一天，负责审理的委员向王庆云报告说，孙启盛在大兴县拥有不动产，原籍地已无亲戚，建议承认他的顺天乡试的应试资格。同时，他们还向王庆云报告说，原告邵承照虽然是大兴县籍，但是却诈称宝坻县籍，另一原告汪豫燮已经离开了北京。王庆云认为对于邵承照那样的冒籍者应该给予严厉的处罚。[4]

此后几天，王庆云一直忙于起草折稿。八月二十九日，委员们在提出的详稿中指出，"《条例》所载斥革，专指本身冒籍跨考而言，并无祖、父寄籍捐考未经呈明，子孙因而捐考应行斥革专条"。王庆云认为这就是自己所考虑的"一线生机"，他认为，如

---

1 王庆云前揭书，咸丰元年八月二十四日，第285页。
2 王庆云前揭书，咸丰元年八月二十五日，第285页。
3 王庆云前揭书，咸丰元年八月二十六日，第286页。
4 王庆云前揭书，咸丰元年八月二十七日，第286页。

此可以得到“情理之平”。[1] 他与卓秉恬协商了上奏的内容,并请曾国藩看过上奏原稿,征询了他的意见。据说,曾国藩称赞他的单衔上奏“真能不避嫌怨”。这一期间,他对负责发行印结的直隶出结京官表现出的薄情和礼部“不顾情理之平”的行为抱有强烈的不满。[2]

(二)处理原案的提出

闰八月初六日,卓秉恬与王庆云联名上奏,报告了调查的结果和处理意见。该上奏的主要内容如下:

(1)【本案缘由】担当委员通过大兴县等传唤了原告一方的贡监生员,得知原告9人之中的7人[即监生孙启盛、监生刘德绥、副贡生李德源、拔贡生鲁栻(以上为大兴县)、监生黄恩绶、监生周锟、拔贡生钱以恕(以上为宛平县)]“均寄籍大、宛两县,据供入学捐监先后年份不等,其祖父或由正途,或由吏员捐纳出仕,并呈出坟茔、房地契据,因本年乡试向同乡京官取结投卷,刘岱骏等不肯给结”,故以“京官把持阻挠”为由呈控。被告一方的京官则声称乃是由于“直隶通省京官援照《户部则例》联名具呈始准出结之例,公举土著京官十二人出结”,故负责本年出结事务。其中监生孙启盛等因为“与例均有违碍,未敢给结”。并且详细说明了具体的理由,“或因无税契纳粮凭据,或因地契有姓无名,其有名者或与履历不符,或因其曾祖服官直隶,或以曾祖名字不符,或因口操外省土音”。且原告9人“均无呈明入籍案据”。故直隶出结京官据此辩驳。

(2)【顺天府冒籍情形的概况】上奏重申了处理寄籍问题的“二十年例限”和“六十年定例”,认为“籍贯全以在官案据为凭”。但在“督饬两京县逐一检查”之后发现,原告孙启盛等“均无呈明入籍案据”,所以“各京官之指为违碍,并非无因”。卓秉恬和王庆云鉴于“京师为首善之区,五方辐辏,寄籍之人倍于土著,其服官中外者甚多,若不清厘,遇事无凭稽考”。但是,在“复饬遍查近年远年案卷”之后发现,“其呈报入籍者实属寥寥,是礼部虽屡经定例,而寄籍之人积习相沿,不行呈报,以致籍贯例限混淆莫辨,一经告发,辄罹斥革之条”。简而言之,就是这些规定实际上形同具文。

(3)【适用规定】卓王二人首先指出,直隶出结京官援引《户部则例》中关于“联名具呈方准出结”乃就报捐出结而言,至于主管科举事务的礼部并没有此种限制。所以,原告一方呈控直隶出结京官把持印结“亦非无故”。随后,二人为解决这一问

1 王庆云前揭书,咸丰元年八月二十九日,第287页。

2 王庆云前揭书,咸丰元年闰八月初一日—初五日,第287—288页。

题，建议适用“礼部现行事例”中有关于处理“大兴、宛平两县冒籍进士举贡生监未满二十年者”的嘉庆十三年(1808)条例。该条例规定，“以嘉庆十三年奏准部文到日为始，勒限一年，令其(案：指大兴、宛平两县冒籍进士举贡生监未满二十年者)自行呈明，改归原籍。其情愿入籍者呈明顺天府查办，应考试者仍扣满年限方准应考。如逾一年之限始行呈明者，贡士罚停殿试一科，举人罚停会试一科，生监罚停乡试一科。清厘以后再有冒混应考者，查出即行斥革”。[1]

(4)【处理方案】卓王二人认为，原告孙启盛等人事发虽然在嘉庆十三年条例规定的“清厘”之年，即嘉庆十四年(1809)之后，但是“皆因祖父寄籍在先，有部册可凭及契券可据，例不准与祖父异籍，或并无原籍可归，与冒混应考似属有间”。例如，“刘德绥之父刘湄由大兴县学中式壬午科举人，现任武冈州知州”。经过调查，得知该数人“或称庐墓已逾六十年，或称乡试已经五六次，或称祖父报捐应考时同乡官已为出结，至曾否呈请入籍不能记忆”，故可推知未曾“呈明入籍”。这些原告中甚至还有人说“上年正月恭逢恩诏，刑余尚予自新，况在读书之士”云云。对此，卓王二人认为，上述条例中关于“寄籍捐考并未呈明入籍应行斥革”的规定，“似专指本身冒籍跨考而言，并无祖父寄籍捐考未经呈明子孙因而捐考与例违碍明文”，提出“应否准该生等补行呈明入籍，知照原籍不准复回跨考，抑或查明有籍可归者勒限改归原籍，罚停乡试一科”，并且建议由礼部“折衷情法之平，秉公办理”。

同一天，王庆云还以监临官身份单独上奏。他说自己是“蒙恩派充乡试监临，责无旁贷，是以不避嫌怨先事直陈”。他在上奏中首先承认要求参加科举考试的士子出具同乡京官印结，目的是为了防止“枪冒顶替”。他还指出，按照规定，“凡同乡五六品京官皆得出结识认”，《科场条例》中没有关于同乡京官“限定几员出结之例”。他认为，道光三十年十一月礼部根据给事中赵东昕的建议决定“凡寄籍之人必俟取结复试后方准改归原籍”，已经再次强化了防止冒籍的相关规定。但是，本年乡试时直隶京官却“新立章程，限定十二人出结，致与贡监等在国子监互控”。他对直隶限定出结京官人数的作法表达了否定意见：

> 臣查直隶京官不下六七十员，现在复试届期，各保其识认之人，自不虑有顶冒等弊，若只限十二人出结，则耳目未广，其顶冒与否转难真知。且历科北闱中式京县士子居多，今查十二人中籍隶外县者十一人，惟刑部郎中刘岱骏籍隶大兴，又系捐纳出身，并恐有士子实系正身而适与此十二人素昧生平，即不肯为之出结，在京官以为慎重，在士子以为把持。恩榜初开而争端竞起，非所以光盛典

1　奎润等前揭书，卷三十五，冒籍，冒占民籍例案，第17a—18a页。

也。相应请旨饬下礼部查照科场条例,将直隶京官限定十二人出结之处,即日速行禁止,凡例得出结各员皆许照例识认,庶中式之人早得取结,不误复试之期。

可见,王庆云要求由礼部查照《科场条例》,禁止直隶限定出结京官人数的做法。在闰八月初六日日记的最后,王庆云写到:

二十余日为此事乱我心曲,至是乃如汤沃雪,悠悠毁誉,当度外置之。

皇帝在收到了这些上奏之后,得知贡监生员"纷纷聚讼"的原因是"直隶京官专举十二人出结,其势不能周知"士子的情况,于同日要求礼部对卓王二人的联名上奏和王庆云的上奏"速议具奏"。初九日,礼部尚书杜受田邀王庆云一起吃饭,两人就"大宛籍贯事"交换了意见。

同月初十日,王庆云向咸丰皇帝呈奏了顺天乡试题名录。当时,君臣二人之间曾有过如下对话。[1]

咸丰帝:刑部郎中刘岱骏一案,京官只准十二人出结,是向来即如此否?

王庆云:是今年新立章程。向来五、六品京官皆得出结,各省皆然,不独直隶。

(三) 吴廷溥对王庆云的弹劾

闰八月十一日,直隶出身的掌四川道监察御史吴廷溥提出奏折,认为卓王二人的"复奏折内所陈多有未能核实者",遂一一指出了7个问题。以下约略言之。

(1) 原奏中称直隶限制科举出结京官人数,但却不限制捐纳出结京官人数。实际上如此处理乃是根据乾隆二十二年(1757)上谕的规定,[2]严格审查参加科举考试的捐纳出身贡监生员。

(2) 嘉庆十三年的规定中对于那些在清厘之后出现的"混冒考者"按照"查处即行斥革"的原则处罚,卓王原奏一面承认事发于清厘之后,但却不奏请斥革,显然是"以为开脱地步"。

(3) 原奏称条例中没有关于祖父捐考却未声明入籍、子孙由此违例的相关规定,

---

1 王庆云前揭书,咸丰元年闰八月初十日,第290页。

2 奎润等前揭书,卷三十五,冒籍,冒占民籍例案,第9a—10a页。

实际上这一问题无关寄居年代久远与否,关键在于是否声明入籍。根据以往事例,对寄居年代虽然符合规定,但未声明入籍者一律处以斥革。奏折中非但不加重处罚,反而不肯稍示惩处。

(4) 卓王奏称均有部册可凭,契券可据,但核实后发现原告的三代履历与部册记载不符,地亩契券亦不足信。如:

№	姓名	问题
1	孙启盛	只有道光年间契纸一张,契内有姓无名,又无粮串。
2	李德源	只有道光年间置地白契一张,并未税契。
3	黄恩绶	口操四川原籍土音,自言并无坟墓田宅。
4	周锟	有嘉庆年间契纸一张,契内人名非其三代。
5	鲁栻	曾祖名霁堂,与其齿录所刻名含光不符。
6	刘德绥	三代,曾祖名戒堂,祖名初泉,父名湄。乃其父刘湄之三代,则祖名以垂,父名九华,父子二人三代互异。
7	汪豫燮	父名绍曾,系道光壬辰科举人,其榜名姓陈。

吴廷溥据此认为,部册和契券不足凭信。且汪豫燮和邵承照自知"情虚","不候查办即已潜逃"。

(5) 原奏折中称该贡监生员等捐考在即位恩诏颁布之前,属于赦免对象。实际上恩诏中并无相关规定。且此案发生于恩诏之后,为何要格外乞恩?

(6) 王庆云以即将复试为由,奏请预禁争端,以便士子取识认印结。果如此,实为"禁京官之详审,以便士子之取求"。

(7) 王庆云抨击说直隶可出结的京官有60~70人,不应仅允许12人出结。实际上因顺天京官中有由寄籍出身者,若不加限制,"则其亲戚友朋互相援引,势将伊于胡底"。

最后,吴廷溥认为:"士习之浇漓必当惩创,朝廷之法制尤戒纷更。……伏祈皇上明降谕旨,将冒籍之孙启盛等九人照例查办,庶几弊窦渐除而人心知警矣。"

同一天,吴廷溥还上奏弹劾王庆云。在上奏中,他集中攻击"冒籍宛平县贡生钱以恕"不仅未经呈明入籍,而且履历不清。他说:

> 其本身三代曾祖名诵芬,祖名为霖,父名之芳;其父钱之芳三代祖名越,父名为霖,父子三代伪谬。其胞兄钱恩荣原名以忠,宗人府供事,现充实录馆供事,其三代曾祖名越东,祖名时沛,父名莔亭,山东历城县籍,兄弟三代不符,又异籍。

经国子监奏闻,奉旨交顺天府会同直隶总督查办在案。

他进一步指出,“当乡试点名之时,钱以恕竟不用印结投卷,并无京官识认,殊堪骇异”。他认为,八月初九日奉旨交顺天府查办时,顺天府对钱以恕的违规行为不仅“不即扣卷归案”,甚至“曲为容隐”,“巧为开脱”。吴廷溥将攻击的矛头直指署顺天府府尹王庆云,称他“籍隶南省,臣愚窃谓其有心袒护矣”。他说王庆云认为道光十三年奏准章程过于严格,“于人情未协”,就此他质问道:“岂必任其冒滥乃可协人情耶?”最后,他说王庆云违反嘉庆十五年(1810)的规定,[1]于连衔奏事之外在乡试发榜前专折议改章程属于“为冒籍开方便之门”的违例行为,要求皇上“圣鉴”。

这样,原本由贡监生员们提起的关于应试印结问题的诉讼变成了京官同事之间的争论。

(四)礼部的对策

在收到吴廷溥上奏的当天,清朝政府以皇帝上谕的形式命令“礼部与现议卓秉恬等并王庆云原奏一并秉公查核,妥议具奏”。同时,以本案“现交部议,尚未复奏”,而“直隶籍贯”之该御史本应待部议“有未允协”之后,方“可据实指陈”,但居然“于部议未定之先率行陈奏,殊属非是”,决定对吴廷溥“传旨申饬”。

王庆云在得知吴廷溥的上奏和皇帝决定对吴廷溥“传旨申饬”之后,感到“此殊可畏,怨毒愈积愈深,如之何哉?”第二天的闰八月十二日晚,他读到了吴廷溥的奏折:[2]

可谓力破余地,无论交议之人,不在乡会试年分不准条陈之列。即使不准条陈,而独准创立新章乎?反唇非君子所为,向后复部,自应以甚讷出之。

十三日,曾国藩告诉他此案由杜受田主持办理,复奏的时间估计不会很快。十六日,王庆云在与卓秉恬交换意见时认为,“有实据乃可上闻,吾辈只是持平,顾大局,至诸生得丧,自有主者,吾心复何憾哉”。十七日,王庆云在贡院聚奎堂见到上章弹劾他的吴廷溥,双方相安无事。他在二十二日和二十三日分别召见了本案原告贡监生钱以恕、黄恩绶、孙启盛、李德源、刘德绥和鲁栻等6人,直接进行了“问供”。[3]

---

1 奎润等前揭书,卷三十四,禁令,例案,不准临场条奏,第5a页。

2 王庆云前揭书,咸丰元年闰八月十一日、十二日,第291页。

3 王庆云前揭书,咸丰元年闰八月十三、十六日、十七日、二十二日、二十三日,第292—297页。

根据闰八月初六日和十一日的上谕，协办大学士管理礼部事务杜受田等礼部相关官员根据由内阁转来的卓王联名上奏、王庆云单衔上奏、吴廷溥上奏和科场案例对此案进行了审理。九月二十八日，他们提出了处理方案。

（1）【入籍标准】礼部上奏提出，既然契据不足为据，那么应该视有无先人坟墓为据。这就是，“臣等查该贡监等俱系因其祖父在顺天寄籍应试报捐，即入籍考试，与本身冒籍究属不同，若径行斥革，揆之情理，未为平允。至所呈契据只系白契，未足为凭，当以有无坟墓为断”。如前所述，“坟墓”早在明代就已经是认定寄籍的条件之一，清初顺治二年也重申过这一标准，但在此后却很少言及。据此，礼部避开直隶出结京官和吴廷溥指出的部册不符和契卷难凭的问题，根据“看坟之人”的报告，认定孙启盛、刘德绥、鲁栻、李德源、周锟、钱以恕等6人在北京确有祖墓，准许他们在大兴县和宛平县“补行呈明入籍”，但是“仍罚停乡试一科”。汪豫燮和黄恩绶或系浮厝，或无祖墓，故应“勒令改归原籍，亦罚停乡试一科”。至于副贡生邵承照自称“祖居宝坻，并非冒籍”，但粮串不符，祖系浮葬，故“应交顺天府饬宝坻县亲勘详查”后再议。

（2）【祖父未办理入籍手续导致子孙涉嫌冒籍问题的处理】礼部建议，据此原则，今后“如有似此情节者均照此一律办理，予限一年补行呈明，不得违逾”。

（3）【改革直隶印结发行体制】礼部建议在王庆云和吴廷溥之间作出折中，即一方面接受王庆云“嗣后顺天考试出结不必限定人数”的意见，一方面又依照吴廷溥的意见，建议“系土著俱准出结”。这就是说，直隶京官中只要是土著者均可以出具考试所需的印结。至于捐纳所需印结，则应“照户部捐例，土著寄籍皆准出结，仍用土著京官一二人查结，亦令其互相稽查”。如果发生“籍贯不清扶同捏饰者”，分别照“失察公罪例”或“徇庇例”议处。礼部认为，“如此各项均有稽核，庶户籍不至混淆，争端可以永息”。

（4）【关于王庆云建议修改道光三十年改籍规定】礼部认为，道光三十年给事中赵东昕条奏复试后始准改籍一案，“经臣部援照成案议准，并非新章”。王庆云的建议“将改籍新章复还旧制”，属于“不谙臣部例案”，建议“应毋庸议”。

（5）【关于吴廷溥指出的钱以恕应试手续】礼部经过调查后得知，此案属于由顺天府金台书院循例送考，并无弊端。但是《科场条例》中并无允许金台书院送考的相关规定，为防止冒滥起见，建议禁止金台书院送考。

（6）【对王庆云等的处分】鉴于制度规定“乡会试年不准条陈科场事务”，但监临王庆云“于未经发榜以前请改出结章程并改籍事宜”，建议“交部照例察议”。至于钱以恕报送的履历籍贯，与其胞兄、现任宗人府供事钱恩荣报送的履历籍贯不符的问题，建议“由吏部取具亲供照例办理”。

上奏当天，皇帝对该处理案表示同意，并决定将王庆云“交部照例察议”。二十八日晚,王庆云得知上述皇帝意旨之后认为,“未知原奏如何,果其被讦各生不至禁锢,即被议,何伤?”

第二天二十九日,王庆云看到了礼部原奏后在当天的日记中写到：[1]

> 拓开眼界放平心,此中自不至毫有芥蒂。以一人薄罚,足免众人禁锢,自问得矣。能不涉气矜,乃为养到。以毁誉得失动其心,皆客感也。

此后,关于本案的争论又陆续进行了一段时间。当年十一月三十日,最终确定了对王庆云的处分,即“销去记录一次,罚俸三个月”。[2] 本案至此告一段落。

进入光绪年间以后,礼部在奉敕修订《科场条例》时,基本照录了杜受田领衔的礼部上奏,将此案作为祖父未办理入籍手续导致子孙涉嫌冒籍问题的处理例。[3]

结　语

如前所述,在前近代中国,科举出身,尤其是举人和进士出身是最大最重要的政治资源,获得的手段就是参加科举考试。所以,科举考试是打破社会阶层固化、提升社会地位的重要工具,也是生活在那个年代的大多数中国男子可以享受的最重要的政治权利。毫无疑问,参加科举考试并且金榜题名,蕴含着提升社会成员的社会地位,从被统治阶层转入统治阶层的可能性。故应试者往往志在必得。但是,由于制度上对举人和进士的合格人数有严格的限制,故该项政治资源的供给始终处于供不应求的状态。围绕着实现自身的政治权利和获取该项政治资源,社会成员之间展开炽热的竞争。本案就是其中一例。

从作为应试者的群体来看,他们对冒籍一事的态度显现出两个极端。其一,对自身或亲友违规冒籍的行为基本上没有罪恶感。明末作家李渔在小说《合锦回文传》中描写薛尚文欲在“襄州”冒籍应考,他的表亲、当地大户梁孝廉之子梁栋才称:“共禀车书,何云冒籍? 兄竟放心去考,倘有人说长道短,都在小弟身上。”李渔就此借“昔人”之口发了一番议论：[4]

1　王庆云前揭书,咸丰元年九月二十九、三十日,第312—313页。

2　王庆云前揭书,咸丰元年十一月初六日、三十日,第325、335页。

3　奎润等前揭书,卷三十五,冒籍,冒占民籍例案,第37b—41b页。

4　李渔:《李渔全集》第9卷,合锦回文传,浙江人民出版社1991年版,第320页。

看官，听说从来冒籍之禁最严格。然昔人曾有一篇文字，极辨冒籍之不必禁，却也说得甚是有理。其文曰：既同车书，宁分畛域，夫何考试，独禁冒籍？如以籍限，谓冒宜斥，则宣尼鲁产，曷为之荆齐而适宋陈；孟子邹人，曷为游大梁而入即墨？楚材曷以为晋用，李斯曷以谏逐客？苏秦曷以取六国之印，马援曷以邀二帝之侧？百里生于虞，曷以相秦穆之邦；乐毅举于赵，曷以尽燕昭之策？若云南人归南，北人归北，宜从秦桧之言；将毋莫非王土，莫非王臣，难解咸丘之惑。愿得恩纶之下颁，特举此禁而开释。

李渔在这里认为既然书同文、车同轨，就不应该拘泥于畛域，否则孔子、孟子、李斯、苏秦、马援、百里奚、乐毅等人都应该属于"宜斥"之人。倘若刻意区分南人和北人，那么与秦桧同属一类，或和孟子的弟子咸丘蒙一样，误解"溥天之下，莫非王土，率土之滨，莫非王臣"的古训。他要求"恩纶下颁"，"开释"冒籍之禁。在李渔之前，出身南直隶苏州府长洲县张凤翼也有过类似见解，他对与他谈及冒籍问题的来客说，"圣世立贤无方"，"况堂堂一统，莫非王臣乎？"[1] 万历四十六年(1618)考中举人的沈德符(案：原籍浙江嘉兴)在述及万历十三年(1585)乙酉科顺天乡试冒籍案时说："夫外省冒籍诚宜禁。若辇毂之下，则四海一家，……何冒之足云？"[2]

有些人还将自己的冒籍行为公然写入诗作。乾隆十五年(1750)，时年24岁、江南常州府阳湖县籍的赵翼在京师客居刘统勋门下，因属于"南籍"且入京时间很短，无法参加顺天乡试。"会有族人在天津业盐"，赵翼于是在当年春天前往天津，"冒商籍顾姓以应科考"，被录入顺天府学。同年八月，再"以顾姓冒籍应顺天府乡试"，中第21名举人。他为记录这一经历，赋《赴津门》一首。诗曰：

南庠试北闱，令甲所不受。闻有盆劳籍，游客借已久。入作黉舍生，可列乡射耦。爰乘簿笨车，路指丁沽口。潞堤直于弦，津河绿可酒。将为假途行，先防扞关守。诘者严谁何，未敢告以某。譬如投秦课，变易姓名走。

由此可见，赵翼明知冒籍属于"令甲所不受"，但为了"列乡射耦"，故"变易姓名"以商籍应试。在遇到"诘者严谁何"时，他"未敢告以某"。日后，赵翼在自己的《七十自述》中也坦承，"京闱以顾姓应试"。[3]

---

1 张凤翼：《求实堂续集》，续修四库全书第1353册影印明万历年间刊本，卷六，谈辂续，上海古籍出版社1996—2003年版，第488页。

2 沈德符：《万历野获编》卷十六，"乙酉京试冒籍"，中华书局1959年版，第418页。

3 陈清云：《赵翼年谱新编》，上海古籍出版社2016年版，第58—59页。

还有人以冒籍为荣,甚至借冒籍贬损被冒籍之地的士子。道光末年,南人在北京冒籍者颇多,其中有人在乡试得第之后,大言不惭地讽刺北人,称“北人焉能至此,惟恃吾辈冒籍者为之增光耳”,以致“北人憾之”,相约在会试时不给出结,施以报复。[1]

这个群体的另一个极端是,视其他冒籍者如寇仇,必欲置之死地而后快。小说《醒世姻缘传》中记载,有薛如卞者,因“入籍不久”就要参加考试童生的岁考,结果有不少当地童生“要攻他冒籍”。幸亏当地的举人连春元出了“茁实的保结”,使得“那些千百年取不中的老童,也便不敢攻讦”。[2] 这里的“攻冒籍”是明代后期的一种社会风气。以顺天为例,由于当地的“攻冒籍”来势汹汹,甚至将“犯者往往击死”,故有好事者建议“令顺天府青衿攻打”骚扰东南沿海的倭寇。[3]

进入清代,此风有增无减,甚至闹到无法进行考试。雍正二年(1724)十一月十六日,贵州威宁总兵官石礼哈奏称,该年九月初五日,贵州学政王奕仁至大定州按考威宁府属生童,“毕节县劣生邵藩奭等指称童生邵汝钧为冒籍,不容赴考”。他们“统领多人将邵汝钧拿至住处,非刑捆打”。当大定州知州苏霖泓前往“拿究”时,“忽有劣生张时焕等与邵藩奭邀约多人,即将州差殴打,聚集生童数百人,拥至州衙,百般辱骂,又拥至教官处,将毕节县应考童生册卷抢去”。雍正八年(1730)四月三十日,广东省阳春县在举行童生的岁考时,童生汪武纬号召“攻冒籍”,结果童生们群起殴打据说是冒籍者的欧光启,并将“县门概行打碎,复行罢考”。经该县知县“宣示朝廷大典律例明条”之后,“各童生始行赴考”。[4] 乾隆八年(1743)九月二十八日,江苏镇江府在进行府试前“点名给卷”时,溧阳县童生忽然“指童生蔡士荣系别籍冒考,环请斥逐”。虽然知府查明该蔡士荣“自河南移住,历年已久,在溧办粮,与入籍考试之例相符”,并向众生说明,但众生依然“坚欲册内除名”,结果导致当天的考试无法进行。[5]

前者以身试法冒籍应试,后者指责他人违法冒籍,这两种做法看似矛盾,实则同

1 刘体智:《异辞录》卷一,“潘鼎新会试不第”,中华书局 1988 年版,第 23—24 页。

2 西周生辑注,李国庆校注:《醒世姻缘传》,中华书局 2005 年版,第 475—476 页。

3 王同轨:《耳谈类增》,卷三十八,雅谑篇下,冒籍寇,续修四库全书第 1268 册影印明万历三十一年唐晟唐昶刊本,上海古籍出版社 1996—2003 年版,第 233 页。另见赵南星:《赵忠毅公文集》,卷十六,明故郊州学正王公暨配两赵孺人墓志铭,四库禁毁书丛刊集部第 68 册影印明崇祯十一年范景文刊本,北京出版社 1997—1999 年版,第 471—473 页。

4 世宗御编:《硃批谕旨》,清光绪十三年上海点石斋石印本,第 4 册,雍正二年十一月十六日,石礼哈奏为生童聚众辱官阻考事,第 2a 页;第 55 册,雍正八年五月十一日,郝玉麟奏为密行奏闻事,第 52b—53a 页。

5 中国第一历史档案馆编:《乾嘉时期科举冒籍史料》,载《历史档案》2000 年第 4 期。在围绕科举考试问题的利益诉求中,除了罢考之外,历史上曾经发生过千人以上的群体抗议事件,考生们利用考场提出自身的利益诉求。例如,康熙五十年辛卯科江南乡试案。请参看井波陵一:《康熙辛卯江南科場案について》,载《東方學報》第 68 卷,1996 年,第 183—244 页。

时存在于应试者群体身上。出现这种情况的原因,无疑就是科举功名的难以抵抗的诱惑力和令人望眼欲穿的经济利益。对于国家与社会来说,可以借"抡才大典"实现官僚的再生产和迟滞社会阶层固化的目的;对于应试者个人来说,则借此寻得提升身份地位的机会,同时还可以享受由功名带来的经济利益和社会地位,即顾炎武所说的"免于编氓之役"和"无笞、捶之辱",[1]更主要的是由此获得了绅权。所以,为了提高中试的机会,他们不惜采用冒籍的手段;同样为了提高中试的机会,他们关注着其他考生,希望借"攻冒籍"之名打击尽可能多的竞争者。

就本案而言,应试者一方是希图利用诉讼手段获得考试的机会。由于史料的限制,我们尚难把握本案全貌,更无法知道原告之一孙启盛所控直隶京官"如其愿者虽不合例亦肯出结"的真伪。仅就可以确定的事实而言,原告一方确实存在着瑕疵,其祖先或未遵照相关规定在顺天府办理入籍。孙启盛在两份呈词中对寄籍北京的时间也有不同的说明(案:即"生祖父以来居住京师历有年所"和"生曾祖于乾隆初年流寓京师")。即便如此,原告一方的贡监生员对己方的瑕疵视若无睹,一味地强调实施恩科乡试乃皇上深恩厚德,自己经过多年苦学,希望由此登进。然后其便攻击直隶出结京官们把持印结,致使他们无法下场应试。我们可以看出原告一方的主张是,在皇帝的恩泽之下,自身的应试是理所当然应该享受的权利。

与科举考试相关的诉讼中有不少是基于某种"身份感觉"或某种法律规定而产生的,[2]但是本案却显得有些不同。在本案中,原告一方(案:包括其祖先在内)不是根据既存的法律规定取得在顺天府的应试资格,而是希图利用"皇帝的恩泽"和"以往的事实"掩盖自身的瑕疵,将自己的行为正当化,也就是说用"情"和"理"的言说来实现自己的目的。这里所说的"法律规定"是指前述乾隆五十九年确定的关于异地应试问题的"二十年例限"和"六十年定例"。孙启盛的两份呈词中,完全不涉及乃祖乃父没有按照规定要求办理在顺天府入籍的手续,以"把持印结"为名将攻击的矛头直指直隶出结京官,控诉京官们剥夺了自身的考试权利。他的所谓根据仅仅是"皇帝的恩泽"和父子的应试经历。在此情况下,他采用了动之以"情"、诉之以"理"的诉讼战术,声称自己多年苦学,如今幸逢旷世盛典,但却无缘参加考试,要求管理贡监生员的国子监向皇帝转奏自己的苦衷,希望以"行政手段"的方式获得顺天乡试的下场资格。简而言之,原告的生员一方之所以诉诸"情"和"理",其目的就是使本人乃至父祖的瑕疵变得正当化,由此获得实际的利益——考试资格。

笔者认为,原告一方采用这种动之以"情"、诉之以"理"的诉讼战术,主要是基于

---

1 顾炎武撰、华枕之点校:《顾亭林诗文集》,亭林文集,卷二,生员论上,中华书局 1959 年版,第 21 页。
2 岸本美绪前揭论文。

中国传统的诉讼意识和对审理者心理的揣摩。实际上,除去应试者方面的原因之外,考官方面的优柔宽恕也是助长冒籍的原因之一。明人谢肇淛曾经谈到他在山东为宦时处理冒籍问题的例子:[1]

> 国家取士,从郡县至乡试,俱有冒籍之禁,此甚无谓。当今大一统之朝,有分土,无分民,何冒之有?即夷虏戎狄,犹当收之,况比邻州县乎?且州县有土著人少,而客居多者,一概禁之,将空其国矣。山东临清,十九皆徽商占籍。商亦籍也,往年一学使苦欲逐之,且有祖父皆预山东乡荐,而子孙不许入试者,尤可笑也。余时为司理,力争之始解。世庙时,会稽章礼发解北畿,众哄然攻之,上问:"何为冒籍?"具对所以。上曰:"普天下皆是我的秀才,何得言冒?"大哉王言,足以见天地无私之心也。

对官僚们来说,其或许有为国取士的想法。但是在衡量"法"与"情"时,并非所有的官员都能严格按照国法办事,对人才的"情"有时甚至超越了国法。例如,康熙三十八年(1699)己卯科顺天乡试放榜之后,"台臣言南人冒北籍应式,内有中式举人唐执玉、王昌等八名"。负责处理此案的"直隶霸昌道按察司副使"郎廷栋认为,"士子获举甚难,且率土王臣,何斤斤于此"。他"访有入籍田土户口坟墓,即不问",复命之后被命令"审南北语音"。"时严寒,诸生穷乏,趋昌平良苦(案:郎廷栋的治所在昌平)。公乘公事赴京集询,审非南音,即列状保之"。[2] 这种对"士子获举甚难"的怜悯就是"情"之所在。

上述赵翼在参加顺天乡试时是"以顾姓应试",正考官汪由敦当时就已经知道考中第21名举人者为赵翼,以后赵翼又长期居住在汪的家中,但是汪由敦始终没有举报赵翼的违规行为。再者,赵翼赴天津冒商籍应试之前住在刘统勋家中,刘氏同样没有检举赵翼的不法行为。[3] 由此可见,他们对人才的"情"已经超越了国法。至于官员纵令子弟冒籍应试,甚至"明收冒籍"等行为,都导致冒籍问题屡禁不绝。[4]

在本案中,王庆云本人也认为,此案的处理不应该拘泥于制度规定,而应该考虑到"情"与"理",并在此基础上和卓秉恬拟定了最初的处理方案。他曾经咨询过的刑

---

1 谢肇淛:《五杂俎》,事部二,上海书店出版社2001年版,第288—289页。

2 李绂:《穆堂初稿》,卷二十五,湖南按察使郎公暨原配金夫人合葬墓志铭,续修四库全书第1421册影印清道光十一年奉国堂刊本,上海古籍出版社1996—2003年版,第493—495页。

3 陈清云前揭书,第58—59页。

4 魏象枢:《寒松堂集》,卷四,学道一官关系士风文教等事疏,清嘉庆十六年刊本,第23b页。

部尚书周祖培也认为,如“例不可行,当置之不问”,[1]将例置于可有可无之间。礼部上奏的最终方案也同样没有直接触及原告一方违反关于入籍问题的“二十年例限”和“六十年定例”,只是模糊地认定,原告“俱系因祖、父在顺天寄籍应试报捐,即入籍考试,与本身冒籍究属不同,若迳行斥革,揆之情理,未为平允”。这就是说,礼部并不否认原告祖、父在办理应试报捐时存在着手续方面的瑕疵,但认为不应让子孙为祖、父承担责任。当然,礼部这种判断也隐含着避免追究相关官员责任的考量。原告一方在申诉中屡屡引用“以往的事实”来支持自身的行为,也就是考虑到了这一点。他们认定,目前负责审理此案的国家机构不会也不可能追究到乾隆年间的事案,那样将会牵涉到前朝,甚至会引发国家统治自身的震荡。这种治理成本是无人能够承受的。正是在“揆之情理”的思考之下,礼部不仅建议承认其中数人的应试资格,而且最多不过是象征性地处以停止乡试考试一次的处罚。对于直隶出结京官一方指出的原告方贡监生员的履历文件和纳税证明方面存在的瑕疵,礼部也避而不谈,只是建议以有无祖、父坟墓为判断寄籍与否的标准。至于如何确定墓中主人,礼部仅仅是要求在本人申告、看坟人供词的基础上,“再令顺天府尹饬大宛两县亲往访查确实,取具切结,加具印结,咨部核明”。在此基础上,礼部建议允许原告 9 人中之 6 人补办在大兴县和宛平县的入籍手续,并将处理此案的方法作为今后处理此类问题的方针,“如有似此情节者均照此一律办理,予限一年补行呈明,不得违逾”。此后,该案作为处理冒籍问题的例案,被编入了《科场条例》。

滋贺秀三在论及州县自理案件“户婚田土细事”时指出,官员们进行“听讼”即审理的原则就是国法、天理和人情。与具有实定的、人为的属性的国法不同,天理和人情的属性是非实定的和自然的,“情”与“理”虽然是“深藏于各人心中的感觉而不具有实定性,但它却引导着听讼者的判断”。[2] 通过本案我们可以看出,“深藏于各人心中的感觉而不具有实定性”的“情”与“理”同样存在于提起行政诉讼的告状者的心中,也“引导”着他们的诉讼。他们透过“情”与“理”的言说,期待审判者不是从具有实定的、人为的属性的国法,而是从“情”与“理”的角度做出支持自己主张的判决。同样,审理者一方是以“我行我法”的态度,在求得“情理之平”的方针下寻求解决方案。可见,立场迥异的双方各自秉持的理念在此达到了带有某种必然性的奇妙的统

1　王庆云前揭书,咸丰元年八月二十六日,第 286 页。

2　以下叙述请参看寺田浩明:《中国法制史》,东京大学出版会 2018 年版,第 163—218 页;滋贺秀三著、王亚新译:《中国法文化的考察》,载滋贺秀三等著、王亚新等编:《明清时期的民事审判与民间契约》,法律出版社 1998 年版,第 1—18 页;滋贺秀三著、王亚新译:《清代诉讼制度之民事法源的考察》,载前揭书,第 54—96 页,原载《東洋史研究》第 40 卷第 1 号,1981 年,后收入滋贺秀三:《清代中國の法と裁判》,创文社 1984 年版。

一。正如滋贺秀三所说,听讼就是根据“情理”、即以“常识性的正义衡平感觉”为基础,“通融无碍地寻求具体妥当的解决”。这一点既是官僚的职责所在(滋贺秀三称其为“职分”),更是国家对社会的责任。应该说,在本文分析的涉及冒籍应试问题的行政诉讼的场合,原告一方无视国法规定,以“情”和“理”的言说提出自己的主张,审理一方(卓秉恬、王庆云、礼部官僚)同样是在“情”与“理”的言说之下“通融无碍地寻求具体妥当的解决”。

寺田浩明曾经指出,清代的“听讼”(民事审判)具有这样一种共同性,即“审判并不是根据某种客观的规定来裁定两造的主张是否合法,……而是提出某种方案来平息两造之间的争讼”。[1] 这就是说,其不是根据法律规定或法律意义上的正当性做出判决,而是考虑到对该具体案件的处理能否合乎“情理”,在此基础上做出权宜性的裁决。在通过本文的分析,我们可以看出,在涉及行政问题的诉讼中,也是循着相同的方针进行处理的。

1 寺田浩明:《権利と冤抑——清代聴訟世界の全体像》,载《法学》第61卷第5号,1997年,第1—84页。

南京国民政府时期的刑事上诉制度*

[日]久保茉莉子** 著 海 丹*** 译

前 言

在19世纪通过条约与国际法(或者说和开埠地的外国人之间的交涉、纠纷等)接触近代西方法律的中国,在20世纪初正式效仿西方和日本的法律开始修订法律。至20世纪30年代中期,立法、法律人才培养等方面已经取得了一定的成果。[1]

在尝试运用20世纪初以来形成的新式法律制度这一点上,南京国民政府时期具有重要意义。关注这一时期,有助于阐明近代西方式法律制度的制定给中国社会带来的影响。鉴于此,本文尤其着重关注近代西方式法律制度中的刑事上诉制度,以期对南京国民政府时期的制度运用实态进行分析。

上诉制度是就尚未确定的判决向上级审判机关提出不服、寻求审判救济的制度。针对已经下达的判决提出不服、寻求救济的程序,自古发达于世界各地。[2]

在中国,出于对公正判决的期待,形成了"科以一定等级以上的刑罚时,将下级机关的判决交给上级机关审理"的制度。滋贺秀三称,"必要的覆审制"这一制度在唐代的律令中已清晰可见,并在清代得到了极为详密的制度化。根据"必要的覆审制",所有的诉讼原则上先由下级机关审理,然也因事件的重要性不同,拥有决定权的机关不同;重罪案件必须经过几层审判,并且规定了应当以怎样的程序、经哪些机

---

* 本文原题为《南京国民政府時期における刑事上訴制度》,载《史学雜誌》第一百二十六編第九号,2017年。

** 久保茉莉子,日本成蹊大学文学部助教。

*** 海丹,中山大学岭南文化研究院驻院学者。

1 关于中国近代法制史的概况,参见高见泽磨:《近代法制の形成過程》;饭岛涉、久保亨、村田雄二郎编:《シリーズ二〇世紀中国史 3 ダローバル化と中国》,东京大学出版会2009年,第81—99页;高见泽磨、铃木贤:《中国にとって法とは何か——統治の道具から市民の権利へ》,岩波书店2010年,第1—55页。

2 小野清一郎:《刑事訴訟法講義(全訂第三版)》,有斐阁1935年,第506—508页。

关审理。另一方面,虽然也允许不服下级机关判决的当事人请求上级机关加以更正(即上控),但在这方面几乎没有详细的规定。法律只禁止不经州县、直接向上级机关控告的行为,并未明确规定从下至上应该经过哪些机关。只要是有权监督原审官的上级机关,都可以向其提出控告。而且,被控告的判决即使已经执行了刑罚,也有可能被推翻。[1]

上述一直沿用到清代的审判制度,在20世纪初期以后参照外国法律进行的法制变革中发生了变化。首先,"必要的覆审制"被修改了——基于司法独立原则,各级审判机关不受包括其上级机关在内的一切机关的干涉。由此,上级机关能否进行审判,原则上不再取决于罪行的轻、重,而是由当事人的意思决定。进而,为了实现诉讼的简便、快捷,也制定了详细的上诉规定。[2] 这样一来,由于清末、民国时期新的上诉制度的制定,中国审判活动中的上级机关更正下级机关的审判的方式和人们提出不服、寻求救济的方式也面临着巨大的变化。然而,即使制度规定变了,其反映的也不一定就是实际中的情形。有必要就上诉制度的制定对这一时期中国的审判实态究竟产生了多大影响,重新进行验证。可以说,这是理解20世纪中国法律秩序形成过程的重要问题之一。

关于清末、民国时期制定的近代西方式的上诉制度,当时的研究已经做过了详细的介绍。[3] 近年来也出现了许多关于其制度形成过程和运用情况的研究成果。黄源盛在分析清末民初的制度制定过程与大理院判决后,提出三级三审制的采用是一个重要的变革,并指出上诉制度在大理院(最高法院)一级的审判中得到了运用。[4] 另一方面,田边章秀和唐仕春着眼于北京政府时期的县级司法。田边章秀指出,这一时期,虽然法律追求司法独立,但由于财源与人才的不足,新制度难以得到运用,司法机关巧妙地沿用着"由上级机关对下级机关的审判进行审查"这一清代的方式。[5] 唐仕春认为,县一级的诉讼规模较小,为了能处理数量庞大的案件,许多县以传统方式进行审判,但上级机关往往认为其判决"错误"。县级司法改革是重要的研究课题。[6]

1　滋贺秀三:《清代中国の法と裁判》,创文社1984年,第22—39页。

2　关于清末、民国时期的司法制度改革和外国法的影响,参见何勤华、李秀清:《外国法与中国法——20世纪中国移植外国法反思》,中国政法大学出版社2003年版,第471—511页。特别是关于上诉制度的修订,参见蒋秋明:《南京国民政府审判制度研究》,光明日报出版社2011年版,第28页。

3　戴修瓒:《新刑事诉讼法释义(第五版)》,会文堂新记书局1932年版。孙绍康编著:《刑事诉讼法》,商务印书馆1935年版。康焕栋、俞钟骆:《刑事诉讼法论》,会文堂新记书局1930年版。

4　黄源盛:《民初大理院与裁判》,台北:元照出版2011年版,第313—321页。

5　田边章秀:《北京政府時期の覆判制度》、夫马进编:《中国訴訟社会史の研究》,京都大学学术出版会,2011年,第481—516页。

6　唐仕春:《北洋时期的基层司法》,社会科学文献出版社2013年版,第314—315、400—401页。

关于南京国民政府时期,赵金康将三级三审制的设立视为重要修订并加以关注,他认为,设立这一制度是为了保护权利和统一法律解释。[1] 徐小群认为,虽然新制度借由完善制度规定、司法设施和人才培养而产生了一定的效果,但司法机关无法完成数量庞大的案件的审理。[2] 蒋秋明称,虽然当时的诉讼延滞问题从数据上看并没有那么严重,但在当时关于法制改革的讨论中,高上诉率和大量案件经上级机关审判后被发回重审的现象被视作弊端。[3] 林郁沁(Eugenia Lean)进而指出,上级机关的审判本应严格依据法律下达判决,但受到了重视道德正义的舆论的极大影响。[4]

上述现有研究在承认清末、民国时期修订司法制度的活动有一定意义的同时,也强调该制度的运用存在问题。然而,关于上诉制度如何运用于日常诉讼、当时的人们怎样利用新制定的上诉制度等问题,尚有讨论的空间。对此进行分析,则可以发现近代西方式的上诉制度虽被指认有种种弊端,但最终还是融入了中国司法体系的背景原因。

笔者在其他的论文中分析了南京国民政府时期的检察制度、被害人自诉制度和地方法院的审判情况,指出近代西方式的刑事司法制度在司法人员致力实施新法律和普通人积极利用法律、参与诉讼的过程中,逐渐渗入中国社会。[5] 然而对上级机关的审判笔者尚未做充分的分析,且仅阐明了一部分诉讼实态。因此,本文聚焦于这一时期的上诉制度运用状况,尝试进一步理解刑事司法制度的运用实态。

在下文中,首先在第一章综观清末、民国时期上诉制度的修订;接着,第二章主要利用《司法统计》,阐明全国及省级审判机关受理、处理上诉案件的状况;[6]第三章将以上海市档案馆所藏的《江苏上海地方法院档案》(以下称为《上海地方法院档案》)

---

1 赵金康:《南京国民政府法制理论设计及其运作》,人民出版社 2006 年版,第246—248 页。

2 Xiaoqun Xu, *Trail of Modernity: Judicial Reform in Early Twentieth-century China, 1901 - 1937*, Stanford, California: Stanford University Press, 2008, pp.136 - 145.

3 前引蒋秋明:《南京国民政府审判制度研究》,第 24—38 页,第 139—174 页。

4 Eugenia Lean, *Public Passions: The Trial of Shi Jianqiao and the Rise of Popular Sympathy in Republican China*, Berkeley: University of California Press, 2007.

5 参见拙作《南京国民政府時期の上海における刑事裁判—ある殺人事件を中心に》,载《史学雜誌》122 编 12 号(2013 年),第 58—82 页。拙作《南京国民政府时期地方法院检察官与司法警察》,收入胡春惠、刘祥光主编:《2014 两岸三地历史学研究生研讨会论文集》,台湾政治大学历史学系、香港珠海学院亚洲研究中心,2015 年版,第 15—28 页。拙作《一九三〇年代前半の中国における検察制度》,载《歷史学研究》944 号(2016 年),第 1—18 页。拙作《南京国民政府時期における刑事訴訟法改正と自訴制度》,载《法制史研究》66 号,2017 年,第 39—87 页。

6 "司法年度"为每年的七月一日至翌年六月末。一个司法年度结束后,各地法院、监狱在一定的时间内向司法行政部提交资料。司法行政部以此为基础,制成《司法统计》。但应当注意的是,如果地方机构提交资料逾期或者数据有误,则在统计时将不采用其资料。因此,不能认为《司法统计》在作为史料时,必然具有全面性和正确性。

为史料,分析上诉制度在实际的刑事审判中得到了怎样的运用。[1]

一、清末、民国时期刑事上诉制度的制定

(一) 清末司法变革

本章将综观《刑事诉讼法》和《法院组织法》这两部刑事上诉制度的重要法律在清末、民国时期的制定过程。

清政府于20世纪初着手改革各种法律制度时,最先被指为旧司法制度缺陷的就是繁多的审级、诉讼程序规定不完善等问题。因此,参照西方国家和日本的制度修订、减少审级和制定诉讼法,成为司法改革的基本方针。[1]

1906年,《刑事民事诉讼法》草案这一近代西方式的诉讼法典,由修订法律大臣沈家本奏呈。由于各省官僚机构提出该草案不便实施、请求延期实行,关于该法的审议继续进行着。同一时期,最高审判机关大理院上奏,提出虽然无法迅速改革审判组织,但可以采用各国制度(尤其是日本)设立四级三审制的构想。由此,规定了独立司法权,区分刑、民和四级三审制等内容的《大理院审判编制法》获得批准,并在京师(北京)予以实施。虽然当时难以将新制度付诸实践,但袁世凯在天津根据《大理院审判编制法》制定、实施了《天津府属试办审判章程》。

此外,1907年,由司法行政的最高机关(法部)奏呈的《各级审判厅试办章程》获得了实施。该法是《法院编制法》和刑事、民事各诉讼法公布、施行前的暂行法令。其参照了沈家本编定的《法院编制法草案》和《天津府属试办审判章程》。

经过上述历程,1910年公布、实施了《法院编制法》。初级、地方、高等各级审判厅和大理院也由此设立。初级审判厅的一审案件由高等审判厅负责终审,地方审判厅的一审案件由大理院负责终审,四级三审制由此形成了。进而,沈家本在1911年奏呈了《大清刑事诉讼律》和《大清民事诉讼律》两部法律的草案。但在《法院编制

---

1 上海地方法院以北京政府时期的上海地方审判厅及检察厅为前身,成立于1927年11月。至1937年11月因日军占领上海而停止办公为止,该院承担了上海除租界以外地区的民事、刑事案件的审理职能。参见王立民:《上海法制史》,上海人民出版社1998年版,271页。《上海地方法院档案》收录了20世纪20年代末期至30年代中期制成的、各类与诉讼有关的文书。其整理、保存的状况较为良好,是了解当时的诉讼实态的重要史料。《上海市档案馆指南》,中国档案出版社2009年版,第56页。

1 河合笃《中国の近代的司法制度——その史的発展に関する批判的究明(一)》,载《法学志林》43卷1号(1941年),第73—75页。

法》几乎没有得以实行，刑事、民事诉讼律也没有公布、实施的情况下，清朝就覆灭了。[1]

（二）北京政府时期的司法改革

中华民国成立后，一面暂时沿用清末起草的各项法律制度，一面推进新法律的起草工作。在刑事诉讼法规方面，《刑事诉讼律》被逐步、部分地援引，最终在20世纪10年代几乎被全文公布、实施，并制定了《各级审判厅试办章程》等以实施诉讼为目的的暂行规则。其后，1921年10月14日公布了由北京政府设立的修订法律馆起草的新的刑事诉讼法规（即《刑事诉讼条例》）。该条例自1922年1月1日起，在已经设立新式审判机构的东三省（奉天、吉林、黑龙江）先行实施，随后于同年7月1日起在全国统一实施。[2]

在审判机构的组织构成和审级制度上，虽然《法院编制法》获得了沿用，但地方因财政困难导致难以设立、维持审判厅，因此1914年时统一废止了初级审判厅。不过，将一审案件管辖分为初级管辖与地方管辖的制度仍然存在着，实际上维持着四审制。初级管辖的案件的一审由地方审判厅的一名推事承担，地方审判厅的合议庭承担二审，高等审判厅承担三审。与此同时，在地方审判厅设立了简易庭，部分地替代了被废止的初级审判厅的功能。[3] 此外，由于当时大多数的县难以设立审判厅，因此实行了由县知事负责司法业务的“县知事兼理司法制度”，由县公署承担初级管辖案件和地方管辖案件的一审。随后，出于对审判（尤其是重大刑事案件的审判）的公正性的期待，建立了覆判制度，由省的最高司法机构（高等审判厅）对县的判决进行审查。[4]

（三）南京国民政府时期的刑事上诉制度

南京国民政府成立后，统一法律制度被视为当务之急。虽然采取了沿用清末、北

---

1 岛田正郎《清末における近代的法典の編纂》，创文社1980年，第73—131页。

2 《司法公报》第二年一号（1913年），《司法公报》2012号（1922年）。在未设立新式法院的地区，并不适用《刑事诉讼条例》，而是依据《县知事审理诉讼暂行章程》，由县知事兼理司法。此外，由于在广州国民政府的统治区域没有实行北京政府制定的法律，在那里实行的是经部分删、改后的《刑事诉讼律草案》。谢振民编著、张知本校订：《中华民国立法史》，正中书局1937年，第1247—1249页。小野清一郎・团藤重光《中華民国刑事訴訟法》上，中华民国法制研究会1938年，第14—17页。关于北京政府的法典编纂活动，另参西英昭《北洋政府期法典編纂機関の変遷について——法典編纂会・法律編查会・修訂法律館》，载《法政研究》83卷3号，2016年，第453—483页。

3 河合笃：《中国の近代的司法制度——その史的発展に関する批判的究明（三）》，载《法学志林》43卷3号，1941年，第90—93页。

4 前引田边章秀《北京政府時期の覆判制度》，第482—498页。

京政府时期起草、实施的各项法律制度的这一方针,但由于各省实行的刑事诉讼规则存在差异引发了不便,因此开始制定新的、统一的法规。1928 年 5 月,司法部根据与法制局、最高法院讨论决定的立法原则,提交了《刑事诉讼法草案》。经法制局和中央政治会议审议修正后,以司法部长蔡元培为核心的审查委员会对该草案进行了审查,随后获得中央政治会议通过。同年 7 月 28 日,《中华民国刑事诉讼法》(同年 9 月 1 日实行,即 28 年刑诉法)公布。[1]

28 年刑诉法同样采用了四级三审制,规定当事人如不服下级法院的判决,可以向上级法院上诉(358 条)。二审是以案件本身为审查对象的"事实审",而且是以与原审相同的程序对案件再次进行审理的"覆审"。[2] 另一方面,三审是"法律审",必须以判决违反法律为由提起上诉(389 条)。[3] 此外,为了迅速解决诉讼,也存在有条件地使用二审制的情形,如初级法院管辖的轻罪案件不能上诉至三审程序(387 条);并且规定高等法院的一审重罪案件向最高法院上诉时,最高法院必须适用三审程序,不可进行覆审这一事实审(388 条)。[4]

20 世纪 30 年代以后,推进了司法制度的全面改革。为了实现诉讼简便化,废止繁琐、易致混乱的四级三审制成为一个重要的问题。1930 年 6 月由司法院提出的《法院组织法草案》经中央政治会议审查后重新调整,于翌年(1931 年)2 月重新提出。随后经中央政治会议和立法院法制委员会审查、修正,于 1932 年 10 月在立法院会议上获得通过。这年 10 月 28 日公布的《法院组织法》(1935 年实行),规定了以地方法院为一审、高等法院为二审、最高法院为三审的三级三审制。这是该法与当时采用四审制的日本等国立法范例的不同之处。[5]

1　《申报》1928 年 4 月 29 日,《刑事诉讼法之要点》。同报 1928 年 4 月 30 日,《刑诉法各项原则之决议》。"国史馆"国民政府档案《刑事诉讼法(一)》(档案号:001-012033-0006)。台湾国民党党史馆政治档案 11/52.1-3《刑事诉讼法草案》、《修正刑事诉讼法草案意见书》、《刑事诉讼法附施行条例》(1928 年 6 月)。《国民政府公报》78 期(1928 年)。前引谢振民编著、张知本校订:《中华民国立法史》,第 1249—1257 页。

2　前引戴修瓒:《新刑事诉讼法释义(第五版)》,第 170 页。

3　前引戴修瓒:《新刑事诉讼法释义(第五版)》,第 179 页。所谓"违反法律"是指,判决未适用法律规定或适用法律规定不当的(390 条)。

4　小野清一郎、团藤重光《中華民国刑事訴訟法》下,中华民国法制研究会 1940 年,第 212—214 页、第 260—261 页。

5　《法院组织法》草案在立法院法制委员会第 110、164、166、167 次会议上进行了审议,并在立法院第 205 次会议上进行了审议。参见中国第二历史档案馆编:《国民政府立法院会议录》第 38 卷第 146—148、276—278 页,第 6 卷第 389—404 页,广西师范大学出版社 2004 年版。关于该法案的审议,《申报》在 1932 年 10 月 3 日《法院组织法审查完竣》,同月 9 日《立法院通过法院组织法》等文中进行了报道。关于该法的制定过程,另参河合笃《中国の近代的司法制度——その史的発展に関する批判的究明(八)》,载《法学志林》43 卷 10 号(1941 年),第60—62 页;吴鹏飞:《法院组织法》,商务印书馆 1936 年版,第 18—21 页;郑保华:《法院组织法讲义》,上海法学编译社 1937 年版,第 76—78 页。

继《法院组织法》制定之后，新的刑事诉讼法的制定工作也提上了日程。1933年6月，司法行政部提交了《修正刑事诉讼法草案》。该法案经行政院会议提交立法院会议，在修正后获准通过。进而，立法院刑法委员会审查、修正后，经立法院会议讨论，在做了一些修改后获得批准。[1] 1935年1月1日，公布了采用三级三审制的新的《中华民国刑事诉讼法》(同年7月1日实行，即35年刑诉法)。35年刑诉法所规定的上诉制度的重要特征是，规定了禁止不利变更的原则(362条)。不过，这一禁止原则仅限于二审程序中，在三审程序中并不存在。而且，即使在二审程序中，也允许就法律适用做不利变更。[2]

(四) 小结

如上所述，由于财源匮乏、人才不足等原因，清末至南京国民政府时期的司法改革的进展绝非易事。然而通过制定《刑事诉讼法》与《法院组织法》，上诉制度得以建立。至20世纪30年代中期为止，建立的刑事上诉制度，具有以二审为覆审和事实审、以三审为法律审、禁止二审中的不利变更等特点。不过，在当时的中国，一直存在为了实现诉讼的简便、迅捷而要求采取二审制等与上诉制度有关的争论。[3]

事实上，同时期日、德等国刑事诉讼法中也有同样的上诉制度规定，人们也指出了其中存在的问题。比如，一审时获得的物证和证言经过时间的流逝而发生灭失、改变，二审可能因此而丧失正确性，因此以二审为覆审程序，只是让诉讼陷入延滞而已。也有人指出，二审的管辖区域广阔，实际上不可能像一审那样再次传唤证人和对证据进行鉴证。而且，以二审为覆审的话，有可能认定比一审更不利于被告的犯罪事实，禁止二审不利变更这一规定自相矛盾。[4]

总之，20世纪30年代的中国建立三级三审制的上诉制度这件事，是清末以来的

---

1 关于刑诉法起草工作的内容，刊载于《法院组织法公布后刑诉法亦经修改》(《中华法学杂志》3卷10号，1932年，第121页)、《司法部整饬诉讼程序》(《中华法学杂志》4卷2号，1933年，第122—123页)、《司法行政部将修改法规》(《中华法学杂志》5卷5号，1934年，第131页)中。立法院第三届第25、83、84次会议上对刑诉法进行了审议。参见前引《国民政府立法院会议录》第7卷第286—289页，第9卷第55—61页。《申报》也于1934年11月18日《刑诉法修正草案审竣》、同月24日《刑法委员会呈报刑诉法并由刘克儁报告修改要旨》、同月30日《刑诉法全部修正通过》等文中进行了报道。

2 前引小野清一郎、团藤重光《中華民国刑事訴訟法》下，第213—214页。

3 前引蒋秋明：《南京国民政府审判制度研究》，第35—38页。

4 前引小野清一郎、团藤重光《中華民国刑事訴訟法》下，第531—533页、第538—540页。

司法改革的成果之一。然而,这一制度在实践运用中也有很大可能会产生各种弊端。当时的司法机关和人们是怎样运用它的呢?在下文中,将对这一问题加以阐明。

二、统计数据所见的上诉制度运用状况

(一)全国的上诉案件受理、审理数

首先,大致看一下20世纪30年代前半中国刑事案件的受理、审结情况。从1931年度到1934年度,随着一审的案件受理数从约7万件增加到11万件,二审的案件受理数也从约2万件增至4万件。由于结案数量也增加了,一审的未结案比例从4.7%降到3.8%,二审的未结案比例从18.5%降到13.4%。此外,在实行四级三审制的同时,县司法公署等机构的一审案件由高等法院进行三审。虽然这类案件的三审受理数量从约1000件增加到了1500多件,但未结案的比例基本维持在3.8%不动。同时期最高法院的上诉案件受理数从约6000件增加到8000多件,但审结数量有显著的增加,未结数变少了。[1]

接下来,为了掌握本文第三章中的案例所处时期的情况,主要基于1932年度的统计数据进行考察。这一时期的二审案件年度内结案率约为80%。与此同时,有约97%的侦查案件(检察机关受理的案件)在年度内结案,一审案件也有约95%在年度内结案。[2] 也就是说,与侦查和一审相比,二审的年度内未结案比例略高。

在二审结案的案件中,撤销原判的占53%,驳回上诉的占33%,撤回上诉的占9%。撤销原判的理由中,"上诉理由成立"的占58%,"上诉理由虽不成立,但原审判决不当"的占40%。此外,撤销原判的理由还有"原审'不受理'决定不当"、"原判'管辖错误'认定不当"、"原审管辖错误,下达判决的行为不当",但均不满100件。[3]

---

1 司法行政部总务司编:《中华民国二十年度司法统计》,出版者不明,1934年;司法行政部统计室编:《中华民国二十一年度司法统计》,京华印书馆1935年版;司法行政部统计室编:《中华民国二十三年度司法统计》,京华印书馆1936年版;申报馆编:《申报年鉴民国二十四年》,申报馆1935年版,D127—128页。

2 前引司法行政部统计室编:《中华民国二十一年度司法统计》,第249、260页。

3 前引司法行政部统计室编:《中华民国二十一年度司法统计》,第396—398页。如果上诉理由被认为成立,该判决中被上诉的部分将被推翻,必须重新下达判决。此外,如果上诉理由虽被认为不成立,但原审判决被认为不当的话,也要撤销原判、重新下达判决(28年刑诉法385条)。上诉理由被认为不成立的话,必须根据判决驳回上诉(28年刑诉法384条)。

表 1 各省高等法院、高等法院分院刑事第二审案件受理、审结状况（单位：件）

		受理		审结				未结
				判决		驳回上诉	其他	
		旧受	新收	撤销原判	撤回上诉			
江苏	高等法院	152	1559	723	475	151	61	301
	高等法院第一分院	165	474	298	145	21	18	157
	高等法院第二分院	53	449	174	231	47	9	41
	高等法院第三分院	—	105	42	46	8	1	8
浙江	高等法院	115	1167	491	485	155	39	112
	高等法院第一分院	65	481	262	167	56	4	57
	高等法院第二分院	80	650	271	260	98	26	75
安徽	高等法院	135	244	170	67	29	17	96
	高等法院第一分院	103	129	87	19	23	19	84
	高等法院第二分院	14	62	37	15	13	—	11
江西	高等法院	100	357	211	102	30	20	94
	高等法院第一分院	34	51	20	11	—	2	52
湖北	高等法院	75	384	202	147	27	27	56
	高等法院第一分院	33	87	49	42	5	18	6
	高等法院第二分院	148	80	49	40	10	1	128
湖南	高等法院	187	440	167	112	52	9	287
	高等法院第一分院	36	61	16	14	10	8	49
	高等法院第二分院	47	49	20	7	4	—	65
四川	高等法院	126	126	57	37	23	18	117
福建	高等法院	148	144	94	62	12	18	106
	高等法院第一分院	18	157	59	47	—	24	45
广西	高等法院	107	253	139	79	9	—	133
河北	高等法院	240	1176	629	346	108	73	260
	高等法院第一分院	49	506	328	134	35	10	48
	高等法院第二分院	122	225	60	45	4	7	231

(续表)

		受理		审结				未结
				判决		驳回上诉	其他	
		旧受	新收	撤销原判	撤回上诉			
河南	高等法院	147	977	506	311	41	64	202
	高等法院第一分院	97	161	103	56	6	32	61
山东	高等法院	352	1375	859	465	51	105	247
	高等法院第一分院	—	366	202	62	1	15	86
山西	高等法院	74	275	162	43	28	16	100
	高等法院第二分院	18	88	43	36	3	2	22
陕西	高等法院	10	104	60	29	9	5	11
	高等法院第二分院	4	24	16	4	—	—	8
宁夏	高等法院	1	24	7	7	1	—	10
青海	高等法院	4	13	9	5	—	—	3
热河	高等法院	32	72	54	16	6	3	25
察哈尔	高等法院	21	118	58	33	19	3	26
绥远	高等法院	20	29	23	9	4	5	8
合计		3132	13042	6757	4211	1099	679	3428

(出处:司法行政部编:《中华民国二十一年度司法统计》,京华印书馆 1935 年,第 273—275 页)

表 2 各罪名第二审法院受理、审结状况 (单位:件)[1]

罪名	受理		审结				未结
			判决		驳回上诉	其他	
	旧受	新收	撤销原判	撤回上诉			
伤害	754	2258	1177	1042	210	111	472
杀人	794	2144	1008	751	209	131	839

1 罪名中载有条例、法律名称的,是指犯有被那些条例、法律定为犯罪的行为。

（续表）

罪名	受理		审结				未结
	旧受	新收	判决		驳回上诉	其他	
			撤销原判	撤回上诉			
抢夺、强盗、海盗	451	1959	891	622	169	158	570
鸦片	90	1539	693	510	186	75	165
窃盗	96	1529	673	560	133	78	181
妨害婚姻及家庭	115	1260	642	424	51	32	226
惩治盗匪暂行条例	145	1021	475	363	86	67	175
侵占	233	849	386	296	86	63	251
妨害自由	129	910	315	331	110	83	200
诈欺背信	145	850	410	311	56	50	168
伪证诬告	161	684	328	240	78	37	162
恐吓	119	480	245	157	36	33	128
毁弃损坏	68	430	179	124	66	45	84
文书、印文伪造	92	391	199	136	31	12	105
妨害风化	75	308	157	96	34	17	79
公共危险	34	253	125	87	24	12	39
渎职（贪污）	31	240	119	78	22	13	39
赌博	37	228	96	90	17	16	46
妨害公务	16	225	97	91	15	7	31
赃物（销赃等）	34	159	52	72	20	11	38
伪造货币	14	177	62	76	25	14	14
妨害名誉、信用	18	169	64	48	33	22	20
脱逃	7	110	59	40	2	1	15
亵渎祀典及侵害坟墓尸体	18	94	40	30	5	7	30
妨害秩序	15	60	34	14	6	1	20

(续表)

罪名	受理		审结				未结
	旧受	新收	判决		驳回上诉	其他	
			撤销原判	撤回上诉			
惩治土豪劣绅条例	21	43	32	15	1	6	10
藏匿犯人、湮灭证据	17	39	28	13	6	1	8
遗弃	9	47	24	21	5	1	5
妨害农工商	5	39	10	20	5	2	7
私盐	4	16	9	5	4	1	1
危害民国紧急治罪法	1	17	1	15	1	1	—
堕胎	1	5	3	1	1	—	1
吗啡	4	—	1	1	2	—	—
妨害选举	—	3	—	3	—	—	—
妨害秘密	1	1	1	—	—	—	1
伪造度量衡	—	1	1	—	—	—	—
违反矿业法	—	1	—	—	—	—	1

(出处:《罪名别第二审案件受理件数及已结、未结表》,司法行政部编:《中华民国二十一年度司法统计》,京华印书馆 1935 年,第 332—333 页)

(二) 各省的二审案件受理状况

从表 1 的各省高等法院的刑事二审案件受理数中可以看出,不同的地域彼此差异相当大。在江苏、山东、河北、浙江、河南的高等法院受理新案数为 1000 件上下的同时,四川、福建、陕西、察哈尔的高等法院全年的新案受理数为 100 件左右,而在绥远、宁夏等高等法院只有数十件。在案件受理数量尤其多的五个省的高等法院,该省人口均在 2000 万~3000 万人。受理数量较少的陕西与福建,其人口约为 900 万人;察哈尔和绥远的人口约为 200 万人。如此看来,受理案件数的多少与人口规模似乎有一定的关系。但是,受理数量少于江苏和山东的湖北和湖南,其人口超过 3000 万;拥有约 5000 万人口的四川,受理数也较少;所以,影响受理数量多寡的因素绝不是只有人口数量一项。[1]

其次,来看一下各原审机构的受理数量。由于难以在全国范围内增设司法机构,750个县政府占据了原审机构中的绝大多数。紧随其后,原审机构中有158所县法院、63所县司法公署和57所地方法院,只有24所为地方法院分院、分厅。原审机构的种类和数量因地而异。比如,在绥远和宁夏只有一所地方法院和几所县政府、司法公署,但在江苏和浙江,除了数所地方法院、县法院外,原审机构中也有20～30个县政府。

在各高等法院,尤以来自城市地区的地方法院的二审案件为多。比如,河北高等法院受理了约400件来自天津地方法院的案件。山东高等法院、浙江高等法院分别受理了约200件来自济南地方法院、杭县地方法院的案件。江苏高等法院也受理了来自上海、江宁的各地方法院的近150件案件。此外,虽然湖北高等法院的二审案件受理数比河北、浙江、江苏少,但也受理了100多件来自武昌、汉口这些城市地区的地方法院的案件。

由于河北、山东省内县的数量多,也有大量案件的原审机构为县法院和县政府。虽然江苏的县的数量没有河北、山东那么多,但除了来自南通、无锡县法院的近100件案件外,原审机构为县政府的案件多达900余件。此外,在浙江、河南和湖南,以县政府为原审机构的案件居多。尤其是在二审案件受理数较多的河南高等法院,没有太多的案件来自地方法院,却有近900件的受理案件的原审机构为县政府。[2]

（三）各省的二审案件结案状况

在这一节中,首先看一下表1中的各高等法院二审案件的结案状况。江苏、河北、河南的高等法院的受理案件未结案比例为17%～18%。山东高等法院约为14%。浙江高等法院和河北高等法院第一分院约为10%。受理数较多的法院的年度内结案率也较高。基本上,在受理案件较多并且必须审理它们的地区的法院,光是工作人员的数量就比别的地方多。反过来说,由于那些地区的财源较为充裕、可以配置较多的法院工作人员,因此能受理、审理较多的案件。比如,当时河北省的司法经费为300万元,河北高等法院工作人员的总数约为100人。与其他省相比,该省的司法经费和人才较为充足。[3] 江苏、山东、浙江的司法经费也在200万元上下,各自高等法

1 前引申报馆编:《申报年鉴民国二十四年》,B87—89页。另外,这一时期的中国并没有进行国情调查。《申报年鉴》的数据只是基于推测所得。在这里,出于研判其大致倾向这一目的,使用这些数据。

2 前引司法行政部统计室编:《中华民国二十一年度司法统计》,第277—331页。

3 前引申报馆编:《申报年鉴民国二十四年》,G38—40页。前引司法行政部统计室编:《中华民国二十一年度司法统计》,第4—29页。

院的工作人员总数为80~90人左右。而湖南、福建的高等法院的未结案比例高达35%~40%,湖南的司法经费为120万元、福建约为60万元,两省高等法院都只配备了不到50人的工作人员。

撤销原判和驳回上诉的案件占结案总数的比例也因法院而异。江苏、湖北、河北、福建、湖南等省高等法院的数量与全国平均数量基本持平:撤销原判的约占50%,驳回上诉的约占30%。但在浙江高等法院撤销原判的占42%,驳回上诉的占41%。在安徽高等法院,撤销原判的占60%,驳回上诉的占24%。此外,在撤回上诉的比例方面,与山东、河南的3%~4%相对,四川、湖南的撤回上诉比例高达15%左右。另外,与山东、山西、江苏、广西等省高等法院以"上诉理由成立"为由撤销原判的占70%~90%相对,四川、河北、浙江等省高等法院以"上诉理由虽然不成立,但原审判决不当"为由撤销原判的比例占70%~80%。[1]

(四)各类犯罪的二审案件受理、结案状况

从表2的各类犯罪二审案件受理数来看,占比较多的是伤害、杀人、强盗("抢夺、强盗及海盗")案件,分别占受理案件总数的14%、13%和11%。紧随其后的是占受理案件总数6%~7%的鸦片、窃盗和妨害婚姻及家庭犯罪。此外,在同时期侦查案件的受理数中,伤害案件占22%,窃盗案件占13%,鸦片案件占12%,妨害婚姻及家庭案件占8%,强盗案件和杀人案件分别只占4%和2%。而在一审案件受理数中,鸦片案件占28%,窃盗案件占21%,伤害案件占12%,妨害婚姻及家庭案件、强盗案件和赌博案件各占4%,杀人案件为2%。[2] 因此,与侦查、一审相比,二审受理案件具有重罪案件较多的特征。

将目光集中到受理数较多的犯罪来看的话,可以发现各类犯罪的二审审结数量与全国的平均状况相同。最多的是撤销原判的案件。其次是驳回上诉的案件。杀人、强盗、侵占案件的未结案比例占受理件数的25%~30%,相对于其他类型的案件,占比较大。而这些案件的驳回上诉比例均占审结案件总数的百分之二十五至百分之三十几。可以认为,为了下达适当的二审重罪案件判决,法院进行了慎重的审判。

顺带提一下,提起上诉的人中,被告占绝大多数。77%的上诉案件由被告提起。检察官提起的上诉不到总数的20%。配偶和法定代理人提起的上诉极为少见。[3]

---

1 前引司法行政部统计室编:《中华民国二十一年度司法统计》,第396—398页。

2 前引司法行政部统计室编:《中华民国二十一年度司法统计》,第246—249、259—260页。

3 前引司法行政部统计室编:《中华民国二十一年度司法统计》,第394—395页。

（五）小结

在上文中，使用历史上的统计数据考察了20世纪30年代前半叶中国上诉制度的运用实态。当时，上诉案件的受理、审结件数逐年增加。虽然存在地域差异，但上诉制度得到了广泛的利用，司法机关致力于审理大量的上诉案件。二审的未结案件比例趋于减少。可以看出，当时司法机关对于上诉案件增加这一状况，在一定程度上做了回应。虽然辖区中拥有大城市的高等法院受理、审理的二审案件格外多，但在拥有充足财源和人才的省份，其高等法院有能力处理大量的案件。

在上诉案件中，重罪案件较多。虽然未结案件比例趋于减少，但与侦查、一审的情形相比，二审案件的年度内未能结案比例略高。虽然从被告的角度来看，上诉难免带来诉讼延滞这一弊害，但在大部分的刑事案件中，提起上诉的是被告。为什么上诉审判需要这么长的时间？被告通过上诉能获得什么？上诉制度给司法机关带来了什么？在下一章中，将对此做进一步的详细分析。

三、审判文书所见上诉制度的运用状况

（一）案情梗概与案例的选取依据

本章以《上海地方法院档案》中收录的一起发生在1932年的上海的刑事案件为例，考察上诉制度对当时的司法机关和人们（尤其是被告）具有怎样的意义。

仅限于笔者能确认的情况，《上海地方法院档案》收录了约70卷刑事案件审判文书。为了分析28年刑法、28年刑诉法实行期间上诉制度的运用状况，本章选择了大部分诉讼程序于20世纪30年代前半进行、上诉审判记录保存较丰富的案件为例。当然，诉讼的进程因案而异。但在看了该档案中收录的全部案件的进程后，可以看出它们在基本诉讼程序和文书提交形式上具有共同的特征。因此，笔者认为在一定程度上，可以将其中一个案件的分析结果一般化。

正如前一章中已指出的，当时在中国，各项法律制度的运用状况存在相当程度的地域差异。虽然江苏省为法制改革进展较快的地区，但其省内各地的状况也彼此不同。[1] 在

1 Xiaoqun Xu, *op. cit.*, pp.116 - 148.

发达的国际性大都会上海,可以看到新式司法机关和警察机关配备齐全,许多具有专业知识和实务能力的法律人士活跃于中国人和外国人间的密切交往之中,中国人巧妙地利用着来自外国的新制度等现象,旧秩序在发生改变。[1] 因此也有意见认为江苏省和上海属于特例。但通过前文的讨论也可以知道,中国各地的司法状况也存在着共性。特别是同一时期在北京、天津等城市地区,和上海一样,在为新法律的实施营造制度环境。[2] 因此,本文将江苏省和上海视为开启20世纪前半叶中国变迁的地方。发生在那里的刑事诉讼案例,可以在对新法律运用状况分析的基础上,在一定程度上将其视为普遍的情况。

首先,作为下一节的分析前提,根据新闻报道的内容叙述一下案情梗概。1932年5月21日早上5点左右上海某地,5名男子闯入E的家。他们在开枪威吓后,用斧子殴打了E和他的妾F的头部,致其重伤。这些人夺取120元50角钱和金镯后逃走。E和F被送往医院治疗并向管辖该地的上海市公安局的分局报案。警察直接进行入了侦查环节。侦缉队逮捕了嫌疑人。[3] 最终,本案有A、B、C、D四人被起诉,但先被逮捕的A、D的诉讼与后被逮捕的B、C的诉讼是分别进行的。下文将A和D为被告的诉讼作为诉讼I,B和C为被告的诉讼作为诉讼II,适当运用对从侦查到三审判决为止的案件经过进行整理的表3进行分析。

(二) 侦查、公诉、一审

首先看一下,从侦查开始到一审判决下达为止的经过(表3中诉讼I①~⑦,诉讼II①~⑨)。由于笔者在其他论文中分析过这一过程,这里只叙述案件的概况。

---

1 陈同:《近代社会变迁中的上海律师》,上海辞书出版社2008年版;孙慧敏:《制度移植:民初上海的中国律师(1912—1937)》,"中研院"近代史研究所2012年版;Xiaoqun Xu, *Chinese Professionals and the Republican State: The Rise of Professional Associations in Shanghai: 1912 - 1937* (Cambridge, Mass: Cambridge University Press, 2001), pp.215 - 267. Frederic Wakeman Jr., *Policing Shanghai: 1927 - 1937* (Berkeley: University of California Press, 1995)。本野英一:《伝統中国商業秩序の崩壊——不平等条約体制と〈英語を話す中国人〉》,名古屋大学出版会2004年。

2 关于天津的警察,参见吉泽诚一郎《天津の近代——清末都市における政治文化と社会統合》,名古屋大学出版会,2002年,第158—195页。关于北京的司法、警察,参见邱志红:《现代律师的生成与境遇——以民国时期北京律师群体为中心的研究》,社会科学文献出版社2012年版。David Strand, *Rickshaw Beijing: Chinese People and Politics in 1920's* (Berkeley: University of California Press, 1985), pp.65 - 97. Michael H. K. Ng (吴海杰), *Legal Transplantation in Early Twentieth-century China: Practicing Law in Republican Beijing (1910s - 1930s)*, Oxford: Routledge, 2014。

3 《申报》1932年5月22日,《强盗斧砍事主》。上海市公安局是上海的警察机关,侦缉队为其便衣警察,专门负责侦查与抓捕犯人。韩延龙、苏亦工等著:《中国近代警察史》,社会科学文献出版社2000年版,第635—636页。

接到强盗案件的报案后，上海市公安局（以下称为“市公安局”）径直开始了侦查。侦缉队逮捕了两名嫌疑人。在市公安局，A在供出犯人的姓名和案情概况的前提下，否认参与了犯罪，D则主张自己与案件全无关系。[1] 结束侦查后，市公安局将二人与讯问记录、物证一同移交上海地方法院检察处。[2]

接到移交后，检察官用了大约一周左右的时间进行侦查，对嫌疑人和案件相关人进行了讯问，并命令法医为被害者验伤。D继续主张自己无罪，A解释称他虽然了解案情，但那是因为以前曾经听犯人说起过。[3] 检察官遂以被害人的目击犯人证言、A向侦缉队做的供述和他在检察官的侦查阶段也供述了案件等为由，依据刑法42条和348条第一项，起诉A和D为强盗罪共犯。[4]

此后，地方法院进行了公开审判，对被告和被害人进行了审问。[5] 根据被害人的证言和被告在侦缉队的供述，认为A虽然犯有《惩治盗匪暂行条例》第一条第十二款中规定的犯罪（强盗伤害罪），但没有实施伤害行为，因此对其减轻处罚，并在判决中命令其归还被害人120元22角钱和金镯。[6] 对D下达了无罪判决。[7]

诉讼I的一审判决下达前约一周，侦缉队逮捕了其他的嫌疑人。警察进行侦查后，市公安局将案件移交检察处。[8] 检察官经过大约三个半月的侦查，以共同犯有强盗罪起诉了B和C。[9] 在起诉书中，B承认自己的犯罪行为；C虽然否认犯罪行为，但

---

1 《讯问笔录》，《上海地方法院档案》Q178－2－5－1，第3—12页。

2 《送案移片》，《上海地方法院档案》Q178－2－5－1，第2页。

3 《侦查笔录》《伤单》，《上海地方法院档案》Q178－2－5－1，第16—23、38—45、52—63页。

4 《起诉书》，《上海地方法院档案》Q178－2－5－1，第64—67页。二人以上共同实行犯罪的，皆为正犯（28年刑法42条）。28年刑法348条规定了强盗罪的加重刑罚。该条规定，犯强盗罪者有刑法338条规定的事由之一的，判处七年以上有期徒刑。338条在规定盗窃罪的加重刑罚事由时，列举了行为人意图实施盗窃而在夜间侵入住宅或有人居住的建筑物，或隐匿其中、犯有盗窃罪的（第一款），或携带凶器进行盗窃的（第三款）、或纠集三人以上、犯有盗窃罪的（第四款）等行为。

5 《审判笔录》，《上海地方法院档案》Q178－2－5－5，第71—80页。

6 根据《惩治盗匪暂行条例》第一条第二款，实施强盗犯罪、故意致人死亡或垂危者，或伤害二人以上者，处以死刑。但该条例第二条第三款规定，在根据犯罪情形可以予以宽大处理的情形中，减轻本刑的一等或二等进行处罚。

7 《上海地方法院刑事判决二一年地字一三九〇号》，《上海地方法院档案》Q178－2－5－1，第70—75页。宣判11天后，判决书被送达被告。《送达证书》，《上海地方法院档案》Q178－2－5－6，第5页。根据28年刑诉法，推事应在审判后三日内将判决书原件提交给法院书记官，书记官应据此制成判决书正本。除特别情形外，判决书的正本应在原件受理后七日内送达当事人（186条，187条）。下文表3中判的决书的送达日期，均根据《上海地方法院档案》Q178－2－5中收录的《判决证书》的日期记载。

8 《讯问笔录》，《上海地方法院档案》Q178－2－5－7，第88—100页；《讯问笔录》，《上海地方法院档案》Q178－2－5－8，第1—2页；《送案移片》，《上海地方法院档案》Q178－2－5－7，第87页。

9 《侦查笔录》《讯问笔录》，《上海地方法院档案》Q178－2－5－8，第40—44页，第50—58页。

检察官根据被害人的证言认为他在说谎。[1]

地方法院经过三次公开审判,对被告、被害人和侦缉队员进行审问后,下达了判决。[2] 判决虽然认为两名被告犯有刑法 320 条第一项规定的犯罪(侵入住宅罪)和《惩治盗匪暂行条例》第一条第十二款规定的犯罪,但以犯罪结果并不十分严重为由,减轻了处罚。[3] B 被判处无期徒刑及无期剥夺公民权,C 因仅是奉命盗窃而被判处有期徒刑 12 年、剥夺公民权 20 年,并在判决中命令二人归还被害人 120 元 22 角钱和金镯。[4]

表 3　强盗案件的刑事诉讼进行状况

年	月、日	诉讼Ⅰ(被告 A、D)	诉讼Ⅱ(被告 B、C)
1932	5 月 21 日	① 侦缉队逮捕嫌疑人	
		② 市公安局进行侦查	
	6 月 6 日	③ 市公安局移交检察处	
		④ 地方法院检察官进行侦查	
	6 月 15 日	⑤ 地方法院检察官起诉	
	6 月末		① 侦缉队逮捕嫌疑人
	7 月 4 日	⑥ 地方法院公开审判	② 市公安局进行侦查
	7 月 7 日	⑦ 地方法院下达判决(7 月 18 日送达)	
	7 月 8 日		③ 市公安局移交检察处
	7 月 23 日	⑧ A 提起上诉	④ 地方法院检察官进行侦查
	8 月 4 日	⑨ A 提交上诉理由书	
	9 月 15 日	⑩ 高等法院进行调查	
	10 月 14 日	⑪ 高等法院公开审判	
	10 月 20 日	⑫ 高等法院下达判决(11 月 7 日送达)	⑤ 地方法院检察官起诉

1　《起诉书》,《上海地方法院档案》Q178－2－5－6,第 17—18 页。

2　《审判笔录》,《上海地方法院档案》Q178－2－5－6,第 36—52、96—100 页。《审判笔录》,《上海地方法院档案》Q178－2－5－7,1—6 页,第 35—48 页。

3　没有理由地侵入他人住宅、建筑物或附属的土地、舰船的,将被判处一年以下有期徒刑、拘役或三百元以下的罚金。

4　《上海地方法院刑事判决二一年地字六五八号》,《上海地方法院档案》Q178－2－5－7,第 55—59 页。

（续表）

年	月、日	诉讼Ⅰ（被告A、D）	诉讼Ⅱ（被告B、C）
1932	11月12日	⑬ A提起上诉（11月15日通知）	
	12月14日		⑥ 地方法院公开审判
	12月24日	⑭ A提交上诉理由书（12月30日通知）	
1933	1月4日	⑮ 高等法院检察官提交答辩书	
	1月18日		⑦ 地方法院公开审判
	2月22日		⑧ 地方法院公开审判
	2月28日		⑨ 地方法院下达判决（3月6日送达）
	3月4日		⑩ B、C提起上诉
	5月4日	⑯ 最高法院检察官提交意见书	
	5月22日		⑪ B提交上诉理由书
	5月25日		⑫ C提交上诉理由书
			⑬ 高等法院公开审判
	6月13日		⑭ 高等法院公开审判
	6月17日		⑮ 高等法院下达判决（6月30日送达）
	7月5日		⑯ B提起上诉（7月8日通知）
	7月6日		⑰ C提起上诉（7月8日通知）
	7月11日	⑰ 最高法院下达判决（发回重审）	
	7月13日		⑱ 高等法院检察官提交答辩书
	10月7日	⑱ 高等法院进行调查	
	11月13日	⑲ 高等法院公开审判	
1934	1月17日	⑳ 高等法院进行调查	
	1月29日	㉑ 高等法院公开审判	
	1月31日	㉒ 高等法院下达判决（2月15日送达）	

(续表)

年	月、日	诉讼Ⅰ(被告A、D)	诉讼Ⅱ(被告B、C)
1934	2月21日	㉓ A提起上诉(2月21日通知)	
	3月3日	㉔ 高等法院检察官提交答辩书	
	4月4日		⑲ 最高法院检察官提交意见书
	5月14日	㉕ 最高法院检察官提交意见书	
	10月13日		⑳ 最高法院下达判决(发回重审)
	10月26日	㉖ 最高法院下达判决(发回重审)	
	12月17日		㉑ 高等法院进行调查
1935	1月18日		㉒ 高等法院进行调查
	2月5日	㉗ A提交上诉理由书	
	2月13日	㉘ 高等法院公开审判	
	2月14日		㉓ 高等法院公开审判
	2月18日	㉙ 高等法院下达判决(3月9日送达)	
	2月20日		㉔ 高等法院下达判决(3月20日送达)
	3月16日	㉚ A提起上诉(3月24日通知)	
	3月30日		㉕ B、C提起上诉(4月2日通知)
	5月14日	㉛ A提交上诉理由书(5月17日通知)	㉖ C提交上诉理由书(5月17日通知)
	5月16日		㉗ B提交上诉理由书(5月18日通知)
	5月23日	㉜ 高等法院检察官提交答辩书	㉘ 高等法院检察官提交答辩书
	7月12日	㉝ 最高法院检察官提交意见书	
	8月21日		㉙ 最高法院检察官提交意见书

（续表）

年	月、日	诉讼Ⅰ（被告 A、D）	诉讼Ⅱ（被告 B、C）
1936	2月11日	㉞ 最高法院下达判决	
	5月7日		㉚ 最高法院下达判决（发回重审）
	7月17日		㉛ 高等法院公开审判
	7月18日		㉜ 高等法院公开审判
	7月22日		㉝ 高等法院下达判决（8月3日送达）
	8月8日		㉞ B 提起上诉(8月15日通知)
	8月10日		㉟ C 提起上诉(8月15日通知)
	8月18日		㊱ 高等法院检察官提交答辩书
	10月9日		㊲ 最高法院检察官提交物证
1937	10月15日		㊳ 最高法院下达判决

（出处：上海市档案馆藏《江苏上海地方法院档案》，档案号 Q178－2－5）

（三）二审

请看从被告不服一审判决、被告提起上诉到二审判决下达为止的过程（表3诉讼Ⅰ⑧~⑪，诉讼Ⅱ⑩~⑮）。

依据28年刑诉法，不服一审判决者可以向二审管辖法院上诉（375条），上诉期为判决书送达起10日内（363条）。上诉提起以后，其手续不违反法律的话，由原审法院经原审法院检察官和二审法院检察官，将该案的相关文书和物证送交二审法院（378条）。[1] 二审法院随即就原审判决的被上诉内容展开调查（381条）。

从《上海地方法院档案》中收录的案件的上诉书和上诉理由书可以看到，它们均按照一定的格式写成。[2] 具体而言，首先以“因不服贵院判决，提起上诉”、“对上诉理由书进行补充，请求下达无罪判决，以免冤案”等语句阐明提交文书的目的。接着写

1　在上诉违反法律程序、无上诉权者提起上诉的情形中，由原审法院驳回上诉（28年刑诉法377条）。

2　在作为上诉书提交的文书中，虽然有将标题写为“刑事上诉”、“刑事上诉理由”的，但也存在写为“刑事理由”或什么都不写的情况。

明起诉和判决的年月日、罪名及所科刑罚的概要。然后陈述上诉理由。由于上诉书的提交截止期较短,对上诉理由的叙述并不那么详细。但上诉理由书可以在事后作为补充上诉书的文书提交。因此,上诉人会花时间去写上诉理由书,在其中引用起诉书和判决书中的字句,详细叙述自己的上诉理由。[1] 在上诉书的最后,以“若获撤销原判,宣告无罪,实为感谢”等作为结束语。

判决送达5日后,A提起上诉。提起上诉12日后,他提交了上诉理由书。另一方面,判决宣告4日后,B和C不待判决书送达就提起了上诉。但他们提交上诉理由书是在提起上诉大约两个半月以后。

A在上诉理由书中主张E的目击证言不可信,自己的供述是侦缉队的拷问所致;自己之所以知道案件情形,是因为就住在现场附近;被害者受伤并非因为强盗案件导致的等理由,请求法院作出无罪判决。B虽然承认他因赌博引发争执导致E受伤,但否认自己持有手枪和实施了强盗行为,认为一审依据前后不一的被害者证言作出的判决不当。进而,C以自己与案件无关、自己并不认识其他被告和被害者的证言中存在矛盾为由,主张无罪。这些文书均由律师代为写成。[2]

被告的上诉书经江苏高等法院检察官,送往该院刑事庭。[3] 随后,高等法院进行了数次调查和公开审判,对被告、被害者和侦缉队队员进行了审问。[4] 虽然《法院编制法》和《法院组织法》规定高等法院的审判应为三人合议制,但公开审判的准备工作和证据调查程序可以由一名推事进行。[5] 根据这一规定,高等法院在“调查”和“审判”(公开审判)两个环节中进行了审问。在前一环节中,一名法官、一名书记员和被告出庭。在后一环节中,三名法官、一名检察官、一名书记员、上诉人(多为被告)和被告的辩护人出庭。不管是在“调查”还是在“审判”中,被害者、共犯、警官等人都曾根据审判的需要,作为“应讯人”或“证人”出庭。

---

1 虽然提起上诉时应在文书中陈述不服判决的理由,但即使不陈述理由,其上诉也是有效的(28年刑诉法364条)。

2 《上海地方法院档案》Q178-2-5-11,第55—58、67—71页;Q178-2-5-12,第70—73、98—100页;Q178-2-5-13,第1—5、16—22页。上诉时称侦查阶段以刑讯逼取口供和冤罪的诉状并不罕见。参见前引拙作《南京国民政府時期の上海における刑事裁判—ある殺人事件を中心に》,第62—65页。

3 《江苏高等法院检察官片》292号,《上海地方法院档案》Q178-2-5-11,第52页;《江苏高等法院检察官片》2929号,《上海地方法院档案》Q178-2-5-12,第67页。

4 《调查笔录》,《上海地方法院档案》Q178-2-5-11,第90—100页;《调查笔录》,《上海地方法院档案》Q178-2-5-12,第1—3、30—38页;《调查笔录》,《上海地方法院档案》Q178-2-5-13,第30—69页;《调查笔录》,《上海地方法院档案》Q178-2-5-14,第10—51页。

5 前引河合笃《中国の近代的司法制度——その史的発展に関する批判的究明(三)》,载《法学志林》43卷3号,1941年,第96页;前引河合笃《中国の近代的司法制度——その史的発展に関する批判的究明(八)》,载《法学志林》43卷10号,1941年,第71页。

进而,为了了解更为详细的案情,高等法院的法官要求上海地方法院及其检察处、市公安局进行调查和提交供述书。接到这一命令后,地方法院在命令司法警察进行调查的同时,也由法官亲自对现场进行勘验,向高等法院提交报告书。市公安局也提交了侦缉队员的报告书。[1]

经过上述程序之后,高等法院下达了二审判决。在诉讼 I 中,高等法院根据被害者在法庭上的证言和 A 对侦缉队、检察官所做供述,以原判适当、A 的上诉理由不成立为由驳回了上诉。[2] 在诉讼 II 中,高等法院认定被告用斧子殴打被害者导致其受伤并使用手枪实施强盗行为,根据《惩治盗匪暂行条例》第一条第十二款、第二条第三款,判处 B 无期徒刑、无期剥夺公民权,判处 C 有期徒刑二十年、无期剥夺公民权。关于伤害的判决理由为法医的勘验结果与 E 的证言、B 的供述一致。而关于是否使用手枪,高等法院根据勘验确认的弹夹和弹道的痕迹及 A 供称被告们持有手枪,认为并无疑问。然后,高等法院根据地方法院的调查结果否定了被告关于 E 开设赌场的主张,认为一审适用刑法 320 条(侵入住宅罪)导致对 B、C 的量刑存在很大差异,这一判决不当。[3]

(四) 三审

本节考察被告以不服二审判决为由提起上诉后,至下达三审判决为止的过程(表 3 诉讼 I⑬~⑰,诉讼 II⑯~⑳)。

依据 28 年刑诉法的规定,不服二审判决者,可向三审管辖法院提起上诉(386 条),但必须以原判决违反法律为由,方可提起三审上诉(389 条)。而且,在三审的上诉中,必须陈述上诉理由。上诉时未陈述理由的,须在提起上诉后十日内提交理由书(394 条)。此外,提交上诉书或上诉理由书后,十日内可以提交补充理由书(399 条)。

原审法院受理上诉后,于三日内将上诉书副本送达“他造当事人”(诉讼中的对方当事人,395 条)。在被告上诉的情形中,检察官做为对方当事人,必须在上诉书副

1 《江苏高等法院致上海地方法院检察处公函二一四二号》《江苏高等法院致上海地方法院训令一〇八九七号》《江苏高等法院致上海市公安局公函一一六七二号》《上海地方法院致江苏高等法院呈八一二号》,《上海市公安局致江苏高等法院公函法字七一七号》,《上海地方法院档案》Q178-2-5-12,第10—11 页;Q178-2-5-13,第 80—100 页;Q178-2-5-14,第 1—5 页。

2 《江苏高等法院刑事判决二一年度诉字四七七号》,《上海地方法院档案》Q178-2-5-12,第 46—47 页。

3 《江苏高等法院刑事判决二一年度诉字一八一三号》,《上海地方法院档案》Q178-2-5-14,第 72—77 页。

本送达后七日内向原审法院提交答辩书(396 条)。原审法院随后经该院检察官向三审法院检察官提交该案卷宗、物证。进而,三审法院的检察官必须在七日内向三审法院同时提交卷宗、物证和意见书(398 条)。此外,虽然三审的判决原则上于书面审理后下达,但在法院认为有必要的情形中,可以命令举行法庭辩论(401 条)。

在《上海地方法院档案》中,收录了提交于各起案件的上诉审阶段的江苏高等法院检察官的上诉答辩书和最高法院检察署检察官的意见书。答辩书和意见书的格式基本相同,均在开头写明被告姓名、罪名、高等法院下达判决日期、被告提起上诉日期之后,就原判决的正当性和被告的上诉理由是否适当陈述检察官的意见。

在诉讼 I 中,A 不服二审判决,虽然他在判决书送达后五日内提起了上诉,但因为没有在上诉书中陈述理由,在提起上诉一个月后,又经高等法院向最高法院请求提交理由书。[1] A 主张自己与此案无关,一审、二审的判决是依据被害者的主张和拷问所得供述下达的,并指出此案是因赌博引发争执后发生的伤害案件,不应滥用《惩治盗匪暂行条例》这一特别法,认为原判适用法律错误。[2]

A 提交理由书五日后,高等法院检察官接到 A 提起上诉的通知,并于五日后提交了答辩书。[3] 检察官反驳称,被告在侦缉队的供述和被害者的证言内容一致,因此符合事实,认为一审判决和二审的驳回上诉判决正当,主张上诉为毫无根据的谎言。[4]

四个月后,最高法院检察署检察官向最高法院同时提交了意见书、物证等。意见书称,从被告在侦缉队做的毫无隐瞒的供述、被害者在证言中称其确实目击到了被告和存在明显伤痕可知,被告的犯罪事实确实存在,不能任其以狡猾的借口逃脱罪责。意见书认为一审判决和二审驳回上诉的判决正当,以被告的上诉理由不成立为由,请求驳回上诉。[5]

两个月后,最高法院以应当明确认定“被告参与了强盗行为”这一被害者主张和“被告受到市公安局的拷问”这一上诉人主张为由,判决撤销原判、发回重审。[6]

另一方面,B 和 C 在二审判决书送达五日后提起上诉。B 主张,他虽然因为赌博时围绕应得的金额发生争执而殴打了被害者,但强盗并非他的目的。而 C 以被害者关于被害金额的主张前后矛盾,其证言为“空言诬陷”,A 在二审公开审判时称他并

---

1 《上海地方法院档案》Q178-2-5-9,第 32—35 页;《通知书》,《上海地方法院档案》Q178-2-5-12,第 52 页。

2 《上诉理由》,《上海地方法院档案》Q178-2-5-9,第 38—42 页。

3 《通知书》,《上海地方法院档案》Q178-2-5-12,第 54 页。

4 《上诉答辩书》,《上海地方法院档案》Q178-2-5-9,第 43—44 页。

5 《最高法院检察署检察官意见书》,《上海地方法院档案》Q178-2-5-9,第 45—48 页。

6 《最高法院刑事判决二二年度上字八七号》,《上海地方法院档案》Q178-2-5-9,第 58—62 页。

不认识 C,而且以自己有不在场证明为由,主张无罪。[1]

B 和 C 提起上诉三日后,高等法院检察官接到通知,并在五日后提交了答辩书。[2] 检察官认为,A 做过多次供述,其内容与事实相符,被告的上诉理由不成立。[3] 九个月后,最高法院检察官根据 B 的供述、A 在侦查阶段的供述、侦缉队员和被害者的证言,以被害者因遭到斧子殴打而受伤、B 和 C 使用手枪实施强盗行为为由,提交意见书认为被告的上诉理由不成立。[4] 又过了六个月,最高法院下达判决,认为应就本案与赌博间的关系、被害者被盗的物品做进一步的详细调查,决定将 B 和 C 的强盗罪案件发回重审。[5]

（五）发回重审的二审

在这一节中,考察高等法院在案件被发回重审后,再次进行调查和公开审判后下达判决,被告对此不服、提起上诉,最高法院再度发回重审,和由此导致的诉讼延滞的经过(表 3 诉讼 I⑱~㉖,诉讼 II㉑~㉚)。

在诉讼 I 中,高等法院接到最高法院的发回重审判决后,用了大约半年的时间进行调查、公开审判等活动,追查案件真相。[6] 在此期间,A 提交上诉书,诉称自己无罪。[7] 此后,高等法院以 A 犯有刑法 288 条规定的犯罪(同谋杀人)为由,判处其有期徒刑五年。判决理由认为:首先,被殴打后本应陷入昏迷状态的被害者作出的目击证言不具有足够的证明力;而且,根据案件现场并无枪击痕迹,B、C 二人不仅否认开枪,还供称 A 不在现场。这几点可以认为,A 的供述缘于拷问,但 A 事前听到 B 的犯罪计划却未予阻止的行为构成犯罪。[8]

A 不服这一判决,再次上诉。其上诉书主张,虚假的证言和拷问所致的供述不应作为证据,本案是赌博引发争执后发生的殴打被害者的伤害案件,不能认为有使用手枪的行为并存在杀人故意,要求无罪释放。[9] 对此,高等法院的检察官以 A 事前知道

---

1 《上诉理由详卷》《上诉》,《上海地方法院档案》Q178－2－5－9,第 88—94 页,第 97—100 页。

2 《通知书》,《上海地方法院档案》Q178－2－5－14,第 86 页。

3 《上诉理由答辩书》,《上海地方法院档案》Q178－2－5－10,第 1—2 页。

4 《最高法院检察署检察官意见书》,《上海地方法院档案》Q178－2－5－10,第 3—6 页。

5 《最高法院刑事判决二三年度上字一三五四号》,《上海地方法院档案》Q178－2－5－10,第 7—8 页。

6 《调查笔录》,《上海地方法院档案》Q178－2－5－2,第 49—76 页;《审判笔录》,《上海地方法院档案》Q178－2－5－3,第 5—19 页。

7 《上海地方法院档案》Q178－2－5－2,第 88—94 页。

8 《江苏高等法院刑事判决二二年度上字一二九八号》,《上海地方法院档案》Q178－2－5－4,第 20—24 页。

9 《上海地方法院档案》Q178－2－5－9,第 69—73 页。

案件发生源于和 B 存在共谋等为由提交答辩书,认为上诉理由不成立。[1] 另一方面,最高法院的检察官指出 A 解释称他是在公共澡堂听说的案件,及本应陷入昏迷的 E 提供了目击犯人的证言等问题的存在,以真相不明为由提交意见书,认为应当发回重审。[2]

过了大约五个月,最高法院再次作出发回重审判决。该判决认为,刑法上的"同谋杀人"是指"正犯决意杀人,(从犯)遵从这一决意并参与计划",但原审关于共犯 B 是否决意杀人还是仅有伤害意图这一点的分析尚不充足。另外,关于 A 的犯罪并不重大这一点,判决书认为不能根据被害者的证言和被告的供述认定 A 实行了强盗、伤害的犯罪行为,原审法院基于职权进行的调查尚不足够。[3]

在诉讼 II 中,高等法院也在发回重审后进行了调查和公开审判,并于四个月后下达了判决。[4] 这一判决以 E 和被指为开设赌场的某人均否认此事与赌博有关,因此以无法确知本案与赌博的关系为由,认为被告使用手枪实施强盗行为一事无疑,并以三人以上共谋并携带凶器、在夜间闯入住宅、实施强盗行为为由,判处 B、C 有期徒刑七年。[5]

接到高等法院的判决后,两名被告再次提起上诉。不过,由于提起上诉时没有陈述上诉理由,他们被要求通过高等法院提交理由书。大约两个月后,被告终于提交了上诉理由书。[6] 对于这一理由书,高等法院检察官提交答辩书认为从 E 的证言和 A 的供述可知,上诉是没有根据的谎言,上诉理由不成立。[7] 最高法院检察官提交意见书认为,虽然原判决认定事实和法律适用无误,但《惩治盗匪暂行条例》已被废止且刑法、刑诉法已经修订,因此应依据新刑法下达判决。[8]

这之后过了大约八个半月,最高法院指出被害者、关于被盗物品的供述存在模糊、暧昧之处,且被告虽承认使用斧子殴打被害者但否认枪击与强盗行为,并以赌博引发的纠纷如何发展成为强盗、伤害案件的经过尚不明朗为由,再次下达发回重审的判决。[9]

1　《上诉答辩书》,《上海地方法院档案》Q178－2－5－9,第 74—75 页。

2　《最高法院检察署检察官意见书》,《上海地方法院档案》Q178－2－5－9,第 76—79 页。

3　《最高法院刑事判决二三年度上字一五六九号》,《上海地方法院档案》Q178－2－5－9,第 80—81 页。

4　《调查笔录》《审判笔录》,《上海地方法院档案》Q178－2－5－16,第 51—72 页,第 96—100 页;《调查笔录》《审判笔录》,《上海地方法院档案》Q178－2－5－17,第 1—6 页,第 30—55 页。

5　《江苏高等法院刑事判决二一年度诉字一四五八号》,《上海地方法院档案》Q178－2－5－17,第 66—71 页。

6　《声请上诉》,《刑事理由》,《上海地方法院档案》Q178－2－5－10,第 41—45 页,第 54—60 页,第 63—69 页。《通知书》,《上海地方法院档案》Q178－2－5－17,第 92 页。

7　《上诉答辩书》,《上海地方法院档案》Q178－2－5－10,第 70—71 页。

8　《最高法院检察署检察官意见书》,《上海地方法院档案》Q178－2－5－10,第 72—74 页。

9　《最高法院刑事判决二四年度上字五三五〇号》,《上海地方法院档案》Q178－2－5－10,第82—83 页。

（六）案件的结局

最后，看一下高等法院接到案件发回重审判决，再次下达判决后被告提出上诉，直至最高法院下达科刑判决、诉讼结束为止的经过（表 3 诉讼Ⅰ㉗~㉞，诉讼Ⅱ㉛~㊳）。

在诉讼Ⅰ中，案件被发回重审的高等法院在最高法院下达判决大约四个月后进行了公开审判。[1] A 也在公开审判前，提交文书陈述了上诉理由。[2] 高等法院以 A 共同实行强盗犯罪、犯有伤害两人以上的罪行为由，判处其有期徒刑十二年、剥夺公权十二年，判决驳回其他上诉内容并没收子弹夹两个。在判决理由中，根据检察官侦查阶段中 A 的供述、被害者的证言、法医勘验结果、现场勘查报告、询问被害者的记录、侦缉队员的证言、子弹夹等物证，认为 A 共同犯有强盗、伤害犯罪的事实明确。由于 A 虽然犯有《惩治盗匪暂行条例》第一条第十二款规定的罪行，但只是奉命实施这一行为且没有实施伤害行为，因此对其予以减轻刑罚。判决还指出原判决的无期徒刑量刑过重，并且没有将犯罪过程中使用的弹夹作为犯人的所有物予以没收，虽然被告的上诉理由不成立，但原判并不适当，因此撤销原判，重新下达判决。[3]

虽然 A 对这一判决不服、再次提起上诉，但因为没有陈述理由，他在高等法院的督促下，于大约两个月后提交了上诉理由书。[4] 对于这一上诉理由书，高等法院的检察官提交答辩书认为，从 A 在侦查阶段的自供、E 的证言和法医勘验结果可知，上诉理由是没有根据的谎言。[5] 另一方面，最高法院的检察官提交意见书认为，虽然原判的事实认定与法律适用没有问题，但由于《惩治盗匪暂行条例》已经废止，所以应根据刑法重新下达判决。[6]

这之后大约七个月，最高法院下达判决，以三人以上携带凶器、在夜间侵入住宅、实施强盗行为这一罪名，判处 A 有期徒刑七年、没收子弹夹两个。最高法院认为，虽然原判决妥当、上诉人的主张没有根据，但因新刑法已于本判决下达前公布、实行，

---

1 《审判笔录》，《上海地方法院档案》Q178－2－5－15，第 43—76 页。

2 《上诉》，《上海地方法院档案》Q178－2－5－15，第 29—33 页。

3 《江苏高等法院刑事判决二二年度诉字四〇一号》，《上海地方法院档案》Q178－2－5－15，第 95—99 页。

4 《呈》，《上海地方法院档案》Q178－2－5－10，第 15—19 页。《通知书》，《上海地方法院档案》Q178－2－5－16，第 4 页。《刑事上诉理由》，《上海地方法院档案》Q178－2－5－10，第 22—28 页。

5 《上诉答辩书》，《上海地方法院档案》Q178－2－5－10，第 29—30 页。

6 《最高法院检察署检察官意见书》，《上海地方法院档案》Q178－2－5－10，第 31—33 页。

《惩治盗匪暂行条例》亦已废止。由于法律变更导致无法继续维持原判决,故改以35年刑法第30条第一项作为判决依据。A的强盗罪诉讼至此结束。[1]

另一方面,在诉讼Ⅱ中,高等法院接到案件发回重审判决后,经过两次公开审判,以B和C犯有三人以上携带凶器、在夜间侵入住宅、实施强盗犯罪为由,根据刑法330条判处二人有期徒刑七年。[2] 在判决理由中,针对被害者在证言中叙述的被害金额前后不一这一问题,重新梳理了各人的证言,并在此基础上认定原审判决是根据当时的有效法律下达的,没有不当之处。但因新刑法已经公布,《惩治盗匪暂行条例》亦已废止,无法继续维持原判决,改为依据35年刑法下达判决。[3]

B和C以不服这一判决为由提起上诉。[4] 对于这一上诉,高等法院的检察官根据E的证言和A的供述,认为原判决并无不当之处,提交答辩书要求驳回上诉。[5] 其后,最高法院的检察官依据35年刑诉法377条的但书规定,认为没有必要提交意见书,仅提交了相关文书和物证。[6]

约两个月后,最高法院以三人以上携带凶器、在夜间侵入住宅、实施强盗犯罪为由,判处B有期徒刑七年、剥夺公民权七年,判处C有期徒刑五年、剥夺公民权五年。在判决理由中,最高法院认为高等法院就最高法院两次发回重审中指出的问题做了明确说明,判决并不违反证据规则,因此原判并无不当,亦不能采纳被告认为原判决违法的上诉主张,但原判决对于没有实施伤害行为的C科以与B相同的刑罚的决定并不妥当。进而,基于当时实行的是《惩治盗匪暂行办法》,原判决却以《惩治盗匪暂行条例》已经废止为由依据刑法下达新判决,不能说上诉全无理由,决定撤销原判决,并援引《惩治盗匪暂行办法》第11条下达判决。[7] 这样,B和C关于强盗罪的刑事诉讼也终于结束了。

---

1 《最高法院刑事判决二四年度上字三四二九号》,《上海地方法院档案》Q178-2-5-10,第34—35页。35年刑法330条第1项为强盗罪的加重规定。该条规定,犯强盗罪并有321条第1项规定的事由的情形者,判处五年以上、十二年以下有期徒刑。321条第1项为盗窃罪的加重规定。该条规定,夜间侵入住宅或有人居住的建筑物、舰船的,或隐匿其中进行犯罪的(第一款),或携带凶器犯有盗窃罪的(第三款),或三人以上犯有盗窃罪的(第四款),判处六个月以上、五年以下有期徒刑。

2 《审判笔录》,《上海地方法院档案》Q178-2-5-4,第77—100页;《审判笔录》,《上海地方法院档案》Q178-2-5-5,第1—13页,第17—24页。

3 《江苏高等法院刑事判决二一年度诉字一四五八号》,《上海地方法院档案》Q178-2-5-5,第34—38页。

4 《刑事上诉》,《上海地方法院档案》Q178-2-5-11,第20—24、27—31页。

5 《上诉答辩书》,《上海地方法院档案》Q178-2-5-11,第32—33页。

6 《上海地方法院档案》Q178-2-5-11,第16页。

7 《最高法院刑事判决二六年度上字二一三五号》,《上海地方法院档案》Q178-2-5-11,第38—41页。

（七）小结

上文聚焦于一起强盗、伤害案件，考察了刑事案件从发生、开始侦查到三审判决确定为止的过程。可以说，诉讼自始至终，基本上是按照刑诉法规定的程序进行的。司法官员自然是基于刑诉法推进着诉讼程序，被告和被害者也在律师的辅助下，遵守着提交必要文书、应传唤出庭、进行陈述等刑诉法的规定。然而，文书的提交期限并没有得到十分严格的遵守，逾期提交的文书仍然得到了受理。

由于二审程序为事实审、覆审，高等法院的法官在法庭上进行了讯问，命令、委托各机构提交证据、进行调查等活动，致力于查明真相。而由于三审程序为法律审，最高法院的法官要求进行事实审的高等法院收集足以证明犯罪事实的证据并查明真相。

考察诉讼持续时间可以发现，二审程序花费的时间比一审长，三审（特别是最高法院的检察官提交意见书后，至最高法院下达判决为止）更是需要相当长的时间。究其原因，首先，一审的案件现场、案件相关人、司法机构及警察机关都位于上海境内，移送被告、物证和文书往来，并不需要花太多的时间。但进入二审、三审程序之后，必须在上海地方法院、上海市公安局、位于苏州的江苏高等法院和位于南京的最高法院之间进行联络。此外，也可以认为，与迅速的审判相比，高等法院作为事实审机构而被要求彻底查明案件真相；最高法院作为终审机构而有责任防止不当的科刑行为并下达适当的判决，更重视的是慎重的审判。

除了这种对慎重审判的重视，加之难以取得足以证明犯罪事实的证据，上诉与发回重审的事情屡屡发生，诉讼陷入了延滞。对被告而言，虽然上诉带来了痛苦，但也有可能因为慎重的审判而获得无罪或者减刑判决，因此可以说是重要的救济程序。

顺带一提，在被告被判处两个月监禁刑的赃物案件与被告被当场逮捕、判处有期徒刑一年的抢夺案件这类刑罚比较轻微或者基本不可能推翻有罪判决、当事人没有提起上诉等事的情形中，也有诉讼经过一审即告终结。[1]

结　语

通过从清末开始实施的近代西方式刑事司法制度，南京国民政府时期实现了依

1　《上海地方法院档案》Q178－2－2，《上海地方法院档案》Q178－2－15，《上海地方法院档案》Q178－2－10。

据刑事诉讼法运用上诉制度这一做法。正如在第一章看到的那样,清末、民国时期虽然建立了以二审程序为事实审、覆审,以三审程序为法律审的刑事上诉制度,但可以想见该制度在运用中存在的困难。正如第二节、第三节所揭示的,在20世纪30年代前半叶,虽然由于设施完善、人员配备方面存在差异导致地域间存在制度运行状况各不相同,但新的刑事上诉制度仍以城市地区为中心,发挥了一定的作用。虽然上诉制度具有增加司法机关需处理的案件数量并伴随着诉讼延滞导致被告方负担加重等弊端,但仍有许多刑事案件的当事人提起上诉并获得了受理。对于刑事案件的被告而言,提起上诉是不可或缺的救济手段。即使对司法机关来说,上诉制度也在尽可能查明事实、防止冤案这一点上具有重大意义。因此,西方式的刑事上诉制度作为被告的救济措施而确立,对20世纪前半叶中国的司法改革活动有重要的意义。

在战时和战后,国民政府也继续进行着法律制度的改革。虽然财源和人才持续匮乏,而且在抗战与激烈的国共内战期间也很难实现改革的目标,但在受战事影响相对较小的地区,改革取得了一定程度的进展。[1] 中华人民共和国成立后,中国大陆全面废止了国民政府制定的诸项法律制度并参照苏联法律制定了新的法律制度,但台湾地区对20世纪30年代制定的刑事司法制度加以修订后,继续实施着。[2] 因此可以认为,包括上诉制度在内的新的刑事司法制度在一定程度上发挥着作用,这一实现于南京国民政府时期的结果,对于中国台湾地区的现行法律有着不小的影响。

此外,虽然1996年制定的《中华人民共和国刑事诉讼法》以防止诉讼延滞、打击犯罪等理由采取了四级二审制,但针对死刑案件设立了再审制度,广泛开启了针对二审终审判决的再审渠道,可以说是在以迅速结束诉讼为目标的同时也重视审判的慎重性。[3] 因此,虽然法律制度本身有着很大不同,但也能在当代中国这样的刑事司法形式和本文考察的南京国民政府时期的刑事审判之间看到某种连续性。

不过,由于还有必要从各种角度对1945年或者1949年前后的中国大陆及台湾地区的司法制度的连续性与断裂性进行探讨,关于这一点的研究将留待日后进行。

---

1 前引蒋秋明:《南京国民政府审判制度研究》,第91—106页。Frank Dikötter, Crime Punishment and the Prison in Modern China, London: Hurst, 2002, pp.329-345。

2 关于20世纪50年代的司法改革,参见前引何勤华、李秀清:《外国法与中国法——20世纪中国移植外国法反思》,第512—545页。关于20世纪台湾地区司法制度的变迁,参见王泰升:《台湾法的世纪变革》,元照出版2005年,第25—32页。

3 小口彦太、田中信行:《现代中国法(第二版)》,成文堂2012年,第164页。